Univers 1986

J'AI LU

Univers 1986

ÉDITIONS J'AI LU

Options (traduit par Jean Bonnefoy).

Les gens dans les coulisses (traduit par Emmanuel Jouanne).

Enfant du matin, Les neuf milliards de noms de Dieu (traduits par Pierre K. Rey).

Venise engloutie (traduit par Pierre-Paul Durastanti).

La cible visée, Trinité (traduits par Jean-Pierre Pugi).

Joyeux Noël, mes chéris ! (traduit par Iawa Tate).

Sommaire Univers 1986

Options	John VARLEY	15
Les gens dans les coulisses	R.A. LAFFERTY	53
Enfant du matin	Gardner DOZOIS	71
Entretien avec Kim Stanley Robinson	Pascal J. THOMAS	81
Venise engloutie	Kim Stanley ROBINSON	103
Il pleut des astronefs	Jean-Pierre APRIL	127
La cible visée	J.G. BALLARD	145
After Armageddon ou Ballard dévoilé par Ballard	Jean CHESNEAUX	163
Sous l'œil mort de la caméra	Jean-Claude DUNYACH	181
Les murailles du milieu	Pierre GIULIANI	191
Dans la mouvance de *Mouvance*	Michel LAMART	219
L'heure du chat	Frédéric SERVA et Jean-Pierre VERNAY	239
Vol de nuit	Paul DAVID	251
Joyeux Noël, mes chéris!	Connie WILLIS	259
Axiome Fondamental du Parricide Prénatal	Lorris MURAIL	287
L'enfant du siècle	Colette FAYARD	295
Trinité	Nancy KRESS	311
Les neuf milliards de noms de Dieu	Carter SCHOLZ	373

Éditorial

Transition de pensée

Univers 1986 est évidemment dédié à Joëlle Wintrebert. Après trois années de bons et loyaux services – et un travail minutieux, exemplaire, si proche de la perfection que la lourde succession qui m'incombe me rend la tâche d'autant plus fascinante et désirable –, notre rédactrice en chef préférée s'en est retournée voguer sur les eaux tumultueuses de la création littéraire, sur la voie royale de l'imaginaire. Que les vents te soient propices, Joëlle ! Ecris-nous encore de ces romans magiques, beaux comme des rêves de proue...

Mais vogue le navire ! Et revue d'équipage avant d'appareiller.

John Varley, dont c'est la première publication dans les pages d'*Univers*, s'est taillé en l'espace de dix ans une solide réputation de conteur, aussi à l'aise dans la science-fiction d'aventures et la *hard science* (sa trilogie *Titan, Sorcière, Démon* chez Denoël) que dans une fiction plus introspective, plus psychosociologique. A cette veine appartient « Options », récit sélectionné aux prix Hugo, Nebula et Locus, émouvant et dérangeant à la fois, sur un sujet longtemps considéré comme tabou dans la SF : la sexualité.

On ne présente plus Raphael Aloysius Lafferty, dont c'est la cinquième apparition (c'est le mot qui convient) dans *Univers*; il est là encore égal à lui-même, c'est-à-dire totalement imprévisible – peu d'écrivains oseraient associer dans un même texte Moll Flanders, Richard Nixon et Althea Pontifex. « Les gens dans les coulisses » développe naturellement une théorie complètement délirante (encore que, comme toujours chez l'auteur, la réalité ne doit pas être cachée bien loin, et il suffirait de soulever un coin de phrase...) : l'existentialisme laffertyen ou... l'envers, c'est les autres.

Gardner R. Dozois est encore peu connu en France (1) et c'est une monstrueuse injustice. Anthologiste remarquable, il est aussi l'auteur d'un essai passionnant sur l'écrivain James Tiptree Jr, et surtout de deux romans et d'une cinquantaine de nouvelles qui lui ont valu plusieurs nominations aux prix Hugo et Nebula. Il a fini par remporter ce dernier deux années de suite, catégorie *short story*, en 1984, avec « The Peacemaker », et en 1985 avec le présent « Enfant du matin », récit en demi-teinte sur un thème classique – la survie après la catastrophe – mais traité de façon intimiste et empreint d'une étrangeté qui lui confère une dimension supérieure (à lire plutôt deux fois qu'une).

Cette année sera celle de la révélation du talent

(1) Si ce n'étaient les deux nouvelles que j'ai publiées dans *L'Amérique aux fantasmes* et *Le Livre d'Or d'Orbit*, et une troisième, en collaboration avec Jack Dann, parue dans *Fiction*.

de Kim Stanley Robinson, dont on attend avec intérêt la parution des trois premiers romans, *The Wild Shore* (1) (1984) et *The Memory of Whiteness* (1985) aux éditions J'ai lu, *Icehenge* (1984) chez Denoël. Pascal J. Thomas (que je remercie au passage pour son amicale et précieuse collaboration) a réalisé un entretien exclusif pour les lecteurs d'*Univers 1986*, approche complétée par une nouvelle envoûtante, quasi fellinienne, vision apocalyptique d'une « Venise engloutie » au passé culturel pillé par les touristes japonais.

Vous aviez pu apprécier l'an dernier l'humour grinçant de Jean-Pierre April; revoilà notre terrible Québécois, toujours aussi en verve, qui nous offre, après les récits de Dozois et Robinson, une troisième version « catastrophique », farce féroce qui met en lumière les côtés indigestes du capitalisme et de ses deux mamelles, surproduction et surconsommation.

Cela faisait longtemps qu'*Univers* n'avait accueilli le chef de file de la SF britannique. Saluons donc le double événement comme il convient. « La cible visée » se situe plutôt dans la lignée des récits du *Salon des horreurs*, mais reste avant tout un texte de Ballard. Il s'avère en effet désormais impossible de détacher tel ou tel

(1) *The Wild Shore* a inauguré aux Etats-Unis la nouvelle collection des *Ace Science Fiction Specials*, dirigée par Terry Carr et consacrée à la publication de premiers romans. Aux côtés de K.S. Robinson, des gens comme Howard Waldrop, Carter Scholz – présent à notre sommaire – et William Gibson avec *Neuromancien*, couronné des prix Hugo, Nebula et Philip K. Dick, et traduit aux éd. La Découverte. J'en profite pour saluer la naissance en France de cette collection, dénommée « Fictions » et dirigée par J.P. Andrevon, D. Douay et P. Duvic, ainsi que de la collection d'*Heroic Fantasy* qu'anime Richard D. Nolane aux éd. Garancière.

récit de l'univers ballardien, comme le démontre le passionnant article de Jean Chesneaux, inspiré à la fois par la parution du roman autobiographique *Empire du soleil*, par son propre séjour en Chine en 1948 (Chesneaux est historien de l'Extrême-Orient contemporain) et par son intérêt pour l'ensemble de l'œuvre de Ballard.

Bien qu'il lui arrive de s'en défendre, Jean-Claude Dunyach (rappelez-vous « Détails de l'exposition » dans *Univers 1983*) aura du mal à nous convaincre qu'il échappe aux influences ballardiennes; qu'il nous suffise de lire son *Autoportrait*, recueil récemment paru chez Denoël, ou la présente nouvelle froide comme le béton, scène-décor où s'érigent des images figées, où seules s'agitent quelques marionnettes humaines improbables en représentation codée.

Il y a beaucoup de coïncidences à l'intérieur et autour du récit de Pierre Giuliani. Coïncidence de thème avec la nouvelle de Ballard (le terrorisme), coïncidence des sources (l'allusion explicite à R.A. Lafferty, irlandais d'origine, alors que Giuliani est né lui-même et a séjourné plusieurs années en Irlande), et surtout le fait que la trame des « Murailles du milieu » repose sur le constat d'une série de coïncidences historico-géographiques. Mais quand l'actualité, l'événement, le fait divers brut, terrible, irréversible s'en viennent donner à la fiction qu'on dit spéculative cette dimension supralittéraire – l'auteur avait écrit son texte bien avant le détournement sur Malte de l'avion égyptien en novembre 1985 et l'*Epilogue*, qui s'imposait dès lors, a été rajouté au dernier moment –, on n'ose plus parler alors de coïncidences, envahi que l'on est de l'étrange sentiment que le destin du monde est inéluctable.

Giuliani, Dunyach, Wintrebert : trois écrivains parmi d'autres qui ont participé à l'expérience *Mouvance.* Michel Lamart (lui aussi collaborateur assidu de la série et nouvelliste de talent, cf. *Univers 1985*) nous relate l'histoire passionnelle qui a uni pendant huit ans les créateurs de *Mouvance*, Bernard Stéphan et Raymond Milési, à la SF d'expression française. Avec, en prime, une interview de Daniel Walther.

Décidément, Jean-Pierre Vernay aime bien les collaborations. Après celle de l'an dernier avec Emmanuel Jouanne, le voici aux côtés de Frédéric Serva (dont ce sont les débuts professionnels) pour signer un texte très surréaliste où il est question de navire, de rêves de voyage et d'un chat... qui ronronne l'heure.

Débuts professionnels également pour Paul David, passionné d'archéologie, d'astronomie et de théâtre, et auteur de nombreuses nouvelles abordant des domaines très divers. Quand il touche à la SF, c'est par le biais de l'humour, un tantinet désespéré (insecticide et génocide, même combat), en tout cas un humour qui fait mouche.

On croyait avoir déjà vu briller toutes les facettes du talent de Connie Willis : « Marguerite au soleil », *Univers 1982*, « Firewatch », *1984*, et l'étonnant « Lune bleue », *1985*. En voici une nouvelle qui risque de surprendre par le ton volontiers grivois, voire scabreux. La bête est-elle dans l'homme... ou vice versa ?

Voyageur imprudent sur un monde devenu

sans doute trop matériel pour lui, René Barjavel a rejoint récemment sa *Nuit des temps.* En guise d'hommage, j'ai demandé à Lorris Murail d'exhumer son « Axiome fondamental du parricide prénatal », vertigineuse variation sur le Paradoxe de Barjavel. De quoi donner pas mal d'idées aux écrivains de science-fiction en manque d'inspiration.

Colette Fayard a débuté une carrière littéraire qui s'annonce prometteuse en écrivant des pièces de théâtre (certaines diffusées à la radio, sur France-Culture notamment). « L'enfant du siècle » est son premier texte professionnel (d'autres sont déjà parus dans des revues amateurs ou semi-pros comme *Démons & merveilles* ou *Imagine*). Séduite par la SF, servie par une capacité de travail qui semble infinie et un style très personnel et percutant, elle est certainement l'un des écrivains français de la toute dernière génération avec lesquels il faudra compter dans l'avenir.

Du fanatisme religieux de « L'enfant du siècle », nous passons à la quête de Dieu. Non pas une quête spirituelle, mais physique, réelle, scientifique. Il n'y a guère que les écrivains américains pour oser de tels sujets. La longue nouvelle de Nancy Kress (auteur révélé dans *Univers 1984*) est tout simplement bouleversante... et éblouissante.

Et pour en finir une bonne fois pour toutes avec Dieu et la création, voici une nouvelle d'Arthur C. Clarke, non, de Carter Scholz, même pas, de... Quand le plagiat atteint ce degré d'absolu, il confine à l'art créatif, si tant est que ce dernier existe encore...

C'est sur cette note résolument pessimiste que je vous invite au voyage. N'y aurait-il vraiment plus rien à imaginer ? C'est ce que nous allons voir.

Larguez les amarres.

Pierre K. REY.

Options

par John VARLEY

Cléo avait horreur du petit déjeuner.

Son niveau d'énergie était au plus bas le matin, mais il n'en allait pas de même des enfants. C'était toujours la crise à cause de l'école, il y avait toujours quelque chose à retrouver au dernier moment, toujours un différend à régler.

Ce matin, c'était un bol de céréales que Lilli s'était renversé sur les genoux. Cléo ne l'avait pas vu arriver; son attention avait été momentanément détournée par Plume, sa cadette.

Et bien entendu, il avait fallu que ça se produise *après* que Lilli fut habillée.

– M'man, j'ai p'us d'autres habits.

– Eh bien, si tu ne les usais pas si allégrement, peut-être qu'ils te feraient plus de trois jours, et si tu ne... (Elle s'arrêta avant de perdre patience :) T'as qu'à les enlever et y aller comme ça.

– Mais m'man, personne va à l'école tout nu. Per-sonne. Donne-moi des sous et je m'arrêterai au magasin en rou...

Cléo éleva la voix, une chose qu'elle essayait toujours d'éviter :

– Ma fille, je sais qu'il y a dans ta classe des gosses dont les parents n'ont même pas les moyens de leur payer des vêtements.

– D'accord, alors les pauvres gosses n'en...

– Ça suffit. Tu es déjà en retard. File !

Lilli quitta la pièce à pas lourds. Cléo entendit la porte claquer.

Durant tout cet épisode, Jules était demeuré une oasis de calme à l'autre bout de la table, le nez plongé dans son bloc-info, en train de siroter sa seconde tasse de café. Cléo contempla son bacon et ses œufs qui refroidissaient dans l'assiette, se versa sa première tasse de café puis dut se lever pour aider Paul à retrouver son second soulier.

Entre-temps, Plume s'était de nouveau mouillée, aussi la mit-elle sur la table pour décoller sa couche trempée.

– Eh, écoute un peu ça, dit Jules. Le Conseil municipal vient d'adopter sans objection un arrêté stipulant...

– Jules, n'es-tu pas un tantinet en retard ?

Il jeta un coup d'œil sur son ongle de pouce :

– T'as raison. Merci. (Il finit son café, replia son bloc-info, se le fourra sous le bras, se pencha pour embrasser son épouse puis fronça les sourcils.) Tu devrais franchement manger un peu plus, chérie, fit-il en indiquant les œufs laissés intacts. Manger pour deux, tu sais. Allez, bon, salut.

– C'est ça, salut, fit Cléo entre ses dents. Et si j'entends encore cette histoire de « manger pour deux », je te...

Mais il était parti.

Elle eut le temps de s'ébouillanter les lèvres avec le café, puis se rua dehors pour attraper son train.

Il y avait certes des places dans la voiture-solarium mais bien entendu Plume était avec elle et les U-V n'étaient pas recommandés pour son tendre épiderme. Après un regard d'envie pour les passagers allongés avec les coupelles noires leur masquant les yeux – et un coup d'œil lugubre sur sa propre peau pâlichonne –, Cléo monta dans la voiture suivante où elle trouva sans mal un siège près d'un gros bonhomme porteur d'un casque. Elle s'installa dans les coussins, rajusta les sangles du porte-bébé devant elle et donna le sein à Plume. Puis elle déplia son bloc-info et l'étala sur ses genoux.

– Mignon, fit l'homme. Quel âge a-t-il ?

– A-t-elle, rectifia Cléo sans le regarder. Onze jours. Et cinq heures, trente-six minutes...

Elle changea de position, lui tournant délibérément le dos, et s'employa à activer le bloc-info, apparemment passionnée par l'examen du sommaire du jour. Elle ne leva pas les yeux lorsque le train émergea du tunnel pour déboucher sur les molles ondulations de la plaine de Mendeleev. Il faut dire qu'elle aurait eu du mal à trouver le spectacle intéressant vu qu'elle accomplissait les quarante minutes du trajet vers le cratère Hartman deux fois par jour. Ils avaient discuté de l'éventualité de déménager pour s'installer sur place mais Jules aimait vivre à King City, près de son boulot, et bien entendu les gosses se seraient ennuyés de tous leurs copains de classe.

Il n'y avait pas grand-chose dans la messagerie ce matin. Elle demanda cependant la sortie d'un texte quand la diode rouge du récepteur clignota une mise à jour. Le bloc lança l'impression de quelque vague info municipale. Au bout de trois phrases, elle pressa la touche de rejet.

Une parade pour le Centenaire de l'Invasion était annoncée pour 19 h 00 le jour même. Les parades l'emmerdaient, idem pour le Centenaire. Quand vous avez entendu un discours sur le thème : la-libération-de-la-Terre-est-au-bout-du-chemin-si-nous-nous-y-mettons-tous, vous les avez entendus tous. Contenu sémantique : zéro; taux de niaiserie : maximal.

Elle consulta d'un œil mélancolique la page des sports, notant au passage que l'équipe de jumpball du secteur J ne faisait plus grand-chose dans le tournoi intervilles en son absence. La petite stature et les jambes puissantes de Cléo lui avaient bien servi pour placer des démarrages au poste d'ailier du temps où elle jouait, mais dans son état, il lui semblait tout bonnement impossible de poursuivre encore l'entraînement.

En dernier recours, elle appela les articles, résumés et sommaires analytiques, le *Supplément du Dimanche* et la partie magazine. Un titre ayant accroché son œil, elle en tapa le code d'accès.

Le changement : La révolution dans le rôle des sexes
(ou : qui a le dessus ?)

« Il y a vingt ans, lorsque pour la première fois des procédures de changements de sexe faciles et financièrement abordables furent à la disposition du grand public, on crut y voir le début d'une révolution qui devait modifier l'aspect de la société humaine de manière absolument imprévisible. L'égalité des sexes était une chose, remarquaient les sociologues, mais certaines inégalités résiduelles – fondées sur des impératifs biologiques ou bien sur l'éducation, tout dépend de l'opinion – s'étaient révélées indéracinables. Le changement allait mettre un terme à tout cela. Les hommes comme les femmes allaient être capables de se faire eux-mêmes une idée depuis l'autre côté de la frontière qui de tout temps a séparé en deux l'humanité. Comment le rôle spécifique des sexes allait-il survivre à un tel bouleversement ?

» Dix ans après, la réponse apparaissait évidente : le changement n'avait attiré qu'une infime minorité d'individus. On n'avait pas tardé à le considérer comme une innocente aberration, pratiquée par seulement un pour cent de la population. Tout le monde s'empressa d'oublier ces discours sur l'abattement des frontières.

» Mais au cours des dix dernières années, on a vu se développer une révolution plus tranquille. Si elle est passée presque inaperçue à grande échelle parce que le phénomène demeure invisible (comment savoir que votre prochaine rencontre féminine n'était pas un homme la semaine précédente ?), le changement s'est vu progressivement, et tranquillement, admis auprès des enfants de cette même génération qui naguère encore l'avait rejeté. Il y a désormais plus d'une chance sur deux que parmi vos connaissances se trouve une personne qui aura subi au moins un changement de sexe. Il y a plus d'une chance sur quinze que vous-même en ayez changé; si vous avez moins de vingt ans, cette proportion passe à une chance sur trois. »

L'article se poursuivait par la description de la société souterraine qui avait jailli dans la mouvance du changement. Les changistes tendaient à se regrouper, fréquentaient leurs propres bars, organisaient leurs propres manifestations, se démarquant d'une société que bon nombre d'entre eux considéraient comme démodée et même dépassée. Les changistes tendaient à épouser d'autres changistes. Ils partageaient également les grossesses, chacun préférant ne porter qu'un seul enfant. L'auteur considérait cette tendance avec inquiétude, car elle allait à l'encontre d'un consensus social orienté vers la valorisation des familles nombreuses. Les changistes rétorquaient que ce temps était révolu, soulignant que la conquête de Luna était achevée depuis belle lurette. A l'appui de leur thèse, ils citaient des statistiques démontrant qu'au taux d'expansion actuel, la population de Luna se chiffrerait en milliards d'habitants dans un délai incroyablement bref.

L'article était complété d'interviews de changistes et de profils psychologiques. Cléo lut que les hommes avaient à l'origine été les plus gros consommateurs de cette technique nouvelle – justifiant leur décision par des motifs sexuels – et que le changement avait souvent été permanent. Aujourd'hui, le changiste avait légèrement plus de chances d'être né de sexe féminin et de fournir à son acte des raisons sociales, la plus fréquente étant la charge de l'enfantement. Mais le/la changiste moderne ne se cantonnait dans aucun des deux rôles. Enfin, le délai moyen entre deux changements chez un individu était actuellement de deux ans, et en diminution.

Cléo lut tout l'article, puis songea à tirer profit de certaines des références bibliographiques citées à la fin. Non que cela fût réellement nouveau pour elle. Elle était au courant de la chose sans y avoir jamais beaucoup réfléchi. L'idée ne l'avait jamais attirée et Jules était contre. Mais pour quelque raison, elle avait fait vibrer une corde ce matin.

Plume s'était endormie. Cléo rabattit délicatement la couverture entourant le visage de l'enfant, puis essuya le lait de son mamelon. Elle replia le bloc-info et le glissa dans son sac, puis posa le menton sur sa main et regarda par la fenêtre jusqu'à la fin du trajet.

Cléo était architecte en chef sur le chantier de la nouvelle plantation de la Food Systems Inc., installée à Hartman. A ce titre, elle avait sous ses ordres trois architectes stagiaires, cinq chefs de chantier et une armée de contremaîtres et d'ouvriers. C'était un gros projet, le plus gros dont Cléo eût jamais assumé la responsabilité.

Elle aimait son travail mais avait toujours considéré que la meilleure part de celui-ci était de se trouver sur le site, là où les choses se déroulaient, pour superviser concrètement la construction plutôt que de diriger du fond d'un bureau.

Ce qui avait été difficile durant les derniers mois de sa grossesse, mais au moins, il y avait les combinaisons pressurisées de maternité. En fait, c'était même plus difficile aujourd'hui, maintenant que Plume était née.

Elle avait déjà vécu tout cela, avec Lilli et Paul. Tout le monde travaillait. Cela avait été la règle depuis un siècle, depuis l'Invasion. Comme il n'était pas question de détourner des travailleurs pour leur faire jouer les baby-sitters, avoir des enfants signifiait désormais que le père ou la mère devait continuer à faire le même travail qu'auparavant, mais le faire en s'occupant du gosse. Dans la pratique, c'était généralement la tâche de la mère, puisque c'était elle qui avait le lait.

Cléo avait bien essayé de confier Plume à l'une des femmes du bureau mais chacune avait son propre boulot à faire et, non sans logique, estimait que c'était à Cléo d'assumer le fardeau de sa propre progéniture. Et de plus, Plume semblait ne jamais bien réagir avec une tierce personne : Cléo rentrait immanquablement de ses visites de chantier pour découvrir que l'enfant avait pleuré sans interruption, perturbant le travail de tout le monde. Elle avait emmené quelquefois Plume avec elle dans une chenillette, mais ce n'était pas la même chose.

Ce matin-là était consacré à une réunion. Cléo et les autres chefs de groupe restèrent assis autour de la grande table trois heures durant à discuter des moyens de se tirer des dépassements de budget puis ne s'interrompirent que pour une brève pause déjeuner avant de retourner au charbon tout l'après-midi. Cléo y avait attrapé un mal de dos assorti d'une migraine tenace, si bien que Plume ne trouva rien de mieux, évidemment, que de choisir ce jour précis pour faire des siennes. Après dix minutes de regards de plus en plus hostiles, Cléo dut se retirer dans la cabine de sonorisation avec Leah Fernham, la comptable et son fils de trois ans, Eddie. Toutes deux suivirent les débats au casque tout en essayant de se dépatouiller avec leurs gosses et d'émettre leurs remarques au laryngophone. La moitié des présents à la conférence devaient soit se retourner quand elles parlaient, soit les ignorer, et Cléo hésitait à les contraindre à un tel choix. Résultat : elle choisissait ses remarques avec un soin extrême. Le plus souvent, elle ne disait rien.

Il y avait quelque chose d'étrange au tréfonds du monde des affaires : on refusait de s'adapter à la présence d'enfants dans une salle de conseil, tout en semblant d'un autre côté tout faire pour accueillir la mère au travail. Cela lui donnait à réfléchir, et pas pour la première fois.

Mais que voulait-elle au juste ? Honnêtement, elle n'arrivait pas à voir ce qu'on pouvait faire d'autre. Il n'était certainement pas sympa de déranger toute une réunion avec un bébé braillard. Elle aurait bien voulu connaître la réponse. C'étaient ses amis, là-bas derrière la vitre, et malgré tout, elle éprouvait un intense sentiment d'aliénation, assise ainsi à regarder derrière la cloison vitrée du bocal que cet Eddie maculait de ses doigts crasseux.

Par chance, Plume fut un véritable petit ange sur le chemin du retour. Elle babilla, gratifia d'un grand sourire édenté une femme qui s'était arrêtée pour l'admirer et Cléo dorlota l'enfant pour la première fois de la journée. Elle passa le voyage du retour à des jeux de mains avec elle, entourée par les sourires approbateurs de tous les autres passagers.

– Jules, j'ai lu un article intéressant sur le bloc, ce matin.

Et voilà, elle s'était jetée à l'eau. Elle avait décidé que le mieux serait encore l'approche directe.

– Hmmm ?

– Il parlait du changement. Ça devient de plus en plus populaire.

– Pas possible ?

Il ne leva pas les yeux de son bouquin.

Jules et Cléo avaient l'habitude de veiller quelques heures au lit dès que les gosses étaient endormis. Ils boudaient les programmes vidéo destinés à bercer les travailleurs après une dure journée, préférant consacrer leur temps à se mettre à jour dans leurs lectures ou à parler, si l'un ou l'autre avait quelque chose à dire. Ces dernières années, ils avaient lu de plus en plus et parlé de moins en moins.

Cléo se pencha par-dessus le berceau de Plume pour récupérer un paquet de fumettes. Elle en alluma une d'un coup d'ongle du pouce, en tira une bouffée, exhala un nuage de fumée lavande. Elle ramena ses jambes sous elle et s'appuya contre le mur.

– Je pensais simplement qu'on pourrait peut-être en parler. C'est tout.

Jules reposa son livre.

– Très bien. Mais parler de quoi ? C'est pas un truc qui nous branche.

Elle haussa les épaules, se mordilla la peau d'un ongle.

– Je sais. On en a quand même parlé, dans le temps. C'est juste que je me demandais si tu étais toujours du même avis, je suppose.

Elle lui passa la fumette et il en tira une bouffée.

– Autant que je sache, oui, fit-il tranquillement. Tu sais, c'est pas un truc auquel je réfléchis des masses. Quel intérêt ? (Il lui jeta un regard méfiant.) Toi, t'aurais pas d'idées de ce côté-là, non ?

– Eh bien, non, pas exactement. Non. Mais franchement, tu devrais lire cet article, tu sais. De plus en plus de gens font ça. Je pensais juste qu'on devrait se tenir au courant.

– Ouais, j'en ai entendu parler, concéda Jules. (Il croisa les mains derrière la nuque.) Impossible de les distinguer, à moins que tu bosses avec eux et qu'un beau matin, tu les retrouves avec un échange standard d'équipement. (Il rigola.) La première fois, j'ai plutôt eu du mal à m'y faire. Maintenant, c'est à peine si je le remarque.

– Idem pour moi.

– Ils ne causent aucun problème, dit Jules avec un air définitif. Il faut être tolérant.

– Ouais.

Cléo fuma en silence durant quelque temps, laissant Jules retourner à sa lecture, mais elle se sentait toujours mal à l'aise.

– Jules ?

– Quoi, encore ?

– Tu t'es jamais demandé quel effet ça pouvait faire ?

Il soupira et referma son livre puis se tourna vers elle.

– Je ne te comprends vraiment pas, ce soir.

– Eh bien, peut-être que moi non plus mais, enfin, on pourrait discuter...

– Ecoute. As-tu au moins songé aux conséquences pour

les gosses ? Je veux dire, même si j'étais prêt à sérieusement l'envisager, ce qui n'est pas le cas.

– J'en ai déjà parlé avec Lilli. Comme ça, juste en théorie, tu comprends. Elle m'a dit qu'elle a deux profs qui changent et qu'une de ses meilleures copines avait été un garçon. Il y a pas mal de gosses au collège qui ont changé. Ça ne lui fait ni chaud ni froid.

– Oui, mais elle est plus âgée. Et Paul ? Quel effet cela aurait-il sur son image de soi en tant que jeune homme ? Je vais te dire, Cléo, dans le fond, je persiste à considérer toute cette histoire comme un peu tordue. Je trouve que ça aurait un effet nuisible sur les gosses.

– Justement non, d'après le...

– Cléo, Cléo. Ne commençons pas à discuter. Primo, je n'ai aucune intention de subir un changement, ni maintenant ni plus tard. Secundo, si l'un de nous deux seulement était changé, aucun doute que cela sèmerait la zizanie dans notre vie sexuelle, tu trouves pas ? Et tertio, je t'aime trop telle que tu es.

Il se pencha sur elle et se mit à l'embrasser.

Elle était plus qu'un petit peu embêtée mais ne dit rien tandis que ses baisers gagnaient en intensité. C'était une manière bigrement efficace de clore le débat. Et elle était incapable de rester fâchée : elle réagissait malgré elle, avec aisance et naturel.

La suite fut aussi bien que ça l'était toujours avec Jules. Le plafond, si familier, devint une fois encore un vide apaisant qui absorbait ses pensées.

Non, elle n'avait pas à se plaindre d'être une femme, aucune insatisfaction d'ordre sexuel. Rien d'aussi simple que ça.

Plus tard, elle se coucha en chien de fusil, jambes relevées, genoux serrés, tournée vers Jules qui lui caressait la jambe d'un air absent. Elle avait les yeux fermés mais n'avait pas sommeil. Elle savourait la chaleur qu'elle appréciait tant après l'amour; cet engluement entre ses jambes, le plaisir de retenir la semence en elle.

Elle sentit bouger le lit lorsqu'il changea de position.

– Ça a marché, pas vrai ?

Elle entrouvrit juste assez la paupière pour le lorgner du coin de l'œil.

– Bien sûr, que ça a marché. Comme toujours. Tu sais que je n'ai jamais eu de problème de ce côté.

Il se radossa contre l'oreiller.

– Je suis désolé de... enfin... de t'avoir sauté dessus comme ça.

– Ça va. C'était bien.

– J'avais juste cru que tu aurais pu... simuler. Je ne sais pas ce que j'en aurais pensé.

Elle ouvrit l'autre œil et lui donna une petite tape sur la joue.

– Jules, jamais je n'aurais un comportement si protecteur à l'égard de ton pauvre petit ego. Si tu ne me satisfais pas, je te promets que tu seras le second à le savoir.

Il gloussa puis se tourna pour l'embrasser.

– Bonne nuit, mon chou.

– B'nuit.

Elle l'aimait. Il l'aimait. Leur vie sexuelle allait bien – à la petite restriction mentale qu'il donnait toujours l'impression de vouloir l'initier –, elle était heureuse de son corps.

Alors, pourquoi ne dormait-elle toujours pas trois heures plus tard ?

Les courses pour la maison lui prirent quelques heures de visiophone le samedi matin. Cléo demanda qu'on les lui livre l'après-midi même puis elle s'empressa de sortir faire le genre de courses qui lui plaisaient : lécher les vitrines en contemplant les articles dont elle n'avait pas vraiment besoin.

Plume était avec Jules, les samedis. Elle savoura donc un déjeuner tranquille, installée seule à une table sur l'esplanade dans le parc, puis elle se surprit à descendre Brazil Avenue, au cœur même du quartier médical. Sur une impulsion, elle pénétra dans le Salon d'Esthétique de l'Hérédité Nouvelle.

Seulement après y être entrée, elle dut reconnaître qu'elle avait en fait passé le plus clair de sa matinée à se préparer à cette impulsion.

Elle se sentait sur les nerfs tandis qu'on la conduisait au

bout d'un couloir vers la salle de consultation et elle dut se forcer pour sourire à l'élégant jeune homme assis derrière le bureau. Elle s'assit, posa ses paquets par terre et croisa les mains sur les genoux. Il lui demanda ce qu'il pouvait faire pour elle.

– Je ne suis pas vraiment ici pour un travail quelconque, commença-t-elle. Je voulais simplement m'enquérir des prix et peut-être en savoir un peu plus sur les procédures impliquées par le changement.

Il acquiesça d'un air compréhensif et se leva.

– La première consultation est gratuite, lui dit-il. Nous sommes heureux de pouvoir répondre à vos questions. A propos, je m'appelle Marion, Marion avec un « O », ce mois-ci.

Il lui sourit et lui fit signe de le suivre. Il la plaça devant une grande glace fixée au mur.

– Je sais qu'il est toujours difficile de faire le premier pas. Ça a été difficile pour moi aussi et pourtant, je gagne ma vie avec. Aussi avons-nous mis au point cette démonstration qui ne vous coûtera rien, ni argent ni souci. C'est une manière non agressive de voir partiellement de quoi il retourne, mais cela pourrait néanmoins vous surprendre quelque peu. Aussi, préparez-vous.

Il effleura un bouton sur le mur à côté du miroir et Cléo vit ses vêtements disparaître. Elle se rendit compte qu'il ne s'agissait pas réellement d'un miroir mais d'un écran holographique raccordé à un ordinateur.

L'ordinateur introduisit des modifications dans l'image : en l'espace de trente secondes, elle faisait face à un inconnu de sexe masculin. Nul doute que le visage était le sien mais il était plus anguleux, peut-être un soupçon plus large dans la structure osseuse sous-jacente. La peau sur les mâchoires de l'étranger était rêche, comme s'il avait eu besoin d'un rasage.

Le reste du corps répondait en gros à ses expectatives, hormis qu'elle le trouvait trop musclé à son goût. Elle n'accorda qu'un bref regard au pénis; quelque part, cela ne semblait pas avoir une telle importance. Elle passa plus de temps en revanche à étudier les poils sur la poitrine, les mamelons minuscules et les cals qui étaient apparus sur les mains et les pieds. L'image singeait chacun de ses mouvements.

– Pourquoi tout ce muscle ? demanda-t-elle à Marion. Si vous essayez de m'emballer avec ça, vous avez choisi la mauvaise méthode.

Marion poussa encore quelques boutons.

– Je n'ai pas choisi cette image, expliqua-t-il. L'ordinateur prend ce qu'il voit et il extrapole. Vous êtes plus musclée que la moyenne des femmes. Vous faites sans doute de la gymnastique. Et voici ce qu'un degré comparable d'exercice aurait produit avec des hormones mâles pour fixer l'azote dans les muscles. Mais cela n'a rien d'irrémédiable.

L'image perdit sept ou huit kilos de masse musculaire, essentiellement au niveau des épaules et des cuisses. Cléo se sentit un petit peu plus à l'aise, mais il lui manquait encore la douceur à laquelle l'avait habituée sa propre image dans la glace.

Elle quitta des yeux l'écran et regagna sa chaise. Marion s'assit en face d'elle et croisa les mains sur son bureau.

– Fondamentalement, ce que nous réalisons, c'est cloner un corps à partir de l'une de vos cellules. Par le biais d'un processus appelé substitution virale du recombinant Y, nous retirons l'un de vos chromosomes X pour le remplacer par un Y.

» Le clone est amené à maturité par les méthodes habituelles, ce qui prend environ six mois. Après cela, ce n'est que l'affaire d'une banale transplantation de cerveau sans risque de rejet. Vous êtes une femme en entrant et vous êtes un homme une heure après en sortant. Pas plus compliqué que ça.

Cléo ne dit rien, elle se demandait encore ce qu'elle faisait ici.

– A partir de là, nous pouvons modifier le corps. On peut vous faire grandir ou diminuer de taille, vous remodeler le visage, réaliser virtuellement tout ce que vous voulez.

Il haussa les sourcils, puis sourit avec regret en ouvrant les mains.

– D'accord, madame King, je n'essaie pas de faire pression sur vous. Vous aurez besoin d'y réfléchir. En attendant, il existe toutefois un processus qui ne vous coûtera presque rien et qui pourrait bien être le moyen de vous faire sauter le pas. Ai-je raison de supposer que votre mari est hostile à ceci ?

Elle acquiesça et il prit un air compatissant.

– Pas rare, pas rare du tout, lui assura-t-il. Cela fait ressortir la peur de la castration chez des hommes qui n'auraient même pas soupçonné en souffrir. Bien entendu, nous ne faisons rien de semblable. Dans son cas, son corps masculin serait maintenu en cuve, prêt à tout moment à le recevoir de nouveau.

Cléo se tortilla sur sa chaise.

– Quel était ce processus auquel vous faisiez allusion à l'instant ?

– Une simple petite intervention tout à fait bénigne. Cela ne demande que dix minutes et peut être corrigé dans le même temps avant même que vous ne quittiez ce bureau si vous trouvez que ça ne vous plaît pas. C'est un bon moyen d'amener les maris à réfléchir sur le changement; une manière de signal que vous pouvez lui envoyer. Vous avez entendu parler de l'allure androgyne. C'est sur toutes les cassettes de mode. Quantité de femmes, surtout celles qui ont de gros seins comme vous, trouvent ce changement intéressant.

– Vous dites que c'est pas cher ? Et réversible ?

– Toutes nos interventions sont réversibles. Changer la taille ou la forme des seins est la plus banale de nos opérations de chirurgie plastique.

Cléo était assise sur la table d'examen tandis que la toubib procédait à une rapide auscultation.

– Je ne sais pas si Marion s'est rendu compte que vous allaitiez, observa la femme. Etes-vous bien sûre que c'est ce que vous voulez ?

Merde, comment diable le saurais-je ? songea Cléo. Elle aurait bien voulu que se dissipe ce sentiment d'incertitude et de confusion.

– Allez-y.

Jules détesta.

Oh, il ne poussa pas de cris, ne claqua pas les portes, ne quitta pas la maison avec fracas; cela n'avait jamais été son genre. Non, il énonça ses objections d'une voix froide et calme à la table du dîner, alors qu'il n'avait pratiquement pas dit un mot depuis qu'elle avait franchi la porte.

– J'aimerais juste savoir pourquoi tu as cru utile de faire ça sans même prendre la peine de m'en parler. Je n'exige pas que tu m'aies demandé l'autorisation, simplement qu'on en discute ensemble.

Cléo se sentait misérable mais était décidée à n'en rien laisser paraître. Elle tenait Plume au creux d'un bras, le biberon dans l'autre main, et ignorait la nourriture qui refroidissait dans son assiette. Elle avait faim, mais au moins, elle ne mangeait pas pour deux.

– Jules, je te demanderais avant de changer le mobilier. On est tous les deux propriétaires de cet appartement. Je te demanderais avant de mettre Lilli ou Paul dans une autre école. On partage la responsabilité de leur éducation. Mais je ne te demande rien quand je me mets du rouge à lèvres ou quand je me coupe les cheveux. Après tout, c'est mon corps.

– Moi, j'aime bien, m'man, dit Lilli. Tu me ressembles.

Cléo lui sourit, se pencha et lui ébouriffa les cheveux.

– Qu'est-ce que t'aimes, toi ? demanda Paul, la bouche pleine.

– Tu vois ? fit Cléo. Ce n'est pas si important que ça.

– Je ne vois pas comment tu peux dire une chose pareille. Et je n'ai pas dit que tu avais à me demander. J'aurais simplement voulu... tu aurais dû... enfin, j'aurais dû *être au courant.*

– Ça a été sur une impulsion, Jules.

– Une impulsion ! Une *impulsion.*

Pour la première fois, il éleva la voix et Cléo comprit à quel point il était vraiment contrarié. Lilli et Paul se turent, et même Plume se tortilla.

Mais Cléo aimait bien. Oh, pas pour les siècles des siècles : non, simplement comme un changement intéressant. Cela lui procurait une sensation de liberté de pouvoir maîtriser ainsi son corps, d'être capable de décider de quelle taille elle voulait avoir les seins. Cela avait-il un rapport avec le changement ? Elle ne le pensait vraiment pas. Elle ne se sentait pas le moins du monde comme un homme.

Et puis, qu'est-ce que c'était qu'un sein, après tout ? Ça pouvait être n'importe quoi, depuis un petit bout de téton collé sur la cage thoracique jusqu'à un monstrueux tas de graisse et de glande mammaire. Cléo se rendit compte que Jules souffrait du syndrome de plus-y-en-a-mieux-ça-vaut, et qu'il voyait dans son acte l'ablation de ses seins – comme s'ils devaient être gros pour avoir une existence – quand elle s'était contentée de réduire leur taille.

Ils n'en dirent pas plus à table mais Cléo savait que c'était uniquement à cause des enfants. A peine étaient-ils au lit qu'elle sentit renaître la tension.

– Je n'arrive pas à comprendre pourquoi t'as fait ça justement maintenant. Et Plume, alors ?

– Quoi, Plume ?

– Eh bien, tu comptes peut-être sur moi pour l'allaiter ?

Cléo finit par se mettre en colère pour de bon.

– Et merde, c'est très exactement ce que je compte te voir faire. Ne me dis pas que tu ignores de quoi je parle. Tu crois que c'est toujours rigolo d'avoir à trimbaler une gosse toute la journée parce qu'elle a besoin du lait de tes seins ?

– Tu ne t'étais jamais plainte, jusqu'ici.

– Je...

Elle s'arrêta. Il avait raison, bien entendu. Cela surprit même Cléo que la question fût apparue si brutalement, mais elle était bien là, et elle devrait bien l'affronter. *Ils* devraient bien l'affronter.

– C'est parce que ça n'a rien d'affreux. C'est super de nourrir ainsi un autre être humain à son sein. J'en ai apprécié chaque minute avec Lilli. Parfois bien sûr, c'était casse-pieds, de l'avoir là tout le temps, mais ça en valait la peine. Idem avec Paul. (Elle soupira.) Idem encore avec Plume, la plupart du temps. C'est à peine si on y pense.

– Alors, pourquoi cette révolte aujourd'hui ? Sans prévenir ?

– Ce n'est pas une révolte, chéri. Tu le vois ainsi ? J'ai juste... j'aimerais bien que t'essaies. De prendre Plume pour quelques mois. De l'emmener avec toi au boulot, comme je le fais. Alors tu... tu verrais un peu ce que j'endure. (Elle roula sur le côté et, taquine, lui martela le bras, essayant de le dérider un brin.) Il se pourrait même que t'aimes ça. C'est vraiment chouette, tu sais.

Il renifla.

– J'aurais l'air idiot.

Elle bondit du lit et se mit à arpenter le séjour puis se tourna vers lui, plus furieuse que jamais.

– Idiot ? Allaiter, c'est idiot ? Les seins, c'est idiot ? Alors, pourquoi, bordel, t'étonnes-tu que j'aie fait ce que j'ai fait ?

– C'est d'être un homme qui rend ça idiot, rétorqua-t-il. Ça ne paraît pas normal. Je ris, presque chaque fois que je vois un homme avec ses seins. Les hormones sèment la pagaille dans votre système hormonal, à ce qu'il paraît, et...

– Ce n'est *pas vrai !* Plus maintenant. Tu peux très bien produire du lait et...

– Et par ailleurs, il s'agit de mon corps, comme tu l'as fort justement remarqué. J'en fais ce qui me plaît.

Elle s'assit au bord du lit en lui tournant le dos. Il tendit la main pour la caresser mais elle s'écarta.

– Bon, d'accord, reprit-elle. C'était juste une suggestion de ma part. Je pensais que t'aurais aimé essayer. Quant à moi, je cesse de l'allaiter. A partir de maintenant, elle marchera au biberon.

– S'il doit en être ainsi...

– Il en sera ainsi. Et je veux que tu commences à emmener Plume au boulot avec toi. Puisqu'elle va devenir un bébé-biberon, après tout, peu importe lequel de nous deux s'en occupe. Je trouve que tu me dois bien ça, vu que j'ai porté le fardeau toute seule avec Lilli et Paul.

– D'accord.

Elle se mit au lit, se drapa dans les couvertures et lui tourna le dos. Elle n'avait pas envie de lui montrer à quel point elle était au bord des larmes.

Mais la sensation passa. La tension la quitta, elle se sentait bien. Elle avait l'impression d'avoir remporté une victoire, et ça en valait la peine. Jules ne resterait pas fâché contre elle.

Elle s'endormit sans peine mais s'éveilla néanmoins plusieurs fois dans la nuit parce que Jules s'agitait et se retournait.

Il s'y fit effectivement. Il lui était impossible de l'admettre tout de go, mais au bout d'une semaine sans faire l'amour, il admit à contrecœur qu'elle avait l'air chouette.

Il se mit à l'effleurer le matin au réveil et lorsqu'ils s'embrassaient le soir au retour du travail. Jules avait toujours admiré son corps fin et musclé, ses bras et ses jambes d'athlète. Cette poitrine plate lui allait si naturellement, elle collait si bien avec le reste de sa personne qu'il commença à se demander la raison de toute cette agitation.

Un soir, alors qu'ils débarrassaient la table du dîner, Jules effleura ses mamelons pour la première fois depuis une semaine. Il lui demanda si la sensation était différente.

– Une femme n'est guère sensible qu'à proximité des mamelons, remarqua-t-elle, si gros que puissent être ses seins. Tu le sais.

– Mouais, je suppose.

Elle savait qu'ils allaient faire l'amour cette nuit et décida que ce serait elle qui mènerait le jeu.

Elle passa un long moment dans la salle de bains, lui laissant le temps de s'installer avec son bouquin, puis elle en sortit et le lui enleva. Elle vint le chevaucher et se pressa contre lui, lui agaçant les mamelons du bout des doigts.

Elle se montrait agressive et insistante. Au début, il parut réticent mais bientôt il réagit tandis qu'elle écrasait violemment les lèvres contre les siennes, lui enfouissant la tête dans l'oreiller.

– Je t'aime, dit-il en redressant la tête pour lui embrasser le bout du nez. Tu es prête ?

– Je suis prête.

Il la prit dans ses bras et l'enserra, puis roula sur le lit pour se retrouver sur elle.

– Jules ! *Jules.* Arrête !

Elle se tortilla, les cuisses obstinément soudées, pour se dégager.

– Qu'est-ce qui ne va pas ?

– Je veux être sur le dessus, cette nuit.

– Oh ! bon, d'accord.

Il se retourna de nouveau et s'allongea, passif, tandis qu'elle se remettait en position. Elle avait le cœur qui palpitait. Il n'y avait eu aucune raison de croire qu'il soulève une objection – ils avaient fait l'amour dans toutes les positions imaginables, mais fondamentalement, les plus exotiques étaient vécues comme un contretemps par rapport à la position « naturelle », celle où elle était sur le dos. Ce soir, elle avait eu envie de prendre les choses en main.

– Ecarte les jambes, chéri, dit-elle en souriant.

Il s'exécuta mais ne lui rendit pas son sourire. Elle se souleva sur les mains et les genoux, se préparant pour la délicate intromission.

– Cléo...

– Qu'y a-t-il ? Cela va exiger un petit effort mais je t'assure que ça en vaudra la peine, alors si tu voulais juste...

– Enfin merde, Cléo, à quoi rime tout ceci ?

Elle s'arrêta pile, la tête ballante.

– Qu'est-ce qu'il y a ? Tu te trouves l'air idiot, les pieds en l'air, c'est ça ?

– Peut-être. C'est ce que tu voulais ?

– Jules, t'humilier est la dernière chose qui me viendrait à l'esprit.

– Alors, qu'est-ce que t'avais donc à l'esprit ? Ça ne ressemble à rien de ce qu'on a jamais fait jusqu'ici. C'est...

– Uniquement quand c'est toi qui choisis. C'est toujours ta décision.

– Il n'y a rien de dégradant à être en dessous.

– Alors, pourquoi te trouvais-tu l'air idiot ?

Il ne répondit pas et, d'un mouvement las, elle se dégagea de lui, et se reposa sur les genoux, à ses pieds. Elle attendit mais il ne paraissait pas enclin à en parler.

– Je ne me suis jamais plainte de cette position, hasarda-t-elle. Je n'ai ab-so-lu-ment pas à m'en plaindre. Ça marche impec. (Il ne disait toujours rien.) Bon, d'accord. Je voulais voir comment ça faisait de là-haut. J'en avais marre de regarder le plafond, voilà tout. Appelle ça de la curiosité.

– Et c'est *justement* pour ça que je me trouvais l'air *idiot*. Je n'ai jamais vu d'inconvénient à ce que tu sois au-dessus, avant, pas vrai ? Mais avant... eh bien, ça n'a jamais été dans le contexte de ces quinze derniers jours. Je sais très bien ce que t'as en tête.

– Et c'est par ça que tu te sens menacé. Par ma curiosité au sujet du changement, par mon désir de savoir l'effet que ça fait de prendre les responsabilités. Tu sais que je ne peux pas – et que je ne voudrais pas si je le pouvais – t'imposer un changement.

– Mais ta curiosité est quand même en train de ruiner notre mariage.

Elle se sentit de nouveau au bord des larmes mais n'en trahit rien, hormis par un frémissement de la lèvre inférieure. Elle n'avait pas envie qu'il essaie de la consoler; ça ne risquait que trop de marcher et elle se retrouverait encore une fois sur le dos et les jambes en l'air. Elle baissa les yeux pour considérer le lit en hochant lentement la tête puis se leva. Elle alla devant la glace, saisit la brosse et se mit à la passer dans ses cheveux.

– Qu'est-ce que tu fais maintenant ? On ne pourrait pas discuter de tout ça ?

– Je ne me sens guère d'humeur à discuter pour l'instant.

Elle se pencha pour examiner son visage pendant qu'elle se brossait puis épongea le coin de ses yeux avec un mouchoir en papier.

– Je sors. Je suis encore curieuse.

Il ne dit rien tandis qu'elle se dirigeait vers la porte.

– Je suis même peut-être un peu en retard.

L'endroit s'appelait *L'Oophyte.* Le « O » majuscule s'adornait d'un signe *plus* pendu au-dessous et d'une flèche sur le côté supérieur droit. L'enseigne était conçue de telle sorte que les symboles pivotaient; à un moment, le plus était à l'intérieur et la flèche pointait vers l'extérieur, l'instant d'après, c'était l'inverse.

Cléo traversa dans un brouillard agréable la piste de danse bondée, s'arrêtant de temps à autre pour tirer sur sa fumette. L'air dans la salle était lourd d'une fumée lavande, illuminé d'éclairs bleus. Elle dansa quand elle se sentit gagnée par l'ambiance. La musique était si forte qu'elle n'avait pas besoin d'y penser; le bruit s'était emparé de ses os, lui animant les bras et les jambes. Elle sinuait au travers d'une forêt de peaux nues, ressentant, à l'occasion, le rêche contact d'un costume de papier et, plus rarement, de coûteux vêtements de coton. C'était comme d'évoluer sous l'eau, comme de patauger dans la mélasse.

Elle l'aperçut de l'autre côté de la piste et se mit à glisser dans sa direction. Il ne la remarqua pas immédiatement, tandis qu'elle dansait juste en face de lui. Rares étaient les danseurs à avoir des partenaires autres que transitoires. Certains étaient là pour s'éclater, d'autres pour s'exhiber, mais tous cherchaient des partenaires, si bien qu'il finit par s'apercevoir qu'elle était là depuis un temps inaccoutumé. Il était aussi défoncé qu'elle, à l'aise.

Elle lui dit ce qu'elle voulait.

– Bien sûr. Où tu veux qu'on aille ? Chez toi ?

Elle le conduisit dans le hall, au fond, et plaqua son bracelet-crédit contre le verrou de l'une des portes. La chambre était simple mais propre.

Il ressemblait un peu à son double spectral dans la glace, releva-t-elle avec une partie de son esprit. C'était sans doute pour ça qu'elle l'avait choisi. Elle le prit dans ses bras et le poussa doucement vers le lit.

– Veux-tu qu'on fasse les présentations ? demanda-t-il.

Le sourire sur son visage devenait de plus en plus niais, à mesure qu'elle jouait avec lui.

– Je m'en fous. Je crois surtout que je veux me servir de toi.

– Te gêne pas. J' m'appelle Safran.

– Moi, c'est Cléopâtre. Tu veux bien te mettre sur le dos ?

Il s'exécuta, et ils s'exécutèrent. Il faisait une chaleur torride dans le réduit mais c'était le cadet de leurs soucis. C'était un exercice, un sain exercice, les sensations physiques étaient extra et, lorsque Cléo en eut terminé, elle n'avait rien appris. Elle s'affala sur lui. Il ne parut pas étonné de sentir ses larmes commencer à lui ruisseler sur l'épaule.

– Je suis désolée, dit-elle en s'asseyant.

Elle se préparait déjà à repartir.

– T'en vas pas, lui dit-il en lui posant la main sur l'épaule. Maintenant que tu t'es défoulée, peut-être qu'on pourrait faire l'amour.

Elle n'avait pas envie de sourire, mais elle ne put s'en empêcher, puis elle repartit à pleurer de plus belle, enfouissant le visage dans sa poitrine et sentant la chaleur de ses bras autour d'elle, et ses poils qui lui chatouillaient le nez. Elle prit conscience de ce qu'elle était en train de faire et chercha à se dégager.

– Pour l'amour du ciel, n'aie pas honte d'avoir besoin d'une épaule sur laquelle pleurer.

– C'est de la faiblesse. Je... je ne veux pas être faible, c'est tout.

– Nous sommes tous faibles.

Elle cessa de résister et resta nichée là, jusqu'à ce que cessent les larmes. Elle renifla, s'essuya le nez et le regarda en face.

– Quel effet ça fait ? Tu peux me dire ?

Elle était sur le point de lui expliquer de quoi elle voulait parler mais il parut saisir.

– C'est comme... rien de spécial.

– Tu es né femme, n'est-ce pas ? Je veux dire, tu... je croyais que j'aurais pu deviner.

– Ça n'a plus d'importance, comment je suis né. J'ai été les deux. C'est toujours moi, à l'intérieur. Tu comprends ?

– Je n'en suis pas trop sûre.

Ils restèrent un long moment silencieux. Cléo imaginait mille choses à dire, mille questions à poser, mais ne put que rester muette.

– Tu cherchais à prendre une décision, n'est-ce pas ? dit-il enfin. En es-tu plus proche ce soir ?

– Je n'en suis pas sûre.

– Ça ne va résoudre aucun problème, tu sais. Ça pourrait même en créer de nouveaux.

Elle se détacha de lui et se releva. Elle secoua la tête; elle aurait bien voulu un peigne.

– Merci, Cléopâtre, dit-il.

– Oh ! Euh, merci... euh.

Elle avait oublié son nom. Elle sourit à nouveau pour masquer son embarras et referma la porte derrière elle.

– Allô, oui ?

– Allô, ici, Cléopâtre King. J'ai eu une consultation avec quelqu'un de votre équipe. Je crois que ça remonte à une dizaine de jours.

– Effectivement, madame King. J'ai votre dossier. Que puis-je pour vous ?

Elle prit une profonde inspiration.

– Je veux que vous mettiez en route le clone. Je vous ai laissé un échantillon de tissu.

– Très bien, madame King. Avez-vous des instructions particulières concernant le donneur de chromosome ?

– Avez-vous besoin d'un consentement ?
– Non, tant qu'il y a un échantillon dans la banque.
– Utilisez mon mari, Jules La Rhin. Numéro de sécu 4454390.
– Très bien. On vous tiendra au courant.
Cléo raccrocha le téléphone et reposa le front contre le métal froid. Elle ne devrait jamais se défoncer à ce point, réalisa-t-elle. Mais qu'est-ce qu'elle avait fait ?
Enfin, ce n'était pas irrémédiable. Il s'écoulerait six mois avant qu'elle ait à décider si oui ou non elle utiliserait le clone. Satané Jules ! Pourquoi fallait-il qu'il en fasse tout un plat ?

Jules n'en fit absolument pas tout un plat lorsqu'elle lui dit ce qu'elle avait fait. Il prit même la chose avec calme et placidité, comme s'il s'y était attendu.
– Tu sais que je ne te suivrai pas dans cette voie ?
– Je sais que c'est ton opinion personnelle. Ça m'intéresserait de savoir si tu en changes.
– Ne compte pas là-dessus. En revanche, je voudrais bien voir si tu en as changé, toi, d'opinion.
– Je n'ai même pas encore arrêté la mienne. Mais j'envisage l'éventualité.
– Tout ce que je te demande, c'est de bien peser l'effet que ça pourrait avoir sur nos relations. Je t'aime, Cléo. Ça, je ne pense pas que ça changera jamais. Mais si tu franchis le seuil de cette maison sous les traits d'un homme, je ne crois pas que je serai capable de voir en toi la personne que j'ai toujours aimée.
– T'en serais capable si t'étais une femme.
– Mais je n'en serai pas une.
– Et je serai la même personne que j'ai toujours été.
Mais le serait-elle, réellement ? Mon Dieu, mais qu'est-ce qui ne tournait plus rond ? Qu'est-ce que Jules lui avait donc fait pour qu'elle mérite ça ? Elle décida une fois pour toutes de ne plus jamais approfondir ce genre de question et cette nuit-là, ils firent l'amour et ce fut très, très bien.
Malgré tout, par un certain côté, elle ne parvint jamais à se décider à appeler le vivarium pour leur demander l'avortement du clone. Les six mois suivants, elle prit une bonne douzaine de fois la décision de ne pas aller jusqu'au

bout mais ne se résolut pourtant jamais à faire détruire le clone.

Leurs relations au lit devinrent moins faciles à mesure que le temps passait. Dans les premiers temps, tout se déroula bien. Jules ne soulevait plus d'objections quand elle prenait l'initiative et il se montrait prêt à le faire de la manière qu'elle préférait. Une fois ce point acquis, Cléo se ficha bien désormais d'être dessus ou dessous : l'important pour elle avait été d'avoir obtenu de faire l'amour quand elle voulait et comme elle voulait.

– C'est tout le fond du problème, lui dit-elle une nuit, dans un moment de lucidité où tout semblait enfin acquérir un sens, hormis ce refus de Jules de voir les choses selon son point de vue à elle.

» Ce que je veux, c'est le libre choix. Je ne suis pas malheureuse d'être une femme. Mais je n'aime pas la sensation qu'il existe quoi que ce soit que je ne puisse être. Je veux savoir quelle part en moi est hormones, quelle part est génétique, quelle part est éducation. Je veux savoir si je me sentirai plus en sécurité d'être agressive en tant qu'homme, parce que je ne le suis certainement pas, la plupart du temps, en tant que femme. Ou savoir si les hommes ressentent les mêmes insécurités que je ressens moi-même. L'homme Cléo se sentirait-il libre de pleurer ? Je ne sais rien de toutes ces choses.

– Mais tu l'as dit toi-même : tu seras toujours la même personne.

Ils commencèrent à s'éloigner l'un de l'autre par toute une série de petits détails. Quelques semaines après sa sortie à *L'Oophyte*, Cléo revint à la maison un dimanche après-midi pour le trouver au lit en compagnie d'une femme. Voilà qui ne lui ressemblait pas du tout; ils avaient toujours eu coutume d'amener leurs amants ou maîtresses à la maison pour les présenter à l'autre, de manière que tout cela garde un côté sympa et libéré. Cléo s'en amusa car elle y voyait sa manière à lui de répliquer à sa virée dans ce club de drague.

Elle se comporta donc en hôtesse parfaite, les rejoignant au lit, ce qui parut déconcerter Jules. La femme s'appelait Harriet et Cléo se surprit à bien l'aimer. C'était une changiste – un détail que Jules ignorait sans aucun doute, ou sinon, il ne l'aurait pas choisie pour culpabiliser Cléo. Harriet se sentit mal à l'aise quand elle comprit la raison de sa présence ici. Cléo s'efforça de la décrisper en lui faisant l'amour, chose qui surprit quelque peu Cléo et surprit considérablement Jules, vu que c'était une première de la part de sa femme.

Cléo y prit un grand plaisir; elle découvrit que le corps lisse d'Harriet était pour elle un tout nouveau monde. Et elle sentit qu'elle avait nettement retourné la situation contre Jules, en le confrontant ainsi une fois encore avec cette image de sa femme dans le rôle de l'homme.

Le pire dans tout ça, c'étaient les enfants. Ils avaient discuté de l'éventuel changement prochain avec Lilli et Paul.

Lilli ne voyait pas où était le problème dans toute cette affaire; cela faisait partie de son existence, c'était quelque chose qui l'entourait, dans lequel elle baignait totalement, qu'elle considérait comme allant de soi et qu'elle-même pratiquerait quand elle serait assez grande. Mais dès qu'elle eut commencé à relever l'inquiétude qui émanait de son père, elle se rapprocha subtilement de sa mère. Celle-ci s'en trouva formidablement soulagée. Elle ne pensait pas qu'elle aurait été capable de tenir sa position face à un éventuel mécontentement de Lilli. Lilli était sa première-née et (bien qu'elle répugnât à l'admettre et fît de son mieux pour ne pas jouer du favoritisme), elle était sa petite chérie. Elle avait pris un an de congé sans solde – au risque de ruiner le budget familial – pour pouvoir consacrer tout son temps à sa fille nouveau-née. Elle aurait souvent souhaité pouvoir revenir à ces jours plus simples, quand la maternité représentait alors toute sa vie.

Plume, bien entendu, ne fut pas consultée. Jules avait assumé la responsabilité de son allaitement sans se plaindre outre mesure et il semblait même y prendre plaisir.

C'était parfait pour Cléo, même si elle était furieuse de le voir si volontiers accepter le rôle de nourrice alors qu'il ne se montrait pas aussi enclin à l'essayer en tant que femme. Cléo aimait Plume autant que les deux autres mais elle avait parfois du mal à se souvenir pourquoi ils avaient décidé de l'avoir. Elle avait cru que son organisme avait perdu l'élan procréateur avec Paul et malgré tout, Plume était là et bien là.

Non, le problème, c'était Paul.

Les choses pouvaient devenir difficiles lorsque Paul exprimait ses doutes sur ses sentiments éventuels au cas où sa mère devrait devenir un homme. Le visage de Jules s'assombrissait et il était capable de ne plus ouvrir la bouche de plusieurs jours. Et lorsqu'il parlait, souvent au milieu de la nuit quand aucun des deux ne parvenait à dormir, c'était sous la forme d'une explosion verbale qui était ce qu'elle avait connu chez lui de plus proche de la violence.

Cela la terrifiait car elle n'était absolument plus sûre d'elle lorsqu'on en venait à Paul. Cela lui ferait-il du mal ? Jules parla de crise d'identité sexuelle, évoqua le besoin de modèles familiaux stables, et au bout du compte, s'ouvrant totalement, de la peur que son fils devînt d'une certaine manière moins qu'un homme.

Cléo ne savait pas mais, par la suite, elle s'endormit en larmes bien des soirs en pensant à cela. Ils avaient lu des articles sur la question et découvert que les psychologues étaient divisés. Les traditionalistes insistaient beaucoup sur l'importance du rôle des sexes, tandis que les changistes estimaient que ces rôles n'étaient importants que pour ceux qui s'y laissaient piéger; avec le renversement des barrières sexuelles, ce concept des rôles s'était évanoui.

Le jour vint enfin où le corps cloné fut prêt. Cléo ne savait toujours pas ce qu'elle devait faire.

– Vous sentez-vous à l'aise, maintenant ? Inclinez simplement la tête si vous ne pouvez pas parler.

– Que...

– Détendez-vous. C'est terminé. Vous vous sentirez la force de marcher d'ici quelques minutes. Nous vous ferons raccompagner chez vous. Il se peut que vous éprouviez comme une impression d'ivresse durant quelque temps, mais il n'y a aucune drogue dans votre organisme.

– Que... que s'est-il passé ?

– C'est terminé. Détendez-vous, c'est tout.

Cléo obéit et se pelotonna dans le lit. Au bout d'un moment, il se mit à rire.

Ivresse n'était pas le terme adéquat. Il était étalé sur le lit, en train d'essayer des pronoms, pour voir. Tout cela était si drôle. *Il* était couché sur le dos avec ses mains à *lui* posées sur son ventre à *lui*. Il gloussa, tourna et se retourna, et finit par tomber du lit, pris d'une crise de fou rire.

Il leva la tête.

– Jules, c'est toi ?

– Oui, c'est moi.

Il aida Cléo à se remettre au lit, puis s'assit au pied, pas trop près, mais pas hors d'atteinte non plus.

– Comment te sens-tu ?

Il renifla.

– Plus bourré qu'un coing. (Il plissa les yeux, se força à fixer le regard sur Jules.) Faut que tu m'appelles Léo, à présent. Cléo c'est un prénom de femme. D'abord, t'aurais pas dû m'appeler Cléo, tout à l'heure.

– D'accord. Quoique je ne t'aie pas appelé Cléo.

– Non ? T'es vraiment sûr ?

– Je suis sûr que c'est pas un truc que j'aurais dit.

– Oh, bon, d'accord.

Il souleva la tête et parut quelques instants perplexe.

– Tu sais quoi ? Je sens que je vais être malade...

Léo se sentit nettement mieux une heure plus tard. Il était assis dans le séjour avec Jules, l'un et l'autre installés sur les gros coussins qui constituaient l'unique mobilier.

Ils parlèrent quelque temps de choses anodines, dialogue ponctué de longs silences. Léo n'était pas plus accoutumé que Jules au timbre de sa nouvelle voix.

– Eh bien, dit enfin Jules en se tapant sur les genoux avant de se lever. Je ne sais vraiment pas quels sont tes plans à partir de maintenant. Avais-tu envie de sortir ce soir ? Trouver une femme, voir l'effet que ça fait ?

Léo hocha la tête.

– J'ai déjà essayé, sitôt que je suis rentré, lui dit-il. L'orgasme masculin, je veux dire.

– Alors, quelle impression ?

Il rigola.

– Tu dois certainement le savoir, à ton âge.

– Non, je veux dire, après avoir été une femme...

– Je sais ce que tu veux dire. (Il haussa les épaules.) L'érection est un truc intéressant. Tellement plus imposant que ce à quoi j'étais accoutumé. A part ça... (Il fronça les sourcils quelques secondes.) C'est en gros pareil. Avec quelques différences. C'est plus localisé. Plus confus.

– Hum.

Jules détourna les yeux, étudiant l'âtre électrique comme s'il le voyait pour la première fois.

– Avais-tu envisagé de déménager ? Ce n'est pas nécessaire, tu sais. On pourrait s'arranger. Je peux aller avec Paul ou bien on pourrait l'installer ici et moi aller dans... dans notre ancienne chambre. Tu pourrais prendre la sienne.

Il se détourna de Léo et se cacha le visage dans les mains.

Léo avait envie de se lever pour le consoler mais il sentait que ce serait exactement la dernière chose à faire. Il laissa Jules se ressaisir tout seul.

– Si tu veux bien de moi, j'aimerais continuer de dormir avec toi.

Jules ne dit rien et garda le dos tourné.

– Jules, je suis absolument prêt à faire tout ce qui te mettra le plus à l'aise. On n'a pas besoin d'avoir des rapports... Ou je serais ravi de faire comme je faisais à la fin de ma grossesse. Tu n'aurais rien à faire.

– Pas de rapports, dit-il.

– Parfait, parfait, Jules. Je suis affreusement crevé. T'es prêt à dormir ?

Il y eut un long silence puis Jules se retourna et acquiesça.

Ils étaient allongés côte à côte, immobiles, sans se toucher. Les lumières étaient éteintes; Léo entrevoyait à peine le contour du corps de Jules.

Après un long moment, Jules se tourna sur le côté.

– Cléo, t'es toujours là ? Tu m'aimes encore ?

– Mais oui, je suis là, dit-elle. Je t'aime. Je t'aimerai toujours.

Jules sursauta quand Léo l'effleura mais il ne fit aucune objection. Il se mit à pleurer et Léo le tint serré. Ils s'endormirent dans les bras l'un de l'autre.

L'Oophyte était plus bondé et bruyant que jamais. Ça flanquait à Léo la migraine.

Il n'appréciait pas plus les lieux que Cléo naguère, mais c'était le seul endroit où il savait pouvoir trouver des partenaires sexuels, vite et sans mal, sans embrouilles sentimentales et sans longues entreprises de séduction. Tout le monde ici était disponible; la seule chose à faire était de demander. Chacun utilisait l'autre pour des exercices de gymnastique sexuelle qui étaient à deux doigts de la masturbation, chacun reconnaissait joyeusement le fait et chacun adoptait le point de vue que si l'on n'était pas d'accord, alors qu'est-ce qu'on venait foutre ici ? Il y avait quantité d'autres endroits pour la romance et les liaisons.

D'ordinaire, Léo n'approuvait pas – pour lui en tout cas, même s'il se fichait bien de ce que pouvaient faire les autres pour s'amuser. Personnellement, il préférait connaître la personne avec qui il couchait.

Mais il était venu ce soir ici pour apprendre. Il sentait qu'il avait besoin de pratique. Il n'avait pas gobé l'argument selon lequel il saurait y faire simplement parce qu'il avait été une femme et par conséquent savait ce qu'elles aimaient. Il avait besoin d'apprendre comment les gens réagiraient devant lui en tant que mâle.

Au début, tout se passa bien. Il aborda trois femmes et fut accepté à chaque fois. La première fut un fiasco – alors, c'est donc ça, finir trop vite ! – et sa partenaire prit assez mal la chose jusqu'au moment où il lui expliqua la situation. Après quoi, elle se montra gentiment coopérative.

Il était sur le point de partir quand l'aborda une femme qui disait s'appeler Lynx. Il était fatigué mais décida d'aller avec elle.

Dix frustrantes minutes plus tard, elle se rassit et s'écarta de lui.

– T'es venu ici pour quoi, si c'est apparemment tout

l'intérêt que tu y trouves ? Et ne viens pas me dire que c'est ma faute...

– Je suis désolé, lui dit-il. J'ai oublié. Je pensais que je pouvais... eh bien, je ne m'étais pas rendu compte qu'il fallait que je sois vraiment intéressé avant de pouvoir tirer mon coup...

– Tirer ton coup ? T'as de ces expressions sympa...

– Je suis désolé.

Il lui expliqua quel était le problème, combien de fois il avait fait l'amour au cours des deux dernières heures. Elle s'assit au bord du lit et se passa les mains dans les cheveux, irritée et frustrée.

– Eh bien, ce n'est pas la fin du monde. Il y en a des tas d'autres, là, dehors. Mais t'aurais pu prévenir. T'avais pas besoin de dire oui, tout à l'heure.

– Je sais. C'est ma faute. Va falloir que j'apprenne à jauger ma capacité, je suppose. C'est simplement que j'ai l'habitude d'être *capable* de le faire, même si je ne suis pas particulièrement...

Rire de Lynx.

– Qu'est-ce que je te disais ? Bon, écoute-moi un peu. Chéri, j'ai eu le même problème, moi-même. *Des semaines* à ne pas être fichu de bander. Et je sais que ça fait mal.

– Eh bien, dit Léo, je sais aussi comment tu dois te sentir, maintenant. C'est pas rigolo.

Lynx haussa les épaules.

– En d'autres circonstances, ouais. Mais comme je disais tout à l'heure, il y en a plein le bois, ce soir. Je n'aurai pas beaucoup de problèmes de ce côté.

Elle lui posa une main sur la joue et lui fit une moue.

– Eh, j'ai pas blessé ton pauvre petit ego de mâle, non ?

Léo réfléchit à la question, se tâta à la recherche de bleus éventuels, et n'en trouva aucun.

– Non.

Elle rit.

– C'est ce que je pensais. Parce que t'en as pas. Profites-en, Léo. Un ego de mâle est quelque chose qui doit soigneusement s'entretenir, quand on est encore jeune. Les gens doivent sans cesse te rappeler ce que tu dois faire pour être un homme, de sorte que tu sois capable de reconnaître l'échec quand tu es incapable de « tirer ton coup ». Au fait, pourquoi cette expression ?

– Je sais pas. Je suppose, simplement parce que je voyais la chose ainsi.

– Oui, essayer d'être un « homme », entre guillemets... Léo, tu n'y mets pas suffisamment d'investissement émotionnel. Et tu sais que t'as une sacrée veine. Moi, il m'a fallu plus d'un an pour me débarrasser du mien, d'ego. Ne plus être un homme. Mais un être humain de sexe masculin, à la place. Le renversement est bien plus facile dans ce sens-là.

– Je ne suis pas sûr de saisir ce que tu veux dire.

Elle lui tapota le genou.

– Fais-moi confiance. Est-ce que tu t'imaginais me vexer sous prétexte que je n'aurais pas été assez sexy pour te faire craquer ou autres balivernes ? Non. Mon éducation ne m'a pas appris à me préoccuper de ce genre de problème. Mais renverse la situation. Si c'était moi qui t'avais fait ce que tu viens de me faire, est-ce que tu n'aurais pas réagi de la sorte ?

– Je pense que si. Quoique j'aie toujours eu pas mal d'assurance de ce côté-là...

– Les plus assurés d'entre nous ne sont que des gosses geignards face à ce genre de situation, du moins une partie du temps. Tu comprends que je me sois vexée lorsque tu m'as dit oui alors que tu n'étais pas prêt ? Que je me sois vexée pour cette seule raison, et pas autre chose ? C'était mal poli, Léo. Un humain mâle ne devrait pas faire subir ça à un humain femelle. Avec un homme et une femme, c'est autre chose. Le pauvre mec a la tête bourrée de conneries, idem pour la nana, aussi ne devrait-on pas les tenir responsables de tout ce que peut leur jouer leur ego.

Léo se mit à rire.

– Je ne sais pas si tout cela se tient. Mais l'idée ne me déplaît pas. « Humain mâle. » Peut-être bien que je verrai la différence un jour...

Certains des problèmes attendus ne devaient jamais apparaître.

Paul nota tout juste le changement. Léo s'était préparé à un affrontement traumatique avec son fils, or celui-ci n'eut jamais lieu. Le seul changement dans l'existence de Paul, c'est qu'il pouvait désormais appeler son parent maternel Léo, au lieu de maman.

Assez bizarrement, ce fut Lilli qui connut le plus de problèmes dans les premiers temps. Léo s'en trouva blessé. Il essaya de ne pas le montrer et fit tout son possible pour lui permettre de s'habituer graduellement. Au bout du compte, elle revint vers lui à peu près une semaine après le changement. Elle lui dit qu'elle avait été idiote et voulut aussitôt savoir si elle pouvait subir un changement elle aussi, vu que l'une de ses meilleures amies allait en avoir un. Léo la persuada de rester femelle au moins jusqu'à l'apparition de la puberté; ajoutant qu'à son humble avis, elle avait toutes les chances d'aimer ça.

Léo et Jules se tournaient autour comme deux tigres en cage, hésitant à savoir si le combat était nécessaire mais prêts à s'arracher les yeux s'il avait fallu en arriver là. Léo n'appréciait pas l'analogie; s'il avait encore été une tigresse, il aurait été certain de l'issue du combat. Mais, là, il n'avait aucune envie de se livrer à un duel pour la domination avec Jules.

Ils partageaient un appartement, une famille et un lit. Ils se montraient d'une politesse affectée, mais s'effleuraient rarement et chaque fois que la chose arrivait, Léo devait refréner l'impulsion de s'en excuser. Jules évitait de le regarder dans les yeux; leurs regards en fait se touchaient puis rebondissaient comme deux boules de liège dotées de la même charge statique.

Mais en définitive, Jules accepta Léo. Celui-ci était, aux yeux de Jules, « ce mec qu'est toujours dans mes pattes ». Ça ne gênait pas Léo qui vit même dans cette attitude un progrès. Encore quelques jours et Jules se prit à découvrir qu'il aimait bien Léo. Ils se mirent à partager certaines choses, à bavarder plus. Le sujet de leur relation antérieure demeura toutefois tabou quelque temps. C'était comme si Jules voulait connaître Léo à partir de zéro, comme s'il refusait d'admettre qu'il ait jamais existé une Cléo qui naguère encore avait été sa femme.

Ce n'était pas si simple; Léo y veillait. Par moments, Jules donnait l'impression qu'il pleurait la disparition d'un être cher lorsque, la voix hésitante, il se mettait à évoquer la blessure qu'il portait en lui. Il était certes capable de parler librement avec Léo mais son discours différait néanmoins de celui qu'il avait tenu avec Cléo. Il lui déballait son âme. Léo fut surpris d'y découvrir autant d'ecchymoses, autant de défenses et d'insécurités. S'y trouvait enfouie une hostilité dont jamais Jules n'aurait osé parler à une femme.

Léo le laissa faire mais chaque fois que Jules commençait une phrase par : « Je n'ai jamais pu dire ça à Cléo » ou « Maintenant qu'elle n'est plus là », Léo s'approchait de lui, lui prenait la main et le forçait à le regarder.

– Je suis Cléo, lui disait-il. Je suis toujours là, et je t'aime.

Ils commencèrent à faire des choses ensemble. Jules l'emmena dans des endroits où Cléo n'était jamais allée. Ils sortirent boire tous les deux et passèrent d'excellents moments à se bourrer la gueule. Avant, ç'avait toujours été : dîner avec quelques verres ou un joint, puis sortie au spectacle ou au concert. A présent, ils pouvaient rentrer à deux heures du matin, beuglant en chœur assez fort pour se faire emmener au poste. Jules reconnut qu'il ne s'était jamais autant marré depuis l'université.

Avec leurs relations, c'était un autre problème. Rares étaient les changistes parmi leurs anciens amis et ni l'un ni l'autre ne voulaient affronter les difficultés d'une invitation à une soirée en couple. Et ils ne pouvaient se lier avec des changistes car Jules sentait, à juste titre d'ailleurs, qu'il serait considéré par eux comme un intrus.

Aussi virent-ils quantité d'hommes. Léo avait cru connaître tous les amis proches de Jules mais il s'aperçut bien vite qu'il s'était trompé. Cela lui fit découvrir chez lui une facette qu'il n'avait jamais connue jusqu'ici : un Jules plus détendu par certains côtés, débarrassé d'une partie de ses réserves, mais qui révélait d'autres défenses à la place. Léo se faisait parfois l'effet d'un espion examinant de l'intérieur une couche sociale dont il avait toujours connu la présence mais qu'il n'avait jamais été en mesure de pénétrer. Si à l'époque Cléo était entrée dans leur groupe, sa structure en aurait été subtilement changée; elle aurait créé un nouveau milieu par sa seule présence, tout comme la lumière détruit l'atome qu'elle était censée observer.

Après sa virée initiale à *L'Oophyte*, Léo resta célibataire durant une longue période. Il n'avait pas envie d'aventures sexuelles occasionnelles; il avait envie d'aimer Jules. Pour autant qu'il sût, Jules pratiquait également l'abstinence.

Mais ils trouvèrent qu'une solution de remplacement acceptable consisterait à se trouver chacun une liaison. Ils cherchèrent pas mal de temps, sortirent avec plusieurs femmes, prirent bien leur pied sans pour autant se lancer dans une aventure, jusqu'à ce qu'ils arrêtent l'un et l'autre leur choix sur une femme avec laquelle pouvoir établir une liaison. Jules se trouva ainsi Diane, une collègue de boulot depuis des années; Léo sortit avec Harriet.

Ils s'éclatèrent bien tous les quatre. Léo adorait être le pote à Jules mais il ne voulait pas en rester simplement là. Il se prit à rappeler à ce dernier qu'il pouvait faire pareil avec Cléo. Ce que Léo voulait souligner, c'était qu'il pouvait être un compagnon, un copain, un confident, quel que pût être son sexe. Il voulait combiner les avantages des deux sexes, être à la fois homme et femme pour Jules, combler tous ses désirs. Mais ça lui faisait mal de penser que Jules ne fît pas de même à son égard.

– Tiens! Salut, Léo, je ne pensais pas te voir aujourd'hui.

– Puis-je entrer, Harriet ?

Elle s'effaça pour le laisser passer.

– Je te sers quelque chose ? Oh, au fait, avant d'aller plus loin, tu laisses tomber « Harriet », c'est terminé. J'ai changé de nom aujourd'hui. Dorénavant, ce sera Joule. J-O-U-L-E.

– D'accord, Joule. Non, rien pour moi, merci.

Il s'assit sur le divan.

Léo n'était pas surpris de ce nouveau nom. Les changistes avaient tendance à s'écarter des prénoms admis. Certains, à l'instar de Cléo, en choisissant l'équivalent, mais du genre opposé, ou bien en adoptant un nom de sonorité proche de leur prénom antérieur. D'autres, ignorant toute référence au genre, gardaient le nom qu'ils avaient toujours porté. Mais la plupart optaient pour un nom neutre, en fonction de leur préférence personnelle.

– Jules, Julia... marmonna-t-il.

– Qu'est-ce que c'est, encore ?

Joule fronça légèrement les sourcils.

– T'es venu ici pour te faire materner ? Ça va pas bien ?

Léo se tassa dans le divan et contempla ses mains pliées.

– Je ne sais pas. Je suppose que je dois être dépressif. Ça fait combien de temps, maintenant ? Cinq mois ? J'en ai pas mal appris mais je ne sais pas au juste ce que c'est. L'impression d'avoir grandi. Je vois le monde... eh bien, je vois les choses différemment, ça oui. Mais je reste dans le fond toujours la même personne.

– Au sens où tu restes à trente-trois ans la même personne qu'à dix ?

Léo était au supplice.

– Ouais, d'accord, j'ai changé. Mais ce n'est absolument pas un renversement. Rien ne s'est inversé. C'est une expansion. Pas un nouveau point de vue. C'est plutôt comme de remplir quelque chose, comme d'émigrer dans un espace inhabituel. Comme de devenir... (Ses mains brassèrent le vide avant de retomber sur ses genoux.) C'est comme un achèvement, voilà.

Joule sourit.

– Et tu es déçu ? Que pouvais-tu demander de plus ?

Léo n'avait pas envie pour l'heure d'entrer dans ce genre de considérations.

– Ecoute voir ça, et dis-moi si t'es d'accord : j'ai toujours vu le masculin et le féminin – quelle que soit la réalité que ces termes recouvrent et je ne sais même pas si les deux existent réellement en dehors du domaine physique, d'ailleurs, je ne crois plus que ça ait tellement d'importance... Bref, j'ai toujours vu ces deux qualités comme séparées. Plus tard, je les ai considérées comme deux frères siamois qui seraient dans le crâne de tout un chacun. Mais des siamois qui se battraient la plupart du temps, chacun essayant d'arracher la tête de son alter ego. L'un finissait par vaincre l'autre, le mutiler, le jeter dans un cachot sans jamais le nourrir, mais ils demeuraient toujours connectés et le vaincu ne manquait pas de faire chèrement payer sa victoire au vainqueur.

» Alors, j'ai voulu essayer de recoller les morceaux entre eux. Je pensais simplement faire les présentations et jouer le rôle d'arbitre mais ils sont devenus une seule et même personne et ils ont découvert qu'ils pouvaient être très heureux ensemble. Tu trouves que ça tient debout ?

Joule changea de place pour venir s'asseoir à côté de lui.

– C'est une bonne analogie, dans son genre. J'éprouve quelque chose de cet ordre mais je n'y pense plus, à présent. Alors, quel est le problème ? Tu viens toi-même de me dire que tu te sentais entier, maintenant.

Le visage de Léo se crispa.

– Oui. Certainement. Mais si c'est le cas, qu'est-ce qu'il devient, alors, Jules ?

Et il se mit à pleurer; Joule le laissa s'épancher, se contentant de lui tenir la main. Elle pensait que mieux vaudrait pour lui affronter seul le problème, cette fois. Quand il se fut calmé, elle se mit à parler d'une voix calme :

– Léo, Jules est heureux tel qu'il est. Je crois qu'il pourrait l'être beaucoup plus mais on n'a aucun moyen de le lui montrer sans l'obliger à faire une chose qu'il craint à ce point. Il est possible qu'il y vienne un jour, pourvu qu'on lui laisse le temps de s'y accoutumer. Et il est également possible que ça lui fasse horreur et qu'il retourne au pas de course retrouver sa virilité. Parfois, le jumeau mutilé reste irrécupérable.

Elle poussa un gros soupir et se leva pour arpenter la pièce.

– Ce genre de phénomène va devenir de plus en plus fréquent dans les prochaines années, observa-t-elle. Il va y avoir des quantités de cœurs brisés. On n'est pas vraiment comme eux, tu sais. On s'en tire mieux. On n'est peut-être pas des anges mais il se peut qu'on forme le groupe le plus civilisé, le plus prévenant que la race humaine ait jamais connu. Il y a bien sûr des imbéciles et des salauds parmi nous, comme chez les unisexistes, mais je crois que nous tendons à être un petit peu moins stupides, et un petit peu moins cruels. Je crois que le changisme est là pour durer.

» Et ce que tu dois bien comprendre, c'est que t'as de la veine. Et Jules aussi. Ça aurait pu être bien pire. Je connais plus d'un foyer brisé rien que parmi mes propres amis. Et il y en aura bien d'autres avant que la société n'ait assimilé la chose. Mais ton amour pour Jules comme son amour pour toi vous a maintenus ensemble. Il a dû accomplir un formidable effort d'adaptation, peut-être aussi grand que le tien. Il t'aime bien. Sous l'un ou l'autre sexe. Bon, d'accord, alors tu ne lui fais plus l'amour en tant que Léo. Il se peut que tu ne parviennes jamais à ce stade.

– On l'a fait. Hier soir. (Léo changea de position sur le divan.) Je... j'ai piqué un coup de sang. Je lui ai dit que s'il avait envie de voir Cléo, il n'avait qu'à apprendre à avoir des relations avec moi, parce que moi, je suis *moi*, bordel.

– Je pense que ça a peut-être été une erreur.

Léo détourna les yeux.

– Je commence à le penser aussi.

– Mais je crois quand même que vous deux, vous pouvez recoller les morceaux, s'il y a eu de la casse. Vous avez traversé pas mal d'épreuves ensemble.

– Je n'avais pas l'intention de le forcer, tu comprends. J'ai simplement pris un coup de sang.

– Et peut-être bien que t'aurais dû. Ça aurait pu justement constituer le déclic. Il faudra que t'attendes de voir.

Léo s'essuya les yeux puis se leva.

– Merci, Harr... pardon, Joule. Tu m'as bien aidé, tu sais. Je... euh, je ne te verrai peut-être pas aussi souvent pendant quelque temps.

– Je comprends. Restons amis, d'ac ?

Elle l'embrassa et il sortit en hâte.

Elle était assise sur un coussin face à la porte, lorsqu'il revint du boulot; les jambes croisées, le coude posé sur un genou, une fumette dans la main. Elle lui sourit.

– Dis donc, t'es rentrée drôlement tôt. Qu'est-ce qu'il y a eu ?

– Je suis restée à la maison.

Elle faillit s'étrangler en essayant de ne pas rire.

Il jeta son manteau vers la penderie et s'engouffra dans la cuisine. Elle l'entendit se verser quelque chose puis il y eut un bruit de verre brisé. Il s'encadra brusquement dans l'embrasure.

– *Cléo !*

– Chéri, tu sais que t'as l'air mignon comme ça, la bouche grande ouverte.

Il la referma mais semblait toujours aussi incapable de bouger. Elle alla vers lui, sentant au creux des reins naître le frisson de l'excitation, comme au retour d'un vieil ami. Elle se jeta dans ses bras et il faillit l'écraser sous son étreinte. Elle adorait ça.

Il se recula légèrement; il paraissait ne pas devoir se rassasier de son visage, en dévorant des yeux le moindre détail.

– Combien de temps vas-tu rester ainsi ? lui demanda-t-il. T'as une idée ?

– Je ne sais pas. Pourquoi ?

Il sourit, un rien penaud.

– J'espère que tu ne prendras pas ça mal. Mais je suis si heu-reux de te voir. Je ne devrais peut-être pas dire ça... mais non, je crois qu'il vaut mieux. J'aime bien Léo. Je crois qu'il va me manquer, un peu.

Elle hocha la tête.

– Je ne suis pas blessée. Comment pourrais-je l'être ?

Elle se détacha de lui et le conduisit vers un coussin.

– Assieds-toi, Jules. Il faut qu'on ait une discussion.

Il sentit ses genoux se dérober sous lui et s'assit lourdement, levant les yeux vers elle, plein d'expectative.

– Léo n'est pas parti, ne va pas croire ça une seule minute. Il est là, et bien là.

Elle se martela la poitrine en lui jetant un regard de défi.

– Et il y restera toujours. Il ne s'en ira jamais.

– Je suis désolé, Cléo. Je...

– Non, ne dis rien encore. C'était entièrement ma faute mais je ne m'en suis pas doutée. Je n'aurais jamais dû me baptiser Léo. Ça t'offrait une trop facile échappatoire : tu n'avais pas besoin d'affronter une Cléo version mâle. Je change tout ça. Dorénavant, je m'appelle Nil. N-I-L. Je ne répondrai à nul autre nom.

– D'accord. C'est joli, comme prénom.

– J'avais pensé m'appeler Lion. Comme Léo, le Lion. Mais j'ai décidé d'être celle que j'ai toujours été, la reine du Nil, Cléopâtre. En souvenir du bon vieux temps.

Il ne dit rien mais ses yeux montraient combien il appréciait.

– Ce que tu dois bien comprendre, c'est qu'ils sont partis tous les deux, en un sens. Tu ne seras plus jamais avec Cléo. Je lui ressemble, à présent. Je lui ressemble intérieurement, aussi, comme un adulte ressemble à l'enfant. J'ai des masses de choses en commun avec ce qu'elle était. Mais je ne suis pas elle.

Il acquiesça. Elle s'assit près de lui et lui prit la main.

– Jules, ça ne va pas être facile. Il y a des choses que j'ai envie de faire, des gens que j'ai envie de rencontrer. Nous ne saurons pas partager les mêmes amis. Et ça pourrait nous éloigner l'un de l'autre. Je vais devoir ravaler mon ressentiment parce que tu vas vouloir me retenir. Tu ne me laisseras pas explorer ton côté femelle comme je voudrais le faire. Tu vas m'en vouloir parce que je vais essayer de te contraindre à faire une chose que tu estimes pour toi néfaste. Mais je veux quand même essayer de réussir.

Il laissa échapper un soupir.

– Bon Dieu, Cl... Nil. Je n'ai jamais eu une telle trouille de ma vie. J'ai bien cru que t'allais m'annoncer ton départ.

Elle serra sa main.

– Pas si je peux l'éviter. Je veux que chacun de nous essaie d'accepter l'autre tel qu'il est. Et pour moi, ça inclut d'être mâle chaque fois que je m'en sentirai l'envie. Pour moi, c'est du pareil au même mais je sais que pour toi, ça risque d'être dur.

Ils tombèrent dans les bras l'un de l'autre et Jules essuya ses larmes contre son épaule avant de la regarder de nouveau dans les yeux.

– Je ferai n'importe quoi, je ferai tout ce qui est en mon pouvoir, jusqu'à...

Elle porta un doigt à ses lèvres.

– Je sais. Je t'accepte ainsi. Mais je continuerai à chercher à te convaincre.

Les gens dans les coulisses

par Raphael Aloysius LAFFERTY

1

Ohé ! et Oho ! et qui vient-y sur le ferry ?
(L'églantier fait des bourgeons et le soleil descend) :
J' vous emmènerai si vite, et d'une main si sûre,
Et ça coûte qu'un penny jusqu'à Twickenham Town.

Le Ferry de Twickenham (Théophile MARZIALS)

Au réveil, s'arracher à un plaisir complet, quitter de vastes mondes pour l'étroite réalité, les sentir tous s'enfuir, tendre les mains pour tenter d'en retenir les fragments tandis que leurs continents se dissolvent et que leurs montagnes s'écroulent, se raccrocher à une seule phrase qui constituait peut-être la clé de leur reconstruction, et même à un seul mot (le mot en question était « obole ») – s'éveiller ensuite tout à fait en ayant tout perdu...

Fairbridge O'Boyle s'était déjà retrouvé à jouer « le déphasé du matin » par le passé, s'éveillant vidé de rêves palpitants auxquels il n'arrivait pas à se raccrocher. Mais c'était différent, cette fois. Il ne se réveilla pas dans son lit, mais debout et tout habillé. Il ne savait pas comment il avait passé sa nuit, sauf que ça avait été ailleurs et que ça avait été agréable.

Il se trouvait dans sa propre chambre, mais il savait qu'il venait d'y arriver. Et d'où venait-il ? Il ne disposait d'aucun indice à ce sujet, à moins que ce mot bizarre, « obole », n'en fût un. Mais ça ressemblait plutôt à la déformation en rêve de son propre nom, O'Boyle. A moins encore que son ami Simon ne fût le squelette de clé, le rossignol adapté à la serrure. Simon ressemblait beaucoup à une clé, dont il avait la minceur métallique.

Et Simon ressemblait beaucoup à un squelette. On avait toujours l'impression qu'il avait négligemment enfilé sa chair et qu'il pouvait la laisser tomber n'importe quand. Il était difficile de croire à son existence quand il n'était pas présent : et le parfum de cette nuit agréable et enfuie possédait une pointe d'odeur typique de Simon.

– J'ai le sentiment, lui avait une fois déclaré Fairbridge, que c'est comme si je t'avais découvert, comme si tu devais disparaître si je te chassais de mon esprit.

– Ne fais pas ça, Fairbridge. Tu joues avec la fumée, avait protesté Simon, presque avec fièvre. Je préférerais que tu ne tentes pas l'expérience. Ça pourrait être pénible pour nous deux. Garde-moi quelque part à l'arrière de tes pensées. Tu peux même m'y oublier. Mais ne me chasse pas.

C'était drôle qu'un déphasé du matin se rappelle une telle conversation en ce moment, mais toutes les conversations avec son ami Simon avaient été un peu bizarres. Simon Frakes le Simple, comme l'appelait parfois Fairbridge (1); mais quelqu'un avait-il jamais compris la profondeur du mythe de Simon le Simple ? La simplicité est une chose beaucoup plus complexe que son contraire, la duplicité. La simplicité est le rassemblement de toutes choses en une seule entité. La duplicité n'est que la redispersion absurde des fragments.

Les déphasés du matin pensent vraiment en de tels termes. Le déphasé du matin Fairbridge O'Boyle se dévêtit et se mit au lit, mais ne régla le réveil que pour deux heures plus tard. C'était un déphasé de grasse matinée, aujourd'hui, et l'après-midi ne tarderait pas à arriver. Et il y avait une autre fabuleuse conférence à savourer cet après-midi-là.

L'homme qui prononçait les conférences était Simon Frakes, avec son grand sourire comme une caricature en deux lignes et sa manière ironique, déconcertante de

(1) Personnage de chansons pour enfants devenu proverbial et qui, comme son nom l'indique, ne brille pas par sa vivacité d'esprit. (*N.d.T.*)

s'exprimer. Il délivrait la série inaugurale des Conférences du Trèfle, qu'il transformait en un innommable fouillis.

L'introduction de Simon, « La validité des créatures imaginaires », avait beaucoup donné à réfléchir à ses auditeurs. Imaginer, disait-il, c'est fabriquer des images, et les images peuvent être d'une solidité remarquable. Si elles sont issues d'une vive imagination, elles seront des images vivantes. Et Simon en fit la démonstration à l'aide de quelques trucs de prestidigitation. Il produisit une image vivante, celle d'une jeune fille subitement volubile. Ceux qui le virent faire se mirent à faire preuve d'une certaine nervosité. Celle-ci ne se dissipa que quand il défit l'image. Mais un sentiment de malaise avait commencé à croître. Et si sa thèse contenait vraiment un fond de vérité ?

Sa conférence, « Les Limbes tertiaires », avait accentué le malaise. Au *Limbus Patrum* et au *Limbus Infantum*, il ajoutait le *Limbus Nindum Natorum*. Aucun de ses auditeurs ne croyait à l'existence des Limbes. Ils ne croyaient pas à l'existence des Limbes des Pères, ni à celles des Enfants décédés avant l'âge de raison; mais il était assez effrayant de concevoir qu'il pouvait exister une troisième catégorie de Limbes, les Limbes de ceux qui n'étaient pas encore nés.

Son discours, « La multitude dans les coulisses », avait poussé certains à remettre sa santé mentale en question, et d'autres à douter de la leur. C'était une terrifiante rhapsodie qui éveillait des résonances jusque dans les esprits les plus ternes. Ce n'était pas quelque chose de possible, mais tous les auditeurs paraissaient se rappeler vaguement avoir rencontré la multitude en question. Cela touchait une corde sensible, et cette corde ferraillait et tintait dans leurs têtes. Il faudrait faire quelque chose à propos de cet homme dérangeant.

(Ce jour-là, Fairbridge O'Boyle s'était éveillé pour la deuxième fois, au son du réveil, s'était levé et habillé, puis était allé assister à la dernière sortie de Simon.)

Cette offensive, « L'imagination créatrice », jetait le doute sur un processus intellectuel fondamental. Simon commença à déclencher une véritable panique, et un chœur de voix de faussets s'éleva contre lui. Soit il plaisantait, soit c'était le monde lui-même qui s'était longtemps joué de tous ceux qu'il abritait. Et tous ces braves gens troublés semblaient tenir Fairbridge O'Boyle pour responsable des déclarations non orthodoxes de son ami Simon.

– Mais la difficulté avec de tels arguments, c'est qu'il est impossible de les prouver.

Devant une tasse de café, Fairbridge discutait avec son ami Simon après la conférence, après que la petite tempête qui avait suivi se fut apaisée pour un instant.

– Oh, mais je t'ai fourni les preuves la nuit dernière, Fairbridge, dit tranquillement Simon. Tu as oublié la preuve ?

– Pire que ça, Simon : j'ai oublié la nuit dernière. J'avais l'intention de te demander si nous étions ensemble la nuit dernière.

– Ensemble, oui, sauf à certains moments où tu m'as abandonné pour de plus vertes fréquentations. Remontons sur le même cheval vers un autre pays, dans ce cas. Dis-moi ce que tu considères comme une preuve et je te la fournirai.

– Pour être prouvées, les choses devraient être littéralement expérimentées.

– Alors nous allons les expérimenter littéralement. Mets ton chapeau.

– Où allons-nous ?

– Oh ! dans un endroit aux environs des *Limbi.* Allez, pas de tergiversations ! La traversée reste toujours quelque chose de brillant, et elle ne vieillit pas. La traversée seule vaudrait presque entièrement le coup. Puis c'est l'entrée dans la seconde des grandes aventures, et on n'est même pas obligé de mourir pour la mener à bien. Il y a un milliard d'huîtres qui attendent qu'on les ouvre, et chacune d'elles est un monde. Fais ton choix !

– Comment ? Comment ?

– Oh ! voilà peut-être la méthode la plus simple sur un milliard.

Simon Frakes dessina un diagramme en cinq lignes sur un bout de papier. Puis il le détacha de la feuille et le tint, solide dans sa main.

– Qu'est-ce que c'est ? fit Fairbridge d'une voix stridente.

– Oh ! c'est juste un gadget. On appelle ça une " obole ".

– Mais c'est le mot auquel je me raccrochais. C'est le nom d'une vieille pièce de monnaie.

– Qui a dit qu'une pièce de monnaie ne pouvait pas être un pentagramme ? Oui, c'est une pièce. C'est le penny pour le passage.

– Est-ce que je serais capable de faire ça ?

– Tu le serais si tu t'en souvenais, Fairbridge, mais ce n'est probablement pas le cas. Tu l'as déjà vu faire, et tu as tout oublié.

Le grand sourire de Simon était comme une caricature en deux lignes. Puis Simon s'effaça et il ne resta que le sourire.

– Viens, fit le sourire, et il s'éloigna.

Se rappelant tout ça comme s'il s'agissait de quelque chose qui lui était déjà arrivé avant, Fairbridge O'Boyle passa la porte à la suite du sourire et, trébuchant et se dépêchant, descendit une Oswald Lane qui allait s'assombrissant, s'engagea dans la seconde des aventures majeures.

Oswald Lane a deux cents ans et ne fait que deux cents mètres de long. Les emplacements y sont tous numérotés, recensés et taxés. Il n'y a là qu'un certain nombre de portes, et qu'un certain nombre de personnes habitant derrière. Il n'y a pas assez de place pour qu'un univers inconnu y existe en entier, et sûrement pas assez de place pour des millions d'univers de ce genre.

Fairbridge suivit Simon Frakes (ou le sourire de Simon, et maintenant un petit peu plus) et passa une porte située à un endroit où il n'y avait jamais eu de porte. Un instant lumineux dont on ne pouvait mesurer la longueur ! C'était inoubliable, bien sûr, et incomparable. Quiconque a effectué le passage ne peut plus jamais être le même. Ah, mais tout le monde a effectué le passage au moins une fois, d'une manière ou d'une autre.

Tous ceux qui se trouvaient dans ces nouveaux mondes n'avaient pas nécessairement traversé, toutefois. Fairbridge et Simon étaient alors dans des mondes nouveaux, sans que l'instant lui-même eût quoi que ce fût de menaçant. Ils étaient dans une grande pièce qui constituait elle-même un univers insaisissable; et il n'y avait pas de place pour une pièce aussi grande dans Oswald Lane tout entière.

C'était une plaisanterie, bien entendu. C'était l'une de ces plaisanteries joyeuses et résistantes qu'il est impossible d'éventer. Fairbridge rit, ravi. Il y avait un milliard de choix possibles, mais il ne pouvait pas y avoir choix plus approprié que celui-ci.

On ne pouvait pas assimiler toute la pièce d'un seul coup. C'était un monde riche en détails et qui s'étendait dans de trop nombreuses dimensions, et pourtant Fairbridge O'Boyle le perçut comme un modèle de délicieuse insuffisance. Comment illustrer cela ? Quelle chose choisir entre toutes pour son exemplarité ?

Dans cette contrée, une chaise pouvait avoir des pieds de devant et pas de pieds de derrière, vous voyez. Si elle était placée de telle sorte que la perspective interdise de voir ses pieds de derrière, pourquoi en aurait-elle eu ? La pièce n'avait pas quatre murs en même temps. Elle en avait parfois deux, parfois trois. Comment pourrait-on voir les quatre murs d'un seul coup ?

Si une chose en cachait une autre, il n'était pas nécessaire que les choses cachées existent. Une personne vue de profil n'avait pas besoin de l'autre moitié de son visage. Il serait toujours temps de l'avoir quand elle serait visible. En regardant assez vite, on pouvait saisir au vol ce monde et ses habitants abrégés et mal délinéés; mais fallait vraiment avoir l'œil vif.

– Qu'est-ce que c'est, Simon ? demanda Fairbridge. Non que ça ait de l'importance. C'est stupéfiant ! Est-ce qu'ils sont tous aussi compliqués et aussi gais ?

– C'est un des mondes pseudo-bucoliques. Ah, il en existe d'innombrables, plus compliqués et plus gais, mais celui-ci est à la portée des débutants, et tu restes obstinément débutant.

– Papa dit que vous entrez, déclara une fille que Fairbridge avait toujours connue et dont il ne se rappelait jamais le nom. Grand-père dit de donner de l'éclate-tête aux deux galopins. Grand-père dit que vous avez un air de colporteur. C'est vrai ?

Parlait-elle réellement ? Ou bien ses mots s'inscrivaient-ils au-dessus de sa tête dans une bulle de dessin animé ? Peu importait. A sa façon agréable et immatérielle, elle parlait. C'était l'harmonieuse simplicité même, qui est l'être unifié et totalement simultané. Et l'éclate-tête était excellent et secouait pas mal. Il y avait une étrange absence que l'on ne percevait pas comme une absence.

– Savez-vous que cet éclate-tête ne fait qu'une demi-bouteille ? demanda Fairbridge. Pas au sens où la bouteille n'est qu'à moitié pleine, mais parce qu'elle n'a pas de dos. Je la retourne et elle a un dos, mais plus de devant.

Il regarda le monde avec une stupéfaction renouvelée. C'était un monde trop organisé pour être réel.

– Eh, c'est l'archétype ! s'écria-t-il. Ce cadre dans lequel nous sommes maintenant, quel nom Simon lui a-t-il donné ? Devrions-nous l'appeler une satire sociale pseudo-bucolique ?

– Oui, faisons-le, acquiesça la fille. C'est amusant de donner des noms comme ça aux choses.

Dionysos était présent, mais comme clown. Il était cependant apparu une demi-douzaine de fois sous les traits d'un clown de bandes dessinées, sa véritable identité demeurant inconnue. Tout cela évoquait une danse folklorique dans une grange, mais c'était un univers tout autant qu'une grange, et il y avait là des dizaines de milliers de personnes – le cousin Claude (le clown des champs) et le cousin Clarence (le dandy des villes), Clarabelle et Clarisse et cinq mille autres cousins, galopins et vieillards et godiches de tous âges et de tous sexes, portant pantalons rapiécés et barbes blanches, gais et aussi fous que des blaireaux.

Ils burent de la Rosée des Montagnes et du Brouillard Vert et de la Sueur de Panthère et du Clair de Lune Doré. On chanta des rondes et des ballades et des airs de folklore; et tout cela grisa Fairbridge. Ils firent des plaisanteries et du charivari et racontèrent des histoires, le tout dans les riches versions originales. Saviez-vous que certaines des plus vieilles blagues du monde n'ont pas encore été prononcées dans le monde ?

Et les intrusions anormales ? Que ferions-nous sans les merveilleuses intrusions anormales ? De vieux trains passaient dans la pièce en sifflant et en hurlant; et il s'en détachait des pièces chauffées au rouge. Et beaucoup de ces trains ne circuleraient jamais sur la terre ordinaire. Et le père de la fille trop légèrement vêtue (sa robe n'avait pas de dos, *elle* n'avait pas de dos, à moins de se retourner, et elle n'avait alors pas davantage de côté face), son père arriva avec un fusil de chasse qui ressemblait à un fusil à éléphant.

– Très bien, jeune amateur de gigue, dit le vieux. Tu as fait danser ma fille. Maintenant, les épousailles !

– Ceci est le module psychique d'un village primordial. Vous le savez, n'est-ce pas ? déclara Fairbridge au père outrancier mais pas vraiment outré. (Après tout, Fairbridge était professeur.)

– Oui, je suppose que c'est vrai, acquiesça celui-ci. Vous êtes prêt pour la cérémonie ?

– Et le motif du fusil de chasse est *absolument* primordial, poursuivit Fairbridge. Je n'avais pas compris cela auparavant.

– Le fusil est fondamental, dit le père, mais il tire.

Et il fit carrément sauter le derrière de Fairbridge avec. Bah, de toute façon ça ne se verrait pas, sauf si Fairbridge se retournait. Il pouvait aussi bien s'associer à ces joyeux individus en épousant leurs attributs.

– Simon, tu dis qu'il y a des millions d'univers de ce genre, et tous différents ? fit Fairbridge, le souffle coupé.

Il était maintenant envahi par l'énormité de l'idée.

– Tout ce qui est *est*, déclara simplement Simon. Viens, nous allons en visiter d'autres.

– Revenez quand vous voulez, dit la fille. Il y a toujours quelques-uns d'entre nous ici.

Ils visitèrent des dizaines, des centaines d'univers. En fait, ils en avaient simultanément visité une quantité innombrable, et Fairbridge s'aperçut qu'il était lui-même plusieurs centaines des individus rencontrés, et que tous ceux-ci étaient lui. C'était le rire, c'était la transcendance. Certains de ces mondes étaient d'une urbanité et d'une sophistication incroyables, même si leurs habitants allaient pieds nus – jusqu'à ce que votre regard tombe sur leurs pieds. Alors, d'une quelconque manière et pour un instant seulement, ils acquéraient des chaussures d'urgence. On pouvait les surprendre déchaussés l'espace d'un très bref instant. Certains mondes étaient tellement bucoliques que même le premier module ne pouvait les égaler. Certains étaient angéliques, d'autres bagarreurs, d'autres encore chamboulaient les esprits par leur intellectualisme même. Certains étaient d'une intelligence si mordante qu'ils vous arrachaient des membres entiers. Simon Frakes et Fairbridge O'Boyle accumulèrent des vies entières dans cette soirée et cette nuit-là. C'étaient les multitudes sans nombre, les choses absolument inoubliables.

Et Fairbridge s'éveilla au matin, debout et habillé, déphasé du matin qui sentait ses multiples souvenirs de la nuit précédente s'enfuir à jamais.

2

Un tel pont, un tel ferry, un gué si brillant, *y sommes-*
[nous ?
Un passage tellement ouvert pour un demi-penny !
Si vous ratez cette traversée, vous raterez toujours
Les mondes en coulisse qui ne peuvent encore naître.

La traversée du Cocyte (Benny SI-BÉMOL).

Ce soir-là, Simon Frakes prononça une nouvelle conférence devant tous les érudits :

– Je vous prie de bien comprendre une chose : tous les objets imaginaires possèdent une réalité. Ils n'existent pas parce que nous les imaginons. Nous les imaginons parce qu'ils existent. L'imagination n'est que la rencontre de leur réalité. Des dieux de l'Olympe à Boob McNutt, *ils sont tous des personnes.* Imaginer ce qui n'existe pas est une impossibilité. *Tous* séjournent dans ces Limbes avec des milliards d'autres. *Tous* sont des entités au sein du réservoir psychique. Je parle littéralement.

Tous sont réels : Kate Fennigate, Moll Flanders, Dirk Stroeve, Ester Jack, Audifax O'Hanlon, Percy Gryce, Virginia Carvel, le comte Mosco, Dinah Shadd, Octavia Beaupree, Richard Nixon, le porte-drapeau Thiel, Gil Blas, Red Hanrahan, Handy Andy, Sebastian Marchman, Gippo Nolan, Mildred Rogers, Isolde, Deirdre, Frank Couperwood, Sir Kid Rackrent, Jasper Petulengro, Cy Slocum, Lucy Dashwood, Hairbreadth Harry, Julien

Sorel, Felix Kennaston, Harold Teen, Matthew Bramble, Abe Kibble, Horatio Maltravers, Constance Povey, Joe Calash, la veuve Wadman, Genevieve Rod, Polly Peachum, J. Hartford Oakdale, Nat Buntline, Meg Marsh, Gavin Dishart, Casper Gutman, *tous* sont réels.

– Vous voulez dire, naturellement, dit David Dean, l'un des responsables des conférences, qu'ils sont réels dans la mesure où ils présentent une ressemblance parfaite avec la réalité intérieure, où leurs expressions sonnent vrai, où ils sont des créatures imaginaires solides.

– Je ne pense pas vouloir dire quelque chose comme ça, absolument pas, dit Simon. Vous ne me comprenez pas. Je dis que toutes les entités du réservoir psychique sont réelles (existe-t-il une autre manière de dire « réelles » ?) – qu'elles sont des êtres au même titre que vous, que celles que nous connaissons sont seulement celles que nous avons rencontrées par hasard, et que les autres ne sont pas moins réelles. Ils existent tous : Barney Google, Jurgis Rudkus, Bounder J. Roundheels, Morgan Penwolf, Madonna Zilia, Wolf Larsen, Hippolyte Schinner, Cliff Sutherland, Abu Kir et Abu Sir (*c'est* un couple), Madame Verdurin, Arabella Allen, Andy Gump, Elmer Tuggle, Lorelei Lee...

– Vas-tu en venir au fait, Simon ? suggéra Fairbridge O'Boyle.

Les auditeurs commençaient à échanger des regards gênés.

– J'en suis complètement au fait, soutint Simon. On ne peut pas fournir trop d'exemples : Salvation Yeo, Horseshoe Robinson, David Harum, Florence Udley, Gregers Werle, Daisy Buchanan, Delphine de Nucingen, Paul Bunyan, Becky Sharp, George Bungle, Daisy Bell, Whiskey Johnny, Casey Jones, Althea Pontifex, tous les personnages des chansons, des histoires, des tableaux, des pièces de théâtre, des rêves ou des délires sont réels. Wing Biddlebaum, le Joyeux Voyou, Snuffy Smith, Lady Sarah Macgreggor, Peter Canavan, Colley Cibber, Enoch Oates.

– Il y en a encore beaucoup ? demanda Robert Stokes, qui faisait partie de l'assistance et semblait sur le point de faire une crise de nerfs.

– Des milliards, dit Simon.

– Est-il nécessaire de les citer tous ?

– Apparemment oui. Je vous dis qu'il existe une multitude dans les coulisses, et vous ne me croyez pas. Long John Silver, le major Hoople, Madame Lagonza, Auguste Dupin, Jenny Blanchard, Jeff Peters, Bill le Loup de Mer – ils sont tous réels (1).

– Vous prétendez que n'importe quel type d'individu possède déjà une existence théorique et attend qu'on le reconnaisse ? risqua Robert Stokes.

– Non, Robert. Ce que je dis semble ne pas vous atteindre, se plaignit Simon. Je dis que tout être possible mène toujours une existence *réelle*. Je dis que, quoique seule une fraction d'entre eux soit physiquement venue au monde (c'est une étape accessoire et sans importance et il suffit souvent de demander pour la franchir), beaucoup d'autres sont rendus manifestes par l'intermédiaire de ce que nous connaissons sous le nom imprécis de « culture populaire ». Je dis que ceux-ci et les myriades d'autres dont vous ignorez tout ne sont pas moins réels.

Mais Simon Frakes ne parvint pas à convaincre son auditoire. Il cita cent autres, puis mille autres exemples. Le public commençait à s'impatienter : et c'était étrange, car le sujet était intéressant.

Un soir, tard, Benny Si-bémol rendit visite à Simon Frakes et Fairbridge O'Boyle. Benny était auteur-compositeur.

– Maintenant, messieurs et professeurs, leur déclara Benny, il faut que je prêche pour ma petite paroisse. J'ai eu vent de cette nouvelle faribole et je ne vais pas tourner autour du pot. Je crois que ça peut m'intéresser. Vous parlez de cette mer psychique où toutes les personnes et tous les trucs possibles existent déjà. Et vous dites que tout ce qu'il y a de neuf dans ce monde n'est que du vieux sorti de cette mer, et que nous ne créons rien. Messieurs, je cherche le seau qui me permettra de puiser dans cette mer-là. Où puis-je le trouver ?

– Ici, si vous devez le trouver quelque part, dit Simon. Qu'est-ce que vous voulez remonter ?

– Des chansons, des chansons. Je forge des chansons.

(1) Le traducteur regrette de ne pas pouvoir expliciter toutes les références, allusions et plaisanteries contenues dans ces trois listes de noms; il y faudrait une note aussi longue que le texte lui-même... (*N.d.T.*)

Nous les mettons en miettes et nous les déformons, mais il faut d'abord que nous les ayons. Si toutes les chansons possibles existent déjà, qui donc en a la garde ?

– Oh, Fiddle-Foot (1) Jones et dix mille autres, dit Simon.

– Pouvez-vous m'arranger une entrevue avec eux ? demanda Benny. Et quel est le tarif ?

– Je peux arranger ça, Benny Si-*b*, dit Simon, et le tarif unique est d'une petite pièce pour le passage, pièce que nous fabriquons nous-mêmes. C'est facile pour ceux qui sont doués.

– Je suis doué. Et ces chansons d'outre-monde, de quoi vont-elles avoir l'air ?

– Elles auront l'air familier, Benny, comme si vous les connaissiez depuis toujours. Elles feront votre affaire. Vous croyez, et d'autres doutent. Là ! Je dessine cinq lignes sur une feuille de papier. Pas n'importe quelles cinq lignes. *Ces* cinq lignes-là. Puis je détache le dessin de la feuille de papier et je le rends réel. Ça ne ressemble pas à une pièce de monnaie, mais on s'en sert comme d'une pièce pour payer le passage. Vous pouvez faire ça ?

– Pigé, Sim, fit Benny Si-bémol. Benny n'a pas besoin qu'on lui montre les choses deux fois. Il y a des types qui ne s'apercevraient même pas que ce truc est une clé ou une pièce. Ils ne sauraient pas où chercher le fleuve ou la porte qui y correspond. Je me réjouis de ne pas faire partie des lents. J'ai compris, maintenant. Et merci !

– Ah mais, Benny, il y a une astuce, le mit en garde Simon. Vous ne vous souviendrez de ça que si vous êtes le meilleur sur un million.

– Je suis le meilleur, déclara Benny Si-bémol.

Mais Fairbridge O'Boyle n'était pas le meilleur sur un million. Fairbridge était un homme ordinaire qui se faisait du souci parce qu'il s'éveillait chaque matin debout, tout habillé et le chapeau sur la tête. Il se réveillait avec les restes d'un plaisir oublié et la frustration provoquée par cette perte. Il se faisait du souci parce qu'il ne savait pas où il passait ses nuits.

(1) Jeu de mots avec *fiddle-head*, « figure de proue » ou « crosse (de fougère) », mais aussi, littéralement, « tête de violon ». (*N.d.T.*)

– Je devrais avoir une femme, grommelait-il. Je parie qu'*elle* découvrirait où je passe mes nuits.

Mais il avait de plus en plus l'impression que Simon Frakes était impliqué dans ce mystère.

– Simon, dit-il à son mince ami, je vais quelque part, la nuit. Je vois quelque chose. Et puis j'oublie. Mais ça me ronge. Qu'est-ce que je fais, la nuit ?

– Fairbridge, tu traverses un fleuve à la présence duquel tu ne crois pas. Tu rends visite aux multitudes dont tu jures qu'elles n'existent pas. L'amnésie touchant à ces visites est souvent le prix qu'il faut payer pour les effectuer. Une fois de plus, je vais te montrer quelque chose, et peut-être est-ce que ça te restera. Il y a un nom grec pour désigner ça, ainsi qu'un nom enfantin, et en voici les lignes. Regarde comme leur dessin est simple ! Cinq lignes, c'est tout. Tu devrais pouvoir t'en souvenir, mais elles ont un côté insaisissable. Te rappelles-tu qui les utilisait quand tu étais petit ?

– Non. Personne ne les utilisait. Je n'ai jamais vu ces lignes.

– Mais si, tu les as vues. Tu les as vues et utilisées chaque soir pendant ces dix derniers jours. Dans chaque bande de gosses, il y en a un qui les connaît. On a décidé qu'il y aurait un gosse de ce genre par bande. Un jour, vous avez joué à « Disparaître », et il a utilisé le truc puis il a disparu. Et plus tard il t'a emmené traverser le fleuve sur le pont étincelant, vers le « milliard de mondes ». Mais plus tard tu l'as oublié. Et dans la plupart des cas, l'enfant qui était l'expert l'a oublié aussi.

– Comment s'appelle le fleuve, Simon ?

– Le Cocyte, évidemment.

– Mais c'est un fleuve mythologique.

– La mythologie est un truc pour éviter l'oubli total.

– Comment s'appelle l'instrument, ou l'ensemble de lignes ?

– Une obole, évidemment.

– Mais c'est le nom d'une pièce de monnaie ancienne et presque mythologique. C'est le mot dont je me souviens en me réveillant le matin quand tout le reste s'est enfui. Et c'est moi-même, O'Boyle. Mais qu'est-ce que c'est que tout ça, Simon ? Quel est le lien ?

– C'est juste le fait de rendre une image solide, d'« imaginer » au vrai sens du terme. Dessine les lignes sur la feuille. Puis détache-les et tiens-les en main. Rien qu'avec ça, tu peux passer le fleuve pour aller vers les mondes au delà de l'horizon.

– Cette fois je m'en souviendrai, Simon. Nous visiterons une centaine de mondes et je me souviendrai, me souviendrai, me souviendrai...

Fairbridge O'Boyle visita beaucoup plus d'une centaine de mondes en compagnie de Simon Frakes, cette nuit-là. Il jura qu'il se souviendrait de tous. Ce ne fut pas le cas. Il s'éveilla au matin, debout, tout habillé et ayant tout oublié – un déphasé du matin.

*

Simon Frakes prononçait sa dernière conférence. Son grand sourire plaisant avait acquis quelque chose de futile. Il n'avait pas été capable de communiquer avec ses auditeurs, et la faute à qui ?

– Si je ne vous ai pas convaincus à ce stade, c'est que c'est peut-être sans espoir, déclara-t-il à son public. « Si vous ne me croyez pas, vous ne croirez pas davantage quelqu'un qui revient d'entre les morts », dit l'un de vos propres proverbes des Ecritures. En ce qui me concerne, je ne peux que déclarer : « Si vous ne me croyez pas, vous ne croirez pas davantage quelqu'un qui n'est pas encore né. » Toute pensée possible a déjà été pensée, toute énigme résolue, toute épigramme prononcée. Il ne reste plus qu'à les capter. Elles existent depuis des millénaires.

– Etes-*vous* né, Mr Frakes ? demanda précipitamment le Pr Dodgson.

– Non, bien sûr que non. Est-ce que j'ai l'air d'être né ?

– Et où vos fameux Limbes se situent-ils dans l'espace ? demanda Robert Stokes. Où se trouvent exactement ces pullulants Limbes des Non-nés où tout existe déjà ?

– Ils sont morcelés. Ils sont protéiformes. Ils sont partout, dit Simon. Il faut traverser une porte et un fleuve. Et on y est.

– Alors pourquoi ne pourrions-nous pas les visiter ? Ce serait la seule preuve possible.

– Une douzaine des personnes ici présentes les ont déjà visités, Robert. Et vous l'avez vous-même fait plusieurs fois. Mais vous n'êtes pas entièrement convaincu. Et vous oubliez.

– Vous êtes en train de dire que cette mer psychique est une sorte de mémoire humaine collective ? fit Robert, cherchant ses mots. Mais vous ne pouvez pas dire qu'elle est réelle au même titre que...

Simon Frakes poussa un retentissant juron des Limbes. On ne l'avait jamais entendu en ce monde, mais il avait quelque chose de familier, et il ferait son effet.

– J'imaginais qu'une série de conférences prononcées par un homme jamais né serait susceptible de vous intéresser, dit Simon, son début de colère passé. Je ne désirais pas autre chose qu'effectuer une visite amicale de mon pays dans le vôtre, et je suis navré si cela a échoué.

– Vous vous exprimez comme si vous étiez l'un d'entre eux, dit David Dean. Vos conférences *ont* été intéressantes, quoique peut-être pas très riches en informations. Nous sommes membres de cette génération adultère à qui il faut un signe.

– Oh, très bien, soupira Simon, mais ce signe ne vous convaincra pas.

Simon Frakes se tenait là avec son grand sourire, qui était une caricature comme aurait pu en réaliser un auteur de dessins animés. Il était là. Puis il n'y eut plus que son sourire, qui les narguait au beau milieu des airs.

– Je suis sûr que j'ai déjà vu ce sourire quelque part, grommela le Pr Dodgson. Mais la mémoire est comme un chat. Elle s'éloigne tout doucement, à pattes de velours, et elle disparaît.

– Si vous ne croyez pas à ça, vous ne croirez rien, déclara le sourire de Simon.

Puis le sourire lui-même disparut, et ce fut la dernière chose que l'on vit jamais de Simon Frakes dans ce coin-là.

– Nous sommes fichus, dit David Dean. Nous avons engagé un vulgaire montreur de tours, un prestidigitateur professionnel pour délivrer la première série des Conférences du Trèfle. Je doute que nous puissions les poursuivre sous ce nom. Disparaître d'une estrade de conférencier pour se dissiper dans les airs ! Jusqu'où peut aller la niaiserie ! Comment avez-vous pu vous laisser abuser par un tel charlatan, Fairbridge ?

– Abusé, moi ? Je ne l'ai pas engagé, même si nous sommes devenus amis.

– Bien sûr que si, vous l'avez engagé, dit Robert Stokes. A nous trois, nous formons le comité de sélection. Je ne l'ai pas engagé. Et David non plus.

– Et moi pas davantage, mais nous sommes de toute façon tombés d'accord pour dire que c'était notre homme. Nous l'avons accepté avant même de l'avoir vu. Nous l'avons choisi, je le crois désormais, avant même de savoir qu'un tel homme existait. Et il apparaît qu'il n'existait pas.

Un soir, Fairbridge O'Boyle descendit Oswald Lane en frappant à toutes les portes, cherchant à retrouver quelque chose qu'il avait perdu. Ce dont il s'agissait au juste, il l'avait oublié, mais c'était quelque chose qui lui manquait fortement. Il est cependant difficile de formuler les questions touchant à cette impression de vide qu'il ressentait.

Tous les habitants d'Oswald Lane connaissaient Fairbridge. Ils savaient que c'était un jeune professeur et un excentrique invétéré. Mais ils ne furent pas capables de l'aider. Ils n'avaient ni grange, ni caverne, ni fleuve, ni mondes contingents derrière leurs portes. Ils ne possédaient pas multitude sur multitude, et pas la moindre matière primordiale.

Euh, est-ce qu'ils n'auraient pas des personnes non nées, à l'intérieur ? Oui, dit une dame : la naissance était prévue pour septembre.

– Ce n'est pas exactement ce que je voulais dire, déclara Fairbridge.

– Oh, reprit la dame, je suis heureuse ! Il y a si longtemps que nous en voulions un.

Mais il s'agissait là des gens derrière les portes ordinaires, numérotées et cataloguées. Où étaient les autres portes ? Fairbridge n'arrivait pas à trouver les portes qu'il cherchait : il n'arrivait pas à trouver une seule des portes qui n'auraient pas dû être là. Et il n'arrivait pas à se rappeler ce qu'il devait y avoir derrière ces portes si jamais il les trouvait.

Ainsi, la mission de médiation de Simon Frakes était restée sans effet. Personne n'avait compris ce qu'il essayait de communiquer, pas même son ami Fairbridge O'Boyle. Et personne ne sait comment faire pour visiter les myriades de mondes intéressants et solides qui abritent les non-nés, comment faire pour rencontrer les gens dans les coulisses.

Sauf que dans chaque bande de gosses il y en a un qui sait. Il réalise son tour, et les autres enfants se posent quelques questions. Puis, au bout d'un moment, ils oublient de se poser des questions. Et au bout d'un moment, même celui qui savait s'y prendre oublie tout. Et sauf que...

Sauf que Benny Si-bémol... Benny n'avait pas besoin qu'on lui explique deux fois. C'est un opportuniste qui n'est pas vraiment enclin à oublier ce qui peut lui être utile.

Il continue d'aller là-bas et d'écouter Fiddle-Foot Jones et mille autres personnes dans un millier de mondes. Il ramène les chansons qui font son affaire, et il reste au sommet de sa profession. Les pièces de son butin figurent dans tous les juke-box, et possèdent tout ce que doivent posséder les bonnes chansons :

Elles ont un air familier. Et elles ne sont pas de ce monde.

Enfant du matin

par Gardner Dozois

Quelque chose avait heurté la vieille maison, jadis, pendant la guerre, et l'avait presque aplatie sous le choc. La façade s'était effondrée comme écrasée par le poing d'un géant : les boiseries étaient réduites en pulpe et en éclats, les poutres faisaient saillie et formaient d'étranges angles semblables à des doigts brisés, le premier étage, écroulé, reposait sur ce qui restait du rez-de-chaussée. Les libages d'une cheminée recouvraient tout d'une rouge couverture de mortier. Sur la droite, un trou béant découpait les ruines, laissant à nu les strates mêlées de pierre, de plâtre et de bois carbonisé – l'ensemble se retroussant sur lui-même comme les lèvres d'une blessure gangrenée. Au bas de la colline, près de la route, des herbes folles avaient poussé et atteignaient maintenant la maison, parsemant les ruines de fleurs et de vignes sauvages dont la verdure adoucissait un peu les stigmates du désastre.

Williams conduisait John en ce lieu presque chaque jour. C'est dans cette maison qu'ils avaient vécu plusieurs années auparavant et, malgré le vague souvenir qu'il avait de cette époque et la présence des ruines, l'endroit semblait éveiller chez John d'agréables réminiscences. Ici, il était à la fête; l'esprit libre et heureux, il jouait avec des bâtons et des cailloux sur les marches de pierre fracassées, s'enfonçait en poussant des cris de joie à travers les buissons d'herbes folles qui avaient transformé le gazon en une véritable jungle, ou s'amusait à surprendre Williams en l'approchant en cercles menaçants, tandis que celui-ci s'affairait à remplir les sacs d'airelles, de liserons, de patates, de pissenlits et autres plantes et racines comestibles.

Williams aussi prenait un plaisir doux amer à arpenter les ruines, même si venir en ces lieux remuait des souvenirs qu'il aurait préféré laisser en paix. L'endroit distillait une suave mélancolie et une étrange impression de calme dans ce paysage mêlé où poussait, à travers les vieilles pierres moussues, la nouvelle herbe tendre, témoignage de l'inéluctabilité des cycles : la vie dans la mort, la mort dans la vie. John surgit au milieu des hautes herbes sauvages et courut en riant vers Williams qui attendait avec les sacs.

– J'étais en train de combattre les dinosaures ! s'exclama John. De très, très gros dinosaures !

Williams lui répondit avec un sourire affecté.

– C'est bien !

Il avança la main et ébouriffa les cheveux de John. Ils restèrent là un moment, John reprenant sa respiration, tel un chien après sa course, les yeux brillants, tandis que la main de Williams s'attardait sur la tête de l'enfant à caresser les cheveux en bataille. Le matin, à cette heure, John semblait en perpétuel mouvement, un mouvement si incessant qu'il donnait presque l'illusion du repos, comme l'eau qui court prend une apparence solide tant que rien ne vient en perturber le fil et en arrêter le courant.

Oui, à cette heure matinale, John était rarement immobile. Et quand il l'était, comme maintenant, il semblait se solidifier telle la glace, le visage tressaillant et absorbé comme s'il écoutait des sons que personne d'autre que lui ne pouvait entendre. A ces moments-là, Williams l'étudiait avec une intensité douloureuse et essayait de lire en lui; parfois il y parvenait et d'autres fois c'était l'échec, et il se demandait bien ce qui le blessait le plus, et pourquoi.

Williams poussa un soupir et éloigna sa main. Le soleil était haut et il était préférable d'amorcer une retraite vers le camp s'ils voulaient être là-bas à temps pour les corvées plus dures qui les attendaient. Williams se courba lentement, saisit les sacs et les installa sur ses épaules non sans pousser un gémissement sous la charge... ils avaient quand même fait du bon travail ce matin.

– Viens maintenant, John, l'est temps de partir, dit-il en avançant le pas, clopinant un peu plus que de coutume sous le poids supplémentaire.

John, qui épuisait ses petites jambes à trottiner à ses côtés, parut le remarquer.

– Je peux t'aider à porter les sacs ? demanda-t-il avec empressement. Je peux ? Je suis assez grand.

Williams lui sourit et hocha la tête.

– Pas encore, John. Un petit peu plus tard, peut-être.

Ils émergèrent de l'ombre froide de la maison en ruine et se mirent à arpenter la route déserte qui menait au camp.

Le soleil brûlait maintenant dans un ciel sans nuages et les grillons entamèrent leur chant quelque part aux alentours, stridulations âpres et métalliques qui résonnaient comme le bruit incongru d'une scie circulaire. Il n'y avait pas d'autres sons en dehors du frémissement du vent dans les hautes herbes et le blé sauvage, la plainte des arbres qui se balançaient, et le sifflement aigu de la voix de John. Les herbes folles s'étaient infiltrées à travers le macadam – minuscules doigts verts qui avaient fissuré et ondulé la surface et découpé la route en quartiers asymétriques. Quelques années encore et il n'y aurait plus de route par ici, seule une trace infime dans les broussailles qui, plus tard, ne se verrait même pas. Le temps effacerait tout, enterrant la route sous de nouveaux arbres, érigeant peu à peu de nouvelles collines, étalant un paysage neuf qui recouvrirait l'ancien. Déjà, l'herbe et la vesce avaient grignoté les angles les plus tranchants des sites environnants et le vent avait drainé des monticules de terre sur la route. Par endroits, sur la nationale, une herbe tendre et frémissante avait poussé, oblitérant les bornes kilométriques rongées par le temps sur lesquelles disparaissaient peu à peu les noms des villes et les distances.

John partit en courant au-devant de Williams, ramassa une grosse pierre et la lança, puis revint au pas de course en formant des cercles autour de lui comme s'il était lié à une longe invisible. Ils marchaient au milieu de la route; à en croire John, la ligne blanche quasiment effacée était une corde raide sur laquelle il avançait, les bras étendus en balance, en se jetant maintes mises en garde contre les créatures abyssales qui ne manqueraient pas de l'engloutir si jamais il trébuchait et tombait.

Williams, sans presser le pas, soutenait une allure régulière : image mythique du vieillard austère, la chevelure blanche comme neige miroitant dans la lumière du soleil, un couteau de trappeur à la ceinture, et la vieille Winchester 30.30 en bandoulière sur l'épaule... bien qu'il ne pensât plus depuis longtemps en avoir jamais besoin. Certes, il savait qu'ils n'étaient pas les seules personnes à vivre dans ce monde – même si parfois on ressentait les choses ainsi – mais cela faisait des années que la région était vidée de sa population et pas une seule fois, au cours du long voyage qui les ramenait du sud, ils n'avaient rencontré âme qui vive sur cet itinéraire. Ici, personne ne les trouverait.

Chemin faisant, ils apercevaient maintenant des vestiges de bâtiments. C'était tout ce qui restait d'une petite bourgade : l'épine dorsale carbonisée du faîte d'un toit, endentée d'herbes folles; des fondations de pierre éventrées qui évoquaient les remparts d'une forteresse de nains; une canalisation délabrée et obstruée de toiles d'araignée; une pompe à essence fracassée où avaient élu domicile les oiseaux et les rongeurs. Ils obliquèrent vers une route secondaire recouverte de gravats et passèrent la carcasse calcinée d'une autre station d'essence avant d'arriver près d'un parc de stationnement complètement dévasté et enfoui sous les cendres que le vent avait éparpillées. Au-dessus d'eux, se balançait à un fil comme suspendu dans le vide un signal lumineux couvert de rouille. Sur une face, quelqu'un avait fixé un grand panneau hexagonal orange et noir et, sur l'autre face, celle qui faisait front à la ville et indiquait la direction du monde hostile, était peint l'œil du diable, menaçant, rouge vif sur fond blanc. Les choses étaient devenues très étranges durant les Derniers Jours.

Williams éprouvait quelques difficultés désormais à maintenir l'allure imposée par les longues enjambées de John; il pensa que c'était le moment de lui laisser porter les sacs. John les chargea sur lui avec aisance, adressa à Williams un sourire épanoui qui fit étinceler ses solides dents blanches et entama la dernière longue montée qui menait au campement. Ses longues jambes le portèrent jusqu'à la colline à un rythme que Williams ne pouvait espérer suivre. Ce dernier laissa échapper un juron bien senti qui provoqua le rire de John, lequel s'arrêta en haut de la côte pour l'attendre.

Leur camp était installé bien à l'écart de la route, au sommet d'un à-pic, juste au-dessus d'une petite rivière. Jadis, il y avait eu ici un restaurant; un coin du bâtiment restait encore debout, deux murs et une partie du toit, et il avait suffi de tendre une bâche au-dessus de l'ouverture pour en faire un abri à peu près confortable. Certes, il leur faudrait trouver quelque chose de mieux quand l'hiver serait là, mais c'était bien assez pour le mois de juillet, un repaire discret et tout proche d'une réserve d'eau.

Au nord et à l'est, des collines bombées et boisées les encerclaient. Au sud, de l'autre côté de la rivière, les collines se nivelaient en un plateau qui ouvrait la vue sur le monde qui s'étendait à l'horizon.

Ils prirent un rapide déjeuner et se mirent ensuite au travail, couper le bois, rentrer les filets que Williams avait posés dans la rivière pour piéger le poisson, porter l'eau pour faire la cuisine, et gravir plusieurs fois la raide montée qui menait au camp. Williams laissait à John le plus gros du boulot. Ce dernier accomplissait ses tâches dans la joie, en chantant et sifflotant; cette fois-là, il revint les bras chargés de bois de chauffage, alla le mettre à l'abri puis, attrapant Williams sous les aisselles, il le souleva et le fit tourner et danser en riant aux éclats, avant de le reposer sur ses pieds.

– Eh ! Tu te sens gaillard ! dit Williams, mi-moqueur mi-sévère, baissant les yeux vers le visage en sueur qui lui souriait.

– Il faut bien que quelqu'un fasse le boulot par ici, railla John, et tous deux se mirent à rire. Je ne vais pas attendre que tout le monde s'y mette, continua John, transporté d'enthousiasme. Je me sens beaucoup mieux maintenant. Je me sens en pleine forme. Allons-nous rester ici encore longtemps ? (Ses yeux intercédaient auprès de Williams.) Nous pourrons bientôt repartir, n'est-ce pas ?

– Ouais, mentit Williams, nous pourrons repartir très bientôt.

Mais déjà la fatigue s'emparait de John. A la nuit tombante, son pas commença à traîner et sa respiration devint plus lourde et laborieuse. Il s'arrêta au beau milieu de ce qu'il faisait, posa la hache à fendre le bois et resta silencieux un moment, les yeux fixés sur rien de particulier, le visage sans expression.

D'un coup, ce visage s'était immobilisé, figé, refermé sur lui-même, les yeux étaient vides. John se mit à se balancer d'un mouvement saccadé et passa le dos de sa main sur son front. Williams le fit asseoir sur une souche près du foyer improvisé. Il restait là, silencieux, fixant le sol en proie à l'absence, tandis que Williams s'affairait autour de lui à ranimer le feu, nettoyer les poissons qu'il découpait ensuite en filets, arracher des racines de pissenlit et des couronnes de chicorée, mettre de l'eau à bouillir. Maintenant, le soleil était bas et les lucioles commençaient à danser au-dessus de la rivière, clignotant comme des lanternes de fées dans les ténèbres de velours.

Williams fit de son mieux pour intéresser John au souper, espérant qu'il mangerait quelque chose tant qu'il lui restait encore quelques dents, mais John ne mangeait guère. Au bout de quelques minutes, il posa son assiette en étain et demeura assis, le visage tourné avec tristesse vers le sud, vers les terres sombres qui s'étendaient au delà de la rivière, à peine visibles dans la lumière ténue d'une lune en croissant. Il semblait préoccupé. Sur son visage renfrogné, on pouvait déjà voir les joues s'affaisser. Les mèches de ses cheveux avaient déserté son front, dessinant un arc vide qui accentuait l'étendue de sa calvitie. Confusément, il fit travailler sa bouche, plusieurs fois, et parvint enfin à s'exprimer.

– Est-ce que j'ai été... malade ?

– Oui, John, dit Williams avec douceur. Tu as été malade.

– Je ne... je ne me rappelle pas, se plaignit John d'une voix cassée et enrouée, comme dans un murmure. Je n'arrive pas à remettre les choses en place.

Quelque part sur l'horizon invisible, peut-être à une centaine de kilomètres de là, une colonne de feu jaillit à la lisière du monde.

Tandis qu'ils regardaient, saisis de peur, elle monta de plus en plus haut, grimpa à des kilomètres à l'assaut du ciel jusqu'à devenir un mince rouleau de flamme étincelante partageant en deux la nuit noire et lugubre, du sol jusqu'à la stratosphère. Pendant une minute ou deux, le pilier de feu flamba sans discontinuer à l'horizon, puis se mit à scintiller en étincelles vertes et bleues, orange et argent, les couleurs se mêlant les unes aux autres en un flamboiement spasmodique. Puis lentement, dans une majestueuse et terrifiante symétrie, le pilier s'élargit pour prendre la forme d'un diamant de feu aplati à l'aspect bleu et blanc. Le diamant se mit à tourner insensiblement sur son axe et devint progressivement brillant comme un œil marqué au fer rouge. Des formes gargantuesques, inconcevables, se mirent à flotter autour du diamant étincelant telles des phalènes tournoyant à la flamme d'un chandelier, jetant un chaos d'ombres gigantesques à travers le monde.

Quelque chose se mit à hululer, d'une voix immense et mélancolique, et hulula encore, cri de désespoir et de terreur qui roula dans les collines, jusqu'à ce que le grondement diminue et s'éloigne dans le silence.

Les feux du diamant vacillèrent. A sa place, se mirent à danser des étoiles blanches embrasées; elles s'éteignirent à leur tour en se transformant en points orangés qui s'allumèrent comme à regret pour trembloter dans le lointain et disparaître finalement dans la carte du ciel.

A nouveau, ce fut l'obscurité.

La nuit était réduite au silence. Silence complet pendant un moment, puis, lentement, de proche en proche, les uns après les autres, les criquets et les grenouilles recommencèrent leur musique nocturne.

– La guerre... murmura John. (Sa voix était maintenant ténue, frêle, en proie à la lassitude et une certaine souffrance.) Elle continue donc ?

– La guerre est devenue... étrange, répondit Williams d'un ton apaisant. Plus elle dure, plus elle est étrange. De nouveaux alliés, de nouvelles armes...

Il porta son regard dans la direction où le feu avait exécuté sa danse, essayant de percer l'obscurité; à l'horizon, on percevait encore une lueur trouble dans l'air de la nuit, pas tout à fait une incandescence.

– Je crois bien que c'est par une arme comme celle-là que tu as été blessé. Oui, quelque chose comme *ça.* (Il tourna à nouveau la tête vers l'horizon et son visage se durcit.) Je ne sais pas, je ne sais même pas ce que c'était. Je ne comprends plus grand-chose à ce qui se passe dans le monde... Ce n'était peut-être même pas une arme. Peut-être t'ont-ils fait subir des tests biologiques avant que tu ne partes. Va savoir pourquoi. Peut-être était-ce délibéré... comme une punition ou une récompense. Va savoir comment ils pensent. Ou peut-être est-ce l'effet secondaire d'une quelconque expérience qui était censée aboutir à quelque chose de complètement différent. Peut-être était-ce un accident, c'est peut-être seulement que tu t'es trouvé trop près de quelque chose qui ressemblait à *ça* au moment où s'est produit ce qui devait se produire, quoi que cela fût. (Williams resta silencieux un moment, et continua en poussant un soupir :) Qu'importe ce qui s'est passé, après tu m'as trouvé et j'ai pris soin de toi. Nous nous cachons depuis toujours, errant d'un endroit à un autre.

Ils s'étaient retrouvés tout à l'heure quasiment aveugles et leurs yeux avaient dû peu à peu se réajuster à la nuit, mais Williams pouvait à nouveau discerner John à travers les regards furtifs qu'il portait vers la faible lueur du feu de bois qui brûlait doucement. John était maintenant complètement chauve, ses joues s'étaient creusées et ses yeux s'étaient ternis, avaient viré au jaune et s'enfonçaient profondément dans son visage ravagé. Il fit un effort pour se mettre sur ses pieds mais s'affaissa sur la souche. « Je ne peux pas... » murmura-t-il. De petites larmes coulèrent sur ses joues. Il se mit à grelotter.

Williams poussa un soupir, se leva pour jeter une double poignée d'aiguilles de pin dans l'eau bouillante afin de lui préparer une infusion. Il aida John à clopiner jusqu'à sa paillasse, supportant presque tout son poids pour finir par le porter... c'était facile, John était devenu tout mince, frêle et étonnamment léger, comme s'il n'était plus fait que d'étoffe, de coton et de bois sec au lieu de chair et d'os. Il le coucha, l'enveloppa d'une couverture malgré la chaleur de la nuit et s'efforça de lui faire ingurgiter un peu de thé.

John en but deux pleines tasses avant que ses doigts deviennent trop faibles pour tenir l'ustensile, avant que l'effort qu'il faisait pour maintenir sa tête en l'air lui devienne insurmontable. Ses yeux étaient maintenant blancs et brillants, et ne voyaient plus; quant à son visage, on aurait dit un crâne, d'un brun terreux et marbré, la peau tendue à craquer par-dessus les os.

Ses mains tâtonnèrent et tirèrent la couverture, des mains qui semblaient momifiées, laissant voir des veines bleues sous une peau aussi translucide que du parchemin.

A mesure que la nuit avançait, John s'agitait de plus en plus en poussant des gémissements incohérents; il tournait de tous côtés des yeux qui ne pouvaient plus voir, murmurait des mots ou des fragments de phrase sans suite, ou parfois élevait la voix dans un cri étranglé, un gargouillis qui ne signifiait rien, sinon l'égarement, l'indignation et la souffrance. Stoïque, Williams restait assis à ses côtés, caressant ses mains ridées et essuyant la transpiration de son front brûlant.

– Dors maintenant, lui dit-il avec douceur. (John eut un dernier gémissement qui se transforma en une plainte rauque venue du fond de sa gorge.) Dors. Demain, nous retournerons à la maison. Tu vas bien t'amuser, tu sais. Mais dors maintenant, dors...

John parvint finalement à retrouver le calme, ses yeux se fermèrent lentement et sa respiration devint plus profonde et régulière.

Williams demeura assis là, près de lui, à attendre patiemment que le sommeil arrive, une main apaisante posée sur son épaule. Déjà, les cheveux de John commençaient à repousser et les rides à s'effacer de son visage, tandis qu'il glissait vers l'enfance.

Quand Williams fut certain que John était endormi, il remonta soigneusement la couverture et dit : « Dors bien, papa. » Et puis, lentement, avec ferveur, sans émettre le moindre son, il se mit à pleurer.

Une littérature en prise sur l'Histoire :
Entretien avec Kim Stanley Robinson

par Pascal J. THOMAS

J'ai rencontré Kim Stanley Robinson pour la première fois en février 1984 grâce à l'université de Californie : étudiants et professeurs de divers campus étaient réunis pour parler de SF en général, et de la création d'un centre d'études SF à Riverside en particulier. J'ai commis le péché d'être séduit par l'écrivain avant de l'être par l'œuvre. Mais l'iceberg littéraire K. S. Robinson était en train d'émerger très vite : au printemps 1984, son premier roman (*The Wild Shore,* à paraître chez J'ai lu) donnait le coup d'envoi de l'admirable nouvelle série des « Ace SF Specials » présentée par Terry Carr. L'année suivante, *The Wild Shore* arrive deux fois deuxième, au Nebula et au Philip K. Dick Award (derrière un coédité : *Neuromancer* de William Gibson (1). Décembre 1984, parution chez Ace d'*Icehenge*; entre les deux, la novella « The Lucky Strike »

(1) *Neuromancien,* éd. La Découverte (1985).

ouvre l'anthologie *Universe 14* de Carr, et se retrouve, comme la nouvelle « Ridge Running » (in *Fantasy & Science Fiction*), parmi les finalistes des prix en 1985.

L'histoire future d'un système solaire colonisé a servi de toile de fond à de nombreux récits de Robinson, parmi lesquels ses deux premières nouvelles, publiées dans *Orbit 18,* « Coming back to Dixieland » et « In Pierson's Orchestra », mais aussi *Icehenge* (à paraître chez Denoël), dont les trois parties s'imbriquent pour se subvertir, et deux œuvres récentes : « Mercurial » (in *Universe 15*) et *The Memory of Whiteness* (à paraître chez J'ai lu), roman publié par Tor Books en septembre 1985, qui reprend en prologue « In Pierson's Orchestra » (remaniée).

« En ce qui concerne le proche avenir, dit-il, un long récit, « Green Mars », paraîtra dans le numéro de septembre 1985 d'*Isaac Asimov's Science Fiction Magazine,* une nouvelle, « A Transect », dans *Fantasy & Science Fiction* fin 1985 ou début 1986. Tor va publier un recueil de mes nouvelles, *The Planet on the Table,* au printemps 1986. Un long récit sera publié en plaquette par Cheap Street, aussi au printemps 1986. Titre : *The Blind Geometer.*

» A l'heure actuelle, j'écris des nouvelles, et en janvier 1986 je me mettrai au travail sur un autre roman de science-fiction. »

Il n'y a pas de profondeurs de l'espace dans *The Wild Shore*, qui conte l'adolescence d'un Californien qui vit dans un petit village de pêcheurs sur la côte... d'Orange County, le « comté » d'Orange, un des districts qui composaient l'agglomération hypertrophiée de Los Angeles avant la destruction des USA par des bombes à neutrons. Cette Amérique humiliée, comme dans « Seven American Nights » de Gene Wolfe, est aussi une Amérique rurale qui rappelle le passé du pays, et fait penser, avec son jeune protagoniste, à *Huckleberry Finn* de Mark Twain.

Scène bien différente dans « The Lucky Strike », où l'histoire du bombardement de Hiroshima est réécrite; ou dans « Ridge Running », où la trouvaille SF n'est que détail dans un tableau des paysages impressionnants des sierras californiennes (on retrouve ce motif des randonneurs dans « Exploring Fossil Canyon », in *Universe 12*).

Tout cela, bien sûr, n'en dit pas bien long. Attendez-vous à des sens cachés dans l'œuvre d'un écrivain qui fait tant usage du thème de la falsification; elle mérite une fructueuse relecture. Peut-être est-ce pour cela qu'en fin de compte Robinson suggère de chercher des réponses dans son œuvre, et se montre avare d'interviews.

Celle qui suit est destinée aux lecteurs français. Nous trouvant à des extrémités opposées des Etats-Unis, nous l'avons faite par courrier. On y perd en spontanéité, on y gagne en paradoxes temporels (« Comme je le rappelle ci-dessous... »). Robinson se trouvait provisoirement à Washington, après plusieurs années d'enseignement à l'université de Californie à Davis. Il va suivre son épouse en Suisse où elle entreprend des recherches postdoctorales à partir de janvier 1986. Entre-temps, ils voyagent. Pour le reste, laissons-lui la parole.

PJT — *Quelles sont tes origines ? Plus précisément, d'où viens-tu, où as-tu passé ta jeunesse, et quelle a été ton éducation ?*

KSR — Je suis né à Waukegan, Illinois (ville natale de Ray Bradbury) en 1952, et j'ai passé ma petite enfance à Zion, Illinois. Quand j'ai eu trois ans, mes parents se sont installés en Californie du Sud, et nous avons vécu dans Orange County de 1959 à 1970, année où je suis allé à La Jolla suivre les cours de l'université de Californie à San Diego (UCSD).

J'ai eu mon B.A. (maîtrise) en littérature à UCSD en 1974, puis je suis allé faire un Masters (D.E.A.) d'anglais à l'université de Boston en 1975. Je suis retourné à UCSD pour y poursuivre mes études, et mis à part deux années passées à travailler à Davis, y suis resté jusqu'à l'obtention de mon Ph.D. (doctorat) en 1981. Je suis alors revenu à Davis, où j'ai vécu depuis. Je suis donc incontestablement californien, et plutôt californien du Sud, quoique ces temps-ci je préfère le nord de l'Etat.

PJT — *La Côte Ouest a connu une histoire plus brève que le reste des USA, et n'a par conséquent pas autant d'identité régionale que, par exemple, le Sud. Peut-on être un écrivain du pays de Californie du Sud ?*

KSR — Oh oui, je suis certain qu'on peut être un écrivain du pays de Californie du Sud. Quand tu dis que la Côte Ouest a connu une histoire « plus brève » que l'est des Etats-Unis, tu veux seulement dire qu'elle a connu moins d'influences européennes ou américaines, du moins jusqu'à la Ruée vers l'Or (1849). Mais elle a d'importantes traditions mexicaines, et, à un moindre degré, des traces des Indiens... en d'autres termes, la Côte Ouest a une histoire, simplement ce n'est pas la même que celle de la Côte Est. Mais il faut avouer que du point de vue de la tradition culturelle euro-américaine, l'histoire de la Californie est effectivement brève — à peine plus de cent ans, de fait. Et en Orange County où j'ai grandi, il ne s'est pas passé grand-chose jusqu'à l'après-guerre — tout bêtement parce qu'il n'y avait pas grand monde qui y habitait. Je vois donc bien ce que tu veux dire quand tu parles d'histoire plus brève.

Toutefois, cela ne réduit pas le moins du monde l'éventail des possibilités d'un écrivain

« du pays », parce que ce concept ne se nourrit pas que du passé. L'interaction d'une culture avec le paysage, on peut écrire là-dessus même si le pays était presque vide cinquante ans auparavant, comme c'est le cas en Orange County. En fait, vu la manière dont l'histoire du XXe siècle a paru « s'accélérer » sous l'effet de la pression démographique et du changement technologique, le cas d'une collectivité et d'une culture échafaudées entièrement au cours des quarante dernières années devient intéressant. C'est un peu une curiosité — une horrible curiosité, parce que la collectivité présente des lacunes capitales — mais aussi fascinante, et instructive pour les autres qui peuvent se demander « A quoi ressemble la culture moderne à l'état le plus pur, sans mélange avec les cultures du passé ? » En regardant Orange County, on pourrait se donner une réponse à cette question. Et j'aime bien écrire à propos d'Orange County, parce que je crois qu'en ce sens, l'endroit est important.

PJT — *Pourquoi avoir choisi d'écrire, et pourquoi la SF ?*

KSR — Je n'ai pas choisi d'écrire, je me suis simplement retrouvé à écrire. Même chose pour la science-fiction, quoique, je pense, une réponse partielle au pourquoi j'écris de la science-fiction soit contenue dans les deux réponses précédentes. Quand je suis arrivé en Orange County en 1959, il y avait encore des orangeraies partout. Je vivais au milieu des orangeraies, je grimpais aux arbres et chassais les lapins, et je dévorais *Tom Sawyer*, *Huckleberry Finn*, *Toby Tyler* et les livres de Robert Louis Stevenson, et, bien que l'Amérique du XXe siècle eût déjà enclenché la vitesse supérieure, je n'étais qu'un gosse et n'en avais pas la moindre idée — pour moi, nous étions toujours en 1880, et j'étais sur le Mississippi, et le paysage était assez campagnard pour m'entretenir dans cette idée.

Puis au cours des années 60 j'ai grandi, et en même temps on a arraché les vergers d'orangers et d'avocatiers et on les a remplacés par le foisonnement urbain — ou banlieusard — tous azimuts dont Los Angeles était l'épicentre. Toi qui vis à Los Angeles, il te suffit de circuler le long d'une des grandes artères commerciales et de regarder pour te rendre compte de ce qui s'est passé — l'avenue s'étend sur des douzaines de kilomètres, et possède des centaines de copies conformes à travers un bassin de huit cents kilomètres carrés, sans discontinuité. Toutes les « villes » d'Orange County se fondent les unes dans les autres — Anaheim, Santa Ana, Garden Grove, Fullerton, Orange, Tustin, Costa Mesa : il n'y a que les plaques de rues pour marquer les frontières entre ces cités imaginaires, et en réalité, ce n'est qu'une seule hyperville. La vérité, c'est que le paysage a été dévasté par des promoteurs qui n'avaient pas la moindre idée de la manière de concevoir une collectivité vivable — et ils n'essayaient même pas, leur seul but était de se mettre de l'argent dans les poches. Ainsi Orange County est-il devenu un des hauts lieux du « désert » du XXe siècle, motif obsessionnel s'il en est. J'étais là, et j'ai tout vu.

Puis, quand j'ai commencé à écrire, cela a automatiquement donné de la science-fiction. C'étaient ces idées et ces groupes d'images qui me venaient à l'esprit. En y réfléchissant, j'ai décidé que j'étais obligé d'écrire de la science-fiction, parce que j'avais grandi dans un récit de science-fiction; j'avais éprouvé au niveau individuel un choc culturel (en partie illusoire), celui de la fin du XXe siècle s'abattant sur moi d'un seul coup, en l'espace de quelques années, et des orangeraies de jadis devenant autoroutes, centres commerciaux, immeubles d'appartements, etc. Pour rester fidèle à ce qui est arrivé à mon pays, je n'ai que la science-fiction comme écriture.

PJT — *Il y a un texte de toi dans* Orbit *déjà en 1976. Quand exactement as-tu fait ta première vente professionnelle ? J'ai l'impression que ta carrière d'écrivain a été plutôt lente au début. Etait-ce dû à d'autres obligations (les études, par exemple), ou à une décision délibérée ?*

KSR — C'est Damon Knight qui a pris mon premier texte, pour *Orbit*, en 1974, mais il n'est paru qu'en 1976. J'écrivais très lentement, et il me fallait faire la place des études, si bien que durant trois ou quatre ans je n'ai pu placer qu'une nouvelle par an, auprès de Knight. Je dois beaucoup à Damon, pour ses encouragements et ses leçons pendant des années. Puis *Orbit* s'est arrêtée, et pendant un an ou deux je n'ai pas pu placer quoi que ce soit, et pas non plus des nouvelles comme « To Leave a Mark », qui a plutôt bien marché ensuite (sélectionnée pour le prix Hugo en 1983 – PJT). J'ai vendu « Venice Drowned » à Terry Carr en mars 1980, et après ça, les choses se sont remises à marcher.

PJT – *Tu as enseigné, et écrit de la critique (un livre intitulé* The Novels of Philip K. Dick*). Vas-tu poursuivre ces activités ?*

KSR – Je ne pense pas écrire d'autres travaux critiques, sinon de brèves notes sur des auteurs que j'apprécie. Je n'aime pas vraiment ça, et n'ai écrit le livre sur Dick qu'en tant qu'élément de mon travail de thésard – une situation qui m'a permis d'écrire et d'enseigner pendant toute la deuxième moitié des années 70. Enseigner, par contre, me plaît beaucoup, et je compte le faire encore. J'aime apprendre les techniques élémentaires de rédaction aux étudiants de première année de fac, parce que c'est utile et gratifiant, et j'aime enseigner la SF parce que c'est amusant. Il est vrai que c'est facile à dire pour moi, qui ai devant moi une année ou deux d'écriture à plein temps; en réalité, enseigner prend beaucoup de temps, et pendant notre séjour en Suisse, je me contenterai sans regret d'écrire.

PJT — *Alors, écrire, pour toi, est-ce une carrière, ou seulement quelque chose que tu t'es « retrouvé à faire » ?*

KSR — Cela dépend de ce que tu entends par « carrière ». Ecrire sera toujours pour moi l'activité la plus importante. Mais je ne vivrai pas tout le temps de ma plume; j'enseignerai probablement assez régulièrement. Parce que, comme je l'ai dit, j'aime enseigner, et aussi que mon revenu d'enseignant libérera mon activité d'écrivain de la pression financière, et me permettra d'écrire ce que je veux au rythme où je veux, ce qui est très important pour moi.

PJT — *Qu'as-tu lu, et que lis-tu ? Certains aspects de tes œuvres font penser à d'autres écrivains (par exemple,* The Wild Shore *rappelle Mark Twain, et « To Leave a Mark » Heinlein). Y a-t-il des écrivains que tu aimerais pasticher, et si oui lesquels ?*

KSR — J'ai beaucoup lu, en particulier de la littérature anglaise et américaine. Shakespeare, les romantiques anglais, les principaux romanciers américains; ce sont les écrivains d'un corpus que j'ai étudié intensivement. Aujourd'hui, j'essaie de lire tout ce qu'ont fait Gabriel Garcia Marquez, Italo Calvino, Thomas Pynchon, Peter Matthiessen. J'adore les romans de Joyce Cary et Cecelia Holland, deux écrivains qui à mon avis ne sont pas aussi connus qu'ils devraient l'être (Holland est toujours très féconde, soit dit en passant). En SF, je lis tout ce que je peux de Disch, Delany, Wolfe, Le Guin, Lem, les Strougatski, et Ballard entre autres. Je suis en train de relire les poèmes de Gary Snyder et Wendell Berry, j'ai récemment terminé l'intégrale de Wallace Stevens pour la première fois. J'aime les pièces du Sud-Africain Athol Fugard. En français, je ne suis pas très original, mais mes timides explorations ont été fructueuses; j'ai adoré Camus, et après avoir lu *Le Nouveau Discours du récit* de Gérard Genette, j'ai commencé à lire Proust une deuxième fois. Son roman-fleuve est vraiment merveilleux, quoiqu'il me semble maintenant que quand on est malheureux, ou qu'on a des déconvenues amoureuses (ce qui était mon cas lors de ma première lecture), les commentaires douloureux de Proust sur l'amour et la nature humaine prennent beaucoup plus de force — et frappent droit au cœur, comme une VÉRITÉ. Cette fois-ci, ce n'est plus qu'un magnifique roman — peut-être le meilleur de tous — mais il n'a pas cette terrifiante VÉRITÉ de la première fois.

Certains de mes textes, j'en suis sûr, rappellent des écrivains qui m'ont précédé — je fais souvent allusion à eux, directement ou indirectement — et ça me plaît de le faire. Mais je n'ai guère écrit de ce que j'appellerais *pastiche* — l'imitation du *style* d'un autre écrivain tout au long d'un texte. Si j'avais une bonne idée qui me force à l'écrire en pastiche, je le ferais, mais ça ne s'est pas produit jusqu'à présent.

PJT — *Tu as exprimé une certaine réticence pour l'ambiance de « star-system » du milieu SF américain. Tu en fais pourtant partie, ne serait-ce qu'en étant sélectionné pour les prix. Qu'est-ce que cela te fait ?*

KSR — Ça me fait plaisir de voir par là qu'on apprécie mes textes, et je suis très heureux quand ils sont finalistes pour des prix. Mais je n'ai aucune envie de devenir une célébrité au delà de mon nom, si peu que ce soit. Etre sélectionné pour un prix n'affecte pas ma vie privée, et donc ne me gêne pas; cela attire d'autres lecteurs à mes textes, et donc je suis pour.

PJT — *As-tu été un fan ? Si non, quand et comment as-tu « découvert le fandom » ?*

KSR — Non, je n'étais pas un fan; je n'ai vraiment découvert la SF qu'en 1972, quand j'ai finalement lu autre chose que Jules Verne. Tout de suite, je l'ai adorée, et j'en ai lu tout ce que j'ai pu — comme je l'ai dit plus haut, elle me paraissait parler tout droit à ma vie — mais en même temps je continuais à lire toutes les autres choses que j'aimais. J'ignorais l'existence du fandom jusqu'à ce que j'aille à un atelier d'écriture Clarion en 1975; et je n'ai pas vraiment su ce que c'était jusqu'à ce que j'aille à une convention à San Francisco en 1979.

PJT — *Et qu'en as-tu pensé quand tu l'as enfin vu ?*

KSR — Je n'ai pas encore beaucoup de connaissances directes sur le fandom, et je suis donc peut-être complètement dans l'erreur à ce sujet. (Et je vais me répéter dans la prochaine question.) Mais certains fans paraissent se servir de la littérature comme d'un moyen d'ignorer le reste de la vie, ou de s'en évader. A mon avis, la littérature devrait être un moyen d'être en prise sur la vie, de lui donner plus de sens et en retirer plus de plaisir, et je crois donc que ces fans commettent une erreur. D'autre part, il apparaît que d'autres fans lisent très activement, c'est une activité où ils se donnent à fond, et c'est génial. Ils peuvent être les meilleurs lecteurs, dévoués à la littérature qui les passionne. Un écrivain ne peut rien demander de mieux. Comme je le rappelle ci-dessous, les deux aspects sont simultanés — et j'ai si peu de connaissances directes du fandom que je ne peux porter sur lui de jugement définitif.

PJT — *Avec tous ses travers, le milieu de la SF est une des raisons pour lesquelles la science-fiction demeure un ensemble cohérent, dans lequel peu d'œuvres sont indépendantes et isolées. Ce phénomène t'ennuie-t-il, ou au contraire t'en sers-tu ?*

KSR — Tout texte existe en rapport avec

son genre, et dans cette mesure aucune œuvre n'est « indépendante et isolée », comme tu dis. Ce rapport ne m'ennuie pas, c'est une part importante de la façon dont un texte crée son sens, et je suis très conscient de la tradition à laquelle mes œuvres se rattachent — à la fois la courte tradition de la SF, et la tradition plus longue de la littérature anglaise et américaine. La microculture de la SF américaine, toutefois, se montre parfois un peu trop isolationniste pour moi — du moins par certains côtés. La médaille a deux faces, toutes deux bien réelles et manifestes : d'un côté, il est *très bon* d'avoir une famille, un genre cohérent, un vrai public qui lit par plaisir, et s'implique passionnément dans l'art (car c'est cela, en fin de compte); en revanche, il est mauvais de faire partie d'une culture de ghetto, d'essayer de se fermer les yeux au vaste monde alentour, de faire comme si des œuvres mauvaises étaient bonnes, de se servir de l'art comme d'une échappatoire du monde réel plutôt que pour l'aborder. Ces deux aspects coexistent dans la SF américaine, parfois dans la même personne ou activité, et je ne vois pas le moyen de les séparer — je ne peux que me concentrer sur ce qui est bon, et agir contre ce qui est mauvais, quand je peux faire la différence. Je pense que le bon dépasse en général le mauvais (avoir un public passionné pour un art, c'est crucial) — mais parfois c'est de justesse. Bien entendu, j'aimerais tout avoir

— l'attention de la microculture SF, et une petite voix dans la culture en général.

PJT — *Lors d'une conférence récente à l'université de Californie à Riverside, tu as affirmé ne pas écrire de fantastique (« fantasy »), et pourtant tu as reçu un World Fantasy Award pour ton récit « Black Air ». Explication ? (Peut-être les imperfections de la définition du terme « fantasy » ?)*

KSR — A mon avis, je n'ai guère écrit de choses qui ressemblent à de la fantasy, parce que je m'intéresse à l'histoire, et à la fiction en prise sur l'histoire, et selon ma définition la fantasy se compose de récits qui justement ne participent pas à notre histoire : ils ne se situent ni dans notre passé, ni dans notre présent, ni dans notre futur. Ce qui ne veut pas dire que je n'écrirais pas de récit de fantasy si l'idée m'en venait. J'aime bien essayer diverses formes et divers styles, ce serait donc possible.

PJT — *Et la SF nous apporte une histoire fictive : les univers parallèles, cf. « The Lucky Strike ». Que penses-tu des possibilités de ce procédé, comparé aux distorsions de l'histoire qui sont présentées dans* The Wild Shore *ou* Icehenge *?*

KSR — L'histoire parallèle est une méthode merveilleuse, certainement une des plus grandes inventions de la science-fiction. Elle peut tout : opérer des modifications comiques pour une sorte de jeu intellectuel, ou fournir l'armature de réflexions très sérieuses sur le processus suivant lequel, tous ensemble, nous créons l'histoire chaque jour. Fantaisiste ou sérieuse, on sous-entend une théorie de l'histoire, mais seulement de façon indirecte et ludique, dans un récit dont les plaisirs, directs ou comparatifs, peuvent être énormes. Ces récits me fascinent.

PJT — *Et as-tu jamais eu envie d'écrire de vrais récits historiques ?*

KSR — Oui, et à vrai dire c'est ce que j'ai cru faire avec « Black Air » (qui se déroule sur l'Invincible Armada — PJT). Peut-être en écrirai-je d'autres, je ne sais; il y a des époques qui m'intriguent, et je lis souvent des ouvrages qui leur sont consacrés. De plus, un de mes auteurs contemporains préférés, Cecelia Holland, écrit des romans historiques, et elle m'inspire beaucoup.

PJT — *Quel est le rôle des sciences — humaines ou de la nature — dans ta SF ?*

KSR — Je ne sais pas. Elles servent de sujet, de métaphore, de facteurs déterminants dans les histoires du futur que je choisis de suivre — peu importe.

PJT — *On dirait que le troisième tiers d'*Icehenge *a précédé les deux premiers, tout en contenant des indices sur leurs grandes lignes. C'est une façon inhabituelle d'écrire un roman, comment et pourquoi y es-tu arrivé ?*

KSR — J'ai remis la première version de

Icehenge à Damon Knight en 1977, et c'était un gâchis – entre autres choses, très confus chronologiquement. Damon m'a patiemment aidé, et en particulier a trié les morceaux qui étaient plus ou moins développés. Nous nous sommes aperçus que le récit de Doya était plus ou moins complet, alors que ceux de Weil et Nederland étaient relativement atrophiés. Damon m'a suggéré de regrouper le récit de Doya, d'en faire une œuvre qui se tienne, et de reprendre les autres plus tard. Ce que j'ai fait, et Damon m'a pris cette nouvelle, intitulée « On the North Pole of Pluto » (in *Orbit 21,* 1980). Plus tard j'ai réécrit le récit de Weil, qui est devenu « To Leave a Mark », et enfin celui de Nederland, et j'ai rassemblé les trois pour constituer *Icehenge.* Cela m'a donc pris longtemps, mais pour moi c'était dès le départ une seule histoire qui mettait en jeu ces trois narrateurs.

PJT – *« Ridge Running », une nouvelle récemment parue, n'est de la SF que de façon très discrète. T'éloignes-tu du genre ?*

KSR – Non, j'écrirai toujours beaucoup de science-fiction, j'imagine. Mais comme je l'ai dit, j'aime essayer des choses diverses, et je suis obligé d'écrire les idées qui me viennent. Ça, je ne le contrôle pas.

PJT – *Et quel est l'aspect de ces idées qui te vient en premier ?*

KSR – Je ne peux pratiquement jamais me

souvenir des premiers instants où les idées de textes me sont venues — la plupart me semblent avoir été en moi depuis longtemps. En général, l'image ou le concept central de l'histoire, je pense. Mais je n'en suis pas vraiment sûr.

PJT — *Quels sont tes espoirs et tes impressions devant la traduction de tes œuvres dans d'autres pays, où l'attente des éditeurs et des lecteurs sera sans doute différente ?*

KSR — Je suis très heureux de voir certaines de mes œuvres traduites en français, en allemand et en japonais. Je lis le français plutôt bien mais ne peux guère l'écrire, et ce sera, je pense, bizarre et merveilleux de voir mes propres phrases, transformées par magie en cette langue que je comprends à peine. Et j'apprends l'allemand en prévision de notre séjour à Zurich, et ça aussi devrait être intéressant. Je connais aussi un peu la littérature française et la SF en France, et je serai heureux d'y prendre une modeste part. Quand j'ai écrit mon livre sur Dick, j'ai lu certaines des traductions françaises de ses œuvres, et j'ai essayé de comprendre pourquoi il s'est révélé plus populaire en France qu'en Amérique... La traduction, et l'appréciation par un public d'une langue différente, d'un autre pays, sont des choses curieuses. Pourquoi un écrivain plaît, et un autre pas... Je ne comprends pas vraiment. Une composante pourrait en être politique; la science-fiction est à de nombreux points de vue très politique, et de nombreux Américains qui considèrent l'Amérique de l'intérieur la voient par la lunette de ce que Flaubert appelait les « idées reçues », qui (il me semble) doivent exaspérer les Européens. Ça en devient un défi : un Américain peut-il écrire sur l'Amérique pour lui-même, et pourtant d'une façon que le lecteur français trouve intéressante ? Dick y est certainement parvenu; je serai curieux de savoir si moi aussi. J'espère. De toute façon, j'attends avec impatience d'entrer dans une librairie à Paris et d'y voir un de mes livres — ce sera un moment palpitant.

PJT — *Mais j'ai aussi l'impression que les Français ont projeté certaines de leurs idées sur les œuvres de Dick et d'autres Américains.*

KSR — Bien sûr, les lecteurs projettent toujours leurs idées sur l'œuvre d'un auteur. C'est cela, lire; c'est inévitable, et c'est un bon point pour la lecture — et fait partie de sa séduction.

PJT — *Quoi qu'il en soit, le moment paraît propice pour te demander en quoi tes opinions politiques diffèrent de la moyenne américaine, et quels sujets politiques te préoccupent le plus ?*

KSR — Mes opinions politiques sont tellement à gauche de la moyenne américaine que c'en est risible, et je suppose que ma préoccupation politique la plus importante est de traduire mon but utopique (que tous sur la planète — y compris les générations futures — aient accès de façon satisfaisante à la nourriture, à l'eau, au gîte et au vêtir) en action politique concrète au jour le jour. Pas facile, comme boulot.

PJT — *Et quelle est la responsabilité d'un artiste envers le contenu politique de son œuvre ? Faut-il s'efforcer de rendre son œuvre politiquement correcte ?*

KSR — Il suit de ce que je viens de dire que le contenu politique de mon œuvre est important pour moi, il constitue une large part de mon action dans la sphère politique. Comme l'a dit Shelley, « les poètes sont les législateurs méconnus du monde », et je le crois : l'art joue un grand rôle dans la création et le façonnage de nos buts collectifs, de nos visions. Et tout art est politique, qu'il le veuille ou non; l'art qui prétend ignorer ou contourner la politique se contente de soutenir le *statu quo.* Il vaut mieux utiliser consciemment son art pour encourager l'action en faveur des buts politiques auxquels on croit. Toutefois, c'est une question délicate : comme on dit toujours, l'art ne peut pas faire de sermons tout en restant bon. Mais il est possible de politiser même son esthétique, et je pense l'avoir fait dans certains textes.

PJT — *Quel rôle donnes-tu à la vraisemblance dans ton œuvre ? En d'autres termes, quel est le rôle de la vérité pour l'écrivain de fiction ?*

KSR – Je ne sais pas. « Présenter un Miroir à la Nature » (Shakespeare).

PJT – *Mais voyons, même un rétroviseur* doit *être incurvé pour donner une image utile. Tu as certainement quelque chose à dire sur le sujet, toi, l'auteur de* The Wild Shore, *où un des personnages principaux explique sur son lit de mort que son étonnante accumulation de mensonges atteignait une vérité profonde (à l'inverse des mensonges du maire de San Diego, par exemple).*

KSR – Eh non, je n'ai toujours pas grand-chose à dire. La vérité pour l'écrivain de fiction (et pour tout le monde) est quelque chose de très délicat. Le terme lui-même est difficile à définir ou à employer. Il serait plus facile de parler de vraisemblance ou de « réalisme » artistique, mais là encore on pourrait écrire des volumes, et moi-même je ne sais pas trop quelle est mon opinion sur le sujet. On pourrait, je pense, dire que la somme de toutes mes œuvres publiées constitue mes réflexions sur la question – ce qui rend ma réponse suffisamment fournie, ou peut-être trop.

PJT – *Merci, Kim Stanley Robinson.*

Venise engloutie

par Kim Stanley ROBINSON

Quand Carlo Tafur put se dégager de la gangue du sommeil, le bébé braillait, la théière sifflait, l'odeur du fourneau emplissait l'air. Des vaguelettes giflaient les murs de l'étage inférieur. L'aube pointait à peine. Il se résolut à s'extraire des draps et se leva. Il traversa à pas feutrés la seule autre pièce de son logis et, ignorant sa femme et son enfant, franchit la porte pour se retrouver sur le toit.

Venise avait meilleure allure à l'aube, pensa Carlo tout en pissant dans le canal. Dans cette lueur mauve, il devenait possible d'imaginer que la cité restait ce qu'elle avait été et que des hordes de visiteurs viendraient bientôt submerger le Grand Canal par ce beau matin d'été... Bien entendu, pour se prendre à cette fantaisie, il fallait ignorer les constructions disparates édifiées sur les toits du voisinage. Aux alentours de l'église – San Giacomo du Rialto – tous les immeubles voyaient même leurs étages supérieurs engloutis, aussi était-il apparu nécessaire de découvrir les toits de leurs tuiles et d'ériger sur les charpentes mises à nu des cabanes faites de matériaux pêchés sous le niveau de l'eau; du bois, de la brique, des lames de store, de la pierre, du métal, du verre. La maison de Carlo était une de ces cabanes, folle combinaison de poutres en bois, de vitraux de San Giacometta et de tuyaux de drainage martelés. Il se retourna pour la considérer et soupira. Mieux valait porter son regard sur le Rialto, où le soleil rouge brillait sur les dômes bulbeux de San Marco.

– Tu dois retrouver ces Japonais, aujourd'hui, dit à Carlo sa femme Luisa, depuis l'intérieur de la cabane.

– Je sais.

Il se trouvait encore des visiteurs pour venir voir Venise, c'était certain.

– Et ne te remets pas à les injurier et à les planter là sans te faire payer, comme avec ces Hongrois, poursuivit-elle d'une voix claire qui résonna au-dehors. Tu sais, ça n'a pas la moindre importance qu'ils prennent des trucs sous l'eau. C'est le passé. Ces vieilleries ne profitent à personne, là où elles sont.

– Tais-toi, dit-il sèchement. Je sais.

– Il faut que j'achète du bois pour le fourneau, des légumes, du papier-toilette et des chaussons pour le bébé. Les Japonais sont tes meilleurs clients; tu ferais mieux de bien les traiter.

Carlo regagna la cabane et alla s'habiller dans la chambre. Il avait enfilé une botte lorsqu'il s'accorda une pause avant la deuxième pour fumer une cigarette, la dernière de la maison. Tout en fumant, il considéra la pile de livres posée à même le sol, sa bibliothèque, comme Luisa, sardonique, qualifiait sa collection; que des ouvrages sur Venise. Tous déchirés, cornés, piqués, ils étaient si bien gauchis par l'humidité qu'aucun ne se fermait plus convenablement; et chaque page moisie se creusait de vagues telle la lagune un jour de vent. Ils composaient un misérable tableau et, en retournant dans l'autre pièce, Carlo, de sa botte froide, donna un petit coup au tas le plus proche.

– Je sors, dit-il en embrassant son bébé, puis Luisa. Je rentrerai tard; ils veulent aller à Torcello.

– Que peuvent-ils bien vouloir faire là-bas ?

Il haussa les épaules.

– Juste regarder, peut-être.

Il se baissa pour franchir la porte d'entrée.

En contrebas du toit, il y avait une petite place où l'on amarrait les embarcations du voisinage. Carlo se laissa glisser des tuiles sur le dock flottant étroit qu'il avait aidé ses voisins à construire et le traversa pour gagner son bateau, un voilier ventru au pont de toile. Il embarqua, largua les amarres et fit force de rames pour passer de la placette au Grand Canal.

Là, il bascula ses rames hors de l'eau et laissa l'embarcation dériver au gré du courant. Ce Grand Canal avait toujours accueilli le cours naturel du chenal parmi les laisses de vase de la Lagune; un temps apprivoisé, il était maintenant redevenu rivière; ses rives se constituaient de toits de tuile et de palais de pierre, et des centaines d'affluents se fondaient en lui. Dans la lumière du petit matin, des hommes travaillaient à l'intérieur des maisons sur les toits; ceux qui connaissaient Carlo le saluaient, corde ou marteau en main, et lui criaient bonjour. Carlo agitait négligemment une rame avant que le courant l'entraîne plus avant. C'était folie que de construire si près du Grand Canal qui était désormais assez fort pour jeter bas les vieilles structures, ce qui se produisait souvent, mais c'était leur affaire. A Venise, si on y réfléchissait, tout le monde était fou.

Il aboutit dans le Bassin de San Marco, traversa la Piazetta près du Palais des Doges, toujours imposant même réduit à deux étages, pour gagner la Piazza. La circulation était dense, comme de coutume; c'était le seul endroit de tout Venise à voir toujours passer les foules d'antan, et Carlo l'aimait pour cette raison, même s'il hurlait ses jurons aussi fort que tout le monde lorsque des gondoles se ruaient devant lui. Il godilla pour s'ouvrir un passage vers la fenêtre de la Basilica et y pénétra.

Sous les ors et les bleus éclatants des dômes, bruissait une bruyante atmosphère. Un dock flottant recouvrait la majeure partie des eaux qui avaient envahi les salles; Carlo y amarra son bateau, hissa dessus ses quatre bouteilles d'oxygène et y grimpa à leur suite. Il en prit deux dans chaque main et traversa le dock sur lequel le marché aux poissons battait son plein. On présentait à la vente des filets de mulet, des requins des lagunes, des raies, des poissons plats et de petits poissons rouges serrés dans des piles de cageots, l'air consterné devant leur situation. Des praires s'entassaient sur des plateaux et leurs coques brillaient sous les rayons de soleil qui entraient par la fenêtre est; des hommes et des femmes extirpaient des crabes tout vifs de trous aménagés dans le dock, risquant leurs doigts dans les pièges grouillants; les poulpes noircissaient leurs seaux d'eau, les éponges exsudaient leur écume; plus loin, des plateaux où s'étalaient déchets de poissons, darnes, jointures, intestins, œufs luisants, têtes aux yeux en boutons de bottine, dessinaient une toile mouvante de rose et de blanc et de jaune et de rouge et de bleu.

C'est au beau milieu du marché que Ludovico Salerno, un des meilleurs amis de Carlo, avait ses éventaires de matériel de plongée. Les deux clients japonais de Carlo s'y trouvaient déjà. Il les salua et tendit les bouteilles à

Salerno qui s'empressa de les remplir à sa machine. Pendant le chargement, ils devisèrent en un italien rapide, argotique; puis Carlo le régla et mena les Japonais à son bateau. Ils embarquèrent et rangèrent leurs sacs à dos sous le pont de toile; Carlo les rejoignit, chargé du matériel de plongée.

– Nous sommes prêts à voyager jusqu'à Torcello ? demanda l'un d'eux.

L'autre sourit et répéta la question.

Ils s'appelaient Hamada et Taku; ils avaient lancé quelques plaisanteries sur la similitude du nom de ce dernier avec celui de Carlo, mais comme Taku parlait moins bien italien, les boutades n'avaient guère duré. Ils l'avaient engagé quatre jours auparavant, à l'étal de Salerno.

– Oui, dit Carlo.

Il prit les rames, quitta la Piazza et remonta les canaux jusqu'à Campo San Maria Formosa qui se révéla presque aussi encombré que la Piazza. Au delà, les canaux étaient déserts et seule, de temps en temps, une maison sur le toit troublait cette vision de déluge apaisé.

– Cette partie de cité Venise pas beaucoup de gens habitent, observa Hamada. Pas de maisons sur maisons.

– C'est vrai, répondit Carlo. (En dépassant San Zanipolo, puis l'hôpital, il expliqua :) C'est trop près de l'hôpital, ici, il y avait trop d'affections. Des maladies, vous savez.

– Ah, l'hôpital. (Hamada acquiesça, ainsi que Taku.) Nous avons nagé l'hôpital dans notre voyage à Venise avant celui-ci même. Récupéré beaucoup de belles statues dans les étages inférieurs.

– Des lions de pierre, ajouta Taku. Beaucoup de lions de pierre avec ailes dans pièce au-dessous niveau d'eau Vingt-quarante.

– C'est vrai ? dit Carlo.

Des lions de pierre, songea-t-il, disposés dans l'entrée de la coûteuse demeure d'un homme d'affaires japonais, quelque part dans le monde... Il tâcha de se changer les idées en observant les visages brillants de santé, pareils à des masques, de ses deux passagers qui riaient à cette évocation de leurs souvenirs.

Puis ils se retrouvèrent à l'aplomb de Fondamente Nuova, la limite septentrionale de la cité, et enfin, sur la

Lagune. Une houle légère arrivait du nord. Carlo continua de ramer sur quelque distance avant d'aller hisser la voile unique du bateau. Le vent soufflait de l'est, aussi pourraient-ils faire une bonne moyenne d'ici Torcello, au nord. Derrière, Venise apparaissait magnifique dans la lumière du matin, comme s'ils en étaient soudain distants de plusieurs kilomètres, et un horizon aqueux les empêchait de la contempler tout entière.

Les deux Japonais s'étaient tus et regardaient par-dessus le plat-bord. Ils voguaient à l'aplomb du cimetière de San Michele, s'aperçut Carlo. Au-dessous d'eux s'étendait l'île qui avait été le cimetière principal de la cité pendant des siècles; ils firent voile au-dessus d'un champ de tombes, de mausolées, de pierres tombales et d'obélisques qui, à marée basse, pouvait constituer un danger pour la navigation... On voyait tout juste assez de ces étranges blocs blancs pour se convaincre qu'ils étaient le résultat même d'une réflexion architecturale menée par les poissons. Carlo se signa vivement pour impressionner ses clients et se rassit à la barre. Il tendit la voile et ils gîtèrent un peu, giflés par les vagues.

En guère plus de vingt minutes ils étaient à l'est de Murano et longeaient sa limite. Murano, comme Venise une cité posée sur une île sillonnée de canaux, avait été une bourgade pittoresque avant le déluge. Mais elle ne possédait pas autant de fiers immeubles que Venise et l'on disait qu'une rivière sous-marine avait sapé les fondations de ses îles; de toute manière, elle n'était plus que décombres. Les deux Japonais jacassaient avec exaltation.

– Pouvons-nous rendre visite cette cité ici, Carlo ? demanda Hamada.

– C'est trop dangereux, répondit-il. Les immeubles se sont effondrés dans les canaux.

Ils hochèrent la tête, souriants.

– Des gens vivre ici ? demanda Taku.

– Quelques-uns, oui. Ils habitent les plus hauts immeubles, dans les étages encore émergés, et ils travaillent à Venise. Ainsi, ils évitent d'avoir à construire une maison sur le toit en ville.

Les visages de ses deux compagnons reflétèrent leur incompréhension.

– Ils évitent la crise du logement, dit Carlo. A Venise,

comme vous l'avez peut-être remarqué, le marché n'est pas inondé de logements.

Ses auditeurs saisirent l'astuce et éclatèrent de rire.

– Pourraient vivre dans étages dessous si possédant combinaison comme ça ici, dit Hamada en désignant l'équipement de Carlo.

– Oui, répliqua-t-il, et on pourrait aussi se faire pousser des ouïes.

Il agita ses doigts sur son cou et fit saillir ses yeux pour indiquer les ouïes. Les Japonais adorèrent ça.

Passé Murano, la lagune s'éclaircit sur plusieurs kilomètres d'un bleu battu par le soleil et couvert de vagues clapoteuses. Le bateau piquait, se relevait, le vent tirait fort sur la corde attachée à la voile que Carlo tenait dans sa main. Il commençait à apprécier la promenade. « La tempête arrive », dit-il spontanément aux deux autres avant de désigner la ligne noire qui barrait l'horizon, au nord. C'était une vision banale; les tempêtes, brèves, violentes, déferlaient par la passe Brenner, issue des Alpes autrichiennes, éclataient sur la vallée du Pô et sur la Lagune avant de se dissiper dans l'Adriatique... et ce, une fois par semaine, ou davantage, même en été. C'était l'une des raisons pour lesquelles le marché aux poissons se tenait sous les dômes de San Marco; chacun était dégoûté du commerce sous la pluie.

Même les Japonais reconnurent les nuages.

– Beaucoup pluie tomber bientôt ici, dit Taku.

Hamada sourit et dit :

– Taku et Tafur prophètes météo, pas de doute, grosse société !

Ils rirent.

– Il fait ça au Japon, aussi ? demanda Carlo.

– Oui, en effet, sûrement. Au Japon pleut tous les jours... Taku dit : il pleut demain sûrement. Prophète météo !

Une fois les rires retombés, Carlo demanda :

– La pluie n'a-t-elle pas englouti quelques-unes de vos villes, là-bas aussi ?

– Qu'est-ce que c'est ici ?

– N'avez-vous pas de Venise au Japon ?

Mais ils refusèrent d'en discuter.

– Je ne comprends pas... Non, pas de Venise au Japon,

dit Hamada tranquillement, mais ni l'un ni l'autre ne rit comme auparavant.

Ils voguèrent. Venise s'était perdue sous l'horizon, tout comme Murano. Ils atteindraient bientôt Burano. Carlo guida l'embarcation sur les vagues et écouta ses deux compagnons deviser dans leur langue improbable, ou mutiler l'italien de telle façon qu'il avait envie soit d'éclater de rire, soit de mordre le plat-bord de frustration.

Peu à peu, Burano apparut sur l'horizon au gré des bonds du bateau : d'abord le campanile, puis les quelques immeubles encore émergés. Murano avait encore une population, un tout petit marché, et même un festival d'été; Burano était vide. Son campanile se dressait avec un angle marqué, tel le mât d'un vaisseau chaviré. Avant 2040, ç'avait été une cité sur une île; maintenant, des « canaux » serpentaient parmi ses toits. Carlo, qui détestait l'endroit, s'en tint à distance respectueuse. Ses compagnons en discutèrent tranquillement en japonais.

Un mille plus loin était Torcello, une autre ville fantôme oubliée sur son île. On pouvait voir son campanile depuis Burano; blanc, haut, il se détachait sur les nuages noirs qui bouchaient le nord. Ils l'approchèrent en silence. Carlo réduisit la voile, installa Taku à la proue pour repérer les écueils et rama avec prudence pour gagner la limite de la ville. Autour d'eux, les toits et les murs pointaient comme des récifs ou de vieilles fondations qui surgiraient du sol. On avait ramené beaucoup de tuiles et de poutres à Venise, comme matériaux de construction. Torcello avait déjà connu pareille situation; pendant la Renaissance, la cité, forte d'une population de vingt mille âmes, représentait pour Venise une rivale en réduction, mais elle s'était vue totalement désertée aux XVIe et XVIIe siècles. Des entrepreneurs vénitiens avaient parcouru ses ruines, en quête de beau marbre ou d'un escalier aux bonnes dimensions... Une population minuscule était revenue fabriquer de la dentelle et accueillir les touristes en mal de mélancolie, mais les eaux montèrent et Torcello mourut pour de bon. De sa rame, Carlo poussa au large un mur dont une importante section bascula et s'engloutit. Il s'efforça de ne pas le remarquer.

Courbé sur ses rames, il les mena au carré d'eau dégagé qui avait été la Piazza. Autour d'eux s'élevaient quelques toits intacts, guère plus hauts que le mât de leur voilier, des murs ruinés de pierre ou de brique ronde; la suggestion ombreuse d'autres murs ondoyait sous la surface. Il était difficile de dire à quoi aurait pu ressembler le plan des rues. Sur l'un des côtés de la Piazza se dressait, toutefois, la cathédrale de Santa Maria Ascunta qui tenait toujours bon et soutenait toujours le campanile qui demeurait campé, solide, comme s'il dominait une communauté vivante.

– Ici est l'église que nous désirons plonger, dit Hamada.

Carlo hocha la tête. L'humeur enjouée ressentie pendant le trajet appartenait au passé. Il fit le tour de la Piazza à la recherche d'un endroit plat où ils pourraient accoster et poser l'équipement. Les dépendances de l'église – ç'avait été un vaste édifice – étaient toutes sous l'eau. A un moment, la quille racla le faîte d'un toit. Ils longèrent la nef pareille à une étable et regardèrent par les fenêtres hautes; des planchers d'eau. Ce n'était pas une surprise. L'une des petites fenêtres du campanile avait été élargie à coups de masse; à peine franchie, un escalier de pierre s'élevait et, quelques marches plus haut, aboutissait à un sol dallé. Ils amarrèrent le bateau au mur et portèrent leur équipement sur ce sol. Dans la lueur de la mi-journée, la pierre, à l'intérieur, paraissait criblée de trous d'ombre et prenait un air d'ébauche. Les citoyens de Torcello avaient bâti le campanile dans la fièvre, persuadés que le monde finirait avec le millénaire, l'an mil. Carlo sourit à la pensée du sursis dont ils avaient bénéficié. Ils gravirent les degrés de l'escalier jusqu'au soleil soudain de la salle des cloches pour inspecter les environs, aperçurent Burano, Venise au loin... Vers le nord, les ombres de la Lagune et les côtes de l'Italie. Au delà, la barre noire des nuages semblait un mur presque submergé sous l'horizon, mais elle se levait; la tempête arrivait.

Ils redescendirent, revêtirent l'équipement de plongée et se laissèrent tomber dans l'eau que dominait le campanile. Ils se trouvaient au-dessus du complexe d'édifices religieux, et l'obscurité régnait; Carlo ramena lentement les deux Japonais à la Piazza et plongea plus profond. Prudent, il évita de fouler le sol envasé. Ses ouailles aperçurent le grand trône de pierre au centre de la Piazza (Carlo se souvint d'un de ses livres moisis : on l'avait baptisé le Trône d'Attila, et nul ne savait pourquoi) et, échangeant de grands signes de la main, le gagnèrent à la nage. L'un d'eux fit de risibles tentatives pour se tenir debout au sommet et l'arpenta de ses palmes; il soulevait des nuages de vase. L'autre le rejoignit. Ils s'assirent chacun à leur tour dans le fauteuil de pierre, des colonnes de bulles s'élevant au-dessus d'eux, et se prirent en photo avec leurs appareils sous-marins. La vase gâchera les photos, se dit Carlo. Tandis qu'ils gambadaient, il se demanda avec amertume ce qu'ils comptaient prendre dans l'église.

Enfin, Hamada monta vers lui et désigna l'église. Derrière son masque, ses yeux brillaient, surexcités. Carlo battit des palmes, doucement, et les guida jusqu'à la grande entrée de la façade. Les portes avaient disparu. Ils pénétrèrent dans l'église en nageant.

A l'intérieur, il faisait sombre; tous trois décrochèrent leurs grandes lampes-torches et les allumèrent. Les cônes d'eau boueuse se muèrent en cristal; les rais lumineux balayèrent les alentours. L'intérieur de l'église était quelconque, le sol disparaissait sous une épaisse couche de boue. Carlo regarda muser ses deux clients et laissa le rayon de sa torche errer sur les murs. Quelques-unes des fenêtres demeuraient intactes, un étrange tableau. Parfois, le rayon piégeait une colonne de bulles qu'il transmuait en argent.

Les Japonais ne tardèrent pas à aller voir l'image à l'extrémité ouest de la nef, une mosaïque. Taku (estima Carlo) essuya la vase qui maculait les carreaux, ravivant leurs couleurs. Ils étaient allés à la grande en premier, celle qui dépeignait la Crucifixion, la Résurrection des Morts et le Jour du Jugement Dernier : une peinture murale chargée. Carlo s'en approcha à la nage pour jouir d'une meilleure vue. Mais les Japonais n'avaient pas plus tôt nettoyé ce mur qu'ils se ruaient à l'autre bout de l'église où, au-dessus des stalles de l'abside, se trouvait une autre mosaïque. Carlo les suivit.

Essuyer celle-là ne prit pas longtemps; et quand l'eau s'éclaircit, tous trois flottèrent là, les rayons de leurs torches convergeant sur l'image révélée.

Elle représentait la Teotoca Madonna, celle-qui-porte-Dieu. Debout devant un fond d'or terne, elle tenait l'Enfant dans ses bras et contemplait le monde d'un regard triste et sage. Carlo battit des jambes pour s'élever au-dessus des Japonais et pointa sa torche sur le visage de la Madonna. Elle paraissait capable de tout voir du futur, jusqu'à cet instant et au delà, tout de la vie brève de son enfant, et toutes les terreurs et les calamités advenues depuis... Des larmes de mosaïque coulaient sur ses joues. A leur vue, Carlo put à peine retenir ses propres larmes de venir s'ajouter à l'eau qui mouillait déjà son visage. Il se sentit soudain transporté dans une église au plus profond de l'océan; la pression de ses sentiments menaçait de le faire imploser, il pouvait tout juste les contenir. L'eau le glaçait, il tremblait, expédiant vers la surface une épaisse colonne de bulles, presque ininterrompue... sous le regard de la Madonna. D'un coup de pied, il se détourna et s'éloigna. Ses deux compagnons le suivirent, tels des poissons effarouchés. Carlo les mena hors de l'église, dans une lumière boueuse, puis vers la surface, au bateau et à la fenêtre.

Ses palmes retirées, Carlo s'assit sur l'escalier et s'égoutta. Taku et Hamada franchirent la fenêtre, non sans mal, et le rejoignirent. Ils discutèrent un moment en japonais, visiblement surexcités. Carlo les fixait d'un œil noir.

Hamada se tourna vers lui.

– Celle-là ici est l'image que nous désirons, dit-il. La Madone avec l'enfant.

– Quoi ? s'écria Carlo.

Hamada haussa les sourcils.

– Nous désirons prendre chez nous cette image-ci, au Japon.

– Mais c'est impossible ! L'image est faite de petits morceaux collés au mur – il n'y a pas moyen de les détacher !

– Gouvernement Italie permet, dit Taku, mais, d'un geste, Hamada le réduisit au silence.

– Mosaïque, oui. Nous utilisons des instruments que nous prenons ici – une torche à eau. Méthode d'archéologie, vous comprenez. Couper des blocs de murs, briques, les numéroter... Construire sur nouvel endroit, au Japon. Au-dessus de l'eau.

Il jeta son sourire nacré.

– Vous ne pouvez pas faire ça, affirma Carlo, profondément offensé.

– Je ne comprends pas, dit Hamada. (Mais il comprenait :) Gouvernement italien nous permet ça.

– Ici, ce n'est pas l'Italie, dit Carlo avant de se lever, dans sa colère. (Quel bien ferait une Madone au Japon, de toute façon ? Ils n'étaient même pas chrétiens.) L'Italie est là-bas, poursuivit-il. (Dans son énervement, il désignait par erreur le sud-est, augmentant sans aucun doute la confusion de ses auditeurs.) Ici, ça n'a jamais été l'Italie ! Ici, c'est Venise ! La République !

– Je ne comprends pas. (Il avait toujours cette formule toute prête.) Le gouvernement italien nous a donné permis à nous.

– Bon Dieu ! dit Carlo. (Il se tut un instant en proie à la révolte.) Et combien de temps cela va-t-il prendre ?

– Temps ? Nous travaillons cet après-midi, demain; plaçons les briques ici, allons louer barge Venise pour transporter briques à Venise...

– Passer la nuit ici ? Je ne passerai pas la nuit ici, bon Dieu !

– Nous amenons sac de couchage pour vous...

– Non ! (Carlo était furieux.) Je ne reste pas, espèces de hyènes païennes...

Il retira son équipement de plongée.

– Je ne comprends pas.

Carlo se sécha, s'habilla.

– Je vous laisse vos bouteilles et je reviens vous chercher demain après-midi. Compris ?

– Oui, dit Hamada, l'observant d'un regard fixe, inexpressif. Ramenez barge ?

– Quoi ? Oui, oui, je vous ramènerai votre barge, misérables poissons-chats bouffeurs de vase. Vautours...

Il poursuivit ainsi un moment, tout en sortant le bateau par la fenêtre.

– Orage approcher ! dit gaiement Taku en désignant le nord.

– Allez au diable ! jeta Carlo qui s'écarta de la fenêtre et se mit à ramer. *Compris ?*

Il quitta Torcello et retrouva la Lagune. La tempête arrivait, en effet; il lui fallait se hâter. Il hissa la voile et tira le pont de toile jusqu'à tout recouvrir, à l'exception du siège sur lequel il était assis. Maintenant, le vent soufflait du nord, fort, mais capricieux, et tendait la voile; le bateau ruait sur les vagues clapoteuses, traînant derrière lui un sillage dont la blancheur tranchait sur le noir du ciel. Les nuages se refermaient sur celui-ci comme un rideau, en cachant déjà la moitié : moitié noir, moitié bleu sans éclat, et la ligne de partage paraissait solide. Cela devait rappeler la grande tempête de 2040, estima Carlo; elle s'était abattue sur Venise comme une couverture de laine noire et avait déversé ses flots pendant quarante jours. Et dans le monde entier, rien n'avait plus jamais été pareil.

Il se trouvait maintenant à proximité des ruines de Burano. Il ne pouvait voir que le campanile pris de boisson qui se détachait sur le ciel noir et il se rendit compte soudain qu'il haïssait cette ville abandonnée : vision de la Venise à venir, modèle cruel de son futur. Que l'eau s'élève de trois mètres, et Venise ne deviendrait rien d'autre qu'une grande Burano. Même si l'eau ne montait pas, de plus en plus de gens la quittaient chaque année... Un jour, elle serait déserte. De nouveau, la tristesse qu'il avait éprouvée devant la Teotoca l'envahit, tristesse vite muée en désespoir sans fond. « Sacré bon Dieu ! » jura-t-il, les yeux rivés au campanile boiteux; mais ce ne fut pas suffisant. Il ne connaissait pas de mots qui fussent suffisants. « *Sacré* bon Dieu ! »

La bourrasque frappa peu après Burano. Elle manqua lui arracher la voile; il dut se cramponner d'une poigne acharnée, attacher la voile à la poupe, assurer la barre et crapahuter sur le pont de toile qui tanguait pour réduire la voile, le tout dans un concert de jurons. Il amena la voile jusqu'à son dernier ris, ce qui ne laissait guère qu'une surface de mouchoir de poche exposée au vent. Même alors, le bateau bondissait sur les vagues et le mât craquait, comme prêt à s'abattre... Les vagues clapoteuses étaient devenues moutons; dans le hurlement du vent, leurs crêtes se déchiraient et s'envolaient dans les airs, blanche écume dans le noir...

Mieux valait gagner Murano pour y chercher refuge, se dit Carlo. Alors, la pluie commença. Plus froide que l'eau de la Lagune, elle tombait presque à l'horizontale. Le vent forcissait toujours; sa voile mouchoir allait abattre le mât... Seigneur ! dit-il. Il s'aventura de nouveau sur le pont, glissa jusqu'au mât et serra la voile de ses doigts gourds et indisciplinés. Il rampa jusqu'à son trou dans le pont, cramponné avec désespoir pour résister aux embardées du bateau. Celui-ci se présentait presque par le travers aux lames, aussi saisit-il la barre et la tourna-t-il, juste à temps pour aborder une énorme vague par l'arrière. Il eut un frisson de soulagement. Chaque vague semblait plus grosse que la précédente; elles grossissaient vite, sur la Lagune. Bon, se dit-il, que faire maintenant ? Sortir les rames ? Non, ça ne servirait à rien; il devait continuer à aborder les vagues par l'arrière et, de plus, il ne pouvait ramer efficacement dans ces lames. Il lui fallait les suivre, se dit-il; et si elles manquaient Murano et Venise, ça voulait dire l'Adriatique.

Tandis que les vagues le soulevaient, le laissaient retomber, il envisagea cette possibilité d'un esprit résolu. Son mât seul, par un vent de cette force, se comportait comme une voile; et ce vent semblait souffler d'une direction située un peu à l'ouest du nord. Les vagues – les plus grosses qu'il ait vues sur la Lagune, peut-être les plus grosses jamais vues sur la Lagune – le poussaient à peu près dans la même direction que le vent, naturellement. Eh bien, cela signifiait qu'il manquerait Venise qui se trouvait au sud, peut-être même un peu au sud-ouest. Merde, se dit-il. Tout ça pour s'être énervé après ces deux Japonais et la Teotoca ? Que lui importait le sort d'une mosaïque engloutie avec Torcello ? Il avait aidé des étrangers à retrouver et à emporter le cheval de bronze tombé de San Marco... et plus d'un des lions de pierre de Venise, symboles de la cité... le Pont des Soupirs tout entier, pour l'amour de Dieu ! Qu'est-ce qui lui avait pris ? Pourquoi se préoccuper d'une mosaïque oubliée ?

Bon, c'était fait; et voilà où ça l'avait mené. L'impasse. Chaque vague soulevait son voilier par l'arrière et glissait dessous jusqu'à ce qu'il puisse, si l'envie l'en prenait, plonger son regard dans le creux et voir son mât presque à l'horizontale, avant de s'élever sur une crête brisée, écumeuse, dont chacune semblait vouloir mettre en pièces son petit trou dans le pont et l'engloutir... L'espace d'une seconde, il se retrouvait suspendu entre ciel et mer, la barre libre, inutile, avant de s'écraser dans le creux suivant. Chaque fois, sur la crête, il pensait, celle-là va nous avoir, et ainsi, bien que trempé et transi dans le vent et la pluie glacés, les bouffées répétées d'adrénaline déclenchées par la peur et son épais manteau de laine lui tenaient chaud. Une centaine de vagues le convainquirent que la suivante glisserait sans doute sous lui sans plus de conséquences et il se détendit quelque peu. Rien à faire, sinon tenir jusqu'au bout et tenir le bateau, aussi, de façon que la houle le prenne toujours par l'arrière... et il s'en tirerait. Pour sûr, songea-t-il, il n'aurait qu'à chevaucher ces vagues et traverser l'Adriatique jusqu'à Trieste ou Rijeka, une de ces deux villes criardes qui avaient ravi à Venise son trône de Reine de l'Adriatique... Les princesses de l'Adriatique, pour ainsi dire, et deux belles petites salopes, aussi... A moins de sortir de l'ouragan, de le contourner pour refaire voile vers la cité, oui, c'était préférable...

D'un autre côté, le Lido, en nombre d'endroits, était devenu une sorte de récif; de telles vagues s'y briseraient et ne manqueraient pas de faire chavirer son bateau. De plus, pour rester réaliste, le nord de l'Adriatique était vaste; la moindre erreur au sommet d'une de ces lames (et il ne pourrait pas toujours continuer ainsi) et abordé, chaviré, laminé par les rouleaux, il irait rejoindre la cohorte de Vénitiens qui avaient fini au fond de cette mer. Et tout ça pour cette satanée Madone. Carlo, tassé à la poupe, ajustait la barre aux caractéristiques de chaque vague, ignorant le reste du chaos hurlant, noir, privé d'horizon qu'étaient l'air et l'eau tout autour de lui, satisfait, à sa façon farouche, de voguer vers sa mort en faisant preuve d'une telle habileté dans ses manœuvres. Mais il se refusait à penser au Lido.

Et il voguait, oublieux du temps comme on l'est lorsque l'on se retrouve privé de tout référent spatial. Vague après vague après vague. Un peu d'eau s'accumulait au fond de son bateau et le découragement s'empara de lui; en esprit, il sombrait déjà; ce n'était pas une façon de tirer sa révérence que de voir son bateau couler peu à peu sous lui...

Puis au hurlement aigu et désinvolte du vent se joignit une voix de basse qui mugissait et rugissait. Il regarda par-dessus son épaule dans la direction vers laquelle il était entraîné et aperçut une ligne blanche qui s'étendait de la gauche vers la droite; son cœur bondit. La peur explosa en lui. Voilà. Le Lido, maintenant barre de récif sur lequel trébuchaient les vagues. Elles s'écrasaient dessus, il pouvait voir des rideaux d'écume laiteuse précipités vers le ciel et soufflés dans le néant. Il fut terrifié. C'eût été tellement plus facile de sombrer en mer.

Mais là... parmi les blancs brisants, vers la droite... un doigt gris pointait vers la noirceur du...

Un campanile. Carlo dut reporter ses yeux sur la vague qui le surplombait et redresser le bateau, mais quand il regarda de nouveau en arrière, il était toujours là. Un campanile, dressé comme un phare mort. « Nom de Dieu ! » dit-il à voix haute. Les lames paraissaient le pousser à deux cents mètres au nord de l'édifice. A chaque vague qui le soulevait, il y avait un instant où le bateau la dévalait aussi vite qu'elle se ruait sous lui; pendant ces moments, il dévia un peu la barre et le bateau tourna et glissa de côté sur la vague, vers le sud, jusqu'à ce qu'elle le soulève avec elle sur sa crête et qu'il doive redresser. Il répéta obstinément la délicate opération, manquant dans son impatience mettre son embarcation en pièces à plusieurs reprises. Ce qui n'aurait servi à rien. Contente-toi de ce que chaque vague voudra bien t'accorder, songea-t-il. Et prie pour que la somme soit suffisante.

Le Lido se rapprocha; il lui sembla être dans le vent par rapport au campanile. Etait-ce celui de l'entrée du canal du Lido, ou celui de Pellestrina, plus au sud ? Il n'avait aucun moyen de le savoir et n'aurait pu s'en soucier moins. Mais il se réjouissait que ses ancêtres aient jugé bon de bâtir d'aussi solides rochers. Entre les vagues, il étendait le bras sous le pont et trouva ainsi, au toucher, la gaffe et la longueur de corde qu'il transportait. Un problème se poserait lorsqu'il finirait par atteindre le campanile – ça ne servirait à rien d'en passer à quelques mètres, impuissant; d'un autre côté, il ne pouvait pas non plus se fracasser dessus et compter y survivre, pas dans ces lames. En fait, plus il réfléchissait, plus il comprenait combien l'approche devrait être exacte et ardue; aussi, par peur, il cessa d'y songer et se concentra sur les vagues.

La dernière fut la plus grosse. Elle devenait plus abrupte comme le bateau la dévalait, jusqu'au moment où il lui parut qu'ils allaient être emportés à jamais. Plus loin, le campanile se profilait, immense, ténébreux. Tout autour, les vagues s'abattaient et se brisaient avec des hurlements aigus et mortels; de derrière, Carlo pouvait voir l'eau aspirée sur les failles, comme sur de petites mais larges cascades. Le fracas était formidable. Au sommet de la vague, il lui parut qu'il pourrait sauter par une des fenêtres supérieures du campanile – il sortit la gaffe, déplaça la barre d'un poil, prit trois profondes inspirations. Dans un bruit incroyable, la vague l'entraîna un peu au delà de la tour de pierre, sur laquelle elle s'écrasa, et l'aspergea; il rabattit la barre d'un seul coup, le bateau ne fit qu'un bond dans le sillage du campanile – Carlo se dressa et balança sa gaffe par la croisée d'une fenêtre au-dessus de lui. Elle se coinça et il s'y cramponna férocement.

Derrière la tour carrée, il était à l'abri; les vagues brisées s'élevaient et retombaient sous le bateau avec des soupirs, mais sans violence, et il put tenir. D'une main, il enroula un bout de sa corde autour du point d'écoute à la poupe et en attacha l'autre extrémité à la gaffe. Celle-ci tenait bien; il prit le risque de se pencher pour assurer la corde au point d'écoute. Puis un autre risque : quand le bouillon trouble d'une nouvelle vague brisée souleva le bateau, il bondit de son siège et se rattrapa au rebord de pierre de la fenêtre; il était trop large pour que ses mains puissent se refermer dessus et, une seconde, il resta pendu par le bout des doigts. Avec l'énergie du désespoir, il se haussa, jeta une de ses mains en avant, trouva une prise sur l'appui et se hissa enfin à l'intérieur. Le sol dallé se trouvait à environ un mètre vingt sous la fenêtre. Il se hâta de tirer la gaffe et de la poser par terre avant de raidir la corde.

Il regarda par la fenêtre. Son bateau s'élevait, retombait, s'élevait, retombait. Bon, il coulerait, ou il ne coulerait pas. D'ici là, lui, Carlo, il était sauf. En en prenant conscience, il respira à pleins poumons, poussa un cri. Il se souvint de la manière dont il avait été projeté au delà du flanc de la tour, le visage à deux mètres au plus de celle-ci, trempé par la vague qui avait giflé la façade... Nom de Dieu, il s'en était tiré à la perfection ! Il ne pourrait jamais refaire aussi bien, dût-il s'y reprendre un million de fois ! Il poussa des éclats de rire triomphants, brefs, aigus :

– Ha ! Ha ! Ha ! Jésus-Christ ! Ouaouh !

– Quiii eeest lààà ? demanda une voix haut perchée et grinçante qui flotta dans l'escalier depuis l'étage supérieur. Quiiii eeeest là ?...

Carlo se figea. Il gagna la base de l'escalier sur la pointe des pieds et jeta un coup d'œil vers le haut; dans l'orifice de l'étage supérieur, une faible lueur vacillait. Plus précisément, il faisait moins sombre là-haut que partout ailleurs. Plus surpris que terrifié (bien qu'apeuré), Carlo ouvrit ses yeux aussi grands qu'il le put.

– Quiiiii eeeeest làààààà ?...

Il se hâta d'aller à la gaffe, dénoua la corde, tâtonna sur le sol humide jusqu'à ce qu'il trouve un bloc de pierre qui servirait d'ancre à son bateau. Il regarda par la fenêtre : toujours là; de part et d'autre, les rouleaux blancs s'écrasaient sur le Lido. Emportant la gaffe, Carlo gravit silencieusement les marches, sentant qu'après ce qu'il avait enduré il pourrait tailler n'importe quel fantôme de l'éther en petits rubans.

C'était la bougie d'une lanterne qui vacillait dans l'air troublé... une salle remplie d'un fatras...

– Eèèk ! Eèèk !

– Nom de Dieu !

– Démon ! Va-t'en, camarde !

Une petite forme noire se rua sur lui, brandissant des pointes de métal acérées.

– Nom de Dieu, répéta Carlo.

Il leva la gaffe pour se défendre. La silhouette s'immobilisa.

– Enfin, la mort vient me prendre, dit-elle.

C'était une vieille femme; dans chaque main, elle tenait des aiguilles à dentelle.

– Pas du tout, répondit Carlo qui sentit son pouls s'apaiser et revenir à la normale. Je vous le jure au nom de Dieu, grand-mère. Je ne suis qu'un marin drossé ici par la tempête.

La femme rejeta la capuche de sa cape noire en arrière, révélant des cheveux blancs nattés, et loucha pour le considérer.

– Tu portes la faux, dit-elle, soupçonneuse.

Quelques rides s'effacèrent de sur son visage lorsqu'elle cessa de plisser les yeux.

– Non, une gaffe, dit Carlo en la lui tendant pour qu'elle l'inspecte.

Elle recula et brandit ses aiguilles d'un air menaçant.

– Rien qu'une gaffe, je vous le jure au nom de Dieu. Au nom de Dieu, de Marie, de Jésus et de tous les saints, grand-mère. Je ne suis qu'un marin de Venise jeté ici par la tempête.

Quelque chose en lui avait envie de rire.

– Oui ? fit-elle. Oui, eh bien, alors, vous avez trouvé un refuge. Je n'y vois plus aussi bien, vous savez. Entrez, asseyez-vous, alors.

Elle fit demi-tour et le précéda dans la chambre.

– Je m'apprêtais à faire un peu de dentelle, en pénitence, vous voyez... bien qu'il n'y ait presque pas assez de lumière.

Elle saisit un tomboli sur lequel de la dentelle était épinglée. Carlo remarqua d'énormes trous dans le motif, comme dans les toiles d'une araignée blessée.

– Un peu plus de lumière, dit-elle en prenant une bougie éteinte et en l'approchant de l'autre.

Quand la mèche s'enflamma, elle fit le tour de la pièce et alluma trois autres chandelles dans des lanternes posées sur des tables, des boîtes, une garde-robe. Elle lui fit signe de s'asseoir sur une chaise massive près de sa table, et il obéit.

Tandis qu'elle s'installait en face de lui, il parcourut la pièce du regard. Un lit surchargé de couvertures empilées, des boîtes et des tables couvertes d'objets divers... les murs de pierre, et une nouvelle volée de marches menant à l'étage supérieur. Il y avait du courant d'air.

– Otez donc votre manteau, dit la femme.

Elle disposa le petit coussin sur le bras de son fauteuil et se mit à y enfiler et en retirer une aiguille en tirant lentement sur le fil.

Carlo se renfonça dans son siège et la regarda.

– Vous vivez seule, ici ?

– Toujours seule, répondit-elle. C'est ainsi que je l'ai choisi.

Avec la bougie devant son visage, elle ressemblait à la mère de Carlo, ou à quelqu'un d'autre qu'il connaissait. Après la tempête, la pièce paraissait très paisible. La vieille femme se courba sur sa chaise jusqu'à ce que son visage soit juste au-dessus de son tomboli; malgré tout, Carlo ne put manquer de remarquer que son aiguille s'enfonçait loin du motif apparent de la dentelle, piquait ici et là, au hasard. Elle aurait tout aussi bien pu être aveugle. A intervalles réguliers, Carlo tremblait de joie et d'énervement; il lui était difficile de se croire hors de danger. Ils brisèrent le silence, de moins en moins souvent, par des bouffées de conversation, puis demeurèrent assis dans la lueur des chandelles, perdus dans leurs pensées, comme deux vieux amis.

– Comment vous procurez-vous votre nourriture ? demanda Carlo après un de ces silences prolongés. Ou les chandelles ?

– Je piège des homards. Et les pêcheurs viennent troquer de la nourriture contre de la dentelle. Ils ne sont pas volés, rassurez-vous. Je n'ai jamais donné moins, malgré ce qu'il a dit...

L'angoisse tordit son visage comme ses regards de côté l'avaient fait, et elle se tut. Elle jouait de l'aiguille avec hargne et Carlo regarda ailleurs. Malgré le courant d'air, il se réchauffait (d'ailleurs, il n'avait pas quitté son manteau, qui était en laine) et il commençait à se sentir les paupières lourdes...

– Il était mon âme sœur, saisissez-vous ?

Carlo se redressa brusquement. La vieille femme fixait toujours son tomboli.

– Et... Et il m'a laissée ici, ici dans cette désolation quand les inondations ont commencé, avec des mots que je n'oublierai jamais, jamais, jamais... Jusqu'à la mort... J'aurais voulu que vous *soyez* la mort ! gémit-elle. Je l'aurais voulu.

Carlo la revit brandissant ses aiguilles.

– Quel est cet endroit ? demanda-t-il avec douceur.

– Comment ?

– Est-ce Pellestrina ? San Lazzaro ?

– Ici, c'est Venise, répondit-elle.

Carlo, secoué de frissons, se leva.

– Je suis la dernière, dit la femme. Les eaux montent, les cieux rugissent, les promesses d'amour se défont et mènent à la misère. Je... Je vis pour montrer ce qu'une personne peut endurer sans mourir. Je vivrai jusqu'à ce que le déluge engloutisse le monde comme il a englouti Venise, je vivrai jusqu'à ce que tout ce qui vit soit mort; je vivrai...

Sa voix s'estompa; elle leva sur Carlo un regard curieux.

– Qui êtes-vous, en vérité ? Oh, je sais. Je sais. Un marin.

– Y a-t-il d'autres étages au-dessus ? demanda-t-il, pour changer de sujet.

Elle le regarda du coin de l'œil. Enfin, elle parla.

– Les mots sont vains. Je pensais que jamais plus je ne parlerais, pas même à mon propre cœur, et me voilà qui recommence. Oui, au-dessus il y a un étage intact, mais, plus haut, des ruines. La foudre a soufflé la salle des cloches, alors que je reposais dans ce lit.

Elle désigna son lit, se mit debout.

– Venez, je vais vous montrer.

Sous sa cape, elle était minuscule.

Elle saisit la lanterne posée près d'elle et Carlo la suivit sur les degrés, d'une démarche prudente parmi les ombres mobiles.

A l'étage supérieur, le vent tourbillonnait et, par la trouée de marches vers le sommet, Carlo put distinguer des nuages noirs. La femme posa la lanterne sur le sol et emprunta les degrés.

– Montez donc voir, dit-elle.

La trouée franchie, ils se retrouvèrent dehors, en plein ciel, en plein vent. La pluie avait cessé. De gros blocs de pierre jonchaient le sol, et les murs présentaient des brisures inégales.

– J'ai bien cru que tout le campanile allait s'effondrer, lui hurla-t-elle pour couvrir le sifflement du vent.

Il hocha la tête et alla au mur ouest, qui lui arrivait à hauteur de poitrine. Regardant par-dessus, il pouvait voir les vagues approcher, s'élever, s'écraser sur la pierre et répandre leur écume comme pour essayer de l'atteindre. Il pouvait sentir leur choc dans ses pieds. Leur force l'effraya; il lui était difficile de croire qu'il ait pu leur survivre et se trouver désormais hors de danger. Il secoua vigoureusement la tête. A sa droite, à sa gauche, les lignes blanches des vagues froissées délimitaient le Lido de leur large andain qui se détachait dans le noir. La vieille femme parlait; il retourna à ses côtés pour l'écouter.

– Les eaux montent encore, hurla-t-elle. Vous voyez ? Et la foudre... Vous pouvez voir la foudre réduire les Alpes en poussière. C'est la fin, enfant. Chaque île s'enfuit et on ne trouve plus les montagnes... Le deuxième ange vida sa fiole sur la mer, et elle devint comme le sang d'un homme mort : et toutes les choses vivantes de la mer moururent.

Elle parla, parla encore, la voix mêlée au fracas du vent furieux et au rugissement des vagues, les surpassant à peine... jusqu'à ce que Carlo, las et transi, empli de pitié et d'une angoisse aussi noire que les nuages qui roulaient dans le ciel, passe son bras autour de ses frêles épaules et lui fasse faire demi-tour. Ils redescendirent à l'étage inférieur, ramassèrent la lanterne éteinte et descendirent dans sa chambre, toujours éclairée. Chaude, elle paraissait un refuge. Il l'entendait parler encore. Il frissonnait sans discontinuer.

– Vous devez avoir froid, dit-elle d'un ton pragmatique.

Elle retira quelques couvertures de son lit.

– Tenez, prenez.

Il s'assit sur la grande et lourde chaise, drapa ses jambes dans les couvertures, s'adossa, la tête en arrière. Il était épuisé. La vieille femme se rassit sur sa chaise et enroula du fil sur une bobine. Après quelques minutes de silence, elle reprit la parole et, tandis que Carlo sommeillait et changeait de posture pour s'assoupir de nouveau, elle parla, et parla, des tempêtes, des noyades, de la fin du monde, de l'amour perdu...

Le matin, à son réveil, elle n'était plus là. Sa chambre se révélait dans la lueur de l'aurore : miteuse, le mobilier délabré, les couvertures élimées, les babioles en vilain verre de Venise, comme l'est toujours le verre de Venise... Mais tout était propre. Carlo se mit debout et étira ses muscles roides. Il monta sur le toit; elle n'y était pas. La matinée était ensoleillée. Par-dessus le mur est, il vit que son bateau était toujours là, encore à flot. Il sourit – son premier sourire depuis plusieurs jours; il le sentait à son visage.

La femme n'était pas dans les étages inférieurs non plus; il vit que le plus bas lui servait de hangar à bateaux. Il s'y trouvait une paire de barques décrépites et quelques pièges à homards. La plus grande « cale à bateau » était vide; sans doute la femme était-elle sortie relever ses nasses. Ou peut-être n'avait-elle pas voulu lui parler à la lumière du jour.

Depuis le hangar, il put faire le tour du campanile pour gagner son embarcation; l'eau ne lui arrivait qu'aux genoux. Il s'assit à la poupe, évoqua les événements survenus l'après-midi de la veille, et sourit à nouveau de se savoir vivant.

Il retira le pont et, de son écope, vida l'eau accumulée sur la quille, un œil aux aguets en quête de la vieille femme. Puis il se souvint de la gaffe et remonta la chercher. A son retour, il n'y avait pas davantage trace de la recluse. Il haussa les épaules; il repasserait lui dire au revoir une autre fois. Il empoigna les rames, contourna le campanile, s'éloigna du Lido, hissa la voile et mit le cap au nord-ouest, où il présumait que Venise se trouvait.

La Lagune, ce matin, était plate comme une mare, le ciel sans nuages, tel le dôme bleu d'une grande basilique. C'était stupéfiant, mais cela ne surprit pas Carlo. Ces temps-ci, le temps était ainsi. La tempête de la nuit précédente, toutefois, c'était autre chose. Elle avait été la mère de tous les grains, et ses vagues, les plus grosses jamais vues sur la Lagune, sans aucun doute. Il commença à répéter dans sa tête le récit qu'il ferait à sa femme et à ses amis.

Venise apparut à l'horizon sur la droite de sa proue, à l'endroit précis où il avait pensé qu'elle serait : d'abord l'immense campanile, puis San Marco et les autres flèches. Le campanile... Dieu merci, ses ancêtres avaient voulu s'élever si près de Dieu – ou si loin des flots – que ce désir ardent lui avait sauvé la vie. Dans l'atmosphère lavée par la pluie, l'approche de la cité par la mer était plus belle que jamais, et ça ne le dérangeait même pas, contrairement à l'habitude, qu'elle parût reculer sur l'horizon à mesure que l'on s'en rapprochait. C'était simplement sa façon d'être aujourd'hui. La Serenissima. Il était heureux de la voir.

Il avait faim et se sentait encore très fatigué. Quand, poussé par le vent, il parvint dans le Grand Canal et amena la voile, il découvrit qu'il ne pouvait ramer qu'à grand-peine. L'eau de pluie ruisselait sur le sol jusque dans la Lagune, et le Grand Canal filait tel un torrent de montagne. Le trajet fut pénible. A la caserne des pompiers, où le canal s'incurvait, quelques-uns de ses amis qui travaillaient dans une maison-toit toute neuve le saluèrent de la main, surpris de le voir remonter le courant si tôt le matin.

– Tu vas dans le mauvais sens, cria l'un d'eux.

Carlo agita sa rame d'un geste faible avant de la laisser retomber.

– Comme si je ne le savais pas ! répliqua-t-il.

Passer le Rialto, retrouver la petite cour de San Giacometta. Monter sur le solide dock qu'il avait bâti avec ses voisins, trébucher – attention, là, Carlo.

– Carlo ! pépia sa femme, d'en haut. Carlo, Carlo, Carlo !

Elle dévala l'échelle qui menait au toit.

Il se tenait sur le dock. Il était chez lui.

– Carlo, Carlo, Carlo ! pleurait sa femme en courant sur le dock.

– Bon Dieu, pria-t-il, tais-toi.

Et il l'attira dans une rude étreinte.

– Où étais-tu passé, j'étais si inquiète pour toi à cause de la tempête, tu disais que tu rentrerais hier, oh, Carlo, je suis si heureuse de te voir.

Elle essaya de l'aider à gravir l'échelle. Le bébé pleurait. Carlo s'assit sur la chaise de la cuisine et parcourut la petite pièce de fortune d'un regard satisfait. Tout en mâchonnant des bouchées de pain, il raconta son aventure à Luisa – les deux Japonais et leur vandalisme, la chevauchée sauvage à travers la Lagune, la folle du campanile. Quand il acheva son récit et la tranche de pain, il commençait à s'endormir.

– Mais Carlo, tu dois retourner récupérer ces Japonais.

– Qu'ils aillent au diable, dit-il d'une voix indistincte. Les sales petits bâtards... Ils mettent la Madonna en pièces, ne te l'ai-je pas dit ? Ils vont tout ramener à Venise, les dernières peintures, les dernières statues, les dernières sculptures, les dernières mosaïques, tout... Je ne peux pas le supporter.

– Oh, Carlo... C'est normal. Ils emportent ces choses dans le monde entier, ils les exposent et ils disent : ceci vient de Venise, la plus grande cité du monde.

– Elles devraient être ici.

– Allons, allons, viens t'allonger quelques heures. Je vais aller voir si Giuseppe peut t'accompagner à Torcello pour ramener ces briques.

Elle l'installa sur leur lit.

– Laisse-les donc prendre ce qui se trouve sous l'eau, Carlo. Laisse-les prendre.

Il s'endormit.

Il s'assit, luttant, sa femme lui secouait le bras.

– Réveille-toi, il est tard. Il faut que tu ailles à Torcello prendre ces types. En plus, ils ont ton équipement de plongée.

Carlo grommela.

– Maria dit que Giuseppe viendra avec toi; il te retrouvera avec son bateau sur le Fondamente.

– Merde.

– Allons, Carlo, on a besoin de cet argent.

– D'accord, d'accord.

Le bébé braillait. Carlo retomba sur le lit.

– Je vais m'en occuper; ne me harcèle pas comme ça.

Il se leva et but la soupe qu'elle avait préparée. Il descendit l'échelle, tout ankylosé, ignora les au revoir et les mises en garde de Luisa, et remonta à bord de son bateau. Il largua les amarres, poussa de sa rame et laissa l'embarcation dériver hors de la cour jusqu'au mur de San Giacometta. Il fixa ce mur.

Une fois, se rappela-t-il, il avait endossé son équipement de plongée et nagé dans l'église. Il s'était assis sur un des bancs de pierre devant l'autel, ajustant pour ce faire les poids à sa ceinture et son réservoir, et il avait essayé de prier à travers son embouchure et son masque. Les bulles d'argent de son souffle s'étaient élevées dans l'eau, vers les cieux; ses prières avaient-elles suivi le même chemin, il n'en avait pas idée. Après un temps, il s'était senti quelque peu ridicule – quoique pas totalement – et il avait, toujours à la nage, franchi la porte d'entrée. Il avait remarqué, au-dessus, une inscription et fait halte pour la lire, son masque à quelques centimètres de la pierre. *Qu'autour de ce Temple la Loi du Marchand Soit Juste, Son Poids Vrai, et Ses Conventions Exactes.* C'était une admonestation destinée aux vieux usuriers du Rialto, mais il s'était dit qu'il pouvait la faire sienne; le vrai poids pouvait se rapporter aux ceintures de plongée, qui ne devaient pas surcharger ses clients et les envoyer par le fond...

Le souvenir s'effaça et il se retrouva en surface, avec un travail à accomplir. Il prit une profonde inspiration puis la relâcha, plaça les rames dans les dames de nage et pesa dessus.

Qu'ils prennent ce qu'il y avait sous l'eau. Ce qui vivait de Venise était toujours à flot.

Il pleut des astronefs

Par Jean-Pierre APRIL

La première averse tomba le 7 janvier 2227 à Stoutunstok, Sibérie. Un petit village perdu qu'on ne retrouva jamais. Les Stoutunstokois n'avaient pas vu de pluie depuis la fameuse saucée de 2132-2133, et ils ne s'en souvenaient pas très bien : faut-il préciser qu'ils n'ont pas la mémoire aussi longue que la vie ?

Bien sûr, les plus prolétaires avaient déjà vu de la pluie à la télévision, mais la télé sibérienne présente des images plutôt neigeuses. Si bien que les Stoutunstokois prenaient la pluie pour une curieuse sorte de neige qui fondait en touchant le sol. Or, les minuscules astronefs ne fondaient pas. Aussi les villageois crurent-ils qu'en fait il neigeait des astronefs, ce qui leur parut plus acceptable. Qui verrait des rivières d'astronefs liquéfiés coulant au milieu de la toundra, emportant des goulags dans leurs flots, en plein janvier ? Pas moi. Quant à Petrovitch Porphyre Souchiloff Ivanovna Casimodov, le pope du village voisin, il ne vit ni la neige ni la pluie.

Petrovitch Porphyre Souchiloff Ivanovna était aveugle. Mais il croyait en Dieu, lui.

– Les fusées tombent parce que leurs pilotes ont perdu la foi, proclama-t-il pendant son sermon sur la butte, dans la basse-cour où il marmonnait la messe en toute clandestinité.

Derrière lui, trois ou quatre garnements faisaient caqueter les volailles pour laisser penser au vieux pope aveugle et plutôt dur d'oreille que ses ouailles priaient avec ferveur, même si elles n'articulaient pas très bien. Les garnements se chamaillaient continuellement pour servir la messe du pope, cherchant l'occasion de lui voler son vin avant qu'il ne soit changé en sang. Ils le remplaçaient par du pipi de poule et le pauvre pope, aussi agoûteur qu'aveugle, ne s'en rendait pas compte. Pourtant il devenait de plus en plus malade, et ses sermons sur la butte, de moins en moins inspirés.

Ce jour-là, le plus costaud des garnements, le plus saoul aussi, abandonna le latin pour répondre au pope. Mais le pope crut qu'il éternuait. Alors le garnement se mit à hurler en faisant voler les poules autour de lui :

– Si Dieu envoie les astronautes de peu de foi en enfer et qu'ils tombent à Stoutunstok, est-ce que Stoutunstok est en enfer ?

Pauvre pope Petrovitch Porc Frit : – comme l'appelaient les garnements. Ce fut sa dernière messe basse. Il ne supporta pas de vivre si près de l'enfer. Quand le souffle lui revint, il lâcha un juron sibérien, mourut au milieu de ses ouailles caquetantes, et son âme se rendit directement à Stoutunstok.

Cinquante-sept villageois trouvèrent la mort sous la pluie de métal. Aucun Stoutunstokois ne survécut. Le village entier, criblé par les minuscules astronefs, semblait marqué par la petite vérole. Et ces vaisseaux lilliputiens ne s'arrêtèrent pas pour autant : ils atteignirent de vieilles couches de neige sale et durcie que des Sibériens entêtés prenaient pour de la terre arable. Pendant les trois jours d'été, certains opiniâtres parvenaient à y faire pousser des navets aussi petits que des bleuets. D'ailleurs, la plupart croyaient semer effectivement une sorte de bleuets au goût amer, mais peu importe, en 2227, la pluie de mini-astronefs compromit sérieusement la récolte.

Il ne restait plus un seul villageois pour cueillir ces choses, quelles qu'elles fussent, bleuets, navets ou astronefs. Cette absence sauta aux yeux du facteur qui passait par là tous les deux ans, avec ou sans lettres.

– Ha alors ! essaya-t-il de s'écrier en se dégelant la bouche; je croyais voir un village nommé Stoutunstok, mais je n'aperçois qu'un village marqué par la petite vérole.

Il sortit donc son enveloppe de son sac, y raya le nom de la localité, et on n'entendit plus jamais parler de...

Sauf aux USA, bien sûr, car les télés japonaises proposaient des images bien plus nettes que les télés sibériennes. Et les images transmises par satellites espions ne permettaient aucun doute.

– Non, je ne vois pas de neige, mais bel et bien une pluie d'astronefs, jugea le général John Brown, dans l'observatoire de sa base secrète; à la vitesse où dégringolent ces engins, ils deviennent beaucoup trop chauds pour former des flocons.

Le général Brown commandait une troupe au secret tellement top qu'il n'en parla à personne, pas même à son amant. Heureusement pour cette histoire, il y eut une fuite, ou plutôt une erreur comme ce n'est pas permis.

Après un examen minutieux, les militaires devaient effacer les bandes magnétoscopiques inintéressantes. Et Dieu sait que les images provenant de Sibérie étaient inintéressantes et effacées. Souvent, on y jetait un vague coup d'œil ou on les effaçait à l'avance. Si cette pluie de petits astronefs était tombée en été, elle n'aurait même pas attiré l'attention des espions américains.

Le soldat qui l'aperçut en premier éclata de rire :

– De la pluie en Sibérie, de la pluie de petits astronefs, passe encore, mais de petits astronefs soviétiques et identiques portant tous le même numéro matricule, en voilà un peu trop, fit-il en frappant son voisin dans les côtes.

Le soldat qui l'aperçut en second se frotta les côtes et renchérit :

– Il y a un détail qui cloche : de la pluie en janvier, cela semble pratiquement impossible. On dirait des images truquées.

– Plutôt grossière, cette désinformation, reprit le premier soldat en visant de nouvelles côtes. Pour qui nous prennent-ils, ces Russes ?

– Ils ignorent toujours les premiers films à effets spéciaux, répliqua le second soldat en se tordant de rire et de douleur; on devrait leur envoyer *Star War XXII* : ils verraient bien ce qui fait un bon trucage, ces rustres.

– Ces rustauds ne gagneront pas d'oscars pour les effets spéciaux, mais comme parodie, chapeau !

Cette fois, il essuya un direct à la mâchoire avant d'atteindre les côtes meurtries de son copain. Tous deux se montraient d'une bonne humeur furieuse et, d'arguments massifs en arguments marteaux, ils finirent par trouver un terrain d'entente :

– Si on envoyait ces séquences à Hollywood, se dirent-ils simultanément en appuyant d'un solide crochet, les producteurs pourraient les utiliser dans un film comique.

– D'accord, se répondirent-ils avant de tomber à la renverse, tous deux K.-O.

Le lendemain matin, après s'être rétablis de leur amicale conversation, ils mirent leur plan à exécution. Mais ils restaient encore sonnés, et c'est là qu'ils commirent la fameuse erreur : par inadvertance, ils indiquèrent sur le colis l'adresse de la base secrète.

Aux stations d'Hollywood, la réceptionniste qui reçut les bandes vidéo remarqua aussitôt l'adresse de la base militaire. Connaissant le grand sérieux de l'armée, elle crut à une erreur et, au lieu de diriger le paquet vers le département des films comiques, elle le remit au responsable des actualités. Le soir même, des millions d'Américains virent nettement cette pluie d'astronefs en Sibérie.

Un peu partout dans le monde, y compris en URSS, on se rendit à l'évidence : les astronautes russes perdaient la foi.

En URSS, cependant, les autorités n'avisèrent qu'une poignée de hauts gradés au moment où l'Amérique se passionnait pour d'autres scandales. Dans un bureau austère du KGB, certains dirigeants s'efforçaient de prendre la chose à la légère :

– Ces sacrés Américains, ils exagèrent encore, gloussa pesamment le maréchal Nomenof en regardant les images américaines.

Un léger frémissement agita le premier de ses trois mentons, signe évident de ses efforts de bonhomie. Cent trente-deux diplomates russes avaient enregistré aux USA la curieuse perturbation atmosphérique de Stoutunstok, ce qui confirma leurs soupçons : il s'agissait tout au plus d'une chute d'astronefs, non pas d'une pluie.

– Pas la peine de les désinformer, ajouta un autre officier supérieur, faisant pivoter sa grosse tête d'ours apparemment coincée entre ses épaulettes. Les Amerloques possèdent tellement d'imagination qu'on n'a qu'à les laisser fabuler.

– Rien de dérangeant dans cette histoire, conclut le maréchal Nomenof, comme d'habitude.

Après avoir émis un son qui évoquait un rire d'asthmatique, le maréchal déclara la réunion terminée. Une minute plus tard, il convoquait d'urgence une dizaine d'officiers pour leur ordonner d'examiner de fond en comble l'endroit où devait se trouver Stoutunstok.

– Pelletez comme si vous deviez y creuser ma tombe, grogna-t-il, et si vous trouvez des astronefs, faites-le-moi savoir.

Les soldats trouvèrent surtout l'occasion de s'offrir une bonne cuite carabinée à la vodka sibérienne. Les plus acharnés n'avaient même pas besoin de creuser; ils vomissaient çà et là et la neige fondait autour d'eux. D'autres travaillaient comme de vrais prisonniers de goulag et, quelques mois plus tard, l'un d'eux heurta sa pelle contre un objet métallique effilé, doté d'ailerons, pas plus haut que sa bouteille d'antigel personnel. Pas d'erreur, ça ressemblait bien à un astronef, mais un engin d'une si petite taille pouvait-il porter le nom d'astronef? Le soldat n'arrivait pas à trancher la question, pas même après s'être réchauffé les idées à grandes lampées d'antigel. Ayant finalement décidé d'enterrer le problème, il enfouit la chose effilée sous la neige et n'en parla à personne. D'autres firent la même découverte et réagirent de la même façon.

Bientôt les soldats n'arrivèrent plus à remuer la neige sans frapper ces petits astronefs. Ça tintait ferme sur les lieux des fouilles, et le phénomène finit par se savoir. Un officier malade, incapable de digérer l'antigel, se résolut à examiner un de ces appareils; il y vit un numéro, le compara avec le numéro des astronefs aperçus sur les bandes vidéo, et ainsi les Russes découvrirent que les Américains dissimulaient de véritables informations sous l'apparence de désinformation.

Le maréchal Nomenof, devant ce si petit astronef, demeura bouche bée. On le remplaça bientôt par un jeune maréchal dans la soixantaine, en état de parler. Après avoir soupesé l'astronef dans sa main tremblotante, il dit ceci très clairement :

– Cet astronef n'est qu'un jouet ! Ces sacrés Américains, tous de grands enfants : ils exagéreront toujours !

Pendant ce temps, dans un agréable bureau du FBI, quelques sacrés Américains s'interrogeaient sur ces curieux astronefs russes.

– Sommes-nous en présence d'une invention ou d'un défaut ? demanda un militaire bien bronzé, l'œil froid et la mâchoire carrée.

– Je crois que oui, répondit distraitement un militaire identique.

– Que les Russes aient pu soustraire un astronef à nos radars pour réussir à le reproduire à des milliers d'exemplaires, je veux bien, consentit un autre militaire du même acabit, mais pourquoi le soumettre à ce curieux processus de ratatina... de ratatatine... de rapetissement ?

– Et cette façon de regagner la Terre, ça ressemble plus à un écrasement qu'à un atterrissage, remarqua un autre militaire également bronzé, froid et carré. A moins que ce ne soit l'un des deux premiers.

– S'ils ont commis une erreur, ils ne sauront pas en tirer profit, et s'il s'agit d'un nouveau gadget, ils ne le comprennent sûrement pas, expliqua l'un des militaires, n'importe lequel.

Les quatre militaires paraissaient à ce point interchangeables que parfois ils se prenaient l'un pour l'autre. Ne sachant plus que penser, ils disaient n'importe quoi sans trop savoir qui disait quoi et se perdaient dans les échos de leurs quiproquos. Par bonheur, ils se ressemblaient tellement qu'ils se mirent d'accord sur un point essentiel : tous considéraient l'astronef russe comme le premier d'une série d'appareils qui venaient de disparaître dans la région d'Alpha du Centaure. Les Terriens avaient perdu leur trace, y compris les spécialistes américains des radars sidéraux et les Russes qui les espionnaient. Si les autres appareils devaient suivre l'exemple du vaisseau russe, une véritable tempête de métal s'abattrait sur la Terre.

– D'après nos plus récents calculs, avança un des

militaires sans savoir si la réplique venait bien de lui, dans l'hypothèse où les astronefs, les satellites, les stations orbitales, les villes volantes et les déchets spatiaux attrapent cette maladie et tombent sur nous, on verrait une couche d'un mètre cinquante-trois sur toute la surface du globe et... la Terre elle-même finirait par tomber.

– Heureusement, ces objets spatiaux seraient cent fois plus petits.

– Mais il en tomberait mille fois plus.

– Priez, mes frères, priez pour que les astronautes russes retrouvent la foi.

Les militaires se regardèrent en tremblant, tous également pâles : il n'y avait qu'eux quatre dans l'agréable bureau, et aucun d'eux n'avait prononcé cette dernière réplique.

Il aurait également fallu prier pour les Anglais, les Français, les Allemands et les Chinois. Car il commença à pleuvoir des astronefs anglais, français, allemands, chinois, et même canadiens. Inutile de prier pour les Canadiens, cependant : ils ne détenaient que deux astronefs et, avant de tomber en pluie, ils étaient déjà tombés en désuétude.

Il faudrait plutôt se demander si la foi peut encore faire voler des astronefs sans danger. Déjà de très humbles croyants et d'illustres ignorants du monde entier s'interrogeaient sur les principes postscientifiques à la base du vol interplanétaire. Paul Närrisch, le pape de l'anti-science, le plus grand ignorant de la NASA, en venait à douter de la foi considérée comme carburant de vaisseaux spatiaux. Dans la meilleure université des USA, qu'il avait fondée lui-même en son propre honneur, Närrisch se demandait publiquement s'il ne valait pas mieux revenir aux bonnes vieilles lois scientifiques.

– Quoi ! La science pure et dure ? demanda un doyen qui s'en souvenait encore, celle qui se trouve à l'origine de la dynamite, de la bombe atomique, de la bombe à neutrons, des effets spéciaux, des...

– Non ! non ! intervint Närrisch, je veux parler de celle qui a permis des inventions bénéfiques comme... l'automobile et...

– L'auto à moteur a aggravé la pollution atmosphérique, les accidents ont provoqué plus de morts que la dernière guerre mondiale. Croyez-moi, cher ignorant collègue, la science, la logique, la connaissance, tous ces trucs appartiennent au passé : s'il fallait laisser continuer la science, la Terre entière serait aujourd'hui en voie d'extinction. Auriez-vous donc perdu la foi ? Parce qu'il commence à tomber de petits astronefs de rien du tout, vous voudriez retrouver l'époque où les autos brûlaient des fortunes ? Quelle décadence ! Quelle chute ! Aussi bien retourner à la préhistoire...

Les vaisseaux mus par la foi... comment en était-on arrivé là ? Närrisch se le demandait encore, il éprouvait le besoin de passer en revue l'évolution de l'anti-science. Bien sûr, la seule possession de la foi suffisait pour s'envoler, mais des astronefs tombaient : peut-être des impuretés se glissaient-elles dans le subtil carburant. Malgré lui, Närrisch remonta aux débuts héroïques de l'ère postscientifique, à l'époque où le prix d'une randonnée en auto dépassait la moyenne des salaires hebdomadaires. Déjà parapsys et métaphys s'étaient penchés sur toutes les formes de déplacements rapides et peu coûteux. Dans les mythologies, les religions, les légendes et les superstitions, des dieux ou des demi-dieux s'envolaient sans carburant; toutes sortes de machins volaient sans polluer, des tapis magiques aux OVNIS en passant par les anges et les esprits, et, puisque ces phénomènes demeuraient sans explication logique, il devait bien s'y cacher une vérité anti-scientifique. Quelque chose comme la foi... Si la foi déplace des montagnes, comme l'avait dit un précurseur, pourquoi pas des astronefs ? Et puis la science avait provoqué assez d'accidents, d'erreurs, de maladies et d'injustices; les nouveaux temps postmodernes appartenaient désormais à la non-science. Finies, les spécialisations incompréhensibles : pour déplacer un astronef, le mode d'emploi devenait fort simple – peut-être trop pour les réactionnaires de l'ère scientifique ! D'abord, il faut se transporter par la pensée, ou concevoir son image mentale dans un lieu bien précis d'une autre planète. Alors le corps dépourvu de son esprit semble plonger dans une profonde léthargie. Ensuite, après avoir bien attaché le corps à un astronef, quelqu'un de l'entourage, de préférence un ami, doit éveiller le voyageur au moyen d'un choc électrique ou autre. Or, le corps, ne pouvant supporter d'être séparé de son esprit, cherchera instantanément à rejoindre son esprit éloigné, ainsi que le veut une anti-loi fondamentale de l'anti-science. S'il est bien attaché à l'astronef, il l'entraînera avec lui. Voilà comment fonctionnent les vols postscientifiques, comme ça, pshuit ! à la vitesse de la foi et à tarif très avantageux, et comme ce mode de transport se révèle parfaitement ascientifique, les ennuis mécaniques ne peuvent pas le remettre en question. Mais il vaut mieux savoir où on va. Parfois, des pilotes souffrent de schizophrénie ou de dédoublement de personnalité, leur corps fuit leur esprit ou encore leur astronef se pose à deux endroits à la fois, et vu que cette multiplication apparaît purement anti-scientifique, sans aucune explication rationnelle, on ne parvient pas facilement à déterminer l'astronef original. Et que penser des problèmes causés par les vocations tardives, suscitées uniquement par les besoins d'une astronautique économique ? Pas étonnant que des engins russes retombent sur la Terre, les Soviétiques possèdent encore un fond très pesant de matérialisme. Au début de l'ère sacro-spatiale, dès le moindre soupçon de péché, l'appareil dégringolait comme un ange déchu du ciel. Les voyages par la foi étaient alors réservés au clergé, et pas très gais. Aujourd'hui, depuis qu'on confie les astronefs à des pilotes ignorants, que le doute ou l'égarement ne peut affecter, les passagers en profitent pour se détendre sans risquer de retomber sur Terre. Bien sûr, des incroyants réussissent toujours à détourner ou à faire tomber des appareils; pourtant, jusqu'à ce jour, aucun n'avait rapetissé.

– Je n'arrive même pas à cerner le problème, admit Närrisch; toute l'évolution du vol par la foi me semble illogique, donc parfaitement anti-scientifique, et de nos jours nous admettons enfin que c'est bel et bien l'ignorance qui mène le monde. Alors...

– Peut-être la diminution de la foi entraîne-t-elle le rapetissement des astronefs, suggéra le vieux doyen fatigué, sans trop y croire.

– J'en doute fort, répliqua l'éminent universitaire, tout à coup épanoui. Saviez-vous que de minuscules pilotes qui ont survécu au rapetissement de leur appareil sont ressortis illuminés de leur expérience ? Ils ont déclaré avoir rencontré Dieu, ou plutôt... Déesse.

– Ah bon, dit le doyen, affichant un sourire goguenard. Personne n'a encore entendu parler de ces petits pilotes. Vous versez dans l'ASF, cher ami.

– L'Anti-Science-Fiction peut nous aider. Cette vision de l'avenir, libre de toutes prémices, ne répond-elle pas aux caprices fondamentaux de la non-science ?

– ... ! fit le doyen d'un air admiratif; vous aurez sûrement raison, cher ignorant collègue.

Quelques mois plus tard, s'abattirent sur la Terre les premiers astronefs habités de petits êtres parfaitement vivants, à peu près conscients. Ils passèrent totalement inaperçus. Moi-même, si je n'étais pas croyant et profondément ascientifique, je me demanderais comment je peux connaître cet événement.

Cette averse de pilotes pas encore très dégelés tomba sur la Malaisie en pleine saison des pluies. Seuls quelques enfants découvrirent de petits astronefs dans la boue. Ils les prirent pour des jouets et s'amusèrent un bon moment avec ces cadeaux tombés du ciel, surtout avec les minuscules astronautes qui en sortaient en gesticulant comme des forcenés : ils étaient si drôles !

Quand ils furent hors d'usage – brisés, croqués par des chiens, écrasés sous de petits camions de plastique ou enfoncés dans la boue – les enfants retournèrent à leurs jouets habituels, un peu plus résistants. Un seul astronaute survécut, en se dissimulant parmi un groupe de pantins électroniques. Le déguisement lui alla si bien qu'il réussit à se tailler une place dans un théâtre de marionnettes. Il connut ainsi une brillante carrière, jusqu'au jour où il creva de faim... prisonnier d'un coffre de bois.

Par la suite, les événements commencèrent à se gâter sérieusement. Il y eut çà et là des perturbations déroutantes, assez peu troublantes en elles-mêmes sauf qu'elles progressaient dans la bonne direction – comme on le comprit plus tard. En voici trois échantillons :

Premier événement gâteux

Ce fut un anti-ornithologue, Ben Decimo, qui le premier découvrit ces prétendus insectes spatiaux en disséquant un serin tombé de son perchoir. Diagnostic : trop lourd. Decimo les trouva d'abord dans l'estomac, puis dans la fiente. En observant ces minuscules bestioles à la loupe, après les avoir nettoyées, il distingua nettement le corps profilé, les ailerons aérodynamiques et, derrière le cockpit, l'inscription *US Air Spatial Ship.*

Deuxième événement gâteux

– Je ne comprends pas, répéta le responsable de la garde chargée de surveiller l'entrepôt où gisaient des centaines de petits astronefs tombés du ciel; je peux vous assurer que personne n'a franchi la ligne des sentinelles, ni dans un sens ni dans l'autre.

– Et par en haut, par en bas, vous avez vérifié ? demanda son supérieur.

– Le plancher de béton est resté intact; quant au toit, il ne laisse passer aucune goutte de pluie, aussi bien d'eau que d'astronefs. Personne n'a pu remplacer nos astronefs par d'autres à peine plus grands.

– Quelle histoire ! Ces astronefs seraient en train de grandir ? Où cela va-t-il nous mener ?

– Au rythme où ils croissent, il faudra un jour les balancer dans l'espace, sinon nous manquerons d'espace sur Terre.

Troisième événement gâteux (et même pourri)

Le 7 juillet 2227, l'anti-biologiste Sandra Nomeni découvrit un objet microscopique, plutôt corrompu, dans le « corps » d'un anticorps. Incrédule, puis ahurie, puis dépressive, elle se suicida et on n'entendit jamais parler de ses travaux.

Le mois suivant sa compagne de travail poursuivit ses investigations, tâchant d'identifier ce qui résistait aux anticorps de son patient, lorsqu'elle identifia l'objet insolite. Quoique sa coque fût légèrement corrodée, l'astronef était parfaitement reconnaissable : un cargo américain de type B-8, disparu récemment. L'œil rivé à son microscope micrométrique, Sophia Saprili perçut des objets à l'intérieur du corps étranger, elle put même ouvrir un coffret de sécurité assez bien conservé qui contenait une lettre laissée par le pilote avant de périr sous l'action concertée des anticorps et d'un agent chimique.

Petit supplément gâteux : manuscrit trouvé dans un anticorps (extraits)

« Je me souviens à peine d'Alpha du Centaure, de cette mystérieuse entité qui m'a attiré pour m'engloutir, puis tout s'est assombri et j'ai perdu conscience. D'après mes instruments, je serais revenu sur Terre et plusieurs jours se seraient écoulés, mais ils doivent être déréglés, eux aussi.

(...)

« Mon astronef s'est finalement immobilisé au fond de cette caverne visqueuse, dans une sorte de mare d'aliments en décomposition. Ça pue et ça chauffe là-dedans, et en plus il y a ces êtres ahurissants, comme d'immenses amibes électrocutées qui dansent sur leurs pseudopodes autour de l'astronef enfoncé dans une énorme patate pourrie.

(...)

« Les voilà de nouveau. Je crois que cette fois je ne résisterai pas aux assauts de ces monstres gluants, frémissants et... eh bon Dieu ! dans quel univers ai-je donc basculé ?

(...)

« Les munitions diminuent à vue d'œil et, depuis quelques heures, une tempête de produits chimiques s'approche dangereusement. Les premières gouttes acides me tombent dessus, commencent à ronger les parois de l'astronef. Mon Dieu ! non, pas ! »

– Au suivant ! lança le psychiatre Donald Raing, épuisé par la tâche.

Non pas que les cas résistaient au diagnostic (bien au contraire, tous les patients souffraient des mêmes troubles), seulement il y en avait un si grand nombre !

Lorsque Captain Kit Carton entra en passant entre les jambes de l'infirmière, le psychiatre jeta un coup d'œil craintif vers la longue file des Captain Carton qui attendaient dans le corridor, de sa porte de bureau jusque sous le pupitre près du vestibule.

Le nouveau patient fit comme les autres : il se démena sur le tapis à poils longs et emprunta l'échelle pour monter sur le grand divan où il s'allongea, comme un bébé abandonné dans le lit de ses parents.

– Je suppose que vous souffrez d'un problème d'identité, suggéra promptement Raing : vous doutez d'être le véritable Carton, pas vrai ? Rassurez-vous, tous vos semblables partagent vos craintes; cela ne vous empêche pas de vous comporter en vrais bons petits Kit Carton.

Pourtant le Kit Carton original – celui qui mesurait près de deux mètres, pratiquait six spécialités anti-scientifiques et maîtrisait une demi-douzaine d'arts martiaux – se prenait pour le centre du monde. Or, il ne peut exister 742 centres du monde (soit le nombre exact de K.C. rescapés de l'averse d'astronefs survenue à New Old Port, Philippines), et ces avortons, hauts comme une pomme et demie, ne pouvaient même plus obtenir le respect d'un toutou. L'un d'eux, peu importe lequel, tâcha un jour de pratiquer son karaté sur César, le caniche d'une célèbre actrice : il dut vite abandonner, copieusement arrosé par l'animal. Les 741 autres K.C. en avaient également beaucoup souffert.

Donald Raing posa à Kit Carton les questions et les pièges d'usage et le petit cow-boy de l'espace lui servit les mêmes réponses que ses semblables :

– Mon corps reposait dans le scaphandre à sommeil, profondément gelé, lorsque, dans la région d'Alpha du Centaure, j'ai cru me réveiller au milieu d'un rêve. Devant mon astronef, je voyais une image chatoyante, sensuelle, très chaude... de quoi dégeler n'importe quel cryogéné. J'ai distingué une sorte de trou noir, comme la bouche ouverte d'une immense entité spatiale aux courbes féminoïdes, une espèce de belle planète fantasmatique avec des yeux comme des comètes et des seins comme des lunes. Je sentais que mon congélateur chauffait... Puis, avant ma perte de conscience, tout s'est obscurci, et j'ai pensé que la planète m'avait aspiré dans une dimension métaphysique, euphorique, malheureusement insupportable.

Le psychiatre se réveilla au moment où Carton terminait son histoire. La première fois qu'il avait entendu ce témoignage, tellement insolite, hors de tout dérèglement catalogué, Raing avait été agréablement surpris; maintenant, cette histoire ne lui paraissait pas plus fondée que les précédentes, mais après quelques centaines de confirmations, il avait fini par y croire et même par bâiller d'ennui.

Ces pauvres petits capitaines racontaient qu'un trou noir les avait avalés et qu'ils avaient plongé au sein d'une énigmatique entité créatrice, plutôt gazeuse, vaguement féminine et prétendument divine. De nouveaux croyants parlèrent du Créateur, plus précisément de la Créatrice, la Vraie, puis de nouveaux incroyants la traitèrent de recréatrice, de pâle imitation incapable de créer à partir de rien, à peine douée pour reproduire de petites choses à partir de grosses choses. A noter cependant que les objets enfantés par cette recréatrice continuaient de croître comme des bambins.

Enfin, d'autres chercheurs, des rétrogrades qui croyaient encore à la raison scientifique, émirent des hypothèses douteuses : décomposition moléculaire, clonage quantique et autres altérations du continuum supraphysique ne prouvant une fois de plus que l'inanité de la science. Tous ces savants si sérieux en râlèrent un bon coup quand une dizaine de Carton furent interrogés sous hypnose et qu'ils parlèrent tous de Binga, cette divine planète en forme de femme.

Pas de vie sur Binga.

Binga est la vie.

Binga donne la vie, la multiplie. Présentez-lui n'importe quoi, un astronef, un vieux cliché, un cadavre embaumé, un politicien, et elle en fera quelque chose de vivant.

Planète fantasmée, entité polymorphe, elle correspond à toutes les formes qu'on lui prête. Dites-moi comment vous la voyez, et je vous dirai qui vous êtes. Pas étonnant que les astronautes l'aient prise pour une femme séduisante : la plupart des astronautes assez fous pour prendre goût à l'ennui stellaire voyagent seuls. La longueur des parcours et la rareté des distractions les pousseraient à imaginer n'importe quoi. Binga n'existerait pas – ce qui reste à voir – qu'ils l'auraient inventée.

Telle une sirène de l'espace, elle réveille les navigateurs cryogénés, trouble les robots-pilotes et va jusqu'à distraire les ordinateurs de contrôle avec des séries d'équations séduisantes. Certains s'imaginent que si on n'y croit pas elle n'existe pas, mais ils ne font que se l'imaginer. Les véritables croyants la considèrent comme la vraie Créatrice; un certain Dieu Lui aurait fait l'amour voilà quelques centaines de millions d'années et Elle aurait enfanté de petites planètes pas tout à fait à Son image. La nôtre constituerait un joli ratage. D'humbles ignorants de l'université Närrisch avancent même que la Terre serait faite à la ressemblance de ce faux dieu qui aurait trompé Binga...

Le bon vieux matérialisme russe revint rapidement à la surface. Après avoir espionné le psychiatre des Kit Carton, quand ils eurent compris le fonctionnement de Binga, les Soviétiques voulurent tester ses talents de reproductrice. On construisit alors un immense tracteur, haut comme un édifice de trois étages, avec des roues capables d'écraser des collines et un moteur assez puissant pour faire jaillir la proue d'un brise-glace (1). Ses bougies d'allumage à elles seules dépassaient la taille d'un moteur conventionnel. La charrue qui l'accompagnait aurait pu creuser le lit de quatre rivières parallèles, si cela avait paru utile. Des satellites espions révélèrent le mastodonte aux téléspectateurs, un journaliste américain parla du *Tracteur de Troie* et, quoique critiquée, l'appellation resta. Puis les Russes placèrent le tracteur dans un astronef à sa démesure et l'expédièrent sur Binga, ou plutôt dans la planète.

Les Russes comptaient récolter des milliers de tracteurs d'une taille normale. Malheureusement une tempête soudaine déjoua toutes les prévisions météorologiques et la pluie de tracteurs tomba dans le Pacifique.

Peu importe, l'idée était lancée. Les Russes et les Américains rivalisèrent d'audace pour envoyer dans l'espace une locomotive gigantesque, un micro-ordinateur de cinq cents tonnes, un bungalow plus grand qu'un stade, toutes sortes d'objets d'une taille excessive, et des pluies

(1) Non, les Russes ne font preuve d'aucune incohérence anti-scientifique : si la foi peut déplacer des astronefs dans l'apesanteur, elle parvient difficilement à faire bouger des véhicules terrestres qui offrent beaucoup de résistance, comme des tracteurs, des tanks, des brise-glace ou des Lada.

insolites se mirent à tomber sur la Terre, dont plusieurs furent dévastatrices.

En 2228, Bordeaux périt sous une pluie de curieuses Chevrolet à sept roues, sans tableau de bord, avec un tas de ferrailles au lieu du moteur. Binga commençait à donner des signes de faiblesse. Des orages de bois ou de ciment, de plastique ou de métal crépitèrent sur des dizaines de villes. Après la pluie des téléviseurs déchiquetés qui ensevelit New York, le nouveau président de l'ONU fit cesser ce mode de production. Une fête mémorable rassembla les chômeurs qui s'étaient fait voler leur job par cette planète détraquée.

Binga souffrait d'une maladie grave. On lui avait donné trop de grosses choses à reproduire, trop rapidement. Peut-être aurait-elle accompli un meilleur travail si on lui avait présenté des objets au format normal, mais qui avait besoin de mini-tracteurs, de téléviseurs à regarder à la loupe ou d'astronefs de la grosseur d'un maringouin ? Personne ne se pencha sur cette façon avantageuse de fabriquer des jouets, sauf certains services secrets intéressés par des astronefs microscopiques.

Les services secrets de quel pays ? On l'ignore encore : le secret demeure bien gardé, d'autant plus que ces mini-astronefs, trop minuscules, auraient échappé à la vigilance de leurs propriétaires.

Ces damnées bestioles furent découvertes simultanément par un anti-entomologiste français, Igor Kansky, et un Américain, Hans Garfunkel. Le Français aperçut un spécimen dans un nid de fourmis près de l'Elysée; il crut d'abord à la présence d'une race mutante, effilée, métallisée, sans pattes apparentes, jusqu'au moment où le mini-vaisseau décolla pour bombarder l'observateur. L'Américain en décela une dizaine en panne sur la pelouse de la Maison-Blanche. On ne sut jamais ce qu'il en pensa, l'un des faux insectes le piqua à l'index, lequel se dessécha et tomba le jour même; puis ce fut la main, le bras et, trois jours plus tard, la tête se fracassa sur le sol comme un pot de terre cuite. On détecta ces engins dans tous les parlements et les ambassades de la moindre importance. Ceux qui n'en voyaient pas déclaraient aux journalistes que cette vermine les envahissait.

Que faire pour les exterminer ? Demander à Binga de produire des mini-radars, des mini-missiles ? Inutile, il en faudrait trop et l'escalade des mini-engins téléguidés sèmerait la panique. Des soldats armés de tue-mouches ? Démoralisant. Pulvériser les lieux infestés au moyen d'un astroneficide ? Plutôt dangereux : les politiciens et les diplomates tomberaient avant ces faux insectes... Enfin, une enquêteuse trouva l'arme idoine par hasard, dans la bouche d'une grenouille, sous la forme de cette langue gluante que l'animal projetait devant lui.

Jeanne Salvail se trouvait dans le sous-sol du Parlement de Québec lorsqu'elle surprit une grenouille en train de gober un astronef poursuivi par une guêpe. La jeune enquêteuse s'attendait à la voir se dessécher, mais la grenouille se glissa entre des pierres du solage, bondit sur les parterres décoratifs, puis gagna les Plaines d'Abraham. Elle y mourut dix jours plus tard, sous un pneu Michelin.

L'autopsie révéla que la grenouille possédait des sucs gastriques capables d'abîmer les instruments du mini-astronef.

Quant à l'équipage, on présume qu'il disparut à la suite d'une agonie innommable.

Le Québec développa rapidement une armée de grenouilles mangeuses d'astronefs. Des pays optèrent pour des lézards ou des oiseaux, puis les Japonais perfectionnèrent des aimants d'une grande précision, pouvant attirer des astronefs comme des mouches. De nos jours, on raconte que certains mini-vaisseaux survivent dans des déserts inhabitables, mais que peuvent-ils bien y espionner ?

La saison des pluies d'astronefs se termina le 6 juin 2229 à Gênes, Italie. Ce jour-là, à vrai dire, on ne remarqua aucun vaisseau spatial, ni grand ni petit, personne n'aperçut d'objets difformes comme il en était tombé les mois précédents, mais tout le monde subit cette averse poisseuse qui laissa sur la ville une pellicule nauséabonde.

Selon les spécialistes de l'anti-science, Binga n'avait rien reproduit; après avoir vomi sur la Terre, elle s'était volatilisée. Certains affirment que la planète serait allée mourir sous des cieux plus cléments, d'autres qu'elle aurait voulu se nourrir ailleurs, et la plupart doutent encore de son existence.

Les déchets et les objets qu'elle nous laisse ont cessé de croître, ils ressemblent bêtement à des choses terrestres. La substance glaireuse recueillie à Gênes, loin de constituer une preuve de son existence, serait maintenant considérée comme le mystérieux témoignage d'une rate immense, trop dilatée.

La cible visée

par J. G. Ballard

D'après le journal officiel du Dr Richard Greville, psychiatre, conseiller auprès du ministère de l'Intérieur britannique.

7 juin 1987. Une semaine agitée – deux commissions d'enquête; le procès Biggs et sa sentence impitoyable (Ipanema, avec ses plages et ses filles aux seins nus, étant de toute évidence un enfer plus épouvantable que Parkhurst); la mère de Palmer qui n'atteint pas sa mise à prix chez Sotheby's en raison de son authenticité douteuse (j'ai suggéré de la réattribuer à Keating, ce qui a provoqué un tollé général) et les altercations épuisantes avec Sarah au sujet de notre divorce constamment reporté à une date ultérieure et sa confiance absolue dans les électrochocs – deux domaines où nos opinions divergent totalement... Je suppose qu'elle se venge sur ses patients.

Mais cette semaine a été plus que tout marquée par la visite que j'ai rendue au Garçon. Déconcertant, laid – la puanteur de purine dégagée par les excréments qui maculent les parois de sa cellule indique qu'on lui administre des doses très importantes de largactil – et malgré tout fascinant. En m'invitant à me rendre à Daventry, le gouverneur Henson, comme tous les fonctionnaires du ministère de l'Intérieur, s'est référé à lui en l'appelant « le garçon ». J'ai cependant l'impression qu'il a désormais appris à mettre un G majuscule. Des années de transferts – de Rampton à Broadmoor, puis au service spécial de détention du ministère de l'Intérieur se trouvant à Daventry –, les traitements brutaux et l'isolement n'ont pas suffi à le mater.

Il se tenait dans la cabine de douche du quartier de haute sécurité, captif d'une camisole de force et apparemment rendu enragé par la lumière crue que réfléchissait le carrelage blanc maculé du sang qui avait coulé d'une blessure visible sur son front. Il avait été roué de coups et se recula à mon approche. Mais j'avais l'impression qu'il cherchait à attirer sur lui les sévices corporels, comme s'il s'agissait d'un moyen de se provoquer lui-même. Il est bien plus petit que je ne m'y attendais, et il semble n'avoir que dix-sept ou dix-huit ans (bien qu'il en ait à présent vingt-neuf), mais il est fort, et dangereux... Le président Reagan et Sa Majesté ont eu beaucoup de chance.

Notes sur le malade : canines brisées; dermatite du cuir chevelu; tremblements violents de la main gauche, et symptômes de photophobie hystérique. Il semblait haleter de peur, et le gouverneur Henson a tenté de le rassurer. Mais je suppose que, loin d'être effrayé, il n'éprouvait à notre égard que du mépris et hyperventilait délibérément. Il psalmodiait ce qui me fit penser à « Allah akbar », Dieu est grand, ce cri poussé par les derviches tourneurs pour favoriser leurs hallucinations, cette même suroxygénation du cerveau qu'engendrent dans une moindre mesure les cantiques des croyants et les chants repris à l'unisson par la foule, lors des finales sportives.

Le Garçon fait incontestablement penser à un fanatique religieux... peut-être sommes-nous en présence d'un converti à l'Islam, d'un Shiite. Il n'a interrompu ses marmonnements que le temps de fixer les antennes lointaines de Daventry, visibles par la lucarne. Lorsqu'un gardien a refermé la porte, il a recommencé à geindre et hyperventiler. J'ai demandé à l'infirmier de nettoyer sa blessure au front, mais alors que j'aidais aux soins il s'est projeté en avant et a fait tomber mon attaché-case sur le sol. Pendant quelques secondes, il a tenté de nous inciter à le frapper, puis il a noté le catalogue de Sotheby's et la reproduction de la mère de Samuel Palmer parmi mes papiers. La clarté sereine nimbant les prairies surnaturelles, la ramure des chênes comparable à des vitraux dans la cathédrale du ciel, tout cela parut l'apaiser. Il m'adressa un regard étrange et s'inclina, comme s'il m'attribuait la paternité de cette toile.

Plus tard, dans le bureau du gouverneur, nous abordâmes les véritables raisons de ma visite. Ces mois de tension continue ont épuisé tout le monde, mais le plus pénible est certainement la crainte d'une évasion et d'une deuxième attaque dirigée contre Sa Majesté. En outre, l'Alliance atlantique ne sortirait pas renforcée d'un assassinat commis contre le président des Etats-Unis par un ex-pensionnaire d'un hôpital psychiatrique britannique. Henson et les médecins, encouragés par les responsables du ministère de l'Intérieur, voudraient passer de la chlorpromazine aux nouvelles séries de sédatifs du système nerveux central NX... sous-produits des recherches menées par Porton Down sur les gaz neurotoxiques. Une utilisation prolongée engendrerait un brouillage de la vision et une ataxie locomotrice, mais supprimerait également toute fonction corticale : l'équivalent d'une lobotomie. Je pensai à mes disputes avec Sarah au sujet des électrochocs – la psychiatrie semble tellement regretter son Moyen Age – et opposai avec tact mon veto à l'emploi du NX tant que je n'aurais pas étudié le dossier médical du Garçon qu'avaient établi les services spéciaux. Mais je pensais pardessus tout à son regard, alors qu'il admirait ce Palmer à l'authenticité douteuse.

La tentative d'assassinat

En 1982, pendant la visite officielle du président Reagan en Grande-Bretagne, une attaque aérienne fut effectuée contre le château de Windsor où se trouvaient la famille royale et son hôte. Peu après que l'hélicoptère amenant M. et Mme Reagan se fut posé, on repéra un planeur miniature au-dessus de Home Park, au nord-ouest. L'engin, une aile volante rudimentaire, planait à quelque 120 pieds d'altitude, en suivant une trajectoire qui le conduirait au-dessus du château. Les tireurs d'élite des services spéciaux et des services secrets n'eurent cependant pas le temps d'ouvrir le feu que l'appareil heurta les antennes surmontant le mausolée royal de Frogmore House et s'écrasa au sol, à côté de la Long Walk.

Un harnais, dans lequel se trouvaient 24 bâtons de gélignite reliés à des détonateurs NCB, était sanglé sur la poitrine du pilote inconscient. Une poignée d'ouverture de parachute modifiée servait de système de déclenchement manuel. Le jeune homme fut mis au secret et aucune information sur cette tentative d'assassinat présumée ne fut communiquée aux médias ou au groupe présidentiel. Seule Sa Majesté fut mise au courant, ce qui explique peut-être son impatience lors de sa promenade équestre avec le Président, quand ce dernier s'arrêta pour échanger quelques propos avec un important groupe de journalistes.

Le pilote ne fut ni inculpé ni jugé, mais gardé dans le service d'observation du ministère de l'Intérieur, à l'hôpital de Springfield, en vertu des lois se rapportant aux malades mentaux. C'était un jeune homme de vingt-quatre ans répondant au nom de Matthew Young, ex-programmateur de logiciels de jeux vidéo et ex-novice chez les Jésuites. Il avait consacré les huit mois précédents à fabriquer sa machine volante, dans le garage où il vivait, derrière une église baptiste désaffectée du nord de Londres, à Highbury. Le chef d'escadron D.H. Walsh, du musée de la RAF à Hendon, reconnut dans cet appareil la réplique exacte d'un planeur conçu par Otto Lilienthal, ce pionnier de l'aviation du siècle dernier. Des recherches ultérieures permirent d'établir qu'il s'agissait de la copie de l'appareil à bord duquel Lilienthal avait trouvé la mort, en 1896. D'autres résidents des garages, d'anciennes petites amies de l'assassin en puissance, et son agent de probation, avaient été témoins de la construction de cet avion au cours du printemps 1982. Cependant la façon dont il lança cette antiquité – le seul point élevé des environs étant la tour de contrôle de l'aéroport d'Heathrow, cinq milles plus à l'est – et comment il parvint à rester dans les airs pendant son vol au-dessus de Home Park, tout cela reste un mystère.

★

Plus tard, dans le parloir, le Garçon, menottes aux poings, était assis entre deux gardiens. Le personnage, caractérisé d'ordinaire par ses contusions et son hyperventilation, s'était métamorphosé en loubard au crâne rasé repenti, suite à une illumination miraculeuse. Seul l'étrange sourire qu'il m'adressa complaisamment me remémora le planeur et le harnais bourré d'explosifs. Comme d'habitude, il refusa de répondre à mes questions, et nous restâmes assis au sein d'un silence uniquement troublé par ses murmures.

Ignorant ses marmonnements incompréhensibles, je relus la liste des personnalités présentes au château de Windsor.

Le président Reagan, S.M. la Reine, Mme Reagan.

Le prince Philip, le prince Charles, la princesse Diana...

L'ambassadeur des Etats-Unis, M. Billy Graham; le colonel Tom Stamford, astronaute d'Apollo; M. Henry Ford III; M. James Stewart; les présidents de Heinz, IBM et Lockheed Aircraft; divers membres du Congrès, attachés militaires et navals, proconsuls du Département d'Etat et de la CIA...

Lord Delfont, M. Eric Morecambe, M. Andrew Lloyd-Webber, Mlle Joanna Lumley...

J'étalai devant Young, sur la table nous séparant, les photographies du président Reagan, de la reine, des princes Philip et Charles, de la princesse Diana. Pas la moindre réaction. Il se pencha et poussa avec son menton balafré le catalogue de Sotheby's hors de mon attaché-case ouvert. Il coinça ensuite la reproduction du Palmer contre son épaule gauche et m'adressa un sourire oblique de remerciements. Rusé et sournois, il semblait suggérer que j'étais son complice. Je me remémorai que de tels déments étaient habiles à manipuler leur entourage... Myra Hindley, Brady et Mary Bell étaient parvenus à convaincre plusieurs personnes naïves et bien intentionnées de la sincérité de leur « conversion religieuse ».

Sans réfléchir, je sortis la dernière photographie du dossier. On y voyait le colonel Stamford en combinaison spatiale blanche qui flottait en apesanteur au-dessus d'un engin spatial, lors d'un vol orbital.

Young se tut brusquement, et j'entendis ses talons heurter avec bruit les pieds de métal de son siège, comme il se reculait instinctivement. Sa main droite se paralysa, faisant cliqueter ses menottes. Il fixait l'image, mais son regard portait bien au delà des parois de cette cellule, et je compris qu'il s'agissait de l'aura annonciatrice d'une crise d'épilepsie. Avec un cri aigu, il se raidit puis se laissa glisser sur le sol, en proie au haut mal.

Sa tête martelait les pieds de ses gardiens, quand je pris conscience qu'il n'avait pas psalmodié « Allah akbar », mais « Astro... naute »...

Astro-nul... ?

Matthew Young : histoire d'un psychopathe

Alors, que savons-nous de lui ? Les enquêteurs des services spéciaux ont constitué un épais dossier sur ce jeune malade mental.

Né en 1958 à Abu Dhabi, d'un père directeur du complexe de dessalement Amoco. Enfance dans le Golfe, l'Alaska et Aberdeen. Inadaptation aux études, avec des signes avant-coureurs d'épilepsie. A cependant fréquenté l'université de Strathclyde pendant deux trimestres, en 1975, section informatique. Entré au Parti des Travailleurs révolutionnaires en 1976; arrêté devant l'ambassade des Etats-Unis, à Londres, durant une manifestation antinucléaire. Engagé en tant que monteur d'échafaudages et peintre au Radio observatoire de Jodrell Bank, 1977; poursuivi en justice pour avoir volontairement endommagé le réflecteur parabolique. Novice chez les Jésuites, au séminaire St. François-Xavier, Dundalk, 1978; expulsé trois mois plus tard pour relations sexuelles avec la mère d'un autre novice. Condamné à une amende pour tapage en état d'ivresse lors de l'exposition « Sculpture de l'Ere spatiale », à la galerie Serpentine, Londres. Programmateur de jeux vidéo, Virgin Records, 1980. Fait l'objet d'une plainte des Télécommunications britanniques pour avoir utilisé une station radio pirate afin de brouiller les transmissions d'une navette spatiale. A déposé les brevets des jeux vidéo « Target Apollo » et « Shuttle Attack », 1981. Nombreuses condamnations pour voies de fait, détention de narcotiques, conduite en état d'ivresse, escroquerie à l'assurance chômage, tapage sur la voie publique. 1982, a publié à compte d'auteur son « Testament cosmologique », un fatras blakien de mysticisme naturaliste, de délires apocalyptiques, et de démonstrations pseudo-mathématiques de la non-existence de l'espace-temps...

★

Dans l'ensemble, un délinquant classique, chez qui on retrouve les éléments de folie messianique et d'inadaptation sociale propres à tous les régicides de l'Histoire. Le choix de M. Reagan confirme la séduction qu'exerce le thème des assassinats présidentiels sur tant de malades mentaux solitaires. Le président des Etats-Unis, le personnage le plus puissant de la planète, ne symbolise pas seulement la fonction et l'autorité d'un gouvernant temporel, mais également le principe d'existence lui-même; du continuum de l'espace et du temps englobant tant le tueur que sa victime. Tel l'enfant perturbé qui cherche à tout détruire dans sa chambre, l'assassin tente de faire disparaître les images de lui-même qu'il identifie à sa perception de l'univers extérieur. Si le suicide ne supprime que celui qui commet un tel acte, la véritable cible de l'assassin est le principe même de l'existence, incarné par la personne du Président.

Le Rêve de mort par l'air

« ... dans le cadre de la seconde chute, et de leurs efforts pour échapper à leur monde natal, les peuples de la Terre provoquent leur mort planétaire, jetant leur dévolu sur l'apesanteur d'un espace et d'un temps illusoires, retrouvant dans cette absence de poids les souffrances de la première chute de l'homme... »

Testament cosmologique, tome I.

Le Rêve de mort par l'eau

« ... la mer est un cortex cérébral mis à nu, l'épiderme d'un géant endormi que les plongeons des astronautes d'Apollo et du Skylab finiront par réveiller. Tous les peuples de la planète iront à pied, en avion, en train, jusqu'à la plage la plus proche; ils franchiront des rapides, endureront des privations, abandonneront les continents, pour se retrouver finalement regroupés sur l'ultime rivage du globe et s'avancer dans les flots... »

Testament cosmologique, tome III.

Le Rêve de mort par la terre

« ... les royaumes les plus sinistres et redoutables sont ceux imaginés par l'homme au cours de la colonisation intérieure de sa planète, appliquant les rêves d'un espace dégénéré à son monde intérieur... terriers, culs-de-basse-fosse, fortifications, bunkers, oubliettes, parkings souterrains, tunnels de toutes sortes qui criblent l'esprit, tels des vers dans le cerveau d'un cadavre... »

Testament cosmologique, tome VII.

Un bien étrange ouvrage, certainement, mais d'où est absent le Rêve de mort par le feu... et la moindre allusion à Reagan, Sa Majesté, la princesse Diana, Mme Thatcher... ?

Un moyen d'évasion : la Chambre d'Ames

14 octobre 1987. Le Garçon s'est évadé ! Tel est l'appel téléphonique urgent que j'ai reçu du gouverneur Henson. Je me suis immédiatement rendu à Daventry, à bord de l'hélicoptère bondé de monde du ministère de l'Intérieur. Matthew Young a disparu, en mettant à exécution ce qui est probablement le plus ingénieux de tous les plans d'évasion jamais imaginés. A mon arrivée, le gouverneur et les membres de son équipe étaient dans tous leurs états. Henson faisait les cent pas dans son bureau, touchant les étagères de sa bibliothèque et modifiant la disposition du mobilier, comme s'il doutait de la réalité de ce qui l'entourait. Partout s'agitaient des représentants du ministère de l'Intérieur et des services spéciaux, mais je parvins à ramener Henson à la raison et à reconstituer les faits.

Depuis ma précédente visite, ils avaient adouci le régime carcéral de Young. Incompréhensiblement, la toile de Palmer reproduite dans le catalogue de Sotheby's semblait avoir eu un effet apaisant sur le patient. Il ne souillait plus les parois de sa cellule, et avait même proposé de les nettoyer au jet; il avait accroché le Palmer au-dessus de son lit pour le contempler comme s'il s'agissait d'une icône. (Si seulement il avait été démontré que Keating en était l'auteur... ce vieux gredin eût été ravi. Sa réputation de faussaire aurait pu inspirer au Garçon son plan d'évasion.)

Young refusait de sortir pour la promenade – la vision des antennes de télécommunications britanniques le bouleversait visiblement –, aussi Henson avait-il pris des dispositions pour qu'il pût se détendre dans la chapelle de la prison. C'était de là que venait le problème, ainsi que je pus le constater lorsque le gouverneur m'y conduisit : une ancienne salle de cinéma dotée de bancs, d'un autel, d'une chaire, etc. Pour des raisons de sécurité, les portes étaient maintenues verrouillées et des gardiens surveillaient Young par la fenêtre de la cabine de projection. Ils ne voyaient donc l'intérieur de la chapelle que sous une perspective unique. Young en avait habilement tiré profit en modifiant la disposition des bancs, de la chaire, et de l'autel, pour reconstituer ce qui était en fait une Chambre d'Ames. Adelbert Ames Jr, un psychologue américain, avait mis au point des pièces en trompe-l'œil qui paraissaient absolument normales lorsqu'on les regardait à travers un judas, mais qui étaient emplies d'éléments de mobilier et de décoration dissociés les uns des autres.

La version de la Chambre d'Ames que nous devions à Young était encore plus compliquée. Si le crucifix et le candélabre de cuivre semblaient posés sur l'autel, ils se trouvaient en réalité trois mètres plus loin, suspendus au plafond par des fils de coton récupérés dans ses survêtements... Les bancs, posés sur des piles de missels et de bibles, créaient l'illusion d'une nef ordonnée. Mais lorsque nous quittâmes la cabine de projection et entrâmes dans la chapelle, je pus constater que les bancs formaient une rampe inclinée montant jusqu'à la bouche d'aération située derrière l'autel. Les gardes, qui observaient Young par la fenêtre de la cabine de projection, avaient cru le voir agenouillé devant la croix, alors qu'il se trouvait assis sur le banc le plus élevé et dévissait la grille métallique.

Si Henson était consterné par l'évasion de Young, j'éprouvais quant à moi de l'admiration pour l'habileté avec laquelle le Garçon avait créé cette illusion d'optique. Tout comme Henson, les inspecteurs du ministère de l'Intérieur étaient persuadés qu'il avait l'intention de perpétrer une autre tentative d'assassinat contre Sa Majesté. Cependant, alors que j'étudiais cette étrange chapelle, je compris que la reine et le Président n'étaient pas en danger. Sur le mur derrière l'autel, Young avait épinglé une douzaine d'illustrations découpées dans des journaux et des magazines. Toutes se rapportaient aux programmes spatiaux américains et soviétiques. Les photographies des astronautes avaient été lacérées, le Skylab et la navette couverts de graffiti obscènes. Si le Garçon avait prié pour les conquérants du cosmos, je pouvais deviner la nature de ses prières. Il avait profané la chapelle par des messes noires, tout en la transformant en moyen d'évasion compliqué qui lui permettrait de fuir non seulement Daventry, mais également la menace créée par les astronautes et une prison bien plus vaste dont les limites sont celles de l'espace lui-même.

L'astro-messie

Colonel en retraite Thomas Jefferson Stamford, USAF. Né en 1931, Brigham City, Utah. Eagle scout, 1945. Licencié es science (physique), Caltech, 1953. Etudes à l'Académie de l'US Air Force jusqu'en 1957. Campagne du Viêt-nam, 1964-69. Entre à la NASA en 1970, contrôleur au sol adjoint, Skylab III. 1974, selon des rumeurs, il serait le commandant de la mission lunaire secrète Apollo 20, chargée de déposer une batterie de missiles nucléaires radio-commandée dans le Mare Imbrium. 1975, prend sa retraite et est nommé vice-président de la Pepsi-Cola Corporation. 1976, conseiller technique auprès de la 20th Century Fox pour le scénario d'un film en projet : *L'homme poisson.*

1977, s'associe au Mouvement de la Lumière Précieuse, un groupe californien qui prône l'élévation de la conscience et réclame la légalisation du LSD. Le quitte en 1978 et est hospitalisé à l'Hôpital Militaire des Vétérans, Fresno. A sa sortie, il effectue une retraite de neuf mois à Truth Mountain, Idaho, un ordre interconfessionnel de frère lais. En 1979, il fonde la Spaceways, centre de réhabilitation des drogués, à Santa Monica. 1980-81, associé à Billy Graham, il partage la tribune des missions revivalistes en Europe et en Australie. 1982, est invité avec le président Reagan au château de Windsor. En 1983, il fonde la société évangélique COME Incorporated et effectue une tournée en Alabama et au Mississippi en se proclamant le 13ᵉ disciple du Christ. 1984, voyage en

Afrique et dans le Sud-Est asiatique, intercède dans le conflit Irak/Iran, s'adresse au Conseil des ministres de l'OTAN, réclame le développement des armes laser et des bombes à neutrons. 1986, invité par la famille royale à Buckingham Palace, il apparaît à Noël lors du spectacle télévisé de la reine, soigne avec succès le prince William, devient le confident et le conseiller spirituel de la princesse Diana. Elu « homme de l'année » par *Time Magazine,* il est décrit dans *Newsweek* comme le « Messie de l'ère spatiale » et le « Fondateur de la première religion de l'espace ».

★

Se pourrait-il que cet ex-astronaute tant admiré, ce héros qui fut le Lindbergh des années 80, ait été la véritable cible de l'attaque dirigée contre le château de Windsor ? Lindbergh, qui était à tu et à toi avec des rois et des chanceliers, avait des opinions politiques démentes fortement teintées de nazisme. En revanche, l'amalgame populiste de renouveau évangéliste et de rhétorique anticommuniste du colonel Stamford lui permet d'avoir des visées d'outsider sur la Maison Blanche. Parfois, en regardant ses meetings à la télévision, j'ai décelé chez lui la même musculature faciale hypertonique que chez un Hitler, un Kadhafi, ou les plus virulents des mullahs de Khomeiny, mais rien ne pouvant justifier cet attentat compliqué, ce psychodrame que Matthew Young a mis en scène avec son avion de Lilienthal.

Et cependant... qui conviendrait mieux qu'un pionnier de l'aéronautique pour tuer un pionnier de l'astronautique et remettre à zéro les aiguilles de la pendule de l'exploration spatiale ?

10 février 1988. Trois mois de recherches intensives n'ont pas permis de retrouver la trace de Matthew Young. La protection de la reine, du Premier ministre, et des membres du cabinet a été renforcée, et plusieurs membres de la famille royale se sont vu remettre de petits pistolets. On espère qu'ils ne se blesseront pas, et qu'ils éviteront de s'entre-tuer.

Déjà, le holster stylisé de la princesse Diana a inspiré les plagiaires et permis à une industrie lucrative de se développer. On trouve à Londres un grand nombre de jeunes femmes portant un pantalon à la braguette rembourrée (aucune ne se doute pourquoi), tels les figurants d'un remake en comédie musicale de *Règlement de comptes à OK Corral.*

Les anciennes petites amies du Garçon et ses parents survivants, son agent de probation et les programmateurs qu'il a côtoyés chez Virgin Records ont été placés sous surveillance et/ou interrogés. Quelques rapports intéressants sont parvenus aux services intéressés : en novembre, un jeune homme excentrique portant des guêtres de cuir et une tenue d'aviateur de la Première Guerre mondiale s'est inscrit à une série de cours de pilotage de l'Elstree Flying School, et a été victime d'une crise d'épilepsie après le premier décollage. Des centaines d'affiches placardées dans le métro londonien pour annoncer le meeting pascal du colonel Stamford, à Earl's Court, ont été systématiquement lacérées. Aux studios de Pinewood, un incendiaire a partiellement détruit les décors de deux superproductions de science-fiction au budget de 100 millions de dollars : *La revanche de R2D2* et *C3PO contre E.T.* A la faveur de la nuit, un inconnu a pénétré dans les bureaux de la COME Inc., dans Tottenham Court Road, et enregistré un message obscène sur des milliers de cassettes vidéo promotionnelles d'un discours inspiré du colonel Stamford. Dans diverses salles de jeu de Piccadilly, les « Envahisseurs de l'espace » ont été reprogrammés, et c'est désormais le portrait du colonel Stamford qui sert de cible aux joueurs.

Plus important, peut-être, une personne possédant le même timbre de voix que Matthew Young a tenté à plusieurs reprises de joindre par téléphone l'archevêque de Canterbury. Voici trois jours, les bedeaux de Westminster Abbey ont surpris un jeune homme priant devant le casque et la combinaison spatiale maculée de sang du colonel Stamford, le tout ayant été dérobé dans une vitrine d'exposition du musée des Sciences et installé dans une niche située derrière le grand autel. Le groupe sanguin peu répandu, BRh, n'est pas celui du colonel Stamford mais du Garçon.

Ce rapport, selon lequel Matthew Young aurait été surpris en train de prier, m'a remémoré la description faite par le gouverneur Henson du prisonnier vu à genoux dans la chapelle en trompe-l'œil aménagée à Daventry. Il existe un contraste frappant, qui donne le frisson, entre le grand meeting revivaliste que la télévision retransmet à cet instant depuis le Parc des Princes, à Paris, et que domine l'ex-astronaute brillamment éclairé par des batteries de projecteurs, et la nef sombre de l'abbaye de Westminster où un malade mental évadé a prié devant une combinaison spatiale souillée de son propre sang. Ce symbole de l'espace qui fournit au colonel Stamford la majeure partie de son inspiration religieuse. Car Matthew Young semble l'identifier à un mal non spécifié, à l'adoration d'un faux messie. Ses prières dans la chapelle de Daventry, alors qu'il était agenouillé devant une illusion d'autel, étaient aussi étranges que des rites posturaux, une tentative de contorsionniste pour se libérer de la sinistre emprise du colonel Stamford.

★

Je lis une fois de plus les témoignages recueillis par les services spéciaux :

Margaret Downs, analyste de systèmes, Wang Computers : « Il priait tout le temps, toujours à genoux. Il m'a même demandé de prendre une vidéo pour lui, et l'a ensuite étudiée pendant des heures. C'était trop... »

Doreen Jessel, monitrice d'aérobic : « Tout d'abord, j'ai cru qu'il était un fervent adepte de gymnastique. Une sorte de méditation acrobatique, comme il l'appelait, des contorsions acrobatiques. Je lui ai conseillé de s'adresser à un physiothérapeute... »

John Hatton, agent de probation : « Il est presque parvenu à me convaincre en dépit du bon sens que cela avait un effet thérapeutique. Les contorsions semblaient effectivement mimer ses crises d'épilepsie... »

Révérend Morgan Evans, samaritain : « Il souscrivait à l'opinion de Robert Graves selon laquelle le Christ aurait eu un pied bot... cette démarche singulièrement saccadée, propre à diverses danses religieuses et à tous les mythes incluant le tendon d'Achille. Il m'a déclaré qu'elle était inspirée par la marche en crabe que les astronautes ont adoptée pour se déplacer sur la lune... »

Sergent J. Mellors, RAF : «La position était celle d'un tireur agenouillé devant fournir un feu nourri avec un fusil à armement manuel, comme un Lee-Enfield ou un Mannlicher-Carcano. Je l'ai chassé du champ de tir... »

Matthew Young était-il occupé à démanteler et réassembler les éléments de son propre esprit, comme s'ils étaient les constituants d'une Chambre d'Ames ? Le pilote de l'hélicoptère du ministère de l'Intérieur décrivait de façon pittoresque la désorientation spatiale de certains prisonniers relevant d'un régime spécial qu'il avait eu l'occasion de transporter, en particulier les cris et contorsions d'un pirate de l'air palestinien qui se prenait pour un astronaute agonisant. Des anomalies de l'appareil vestibulaire de l'oreille interne sont fréquentes chez les pirates de l'air (comme chez certains chamans), cette même désorientation spatiale qui peut être artificiellement reproduite chez les astronautes par les plaques tournantes très rapides et l'apesanteur des vols orbitaux.

Il se peut, en conséquence, que les problèmes d'équilibration provoquent l'attirance de ceux qui en souffrent pour les avions très rapides, et que les détournements d'avions relèvent d'une tentative de l'inconscient pour guérir cette affection organique. Prières, anomalies vestibulaires, détournements... en observant le colonel Stamford, au Parc des Princes, je note qu'il lui arrive de tituber lorsqu'il se penche vers le pupitre, en joignant ses mains pour prier avec ce spasme caractéristique que tous ont pu remarquer en regardant les journaux télévisés.

Le colonel Stamford avait-il l'intention de détourner le monde ?

28 mars 1988. Les événements se précipitent. Le colonel Thomas Jefferson Stamford est arrivé à Londres, après avoir effectué un circuit triomphal des nations non communistes. Il s'est entretenu avec des généraux et des ecclésiastiques conservateurs, a ramené la paix sur les champs de bataille des hauteurs du Golan au Sahara occidental. Il a, comme toujours, exhorté les combattants à unir leurs forces pour lutter contre le seul véritable ennemi, fidèle à sa politique antisoviétique et son prosélytisme religieux, à côté desquels les buts poursuivis par la CIA feraient presque penser à ceux de la Croix-Rouge. La

télévision et la presse le montrent en compagnie de chefs d'Etat et de Premiers ministres à la retraite, avec Kohl, Thatcher et Mitterrand, la famille royale de Scandinavie et la monarchie britannique.

L'ex-carrière d'astronaute du colonel Stamford n'est pas oubliée pour autant. Lors de ses meetings au Parc des Princes et au Stade Olympique de Munich, ces arènes ont été transformées en ce qui évoque l'intérieur d'un immense vaisseau intersidéral. L'utilisation adroite d'un écran de cinéma circulaire permet de présenter l'arrivée du colonel Stamford sur le podium comme l'atterrissage d'un missionnaire spatial venant d'un autre monde, au son des accents assourdissants de *Ainsi parlait Zarathoustra* et de *Planètes,* de Holst. Le miracle de la rétroprojection et des éclairages trompeurs change le stade en immense Chambre d'Ames, un amalgame d'évangélisme chrétien et de tournage d'une superproduction astronautique et cybernétique. Nous sommes en présence d'un Messie Intelsat, d'une personnalité-manne de l'ère de la télévision par câble.

Ses milliers de fidèles se balancent sur leurs sièges, serrant dans leurs mains les cassettes promotionnelles de la COME Inc., comme le feraient des Gardes rouges avec le Petit Livre rouge de Mao. Assistons-nous à la première célébration du culte vidéo, un light show extravagant avec projecteurs laser de la Lucasfilms ? Le message délivré lors de ces réunions et sur ces cassettes, c'est que le colonel Thomas Stamford est revenu sur Terre pour mener une sainte croisade contre le marxisme athée, qu'un Second Avènement a lancé le 13ᵉ disciple le long des travées de l'espace, depuis l'autel du Mare Imbrium.

Deux ex-astronautes d'Apollo se sont déjà joints à sa croisade, démissionnant de leurs postes de directeurs chez Avis et la Disney Corporation, et ses membres des missions du Spacelab et de la navette se sont engagés à lui apporter leur soutien. La NASA est-elle sur le point de devenir une organisation religieuse ? Les chefs des comités des partis républicain et démocrate ont pressé le colonel Stamford de devenir leur candidat à la présidence, mais je soupçonne le Grand Contrôleur de Mission dans le Ciel de ne pas avoir l'intention de passer par la Maison-Blanche pour en appeler directement au peuple des USA, en tant qu'astro-messie : un ayatollah spatial descendu des cieux pour instaurer une république religieuse.

La première Eglise de l'Astronaute Divin

Ses acccents messianiques m'ont fait penser au Garçon, cet ennemi juré de tous les astronautes. Le lendemain de l'arrivée à Londres du colonel pour son meeting pascal et son accueil par le prince Charles, la princesse Diana, et le prince William miraculeusement guéri, j'ai pris la voiture et je suis allé au garage de Highbury. J'avais à maintes reprises mis en garde le ministère de l'Intérieur des risques d'une tentative d'assassinat, mais tous semblaient trop fascinés par la fièvre de Stamford qui ravageait Londres pour croire qu'on essayerait d'attenter à ses jours.

Laissant l'agent Willings m'attendre sous la pluie, je parcourus du regard le lit de camp maculé d'huile et l'évier empli de boîtes vides de café instantané. Les enquêteurs des services spéciaux avaient dépouillé ce local minable, mais une carte postale qu'ils avaient inexplicablement oubliée se trouvait au-dessus du lit, épinglée au mur de ciment. M'en approchant, je reconnus la reproduction d'un petit Samuel Palmer : « Un Rêve de mort par le feu », la représentation visionnaire de la destruction d'une fausse église par la lumière environnante. Cette toile avait été identifiée par Keating comme l'un de ses faux les plus ambitieux.

Une contrefaçon de Keating pour annoncer la mort d'un messie contrefait ?

Epinglée au béton humide depuis plusieurs jours, cette carte postale était certainement une carte d'invitation que m'adressait Matthew Young. Mais où pourrais-je le retrouver ? Par les portes ouvertes, je vis alors l'église baptiste désaffectée, derrière la rangée de garages.

Dès que je pénétrai dans sa nef obscure, j'eus la confirmation que la cible de Matthew Young n'avait été ni le président Reagan, ni la reine. Des cisailles empruntées à l'agent Willings tranchèrent les maillons de la chaîne rouillée. Après le départ du policier, je poussai les portes vermoulues. Par le passé, une société de production avait utilisé cette église sécularisée pour entreposer du matériel.

Les décors et les panneaux peints d'un feuilleton de science-fiction télévisé interrompu étaient appuyés aux murs, au sein d'un fatras poussiéreux.

J'entrai et suivis l'allée centrale, entre les travées de bancs, et je découvris brusquement un diorama de la surface lunaire. Devant moi se trouvait un décor miniature constitué de vieilles affiches de *La Guerre des Etoiles* et du *Dr Who.* Au-dessus du paysage lunaire était suspendue la représentation d'un astronaute volant avec les bras étendus.

Ainsi que je l'avais supposé, ce diorama était également assimilable à une Chambre d'Ames. L'image de l'astronaute n'apparaissait que du fond de l'église. Comme je m'en approchais, ses éléments se dissocièrent. Une main gantée fut sectionnée de son bras et resta en suspension dans les airs. Le thorax indépendant et des tronçons de jambes s'éloignèrent les uns des autres, attachés à des fils descendant des chevrons du plafond. La tête et le casque, décapités, entamèrent un vol libre. Je m'arrêtai à côté de l'autel, l'astronaute démembré flottant au-dessus de moi tel un cadavre de chrome déchiré par l'explosion soudaine de son appareil de survie.

Couché sur le dos au-dessous de ce mobile surnaturel, Matthew Young était allongé sur un lit de poussière et de dalles craquelées, sa bouche balafrée incurvée en un rictus exsangue révélant ses canines aux extrémités broyées. Il était tombé au cours d'une crise d'épilepsie, et ses doigts tendus avaient arraché un angle de l'affiche de *La Guerre des Etoiles,* qui le couvrait tel un linceul. Du sang coulait d'un important hématome sous sa pommette; comme si, en se paralysant, sa main droite avait tenté d'énucléer son œil avec la lunette de visée qu'elle serrait toujours.

Je dégageai sa langue et sa trachée-artère, massai son diaphragme tant qu'il n'eut pas recouvré une respiration normale, puis glissai sous sa nuque un coussin trouvé dans le chœur. Sur le sol, à côté de lui, il y avait le canon, la boîte de culasse et le chargeur d'un fusil sans crosse dont il avait lubrifié les éléments avant sa crise, et qu'il réassemblerait sitôt qu'il reprendrait conscience.

★

Jour de Pâques, 1988. Le meeting du colonel Stamford se tiendra ce soir à Earl's Court. Depuis son arrivée à Londres, en tant qu'invité de Buckingham Palace, l'ex-astronaute a eu fort à faire pour préparer le tremplin qui lui donnera l'élan nécessaire pour se propulser de l'autre côté de l'Atlantique. Voici trois jours, il s'est adressé aux membres de la Chambre des Communes et du Parlement, réunis à Westminster Hall. Dans son allocution retransmise par la télévision, il a prêché une sainte croisade contre l'empire diabolique du monde non chrétien, la construction de plates-formes orbitales de lancement pour des bombes nucléaires, la mise en orbite géostationnaire d'armes laser braquées contre Téhéran, Moscou, et Pékin. Il réclame désormais la destruction, non seulement de l'Union soviétique, mais également de tout le monde non chrétien, la reconquête de Jérusalem, et la conversion de l'Islam.

Il est évident que le colonel Stamford est aussi fou que Hitler, mais son dernier amerrissage est heureusement pour bientôt. Je suppose que Matthew Young assistera à son meeting d'Earl's Court. Je n'ai pas parlé de lui à la police, et tout me permet d'espérer qu'il se remettra à temps de sa crise pour pouvoir remonter son fusil et gagner une des cabines de projection vides, sous le toit du stade. Depuis sa lucarne, il verra le colonel Stamford arriver de « l'espace », et l'entendra prêcher sa jihad nucléaire contre les forces de l'Antéchrist. Sous l'unique perspective offerte par la lunette de visée de son arme, réduite mais d'une importance cruciale, Matthew Young pourra une fois de plus détruire une illusion et célébrer les mystères éternels de la Chambre d'Ames.

After Armageddon
ou
Ballard dévoilé par Ballard

par Jean CHESNEAUX

« Né à Shanghai de parents britanniques... interné dans un camp japonais pendant la Seconde Guerre mondiale... » : cette sèche mention à la " quatre de couverture " des Ballard m'avait toujours intrigué. Sinophile impénitent moi-même, j'avais toujours été convaincu que le cadre shanghaien des " Enfances Ballard " ne pouvait être un détail biographique fortuit, qu'un auteur né dans un pays aussi singulier que la Chine en restait marqué pour la vie, et avec lui son génie non moins singulier.

Mais j'en étais resté là, jusqu'à ce que le quinquagénaire Ballard, le succès et l'âge aidant, et donc la sérénité d'âme qu'ils confèrent, se plonge soudain — et nous avec — dans le *DROWNED WORLD* qui avait aspiré quarante années plus tôt le jeune Jim, quand l'armée japonaise avait brusquement liquidé le pouvoir anglo-saxon à Shanghai après l'attaque de Pearl Harbor.

Avec *Empire of the Sun* (1), Ballard s'explique enfin, il s'auto-analyse, il démonte le fantastique traumatisme qu'il a vécu entre douze et quinze ans — âge critique entre tous. Traumatisme sur lequel il était toujours resté fort discret, au point sans doute de s'autocensurer inconsciemment. Ne déclare-t-il pas « n'avoir jamais compris les raisons pour lesquelles la nouvelle *The Day of Forever* (2) compte parmi ses préférées » — nouvelle qui pourtant reproduit si fidèlement ses errances enfantines dans un Shanghai soudain désertifié ?

> « La guerre, l'invasion et l'occupation apportaient des mutations cataclysmiques du paysage et de la psyché, se borne-t-il à dire en nous présentant la nouvelle *Tomorrow is a Million Years* (3). Comme toutes les lignes de hautes eaux de l'expérience, les zones intermédiaires, armistices et interrègnes, semblaient dotées d'une puissance particulière — une volée de marches descendant dans un fleuve, la réfraction du fuselage d'un avion à demi submergé, l'intervalle qui sépare la nuit du jour. J'aimerais vivre éter-

(1) *Empire du Soleil*, Ed. Denoël, Paris, 280 pages (traduit par Elisabeth Gille).

(2) J'ai préféré citer les titres originaux anglais des nouvelles et romans de Ballard auxquels j'associe *ma* lecture de *Empire du Soleil* : la langue en est plus forte, les nuances plus riches que celles de leurs versions françaises. Le lecteur intéressé pourra toutefois se reporter à la bibliographie française exposée ci-dessous.

(3) Robert Louit : *J.G. Ballard, Le Livre d'Or de la Science-fiction*, p. 179.

nellement à l'intérieur de telles zones, et peut-être le fais-je sans m'en rendre compte. »

Sans m'en rendre compte ! Certes oui, et ce n'est pas par hasard si la première nouvelle de Ballard, publiée en 1956 par *New Worlds,* s'appelle *ESCAPEMENT.* Mais aujourd'hui Ballard a enfin cessé de fuir son adolescence, il l'affronte les yeux dans les yeux et sa thérapie est efficace, pour le plus grand plaisir de tous ceux qui l'aiment et l'admirent.

Au commencement était Shanghai. Au commencement de la saga ballardienne, de ce cycle de cauchemar et de terreur et pourtant de confiance en la vie, de cet enchaînement obsessionnel de catastrophes qui se nomment *DROUGHT*, *THE WIND FROM NOWHERE*, *DISASTER AREA*, *DROWNED WORLD*, *FOUR-DIMENSIONAL NIGHTMARE*, *TERMINAL BEACH*, il y a le Shanghai de luxe inouï et de misère sordide, dans lequel avait vécu depuis sa naissance « Master » Jim, fils d'un gros industriel britannique de la ville. Un Shanghai qui bascule soudain dans le néant le 8 décembre 1941, qui est mis à sac, emporté par un vent surgi de nulle part, englouti par le raz-de-marée japonais, mué en zone sinistrée, et qui devient pour ce gosse séparé de ses parents par un banal incident un cauchemar à quatre dimensions. Jim erre dans les riches résidences abandonnées, il est nourri par une patrouille japonaise, il s'associe à des déserteurs américains et à leurs très louches trafics, il échoue finalement sur l'ultime plage, à savoir le camp de détention japonais de Longhua où sont regroupés les civils anglo-saxons de Shanghai, près d'un aérodrome désaffecté. Trois années qu'il qualifie aujourd'hui d'« université de la vie » (titre du chap. 22 de *Empire of the Sun*) mais qui furent plutôt une *University of Death* (titre de sa nouvelle publiée en 1968 dans *Transatlantic Monthly*).

Au commencement était Shanghai... Quand j'y arrivai moi-même en janvier 1948, le clinquant de l'avant-guerre jetait encore une fois ses feux autour des grands hôtels et des riches résidences occidentales, comme si rien ne s'était passé. La vie facile et factice prétendait reprendre. Les « hautes eaux » japonaises s'étaient retirées, mais elles avaient laissé derrière elles d'innombrables traces imperceptibles, tels des filaments et des détritus accrochés aux arbres de la rive après une inondation. Le Shanghai de la grande époque était bel et bien un *Drowned world*, à jamais. J'ai retrouvé à travers les pages de *Empire of the Sun* maintes images familières : les cargos rouillés ancrés sur le Whangpou, les jonques pourries, la foule des rickshaws faméliques et hurlants, les mendiants estropiés, les chiens errants, l'odeur des vêtements jamais lavés et des soupes de tubercules moisis, bref cette odeur de Chine malade dont moi aussi j'étais imprégné pour la vie, odeur insupportable et inoubliable comme toutes les sensations ballardiennes. Il se trouve que j'avais visité Longhua en 1948, toujours envahi de carcasses rouillées, de hordes de mouches, de masures sordides, de files humaines résignées et pourtant obstinées à survivre. Simplement, les internés anglo-saxons y avaient laissé place aux réfugiés russes blancs de Chine du Nord, fuyant l'avance des guérillas communistes qui n'allaient pas tarder à conquérir la ville et toute la Chine. Nouvelle submersion majeure...

Longhua, tel que Jim se le remémore sous la plume de Ballard, c'est finalement un *HIGH RISE* à l'horizontale, un « I.G.H. » mis à plat, couché de tout son long tel un géant échoué sur une plage. C'est, bien avant que les ascenseurs de cette tour résidentielle imaginaire tombent en panne, un univers social tout aussi strictement hiérarchisé, parcouru par des cheminements rigides, régi par des codes impérieux, mais qui est déjà envahi par le sordide, la décrépitude, la cruauté, la barbarie résurgente. *ZONE OF TERROR*, *CONCENTRATION CITY*, *A PLACE AND A TIME TO DIE*, *THE KILLING GROUND*, *ATROCITY EXHIBITION*, ces titres de maintes nouvelles ballardiennes parmi les plus fortes sont autant d'allusions transparentes au cauchemar de Longhua. Tout comme, inversement, quand le lecteur de *EMPIRE OF THE SUN* rencontre des intitulés de chapitres comme « l'aérodrome abandonné », « le cargo échoué », « la piscine à sec », « la cité terrible », il cherche instinctivement dans quel roman ou nouvelle de Ballard il les a déjà rencontrés.

Le même vertige de la décrépitude, qui transsude à travers toute l'œuvre de Ballard, imprègne déjà *EMPIRE OF THE SUN*. Les matelots anglais du *Petrel* coulé par les Japonais en plein Whangpou, et qui gisent impuissants dans la boue, agrippés les uns aux autres alors que les premières fleurs funéraires commencent à s'amasser autour de leurs épaules (p. 36). Le halo de poussière qui monte des terres à l'abandon, voile blanc qui masque les gratte-ciel lointains de Shanghai (p. 105). Jim qui s'élance en courant à travers des millions de mouches, sa chemise en loques volant sur ses épaules osseuses comme des guenilles mises à sécher entre les huttes de Longhua (p. 132). Le cimetière voisin de l'aérodrome, dont émerge au hasard un bras ou une jambe, tels des membres de dormeurs agités qui se seraient débattus sous leur courtepointe brune (p. 163). Et la terre moribonde, et les cratères de bombes remplis d'eau dans les rizières, et les cargos échoués sur les rives du fleuve (p. 216). Et le temps arrêté dans Amherst Avenue où Jim habitait « avant », figé dans l'immobilité comme le mur de poussière tendu à travers les pièces et qui se repliait un instant autour de

Jim quand il déambulait dans la maison déserte (p. 50). Et surtout cet étrange plaisir que prenait Jim à la guerre, quand il contemplait béatement les trams et les logements carbonisés, les milliers de portes ouvertes aux nuages, cette ville désertée envahie par le ciel (p. 101).

Décrépitude, mais non désorganisation ni désordre. Car Shanghai d'après l'Armageddon, et tout particulièrement Longhua demeurent des sociétés fortement organisées, fortement structurées par le jeu de ces *codes* multiples dont R. Louit a signalé l'importance pour quiconque veut explorer l'univers ballardien; « codes imbriqués, que les sujets ne savent pas encore déchiffrer » (1). Codes de repérage, d'identification et de survie, dont trois en particulier reviennent aussi souvent dans *EMPIRE OF THE SUN* que dans le reste de l'œuvre romanesque de Ballard : les détritus, les vieux magazines, les caches de vivres...

A mesure que la guerre s'installe et que l'occupation japonaise se fait plus pesante, les détritus s'amoncellent dans la campagne autour de Shanghai, comme autant de sous-produits d'une société désarticulée — ces mêmes détritus dont l'amas submerge les résidents de *HIGH RISE* retournés à la barbarie. A Longhua, les vieux magazines, comme *Reader's Digest, Popular Mechanics, Life, Saturday Evening Post,*

(1) Robert Louit, *op. cit.*, p. 33.

sont autant de « véritables trésors » pour qui les détient; leurs pages crasseuses ont été lues des dizaines de fois, tant ils constituent malgré leur décrépitude — ou à cause d'elle — un lien ténu mais pathétique avec l'avant et l'ailleurs; soit précisément les raisons pour lesquelles les protagonistes presque fantomatiques de textes comme *Cage of Sands*, *Terminal Beach*, *Four-Dimensional Nightmare* attachent tant de prix à leur possession et à leur lecture. Les caches de vivres enfin, troisième ancrage privilégié, assurent la survie de Jim dans les belles villas désertées du quartier britannique de Shanghai tant que les Japonais ne s'y sont pas installés; elles réapparaissent à la fin du livre, sous la forme de containers parachutés par les superforteresses américaines dans les rizières poubellisées de la banlieue de Longhua à la veille de la débâcle japonaise de 1945 — tels ces *grails* qui selon Farmer assurent la subsistance de l'humanité ressuscitée le long du Fleuve. Ces caches de vivres, ce sont les mêmes que cherchent obstinément Travis et Bridgeman poursuivis par la police de Cap Canaveral (*Cage of Sands*), ce sont les mêmes que les naufragés de l'autoroute découvrent dans de vieilles maisons abandonnées entre les mailles d'un échangeur géant (*The Concrete Island*).

Les détritus, les magazines, les vivres et aussi les odeurs, les mouches, les espaces, les silences, les gestes ritualisés, bref tout ce qui permet à

Jim de se définir et d'affirmer son identité face aux déroutants Japonais et aux internés défaitistes de Longhua. Jim, sur qui pesaient tous ces codes et tous ces rites, est bien un *OVERLOADED MAN* de l'adolescence, précoce et lucide.

L'enfant erre dans ce monde de déréliction comme un somnambule médiumnique, un décodeur qui perce tous les secrets, un inspecteur du vide, un « poisson pilote » :

> « Peut-être le jeune homme qui parcourt ces hôtels abandonnés me rappelle-t-il ma propre adolescence à Shanghai. Tout enfant jouissait auprès des militaires japonais d'une remarquable impunité. Nous courions devant eux tels des poissons pilotes, tandis qu'ils erraient d'immeubles déserts en bases abandonnées, ou inspectaient des piscines vides avec cette mélancolie profonde que semblent partager tous les Japonais (1). »

L'enfant Jim, l'enfant Conrad (*CHRONOPOLIS*) fouillant dans des bric-à-brac de grenier, l'enfant Abel (*THIRTEEN FOR CENTAURUS*), dont la perspicacité met en échec les techniciens de cette gigantesque opération spatiale bidon... « *Abel knew* » : deux mots qui ouvrent cette brillante nouvelle de démystification galactique, deux mots dont Jim connaissait toute la force, bien avant que Ballard ne prenne la parole à sa place. Car Jim lui aussi *savait.* Tout

(1) Robert Louit, *op. cit.*, p. 195 (notice de présentation de *Cage of Sand).*

comme David Copperfield savait de quelle cruauté était capable Murdstone, de quelle ruse Uriah Heep, de quelle générosité la tante Betsy, de quelle puérilité Micawber. Tout comme Nils Holgersson savait que la Suède vue à dos d'oie n'était pas celle des hommes. Tout comme les enfants des poèmes de Blake (un patronyme qu'affectionne Ballard et qu'il utilise volontiers dans son œuvre) savaient que les chants d'innocence et les chants d'expérience ne font qu'un.

Jim savait donc. Il savait que les charançons contiennent des protéines et que c'était plutôt une chance d'en trouver quatre-vingt-sept — comptés avec soin — dans son assiette. Il savait lesquels de ses voisins de détention avaient la force morale indispensable pour survivre, et lesquels n'étaient que des loques humaines ou allaient vite le devenir. Il savait comment se concilier les bonnes grâces des Japonais. Il savait sa faiblesse, et il se réfugie donc dans un isolat intérieur, à la fois fictif et réel. « Mené à son point de saturation, dit R. Louit dans la préface à son anthologie (1), le personnage bascule vers son paysage intérieur, il réagit à l'enfermement dans un espace/temps réglementé, par une fuite vers l'ailleurs. » Cet enfermement, l'enfant l'avait subi, bien avant que l'adulte l'inflige à ses personnages. A Longhua, la barbarie encerclait Jim et se rapprochait de lui toujours davantage. Aussi impla-

(1) Robert Louit, *op. cit.*, p. 24.

cable que la cohue (*Throng*) qui avance insensiblement mais inexorablement vers le comte Axel et son épouse chérie (*The Garden of Time*), immense multitude désordonnée qui surgissait de derrière l'horizon. Mais à Longhua, on n'avait guère la ressource de respirer les fleurs merveilleuses couleur de temps, éphémère protection contre la marche impitoyable du temps. Ce que Jim cultivait à Longhua, c'était un potager de fortune dont les faméliques tomates vivotaient grâce aux excréments bien peu nutritifs des détenus du camp...

Pour Jim, Longhua est bien une *Terminal Beach*, une *Ultimate City*, un *Passport for Eternity*, une arrivée dans l'absolu, donc une sécurité paradoxale, presque un home de substitution gouverné par le despotisme bénévole du caporal Kimura. Sa vie d'enfant s'arrête là, et à jamais. Il ne rêve donc que d'y revenir quand les hasards de l'évacuation de Shanghai par les Japonais l'éloignent du camp, alors qu'en 1945 l'arrivée des Américains est imminente. Il rêve d'y revenir, même quand la guerre est finie, même si c'est au prix d'une Troisième Guerre mondiale dont il guette la venue avec une obstination infantile.

Mais le temps ne s'est pas arrêté à Longhua et c'est dans la luxueuse résidence d'Amherst Avenue que Jim retrouve sa place. Chez ses parents eux aussi épargnés malgré leur détention dans un autre camp — mais leur absence ne semble guère avoir éprouvé Jim. Il roule à nouveau dans la Packard de prestige conduite par le même impassible chauffeur chinois, il porte à nouveau la veste armoriée, la cravate et la casquette si *british* des enfants sages de Shanghai; il a rejoint le petit monde blanc qui essaie de se persuader que tout reprend comme par le passé, qu'Armageddon n'a jamais eu lieu. Mais c'est pour le quitter bientôt et aller faire sa médecine à Cambridge en 1946.

Dix années à peine, et il propose à *New Worlds* sa nouvelle *ESCAPEMENT*, le premier de quelque deux cents titres qui jalonnent sa carrière littéraire. Œuvre littéraire dont on se demande finalement si *EMPIRE OF THE SUN* en est la préfiguration ou la synthèse, tant est saisissante la communauté d'inspiration entre la bibliographie de Ballard et son autobiographie. Au point que si l'on parcourt cette liste de nouvelles et de romans une fois achevée la lecture des « Enfances Ballard », il n'est guère de titres qui n'évoquent les années 1942-1945, directement ou indirectement. *EMPIRE OF THE SUN* est une « clé » désormais indispensable à l'intelligence de l'univers de Ballard.

Clé indispensable, mais peut-être pas exclusive... Car le sentiment que notre époque est absurde et insupportable, qu'elle s'abîme aussi sûrement que le Shanghai de 1941, même si c'est plus lentement, que la modernité technologique, notamment, n'est pas nécessairement une référence d'épanouissement humain, que la « banlieue universelle » envahit progressivement tout notre espace social (R. Louit), bref que le « progrès » ne va pas dans le bon sens, ce sentiment traverse comme un fil rouge toute l'œuvre de Ballard. Lui-même a toujours été catégorique sur ce point dans ses entretiens et commentaires pour la presse. C'est bien notre « modernité » en tant que telle qu'il met en accusation (1), et il est impossible de réduire ce refus à des fantasmes et à des traumatismes enfantins mal résorbés, si violents eussent-ils pu être...

Sauf peut-être à un traumatisme d'une tout autre nature, qui n'apparaît dans son roman de guerre que de façon furtive et qui a pourtant laissé dans son esprit une cicatrice indélébile. A savoir le fait que Jim, ramené par les Japonais au stade de Nantao, un autre quartier chinois de Shanghai, au début d'août 1945, alors que s'effondrait l'ordre nippon en Chine et que l'arrivée des parachutistes américains était attendue comme imminente, a vu la lueur fulgurante de la bombe atomique jetée sur le Japon. Il l'a vue ou du moins il en est persuadé :

« Un éclair de lumière emplit le stade, s'enfla au-dessus des tribunes à l'angle sud-

(1) La « nouvelle science-fiction », qui a fait retour à la Terre et déserté les grandes machineries galactiques, est une précieuse contribution à la critique de ce que j'ai proposé d'appeler la « modernité ». Cf. mon essai *De la modernité*, La Découverte, Paris, 1983.

ouest du terrain de football, comme si une immense bombe américaine venait d'exploser quelque part au nord-est de Shanghai. La lumière augmentait encore d'intensité. Elle pâlit au bout de quelques secondes, mais son miroitement livide couvrait tout ce qu'il y avait dans le stade : les meubles pillés sur les gradins, les voitures derrière les buts, les prisonniers sur l'herbe. Ils étaient assis sur le sol d'une fournaise chauffée par un second soleil.

« Jim contempla ses mains et ses genoux blancs, et les traits tirés du soldat japonais qui semblait déconcerté par la lumière. Ils attendaient tous deux le grondement de tonnerre qui suit l'explosion des bombes, mais un silence total pesait sur le stade et les terres environnantes, comme si le soleil avait cillé, perdant courage l'espace de quelques secondes. Jim sourit au Japonais. Il aurait voulu lui dire que la lumière est une prémonition de la mort, le spectacle de sa petite âme en train de rejoindre l'âme plus vaste du monde agonisant. »

Prémonition de la mort, qui traverse les souvenirs de guerre de Ballard de façon fugitive et soudaine, en quelques lignes, mais qui compte si fort, que le chapitre où Jim entrevoit la lueur génocidaire d'Hiroshima et de Nagasaki a donné son nom à l'ensemble du roman. L'Empire du Soleil est un empire agonisant, et son soleil n'est pas celui qui flotte sur le drapeau japonais, mais celui dont rêvait Campanella, le moine visionnaire de la Renaissance. C'est un empire agonisant dont les maîtres eux-mêmes ont organisé la mort, de par la perversion ultime de leur immense savoir technologique. Cette clé-là tient en quelques lignes, et ce sont les Américains qu'elle met en cause, donc l'Occident. Mais n'est-elle pas aussi fondamentale, après tout, que les longues pages, les longs chapitres consacrés à l'impitoyable vaisseau spatial japonais qui s'était abattu sur Shanghai entre 1942 et 1945 ?

Avec l'arrivée des patrouilles japonaises dans Amherst Avenue, ce n'est pas seulement l'enfance dorée de Master Jim qui s'engloutit à jamais. C'est tout le Shanghai des « concessions » et des « traités inégaux », des clubs de luxe interdits « aux chiens et aux Chinois », des firmes centenaires et de leurs « compradores », des missionnaires yankees et des collèges *Old England,* qui disparaît sans retour. A Longhua, parmi les internés du camp japonais, ne flottaient plus à la surface de ce *DROWNED WORLD* que les débris du Shanghai anglo-saxon d'avant l'Armageddon. Débris encore arrogants et pourtant dérisoires, incapables d'assumer ni leurs épreuves personnelles ni leur échec historique, et dont la déchéance bouleversa Jim.

Témoignage précieux sur la fin minable des anciens maîtres blancs de Shanghai, *EMPIRE DU*

Soleil est un merveilleux documentaire sur Shanghai sous l'occupation japonaise (1). Chapitre passionnant de l'histoire de la Chine contemporaine, chapitre méconnu tant l'ombre portée de cette prestigieuse montagne qu'est le communisme chinois, arrivé au pouvoir dès 1949, est venue tout naturellement l'occulter.

Non seulement *Empire du Soleil* est un grand livre en tant que clé de l'œuvre ballardienne, mais c'est un grand roman en soi, magnifiquement conduit, riche d'une intensité de perception, d'une finesse de notation, d'une qualité d'expression qui font de chaque chapitre une joie de l'esprit. Désormais nous ne lirons plus du même œil les récits de Ballard. Ceux à venir, comme ceux que nous connaissons déjà...

(1) La traduction d'Elisabeth Gille est nuancée, élégante, profondément fidèle à l'œuvre d'ensemble de Ballard. Signalons quand même quelques erreurs dans l'évocation du petit monde occidental de Shanghai. Les Français de la ville avaient leur langue à eux, qui ne traduisait pas toujours littéralement les termes anglais. Ainsi, ils disaient « Concession internationale » pour désigner l'*International Settlement* (quartiers occidentaux du port), terme qui est ici traduit par « Colonie internationale ». De même, on disait à Shanghai « pedicab » et non « peditaxi » pour désigner les cabines-vélos menées par des coolies.

Bibliographie française des œuvres citées :

ROMANS :

The Drowned World : *Le monde englouti* (Denoël);

The Drought : *Sécheresse* (Casterman et Livre de Poche);

The Wind from Nowhere : *Le vent de nulle part* (Casterman et Livre de Poche);

High Rise : *I.G.H.* (Calmann-Lévy et Livre de Poche);

Concrete Island : *L'île de béton* (Calmann-Lévy et Livre de Poche).

RECUEIL :

The Four-Dimensional Nightmare : *Cauchemar à quatre dimensions* (Denoël).

NOUVELLES :

The Day of Forever : *Le jour de toujours; Escapement* : *Perte de temps; The Overloaded Man* : *L'homme saturé; Thirteen to Centaurus* : *Treize pour le Centaure* (in *Le Livre d'Or de J.G. Ballard,* Presses-Pocket); *A Place and a Time to Die* : *Un lieu et un moment pour mourir; The Ultimate City* : *L'ultime cité* (in *Appareil volant à basse altitude,* Denoël); *Cage of Sand* : *La cage de sable; Chronopolis* : id; *The Garden of Time* : *Le jardin du temps* (in *Cauchemar à quatre dimensions*); *The Atrocity*

Exhibition : *La foire aux atrocités; The University of Death* : *L'université de la mort* (in *La foire aux atrocités,* Champ Libre, réédité chez Lattès sous le titre *Le salon des horreurs*); *Zone of Terror* : *Zone de terreur* (in *Fiction Spécial nº 3,* Opta); *Tomorrow is a Million Years* : *Demain dans un million d'années* (in *Fiction Spécial nº 15,* Opta); *Terminal Beach* : *L'ultime plage* (in *Univers 03,* J'ai lu); *The Killing Ground* : *Champ de bataille* (in *Espaces inhabitables,* t. 1, Casterman).

Sous l'œil mort de la caméra

par Jean-Claude DUNYACH

Le rideau se lève à l'entrée de la rue : ensemble figé d'immeubles gris, aux portes murées, aux fenêtres aveugles. Aucun décor n'améliore le cadre où nous nous produisons. L'éclairage seul a fait l'objet de soins particuliers, afin que chaque détail de nos prestations soit visible pour tous les spectateurs.

Le ballet des projecteurs a commencé bien avant mon réveil et ne s'interrompra qu'à la nuit. Les pinceaux argentés glissent sur les trottoirs, illuminant au passage la carcasse d'une vieille Ferrari qui émerge de la chaussée. Je fais quelques pas pour quitter mon porche et m'avance en pleine lumière. Mon œil-caméra s'envole de sa niche pour venir bourdonner à quelques centimètres de ma tête. Tout est en place. Je donne le décompte en claquant des doigts... 3... 4. TRANSMISSION :

Le premier hurlement s'échappe de ma gorge. Je l'accompagne d'une extension du bras droit, doigts écartés déchirant le ciel. La posture est bonne mais ma voix est trop frêle, mal échauffée. Elle perd très vite de sa puissance et s'en va rebondir, inoffensive, contre les parois lisses qui m'entourent. Je laisse mourir le son, en savourant le choc de l'air froid entre mes dents. Quelques pas encore et je m'immobilise, sous le feu croisé des projecteurs.

Je respire; à fond.

L'œil-caméra ronronne. La boule d'angoisse familière oscille au creux de mon plexus. Après ce premier cri, ai-je encore des spectateurs ? S'ils décidaient de changer de programme et d'observer quelqu'un d'autre, que deviendrais-je ?

Je respire; à fond. Mon angoisse se dénoue lentement, remplacée par une rage que je m'efforce de maîtriser. J'utilise la tension ainsi accumulée comme tremplin de mon prochain hurlement. Le noyau sonore part de mes reins, remonte le long de ma poitrine et s'échappe, longue rafale d'une extraordinaire intensité. Les bras rejetés en arrière comme des ailes, je vibre avec mon propre cri. Le pare-brise de la Ferrari explose dans une pluie d'éclats de verre.

Je suis un artiste...

Douze années m'ont été nécessaires pour apprendre à hurler. J'ai planté mes pitons dans les fissures du silence et j'ai grimpé à force de voix, me nourrissant du sang qui coulait des vaisseaux rompus de ma gorge. Je n'ai jamais regretté d'être devenu ce que je suis.

Certains disent que l'on ne peut dévorer ses propres entrailles sans mourir de faim, pas plus que l'on ne peut se soulever soi-même en s'attrapant par les chevilles. Ceux-là se trompent. Les habitants de la Rue se livrent à de tels exercices depuis longtemps. Ils ne sont impossibles que pour ceux qui nous regardent sans comprendre, sans essayer de nous imiter.

Pendant près d'une heure, je joue avec le vent invisible qui s'échappe de mes lèvres. Une pluie de gouttelettes sonores tourbillonne au-dessus de ma tête, déclenchant d'étincelantes aurores boréales. Puis les vagues de fréquence déferlent et se retirent, me laissant épuisé sur la grève de bitume, le corps trempé de sueur.

Pour me sécher, je cours entre les constructions-cubes où vivent, travaillent, rêvent peut-être, les spectateurs. Malgré l'épaisseur du béton qui nous sépare, j'entends le sourd murmure des écrans muraux en pleine activité. En ce moment même des milliers de mains impatientes parcourent le clavier des sélecteurs de programmes, à la recherche de leur artiste préféré. Enfoui quelque part sous la ville, l'ordinateur de contrôle surveille la course des yeux-caméras et recueille les données transmises par les lentilles et les écrans, éliminant impitoyablement ceux d'entre nous que plus personne ne regarde.

Je respire; à fond.

La Rue est envahie d'objets de toutes tailles, épaves d'un passé insaisissable qui déborde peu à peu des caves des immeubles. Je traverse un groupe de mannequins échappés d'une vitrine. Mon cri, vrillé dans leurs oreilles, fait exploser leurs tympans de plastique. Déséquilibrés, ils s'écroulent à mes pieds et je brise leurs membres de cire à coups de talon. Plus personne ne pourra les utiliser comme décor pour son numéro après un tel massacre. Je m'éloigne en courant, le sourire aux lèvres.

Plus loin, la Rue débouche sur la place de l'Homme-Horloge. Je m'avance avec prudence, cherchant les chausse-trappes que les responsables du décor s'obstinent à semer sous nos pas. Les yeux fixés au sol, je tâte de la pointe des orteils chaque portion de bitume avant de m'y engager, prêt à sauter en arrière au moindre piège, avec un hurlement approprié. Je ne décevrai pas ceux qui m'observent.

Absorbé par ma progression, j'ai négligé de surveiller les alentours. Une ronde d'enfants-mimes surgit d'un porche et m'encercle. Mon œil-caméra s'élève et prend du champ, attentif à bien restituer tous les détails de la scène.

En quelques secondes, les visages enfantins se déforment jusqu'à devenir des caricatures du mien à divers stades de vieillissement. Leur numéro se poursuit bien après ma mort supposée et mon masque mortuaire, plaqué sur la chair lisse de leurs joues, se décompose et se putréfie au rythme de la ronde qui me retient prisonnier. Ils tendent vers mes carotides leur bouche aux lèvres retroussées, pour parachever leur œuvre. Mon cri brise le cercle et les disperse comme une volée de moineaux.

Je respire; à fond. Une douleur sourde emplit ma poitrine. Bouleversé, j'ai hurlé par réflexe, sans économiser mon souffle. J'ai besoin de récupérer. Le rideau ne retombera pas avant plusieurs heures et je n'ose pas regagner mon porche d'ici là. Mon quota de cris n'est pas encore atteint.

Je traverse lentement la place, en prenant garde à ne pas couper les faisceaux de lumière braqués sur l'Homme-Horloge. La couronne de chiffres romains tatoués en relief luit sur sa peau blafarde. Je l'observe quelques minutes, fasciné par le jeu complexe de ses doigts qui se déplacent sur le cadran de son visage. Près de sa tempe gauche, une cicatrice presque invisible révèle l'emplacement du processeur greffé sur son cerveau. Depuis son opération il rythme, au moyen de la course régulière de ses index, le passage des minutes et des heures.

On dit que certains spectateurs passent des journées entières à le regarder faire. Il a eu jusqu'à trois yeux-caméras autour de lui, bourdonnants comme une foule de courtisans obséquieux. J'ai été longtemps jaloux de son succès, prêt à briser tous les rouages de son crâne d'un hurlement bien ajusté. Puis, à certains signes presque imperceptibles j'ai senti qu'il vieillissait. Bientôt, les aiguilles de ses doigts cesseront d'être précises et les spectateurs se détourneront de lui. En attendant, il parade au centre de la place, indifférent à mon passage.

Quand je me retourne, les enfants-mimes ont fait cercle autour de lui. Les sanglots qui s'échappent de sa gorge ont la monotonie obsédante d'une sonnerie d'alarme.

Je reprends ma course; de longues enjambées régulières qui ouvrent mes poumons et régularisent mon souffle. Un point douloureux me vrille le côté, je choisis de ne pas m'en soucier. J'ai besoin d'accumuler des matériaux pour mon prochain cri et cette souffrance est la bienvenue.

Le martèlement régulier de mes pas sur le trottoir réveille d'antiques souvenirs. Une rumeur sourde, applaudissements, cris et rires étroitement mêlés, jaillit du décor pour m'accueillir. Je reçois l'ovation d'un public fantôme, prisonnier comme moi d'un étrange Hollandais Volant transformé pour la circonstance en vaisseau-théâtre...

J'accélère encore, les reins en feu, luttant contre la douleur. Mes tempes battent les trois coups de mon entrée dans la rue-scène. J'écarte les bras et je hurle interminablement en pleine course, déclenchant la caresse soyeuse des projecteurs sur mon visage.

Quand je m'écroule, à bout de souffle, les échos de mon cri résonnent entre les immeubles. Allongé sur le sol, recroquevillé en position fœtale, je me repose tandis que repasse dans ma tête la bande-son des dernières secondes.

Sous ma joue, le bitume vibre d'une vie tiède, trahissant la présence de l'immense machinerie enfouie dans les profondeurs. Mon œil-caméra décrit des cercles de plus en plus étroits au-dessus de moi, comme un vautour. Il va bientôt plonger et ses chocs électriques m'obligeront à me relever. En attendant, je savoure les instants de paix profonde qui suivent chacun de mes cris.

Je roule sur le dos pour mieux me détendre. Les yeux mi-clos, je laisse dériver mes pensées. Mon dernier hurlement était exceptionnel. Je l'ai senti naître en moi comme une étoile, un cristal de lave en fusion. Il me sera difficile de faire mieux aujourd'hui, je le sais. Pourtant, l'ironie veut qu'en ce moment même, de nouveaux spectateurs, alertés par la machine, délaissent leurs programmes habituels pour se brancher sur moi. J'imagine leur visage vide braqué sur les écrans où s'agite ma silhouette. Il faudrait transformer leurs tubes cathodiques en miroirs, les obliger à leur tour à devenir acteurs, pour les sortir enfin de leur passivité. Seraient-ils seulement capables de hurler ?

Un cliquetis me tire de ma rêverie. Je me relève d'un bond, esquivant la décharge de mon œil-caméra. Mon collant est constellé de poussière et d'éclats de gravier; je l'époussette avant de me remettre en marche. Je me sens vidé, vieilli. L'armure du silence me pèse mais je suis incapable de la quitter pour l'instant. La ronde des enfants-mimes a drainé une trop grande partie de mes forces.

Pour retrouver un semblant d'inspiration je m'éloigne de mon secteur habituel et me fraie un chemin à travers les méandres du bitume, où vivent mes compagnons et rivaux. Peut-être que l'un d'eux, à son corps défendant, se laissera voler un peu de sa magie. En échange, je lui laisserai un de mes cris.

Je sais qu'il n'est pas bon d'attirer inutilement l'attention de mes spectateurs sur d'autres artistes que moi mais le risque vaut d'être connu. Je n'ai, de toute façon, plus le choix. A force de rester prisonnier de quelques mètres carrés de bitume, on finit par ne plus crier que par habitude...

La rue s'étire, interminable. Dans les zones d'ombre, des apprentis répètent jusqu'à la nausée leur futur spectacle. Dans quelques mois, ils surgiront en pleine lumière comme des éphémères et affronteront pour la première fois leur public invisible. Un œil viendra se poser au-dessus des élus, les autres retourneront sous leur porche pour travailler encore, s'ils en ont la force, ou se coucheront pour mourir.

Les poings serrés, je pousse un hurlement bref, simple manifestation d'existence qui décevra sans doute mes spectateurs. Leur avis m'indiffère, du moins le crois-je, mais je suis obligé d'en tenir compte. Je m'efforce donc de rassembler l'énergie nécessaire à un second cri.

Je respire; à fond.

La froide lucidité du son qui jaillit de mes lèvres est effrayante. Je n'ai rien donné cette fois-ci. Ce n'est qu'un simple courant sonore que la machine analysera, disséquera, avant de l'envoyer rejoindre les informations prisonnières de sa mémoire. Un jour, peut-être, la pression sera trop forte. Mes hurlements fractureront les coffres des banques de données, s'évaderont des zones protégées en détruisant les connexions-barbelés et les écrans-miradors. Un jour, si je vis assez vieux, si je crie assez fort pour cela.

Au-dessus de ma tête, les artistes-grimpeurs progressent avec lenteur vers le sommet des immeubles. Je lève les yeux, en prenant soin de marcher au milieu de la rue, et les observe en silence. Leurs doigts épais, aux ongles cassés, enserrant les parois dans une étreinte de sangsue. Ils se hissent de quelques centimètres par jour, en suivant des itinéraires compliqués dont la cartographie reflète celle des fissures de la paroi. Leur peau sécrète de longues traînées de mucus brillant qui se teintent d'irisations imprévisibles en séchant puis deviennent lisses comme du verre. Tout le talent de l'artiste consiste à dessiner un motif le plus complexe possible en emprisonnant ses voisins dans un labyrinthe infranchissable de mucus.

Les spectateurs sont seuls capables d'avoir une vision complète de la façade. Ils peuvent ainsi prévoir les différentes étapes de l'enfermement d'un grimpeur avant même que celui-ci n'ait pris conscience du danger. Les yeux-caméras se rassemblent alors pour la curée et guettent l'instant où la victime, incapable de progresser, s'englue dans son propre mucus.

Pour comble d'ironie, lorsque l'un des artistes se rapproche du sommet, de nouveaux yeux-caméras se joignent à celui qui bourdonne habituellement à quelques centimètres de son visage, de sorte qu'il lui est impossible de savoir s'il est proche de la victoire ou de l'encerclement définitif.

Je me suis souvent demandé si ceux qui nous observent étaient sensibles à la cruauté d'une telle situation. Je pense de plus en plus que non, mais suis trop mal placé pour en juger. Je manque de recul. Depuis le niveau de la rue, il est impossible de deviner la beauté des images sécrétées par les grimpeurs et leurs motivations me sont étrangères. Peut-être existe-t-il une esthétique de l'enfermement, à moins que le seul fait d'être observés ne leur suffise.

Arrivés tout en haut de l'immeuble, après parfois des années d'efforts ininterrompus, les vainqueurs se laissent tomber mollement vers le sol et meurent au contact de la falaise horizontale de bitume. De nombreux spectateurs les suivent dans leur chute. A cette occasion, la rue fait ressurgir de sa mémoire de goudron des matelas hérissés de tessons, des tire-bouchons géants et des carquois entiers de flèches aux pointes enduites de curare.

A chacun de mes passages, je compte les yeux-caméras et je fais demi-tour lorsque leur nombre est trop élevé. Je ne tiens pas à me faire écraser par un grimpeur croyant ainsi inventer une nouvelle forme d'art...

Plus loin, la rue s'enroule sur elle-même, recoupant ses propres méandres. Chaque poche isolée du courant principal renferme un artiste immobile, un de ceux qui ont choisi d'ancrer à jamais leur vie au même endroit. Dès que l'on s'approche d'eux, les trottoirs cessent d'être sûrs. Il faut sans cesse tester du bout du pied la dureté du sol, sous peine de se voir englouti par une plaque de goudron frais à l'appétit meurtrier. Parfois, le macadam devient d'une extraordinaire élasticité et le moindre faux pas vous fait rebondir de plus en plus vite, jusqu'à l'écrasement contre les parois d'un immeuble.

J'ai appris à éviter ces dangers, à danser entre les cases de la rue-marelle, mais je n'ai pas encore appris à me sentir à l'aise en compagnie de ceux qui vivent là. Mon intrusion est tolérée, sans plus, et je n'ai garde de hurler. Le silence qui les entoure est d'une qualité particulière; les yeux-caméras eux-mêmes hésitent à le troubler et mettent une sourdine à leurs cliquetis.

Je m'avance, en retenant mon souffle. Les projecteurs tamisés répandent à profusion une lumière de serre. Enfouie dans le sol, sa tête seule émergeant de l'asphalte, se tient la jeune artiste qui anime ce lieu.

Un rosier pousse sur son ventre, sa propre chair servant de terreau. De temps en temps, elle sort une main pour arranger une branche ou pour cueillir les pétales fanés dont elle se nourrit. Son œil-caméra et le mien entament un étrange ballet, semblable à la parade nuptiale de deux insectes ivres. Je m'approche d'elle, en retenant le cri qui bat dans ma poitrine.

Des millions de spectateurs l'observent; nous observent. Il n'est pas possible d'échapper à cette avidité constante que trahit le bourdonnement des appareils. Elle a choisi de l'ignorer, protégée par son frêle rempart de branchages. Pourtant, le soin méticuleux avec lequel elle arrange ses fleurs trahit une coquetterie inconsciente, qui passe par les canons rigides de l'Ikebana. Si personne ne la regardait, elle se transformerait vite en une jungle hirsute où viendraient s'échouer les débris ramenés par les marées de bitume. Comme nous tous, elle n'existe qu'en fonction de l'attention que les autres lui portent.

Avant de partir, je cueille une rose encore en bouton. Je laisse exsuder de la blessure quelques gouttes de sève rougeâtre et l'accroche à mon collant. Le visage de la jeune artiste est sans expression. Je souhaite qu'elle ait cessé d'être consciente lorsqu'elle commencera à se flétrir.

Je visite ainsi d'autres îles, d'autres cages. A mon approche, certains des occupants se replient à l'intérieur de leurs propres corps comme des télescopes, ne laissant dépasser que leurs yeux et le bout de leurs doigts. Mes hurlements rebondissent sur eux sans les atteindre. Patiemment, les yeux-caméras guettent l'instant où ils se déplieront pour fondre sur eux et les faire se replier encore et encore, pour la plus grande joie des spectateurs.

Je n'ai jamais pu me résoudre à les imiter. Leur immobilité, avant-goût d'une mort trop certaine, me répugne. Mes cris, ainsi prisonniers d'une stase de la rue, se briseraient sans pouvoir s'évader. Et puis j'aime la sensation de mon corps en pleine course, emporté par les lames sonores qui jaillissent de mon ventre. Ces brefs instants me paient de tous mes efforts et je sais bien que, sous cet angle, je ne suis pas différent de ceux qui m'entourent. Je reprends mon errance après un hurlement d'adieu, abandonnant derrière moi une traînée de pétales fanés.

Les projecteurs s'éteignent graduellement. Seuls quelques tronçons restent éclairés à l'intention des artistes nocturnes. Je marche à nouveau au milieu de la rue, hurlant parfois sans conviction quand je ne peux plus supporter le silence. La tension de la journée, mal dissipée, forme une boule dure au creux de mon estomac. Le cri qui l'évacuerait reste coincé au fond de ma gorge et je cours, sans avoir l'impression d'avancer. L'écho sourd de mes pas se noie dans les cliquetis ironiques de mon œil-caméra.

L'angoisse qui m'habite est trop puissante pour pouvoir être exprimée par un hurlement. Ceux qui me regardent ne le comprendraient pas. Ai-je encore la faculté d'exister sans eux, ou ne suis-je moi aussi qu'un reflet de leur propre reflet, une projection sans épaisseur éparpillée sur des écrans ? J'ai hurlé aujourd'hui mieux que je ne l'avais jamais fait. Suis-je encore capable de progresser ou dois-je me contenter de descendre le plus lentement possible la pente interminable qui mène à mon dernier cri ? Jusqu'où mes spectateurs me suivront-ils dans ma chute ?

Mon porche m'attend, gueule noire dans la pénombre. J'ai encore envie de hurler mais il est tard. Mon œil de Caïn plonge sur moi et remonte, simple avertissement. Je ne dois pas rester dans la rue plus longtemps qu'il n'est prévu pour ne pas gêner les spectacles suivants et lasser ceux qui m'observent. Je jette un dernier regard derrière moi vers la carcasse de la Ferrari qui déjà s'enfonce dans l'asphalte. Pourquoi suis-je obligé de rejoindre si tôt ma cellule insonorisée ?

L'œil me frôle, son aiguillon est douloureux. Il fait demi-tour et bondit au-dessus de ma tête, prêt à revenir à la charge si je fais mine de me rebeller. La ronde des enfants-mimes repasse devant mes yeux, semblable à un montage accéléré du futur qui m'attend, et mon angoisse remonte dans ma gorge comme un torrent de bile.

Le cri qui s'échappe de moi est une vibration de haine pure, un scalpel sonore à la mortelle précision. Atteint de plein fouet, le mécanisme optique s'ouvre en deux, laissant échapper ses entrailles de verre que je piétine soigneusement. Le bourdonnement s'interrompt. Je contemple les débris avec délectation. Il ne sera pas réparé avant la fin de la nuit.

Je reprends ma course dans la rue vide. Je peux maintenant hurler pour mon propre plaisir, sous l'œil mort de la caméra. Demain, avec un peu de chance, mon geste de colère m'aura attiré de nouveaux spectateurs.

Les murailles du milieu

par Pierre GIULIANI

1

Bien que précurseur puis, par la force des choses, contemporain de migrations qui comptèrent des milliers et des dizaines de milliers de pèlerins depuis les Californiens flippés rescapés des batailles universitaires ou du Haight Ashbury jusqu'aux petits bourges des profondeurs hexagonales qui hindouisaient et chinoisaient à la façon de nouveaux Homais à la semelle légère, son voyage en Asie passait plus par Lawrence, Kipling ou Conrad, voire Sax Rohmer, que par la déconfiture militante ou le prêt-à-porter mystique.

Il y a bien longtemps de cela. Les années 70 tournaient court et tout était à craindre des futures 80. A mon retour d'Irlande, un ami commun, plus le sien que le mien, m'avait appris qu'il était parti : l'Asie.

Je me doutais (mieux que ce messager ignorant) qu'il avait en tête quelque fiction :

– Libère d'abord la femme blanche, maudit Teng Hsiao-Ping, et nous pourrons parlementer !

– Je la garde, petit Frenchie, je la garde et d'autant que tu l'aimes, et d'autant qu'elle t'aime... Ce que je suis heureux de t'apprendre si tu en doutais encore !

– Aaaaah... Chien !

– Et il n'y a rien à discuter !

– Misérable... Si ce n'est pas à moi que tu la remets, eh bien, ce seront les officiers du Black Tyrone qui te l'arracheront...

– Le Black Tyrone ! Un millier de ruffians irlandais, des canailles endurcies et sans scrupules, des rustres conduits par de jeunes mécréants d'une inconduite notoire ! Non ! Pas même au Queen's Own !

(By Jove, ce Jaune, qu'il soit damné, bouquinait son Kipling lui aussi.)

– Alors, chien, il faudra bien que je te l'arrache !

– Ne sais-tu pas encore, petit Frenchie, que sur mon ordre se lèvera la plus formidable armée de gueux et de pestiférés d'ici aux passes de Samarkand, toute l'Asie de la guenille et du vice, de Chiang-Mai à Dacca, de Kanpur à Kandahar, de Kaboul à Tabriz !

– Soit... Nous verrons bien qui rira le dernier... Messieurs de Sa Majesté, tenez-vous prêts !

Oui, une fiction qu'il devait avoir en tête... Et j'avais oublié Hergé parmi les pères baptismaux.

Il ne se manifestait guère. Une carte postale par semestre les bonnes années. Par d'autres – eux étaient revenus, parfois en vitesse, et égrenaient des rencontres qui par le biais de mémoires décousues touchaient au mythe, des souvenirs frauduleux ou frelatés qui les sauvaient de leur retour – j'appris qu'il projetait de rentrer. Il prévoyait de se débrouiller jusqu'à Constantinople. Ensuite, l'Orient-Express dont il rêvait, et moi avec lui, depuis des siècles.

Il m'écrivit de La Valette où, d'Alexandrie, l'avait conduit un rafiot.

La Valette. Malte. Les Chevaliers. Un Oiseau fabuleux tout incrusté de pierreries. Un marin sur le *Pequod* (« Si toutes les vagues étaient des femmes, je me laisserais noyer et je serais emporté avec elles à tout jamais... »). Et Corto. Le Caravage. Kipling. Par la bande Hammet et John Huston, Mathias Sandorf, Pynchon, ce qui n'était pas rien.

Je sais quelque chose,

disait la lettre, estampillée au nom de Repubblika ta Malta,

viens !

sur le timbre un soldat de Sa Majesté Britannique amenait l'Union Jack,

Viens...

Cette injonction ou cette prière m'étonna. Je croyais à

peu près que notre amitié, des livres, des films, n'aurait pas survécu à tant d'années d'absence. Trop de choses en barrage, trop de temps écoulé.

Les jours où nous parlions de lui, moi et quelques autres, vagabonds pour le plus grand nombre et vague à l'âme pour moi seul, je craignais qu'à son retour il ne me prenne pour un bourgeois. Et, surtout, qu'il n'eût peut-être pas entièrement tort...

Il me fallut quelques jours pour arranger mon départ. Un délai qui tenait superficiellement à mon état d'esclave salarié, plus réellement à une certaine inertie que j'opposai à cette soudaine alarme... Comme s'il n'était pas bon que des choses apparemment sérieuses ou même graves n'empruntent pour se manifester que les services des P.T.T. Comme si l'urgence et le prosaïsme ne pouvaient pas cohabiter de cette manière.

Une affaire de morale et, comment dire, de probabilité fictionnelle...

Cependant, à l'heure dite, je me tins prêt. J'avais déjà un pied dans le taxi lorsque le facteur pénétra sous le porche de mon immeuble avec, à la main, une grande enveloppe de papier brun. Je sus immédiatement que c'était pour moi.

Un courrier de La Valette. Il était temps. La seule grâce de quelques embouteillages. Une vingtaine de feuillets couverts d'une écriture précipitée. Plusieurs bics de mauvaise qualité étaient morts à la tâche, ainsi qu'un condottiere crevant sous lui ses montures, et l'encre passait à cinq ou six reprises du bleu au noir et du noir au bleu. Une apostrophe renouvelait l'injonction.

Viens !

Je lirai tout ça dans l'avion.

Le commandant de bord s'appelait Iskander, le *commander* Iskander. Je ne m'arrachais décidément ni à Kipling ni à Huston.

Je lisais :

... de la famine, des massacres et de l'esclavage. L'Asie est trop grande. Elle est trop profonde dans l'espace et dans le temps. Si grande et si profonde, si agitée et si confuse, si tumultueuse et si brouillonne qu'en aucune de ses parties je ne trouvai la sérénité qui avait présidé à mon départ. Aucune de ses parties ne saurait être tenue pour – quel mot puis-je employer ? – le Centre.

Le Centre... des choses, du monde, des passions aussi. Tu verras.

Le Centre – tenons-nous-en à ce mot, il ne va pas trop mal – ne peut être qu'un coup d'épingle sur la carte, invisible aux encyclopédies de poche, légère égratignure sur les routes du monde.

Je suis à Malte depuis plus de trois mois déjà. J'ai atteint le Centre.

Attends !

A observer de vieilles cartes de l'archipel (il en existe dans une multitude de langues, bien sûr, comme celles de la chevalerie) tu verrais que les îles sont parfois orientées dans la mauvaise direction. Comme si quelques-uns parmi les cartographes avaient su ou deviné.

Je vais un peu vite.

L'archipel maltais est composé de trois îles (laissons de côté la minuscule Filfola) : Malte, la grande, Comino, qui est très petite, Gozo – Gozzo, parfois – de taille moyenne. Ainsi énumérées, dans cet ordre, elles sont disposées de droite à gauche, d'est en ouest. Pourtant certains grimoires les font aller vers l'Orient, dans l'autre sens. C'est en particulier le cas d'une carte française du XVIe que j'ai vue dans une ancienne chapelle. Que conclure, sinon que pour certains esprits plus éclairés que les autres les îles pointent indifféremment vers le levant et le ponant ?

Ce fait a déterminé l'axe de mes recherches après avoir amplement pourvu à mon imagination et conforté une intuition qui me venait de l'Asie. Je veux mettre cette anarchie ou cette incertitude (ou, mieux encore, cette révélation) cartographique en relation avec les divers mouvements migratoires qui affectèrent l'histoire de cet archipel à plusieurs reprises. La fine fleur de la chevalerie européenne y convergea de toute la chrétienté en un mouvement de « centrage » qui constituait presque une première... internationale ! Plus tard, en un mouvement contraire d'éclatement, une gigantesque diaspora maltaise dissémina aux quatre coins du monde, du Canada à l'Australie, de l'Argentine à la Nouvelle-Zélande, ou même de la Tunisie (tout un quartier de Tunis est surnommé « la Petite Malte ») à l'Italie, des milliers et des milliers de Maltais (vois les contrées que je viens de citer et dis-moi si l'on ne retrouve pas dans cet éparpillement la triple nature de l'archipel, latino-méditerranéenne, arabo-musulmane, britannique). Double mouvement, comme s'il fallait qu'en une raison supérieure mais voilée au plus grand nombre, à tous, l'archipel soit toujours au centre de quelque chose, le centre de quelque chose, une sorte d'œil du typhon dans un monde qui ne cesse de basculer d'une tempête à une autre, lesquelles se brisent immanquablement contre ses murailles intangibles. Paradoxe : dans leur mouvement migratoire planétaire, les Maltais retrouvent les Chevaliers aujourd'hui présents eux aussi dans des dizaines de pays des cinq continents où ils exercent leurs fonctions hospitalières (on les dit parfois en cheville avec la C.I.A., qu'importe !). Du centre à la périphérie, de la périphérie vers le centre, le balancier est animé d'un mouvement perpétuel. Te souviens-tu de cette dialectique sur laquelle nous planchions et nous escrimions il y a plus de dix ans ?

Je te reparlerai de tout cela.

J'avais atteint la mer de Chine.

Un moment je contemplai ses eaux grises, le gris de l'acier et des deuils un peu fanés. Quelque chose s'est passé. Je ne sais quoi. Subitement, j'ai craqué. A peine arrivé sur cette frontière que je convoite depuis toujours, j'ai tourné les talons. Je n'avais plus qu'une envie, une envie qui devint ma compagne, ma muse, ma maîtresse pendant des dizaines et des dizaines de mois : revoir la Méditerranée.

La Méditerranée, la mer matricielle. Je ne me souvenais pas qu'elle était trop souvent devenue la poubelle des pique-niqueurs et des multinationales de la chimie, des cohortes de Teutons violacés et de garagistes velus. Oublie-le aussi un moment. Ne songe qu'à ses flots bleus, à son corps d'hippocampe qui témoigne assez qu'elle est immobile et donc éternelle, de même qu'elle est le creuset de tout ce que nous pouvons savoir de l'éternité. Un vent puissant s'était levé et me poussait vers elle. Vois comme le continent asiatique se resserre en croissant pour y conduire. La Grèce ? Rome ? Jérusalem ? Naples et son grouillement si proche de l'Asie ? Je ne puis dire d'où venait la force qui me conduisait à son rivage. Mon but, l'idée de Centre, devait déjà me tourmenter sans que je le sache bien. Elle est certainement le milieu de notre planète (comme l'indique son nom !). Méditerranée ! Evoque ses couleurs, ses formes, ses senteurs. Evoque-les à voix si basse qu'elles se mêleront à ce qu'il y a de plus secret ou de plus intime chez toi. Evoque le son de son nom, la courbure de ses hanches, le renflement de son ventre. Songe à tous les désirs qu'elle fait naître dans ton corps, c'est aux sens qu'elle s'agrippe le mieux, et dans ton esprit, dans ton âme même qu'elle a façonnés depuis le commencement. Souviens-toi de l'ardeur avec laquelle les gens du Nord et les Arabes l'ont convoitée. Méditerranée, latinité, Grèce, que de ravages exercés dans l'âme germanique. Ce Sud irrésistible qui conduit à leur trépas les bandes armées de toute l'Europe, précipite Hölderlin ou Nietzsche dans la folie, envoie Wagner mourir à Venise, engage Schliemann, cet archéologue fêlé, sur les traces perdues de Troie et le baron von Gloeden dans l'extase d'homosexualités siciliennes inépuisables. Ce Sud qui résorbe dans la mort et dans la folie les fêlures nordiques. Vois, encore, comme elle aura la peau de Byron et comme elle obsède Shakespeare...

Récite son panégyrique, le long feuilleton du génie. Il va d'Homère à Avicenne, de Platon à Léonard, d'Ovide à Ibn Khaldùn, de Verdi à Nasir Al-Dîn, du Greco à Cervantes... Pourquoi continuer ! Méditerranée, écoute-la chanter (de Maria Callas à Oum Kalthoum !) et regarde-la dormir...

... Plus tard je te rappellerai une nouvelle de Lafferty qui, définitivement, m'a mis sur la voie.

La lecture de ces pages (un moment je les avais crues tout simplement folles) m'intrigua au plus haut point... C'était bien le moins ! Pourtant, peu à peu, ma perplexité s'effaça pour laisser place à un songe, à une fantaisie.

Mais... Son écriture, débit et tracé, allait un peu trop vite.

Mais... Il m'avait ordonné de venir le rejoindre comme s'il y avait un secret redoutable ou une épreuve à partager.

Un songe l'habitait, certes. Un cauchemar, peut-être,

plutôt qu'une fantaisie. Une épreuve... ou un jugement, une ordalie insensée dont il acceptait la rigueur.

Deux pleines pages de ces cahiers d'écoliers anglais dont le papier semble provenir de quelque foire aux antiquailles étaient encore consacrées à ce délire. Tout s'y mêlait en un mixte séduisant mais redoutable pour la raison. La sienne. Islam et christianisme, Rome et le peuple de David, histoire et philosophie. Il s'égarait vers La Mecque et revenait aux inscriptions blasphématoires de la gnose gréco-hébraïque de Venise. Il parlait d'Istanbul et de Dubrovnik, d'Izmir, d'Alep, d'Alexandrie, de Carthage, d'Agrigente et de Corfou. Il allait jusqu'à Lisbonne, brouillant flots à flots le calme souverain de la Méditerranée et l'ardeur immature de l'Atlantique. Il parlait de films et d'opéras, de textes anciens, de romans et de peintres orientalistes. Il parlait de fiction et de déserts, d'histoire et de remparts, de navires et de récits. Il réinventait des récits qui transformaient le cours de l'Histoire et entortillaient nos géographies lycéennes.

Il s'amusait à me citer moi-même, se souvenant mieux que moi de phrases dites dix années plus tôt. Il me rappelait que Dublin était une ville méditerranéenne du Nord et que Yeats était un Grec masqué en Gaël. J'avais certainement dit de telles choses. Pour Dublin, je confirmais. S'agissant de Yeats, je serais bien en peine de le répéter aujourd'hui ! Il voulait m'attraper et, imaginant sans doute que l'évocation de la Mer n'y suffisait pas, jetait l'Irlande dans la balance en me promettant pour bientôt la démonstration de la consubstantialité de Malte et de l'Irlande. De leur « sororité fictionnelle », disait-il, sachant bien qu'une telle perspective ne me laisserait pas indifférent.

Lorsque j'eus décidé une bonne fois pour toutes qu'il n'y avait (et n'y aurait, il faut aussi savoir faire preuve de volontarisme serait-ce dans les matières qui s'y prêtent le moins) plus de différence entre la réalité et la fiction, je ne compris pas que la dynamique de cet aveuglement (hé ! pas si aveugle que cela), au lieu de conduire vers l'élargissement de la vision, vers la multiplication des expériences, vers le haut de l'entonnoir si tu veux bien, conduisait en fait vers le bas, vers le goutte à goutte, vers la restriction du champ des possibles, des probables effets de réel.

Cette confusion devait bien, elle aussi, me ramener en Méditerranée : ne dit-on pas d'Hérodote, le père de l'Histoire, qu'il est aussi celui du Mensonge ?

Avais-je trop impudemment provoqué le destin ? Y a-t-il en Asie, à travers toute l'Asie, un mystérieux éther militaire, les mânes toujours actifs ou l'esprit fantôme d'un invisible escadron porteur de batailles ? Parrain de toutes les misères, de toutes les souffrances, de tous les massacres, des longues phalanges de sacrifiés ? La grande leçon que j'avais retirée de mon périple de plusieurs années à travers ce continent était qu'il fallait sans cesse retourner à l'immobilité, à la matrice, à ce qui est « petit », aller vers le nombril... Cuzco ! Laisser de côté l'espace qui n'est bon qu'à se perdre, qu'à travestir la réalité sous le futile prétexte du changement et la cause brouillonne du voyage.

Avais-je insulté à la face de l'Asie ? Avais-je par mes doutes réveillé l'invisible escadron ? Au nombre des frontières étroitement verrouillées ou de passages difficiles d'Etat à Etat, je me rendis compte que, de nouveau, Asie en tête, le monde retournait à un cloisonnement de plus en plus strict, à une juxtaposition de forteresses et de ghettos qui rendaient d'autant plus urgente la recherche – la recherche ? Quelle velléité ! La découverte – du Centre. Ne souris pas à ce mot. Prends-le pour une convention... Mais ne sois pas naïf ! Certes, la Terre est ronde, mais cela ne l'empêche pas d'avoir un centre.

Chacune des contrées que je traversai et qui, sur le chemin du retour, me rapprochait de la Méditerranée, tel un nouveau Xénophon (considère donc ces feuillets comme mon *Anabase*), avide et anxieux de toucher au rivage, se refermait derrière moi, me poussait de l'avant, plus loin encore, m'interdisait de rebrousser chemin, alors même que d'expulsion en expulsion je n'avais plus envie d'aucune volte-face.

Les frontières se fermaient derrière moi, telles des portes gigantesques construites d'un airain si sonore que l'écho de leurs chocs se répercutait à travers tout le globe et dans tout le ciel. Elles se cadenassaient les unes après les autres, constituant partout sous l'égide de l'invisible escadron des forteresses inexpugnables. Elles se verrouillaient sur mes talons, enchaînaient derrière moi des territoires entiers, juste sur mon ombre parfois.

L'entrechoquement du métal n'est pas une invention ou un foutu symbole. On l'entendait dans le grincement des chenilles porteuses de cuirassés, on l'entendait dans l'éclatement des missiles, dans les hoquets meurtriers de la mitraille, dans le déchaînement de tous les calibres, dans les hurlements des pièces de marine et des bombardiers géants.

Les guerres en Indochine (nous les tenons toujours pour justes, mais le problème n'est pas, ou plus, dans cette appréciation) verrouillèrent ainsi Viêt-nam et Laos, Cambodge et, par ricochet, Thaïlande, cette haïssable contrée, elles me chassèrent vers l'Ouest. Partout les Etats se transformaient en fortins, partout ils marquaient leurs limites par des barbelés et des chevaux de frise. J'ai traversé toute l'Asie de la fureur, jouant à cache-cache ou à saute-mouton avec les Quatre Cavaliers à la tête de l'escadron fantôme. Un continent ? Les vastes écuries de leurs montures ! Le génocide en litière, la torture en picotin.

Les chars russes – l'Armée Rouge, terrible farce – me jetèrent hors d'Afghanistan alors que je venais tout juste et à grand-peine de quitter le Pakistan et son état de siège. Vers l'Ouest encore. Le tumulte de la révolution, disent-ils, une loi martiale officieuse, une loi islamique officielle et des chars, irakiens cette fois, m'expulsèrent d'Iran. Et d'Irak, plus quelques pendus sur les places publiques. Chars encore sur la frontière syrio-jordanienne. En Turquie, un coup d'Etat militaire, dans les rues des égorgeurs, des chars. Au Liban, la guerre civile, la guerre de Religion, la guerre étrangère, tout mêlé, des bombes et des chars. Ah ! Le beau matériel made in France.

Je piquai vers Alexandrie (Alexandre, rêve d'Asie, songe de mort, cauchemar et pagaille), ville que j'ai toujours aimée sans jamais la connaître, pour ses bibliothèques sombres et secrètes où voisinent des recueils hébreux et islamiques, chrétiens et sacrilèges.

La route du Maghreb m'était fermée : des chars !

Entre l'Egypte et la Libye, entre la Libye et la Tunisie. L'Asie avait massé ses tanks derrière moi, l'Afrique me les montrait de face !

J'étais coincé.

Tout m'avait poussé vers la Méditerranée, tout m'y poussait encore. Au sens propre, loin des rivages guerriers, dans l'eau comme pour m'y noyer.

Mare Nostrum !

Thalassa !

J'étais parti comme Alexandre, je revenais comme Xénophon. Mon long périple n'avait jamais consisté qu'à me faire revenir à mon point de départ : j'en avais enfin l'éclatante confirmation.

D'Alexandrie, un bateau qui n'était pas ivre mais certainement alcoolique au dernier degré me conduisit, par contrebande, à Marsaxlokk, dans les îles maltaises.

Ecoute encore, pour dire adieu à l'Orient :

Je tiens les *Mémoires du Capitaine Alonzo de Contreras* (lequel de marmiton se fit Commandeur de Malte) d'un vieux Druze de l'Anti-Liban que mon aventure touchait et que mes contes exaltaient. Il me fit ce cadeau précieux à mes yeux autant qu'aux siens.

Je te l'ai déjà dit, c'est par les sens, leur enivrement, que la Méditerranée nous agrippe. Sensualité qui n'exclut pas la raison, comme le savait Hegel, Allemand lui aussi mais pas n'importe lequel : « L'état de la conscience grecque est l'état de la beauté. »

Lis, entends, vois :

« Le Général de la Mer emmène avec lui la *Reale* et les vingt autres galères de Constantinople; l'escadre de Rhodes, qui est de neuf galères; les deux galères de Chypre et une des deux d'Alexandrie; deux galères de Tripoli de Syrie; une d'Egypte; une de Nauplie de Romanie; trois de Chio; deux autres de Nègrepont; une autre de l'escadre de Cavala; une autre de Mételin. Ces dernières ne sont pas au Grand Turc, il n'y a que celles de Constantinople et de Rhodes qui en dépendent directement; les autres sont aux gouverneurs des terres susnommées. J'oubliais les deux de Damiette, où passe le Nil; les deux galères qui y sont font avec les autres, de la façon que j'ai dite, leur visite d'Archipel. Quand, dudit Archipel il s'agit de sortir pour aller aux pays chrétiens, font leur jonction les galères de Berbérie, celles d'Alger, de Bizerte, de Tripoli et d'autres encore que l'on arme, de façon à faire, comme on avait fait cette année, avec toutes, une flotte. Pourtant, si ces vaisseaux ne vont pas espalmer et s'avitailler à Nègrepont, pas la peine de penser qu'ils iront aux pays chrétiens. »

Le Général de la Mer...

Rien ne m'intéresse moins que de pérorer en pure perte. Si je te livre, telles quelles, mes spéculations concernant l'archipel, c'est animé de la volonté de te convaincre, pas de te distraire. Lis avec attention et fais l'effort, je dirais presque visuel, d'entrevoir ce que j'affirme.

Au cas où tu pourrais déployer devant tes yeux un planisphère et que tu puisses y reporter les lieux et les mesures que je vais te dire, ne prends pas prétexte de quelques millimètres en trop ou en moins pour réfuter mes propos. Songe au contraire, en regard de ces millimètres vagabonds, que de tremblement de terre en tremblement de terre (le bassin méditerranéen est une région qu'ils n'épargnent guère, de l'Afrique du Nord à l'Italie en passant par les Alpes, la Grèce ou la Yougoslavie), de glissement de terrain en glissement de terrain, le tout affecté par la dérive des continents, il ne serait pas hasardeux d'avoir à corriger mes tracés de quelques kilomètres.

Hérodote – toute sa vie obsédé par la notion de centre : l'*hestia,* et Hestia déesse du foyer – rapporte que les Egyptiens (« nés sous un climat différent des autres »), au bord du Nil (« qui est d'une nature bien différente du reste des fleuves »), observent des coutumes, des lois et des croyances qui sont l'inverse de ceux des autres nations. Le centre, distributeur et organisateur de l'espace, l'est aussi de l'usage. Ailleurs, Hérodote remarque que le Nil coule dans le sens contraire au cours de l'Istros (le Danube) comme s'il en était une sorte de double inversé, une espèce de même au miroir. Quant à la configuration générale qu'il donne à la Méditerranée, faussée de surcroît par la cartographie aléatoire de l'époque, elle évoque de manière irrésistible une mitoyenneté de deux parties égales, symétriques de part et d'autre d'une ligne de partage qui traverse précisément l'archipel maltais. Certes, Hérodote n'en sait rien : ce dont il a l'intuition c'est que le monde a son envers, donc un équilibre, donc un centre porteur de cet équilibre.

Le monde à l'envers ! Une image de grande fortune chez les auteurs de science-fiction (je n'en lis plus guère depuis qu'elle se contente de fantasmer le prosaïque au lieu de foncer droit devant) : je t'ai parlé tout à l'heure de Lafferty. Nous y voilà. A celui-ci du moins je suis fidèle.

Les Gonds grinçants du Monde : j'avais retrouvé cette nouvelle, par hasard (je commence sérieusement à douter de cette notion, quoique je la tienne toujours pour la barrière qui nous préserverait de la paranoïa), chez un bouquiniste des faubourgs de Téhéran qui, plein de crainte envers les Gardiens de la Révolution (un gang d'égorgeurs), se débarrassait au plus vite et au meilleur prix de ses livres anglo-saxons fourgués par quelques volontaires du Peace Corps stipendiés par l'ancien Shah. Une force m'avait poussé à acheter ce recueil aussi ruiné et fatigué que je l'étais moi-même, alors que je ne lis l'anglais que de façon scolaire et souvent périlleuse pour le sens. Mais laissons cela, encore qu'il y ait sans doute quelque importance dans ce destin. J'espère que tu as bien cette nouvelle sous les yeux ou que tu t'en souviens. Bref, je présume que tu connais ce texte. Examinons les repères géographiques donnés par les auteurs que cite Lafferty. Certes, nous n'oublions pas que ce dernier est d'origine irlandaise, plus enclin donc que d'autres à confondre fiction et réalité, tu le sais aussi bien que moi. Un peuple schizo comme les Anglais en ont tant essaimé sur cette terre. Pourtant, n'est-ce pas dans cette confusion que nous devons aller ? Dans ce labyrinthe ? N'est-ce pas là que nous sommes déjà, quoi que nous en sachions ?

Reprenons Lafferty.

Eginhard situe l'emplacement des gonds d'une part dans les Alpes Carniques, au nord de l'Isarco, non loin du mont Glockner et, d'autre part, à Wangerooge dans les îles Frisonnes, face à l'embouchure de la Weser.

Pour sa part Strabon (dont je me demande s'il ne fut pas le premier à qualifier la Méditerranée de mer-au-milieu-des-terres) les plaçait l'un en haute Arménie, sur les rivages de la Caspienne; l'autre sur le mont Ararat, illustre par ailleurs (une renommée qui, soit dit en passant, pourrait mériter une enquête approfondie, à l'écart de la Bible et plus proche de Lafferty).

Enidus, encore, affirme que les gonds du monde sont, l'un au pic d'Aneto dans ce qui est aujourd'hui la principauté d'Andorre; l'autre au bord du golfe de Gascogne, près d'Hendaye.

Par paires, joints les uns aux autres tous ces jalons (je renonce à établir quelque secrète résonnance entre ces « paires » et ces « repères ». Il m'en coûte : tu sais ce que sont les mots, ils nous gouvernent malgré nous) et continue le tracé de tes lignes. Tout converge sur Malte ainsi que le faisaient les seigneurs chrétiens, tu le vois bien !

Tout ceci est bien beau, me diras-tu, mais ces gonds n'existeraient que sur la rive septentrionale de la Méditerranée. Et d'ajouter : Malte ne marque donc pas le centre de la Méditerranée, tout juste une sorte de limite au septentrion.

Je te réponds.

C'est que ni notre Lafferty ni les divers auteurs dont il rapporte les propos ne connaissaient les textes orientaux traitant du même sujet. Cet effet de cascade ou cette mise en abîme en dit long, d'ailleurs, sur les difficultés de notre approche. Tu sais que j'ai bonne mémoire et tu connais ma boulimie pour les grimoires.

Jouant à mon tour à Lafferty, je puis te dire ceci :

Premièrement : Abdul Alazred, eh oui, notre vieil Arabe fêlé, l'auteur maudit du *Necronomicon* de lovecraftienne mémoire, affirme dans un texte réputé intouchable ou introuvable (le concept arabe n'est pas clair et s'embrouille de souvenirs indiens que je ne m'attendais pas à trouver sous cette latitude) dont j'ai eu connaissance grâce à un derviche d'Ispahan, qu'il a vu de ses yeux vu un gond du monde dans le centre de l'Arabie, heureuse alors (sont-ils malheureux aujourd'hui ?) à Dhourma, non loin de Riyad. Il prétend par ailleurs et demande qu'on le croie sur sa parole que l'autre gond se situerait près d'Alexandrie où je suis moi-même passé il y a quelque temps comme je te l'ai dit. Alexandrie est à mes yeux devenue une ville un peu particulière, nous verrons cela plus tard.

Ensuite : l'historien et philosophe arabe Ibn Khaldùn confie à une tradition perdue depuis plusieurs siècles (je n'en ai retrouvé la trace qu'à Al-Azhar, l'école coranique de l'université du Caire) que l'un des gonds serait à Tripoli (en Libye, pas au Liban) et l'autre près du Rhat – ou Ghat – en plein Sahara, aux confins algéro-libyens.

Enfin : un voyageur, un aventurier, grec selon les uns, carthaginois pour les autres (mais cette dernière hypothèse ne suffirait pas à le taxer définitivement de mauvaise foi) que l'on nomme parfois Zénon le Chauve et ailleurs Amilcar d'Ifriqya expose avec un luxe de détails surprenant (il parle même du bruit) et une conviction tout à fait exemplaire que les gonds s'ouvrent et se ferment d'une part à Msaken (dans l'actuelle Tunisie) et d'autre part à Khourigba, au Maroc.

Trace encore une fois les convergences et dis-moi si tout cela ne conduit pas à notre archipel. Tu devras reconnaître, au moins, que l'on « tourne autour du pot ».

Encore, sans citer ses sources, Lafferty, qui veut sans doute s'octroyer seul le crédit d'une telle découverte, certifie que d'autres gonds se trouvent dans les Moluques occidentales, l'un au nord de Berebere sur l'île du Morotaï et l'autre à Ganedidalem sur l'île de Jillolo.

Cette affirmation ne peut que confirmer mon opinion sur Malte puisque les îles en question figurent à peu près son antipode. Et y a-t-il au monde chose plus raisonnable que de dire que l'envers d'un archipel doit nécessairement en être un autre ? Les îles Moluques, je ne les connais guère, Conrad devrait pouvoir nous en dire plus.

D'autre part un texte peu connu du voyageur coréen Sung Il Kim, confirmé un siècle plus tard par un poème kundo no koribaï, lui fort célèbre, du Japonais Akira Yamatsu (« aux doigts savants »), affirme la même chose. Je pense d'ailleurs que notre Lafferty l'aura tout bonnement copié, ce qui n'est pas si grave que cela.

Mais c'est assez démontré : les continents par leur texture, les hommes par leurs voyages et leurs récits convergent sur Malte. Le Centre, décidément.

Connaissant le passé tumultueux de cet archipel, je me suis finalement rangé à cette intuition que Malte a toujours été au milieu d'une série de cercles concentriques qui allaient en s'élargissant au fur et à mesure que l'Histoire s'amplifiait et que les Empires se développaient.

Bientôt, de vive voix j'espère, je te dirai la suite de cette stupéfaction. Sa suite et sa fin.

Viens !

Aussi rapidement que tu le peux. Il n'est pas impossible que le temps presse !

2

La carte des vols d'Air Malta mise à ma disposition par l'hôtesse de l'air me permit de constater la véracité (corrigée) des affirmations que je venais de lire concernant les convergences sur l'archipel maltais de l'ensemble des gonds du monde détectés par tous ces auteurs dans la nébuleuse méditerranéenne. Dans le même temps je résistai à cette « preuve », sachant pertinemment que ce genre de coïncidences si fortement sollicitées alimente un secteur non négligeable du n'importe-quoitisme archéologique, des Grands Anciens aux statues de l'île de Pâques en passant par l'Atlantide, les vertus curatives anti-cancer des pierres pyramidales et autres fredaines à cent sous le *Nostradamus.* Ma conviction, ébranlée, était loin d'être faite; d'autre part cette fiction me séduisait au plus haut point. Je repliai tout mon petit barda. Le numéro du jour du *Maltese Times* consacrait sa une à l'inauguration par Dom Mintoff, le Premier ministre, du Palais de la Méditerranée. Un événement hautement symbolique dans la disposition d'esprit qui était la mienne.

Le taxi, une Toyota déglinguée qui semblait avoir fait de la figuration dans *Mad Max,* qui avait victorieusement résisté à mille périls, repoussé mille assauts, combattu avec un certain succès des hordes nocturnes d'amateurs de pièces détachées (le compteur, lui, comme de juste, avait disparu, ce qui ne semblait pas tracasser le conducteur outre mesure), m'amena à City Gate.

Une chaleur torride, des arbres épars et, à bout de souffle, une pierre blanche lentement jaunie par le temps, une poussière ocre, fine, fatiguée. Les souvenirs superbes de la Chevalerie et de l'Empire des Anglais. Je consultai rapidement le plan de la vieille ville. De formidables remparts, espagnols, italiens, anglais, français. Des bastions, des forteresses, des murailles, des fortins, partout. Un décor intact de superproduction en dollars. Sicile, Castille et Islam dans l'architecture. L'art militaire français et anglais.

Je choisis un hôtel qui dominait Grand Harbour. Le port le plus grandiose que j'aie jamais vu. Le *British Hotel,* bien sûr. Une gigantesque grue barrait mon horizon face aux symphonies de bassins empierrés et de citadelles assoupies. Des ruelles en escalier, en pente vers d'imprenables bastions. Un fantasme d'Occident. Comme s'il avait fallu, malgré tout, un jour, avoir été Chevalier. Debout sur du roc imprenable, l'œil blessé par le soleil, face aux combattants du Croissant.

Il avait négligé de me donner son adresse. Je tenais cette insouciance pour volontaire et craignais tout simplement qu'il n'en eût point. Je n'avais aucune idée de la manière dont il s'y prenait pour réunir les quelques billets nécessaires à sa subsistance... Enfin, il avait traversé l'Asie sans un sou vaillant ! C'était à Saint John's Square, disait-il dans sa lettre, que j'avais le plus de chances de le trouver, près d'une sorte de miniature de marché aux puces qui écoulait au compte-gouttes des bricoles variées abandonnées par les matelots et soldats de Sa Gracieuse Majesté. Je fouillai un moment dans le fourbi de babioles. Rien de marchandable à plus d'une demi-livre. J'en laissai une pour un cendrier de métal blanc ayant appartenu à un bâtiment de la Royal Navy et une autre pour une vieille boîte de bonbons décorée d'une gourmande lascive qui ressemblait à Kim Novak – ou était-ce Kim Novak ?

Sur les marches de la cathédrale des Maltais prenaient l'air et des touristes Paquet des coups de soleil. Les premiers imitaient à s'y méprendre cette race de notables siciliens qui paraît hanter la moitié de la Méditerranée et de vieux palais princiers en déconfiture. Les seconds, emblématiques des croisières bien ficelées.

Lorsque sa main se posa sur mon épaule, je crus tout d'abord qu'un mendiant local ou un faiseur de manche international silencieusement surgi derrière moi allait me demander quelques *cents.* Sans doute avais-je été trop généreux avec le vendeur de brimborions.

– Pierre, dit-il, et je ne l'avais toujours pas reconnu.

De longs cheveux emmêlés partaient en guenilles sur son visage émacié, noir, brûlant. Il était maigre, couvert des cicatrices de la privation, et misérablement vêtu, des nippes de hasard empruntées comme pour se cacher dessous plutôt que pour s'habiller. Il tranchait, surprenait, au milieu des oisifs plutôt arrondis et aisés. Ses doigts étaient longs et décharnés. Ses jambes qui avaient avalé tant et tant de kilomètres, creuses, arquées, fragiles. Il tremblait légèrement.

Je restai silencieux. La seule pensée qui me vint à l'esprit était qu'il devait avoir faim et qu'il avait certainement de la fièvre. Je ne laissai rien paraître de cette réflexion, ce serait pour plus tard.

– Salut... Il y a bien longtemps...

– Longtemps... Oui, beaucoup plus pour moi encore. Mais tu as pu venir. C'est le principal. Je ne t'ai pas tout dit. Il fallait que tu viennes.

– Je suis là pour entendre la suite...

Il y avait probablement une très légère ironie dans cette phrase. J'avais été flatté par cette surprenante convocation mais, maintenant, dans cette chaleur, dans cette sueur je me faisais un peu l'effet d'un barjot, accourir comme ça... Il ne broncha pas : pourquoi l'aurait-il fait ? C'est lui qui avait raison, puisque effectivement j'étais là !

Des marins russes, toute une flotte, serrés les uns contre les autres, photographiaient la cathédrale de Saint John avec des appareils qui ressemblaient à des pièces de collection. Un trio d'Indiens discutaient avec véhémence. Un Ecossais crevait de chaleur sous son kilt et ses tweeds en préparant sa cornemuse. De toute la place on convergea vers lui, quelques Japonais en tête de peloton.

– Tu as donc reçu mon histoire ?

– Oui. Il s'en est fallu de peu.

– Tu l'as lue en entier ?

– Dans l'avion.

Les choses étaient en ordre. Peu lui importait que ce fût à une seconde près et dans un avion.

– Ne me crois pas fou !

Il avait martelé chacune des syllabes, retrouvant par magie des effets de voix dont il aimait nous épater et s'amuser à l'époque où nous défilions dans les rues en brandissant des slogans dont, à ses yeux, son tour du continent asiatique démontrait l'inanité. Il s'agissait en effet souvent de l'Asie et déjà, ou encore, de massacres, de misère, de famine, de toutes les formes possibles du meurtre organisé et du désordre planifié.

Je protestai.

Il posa un moment l'extrémité de ses doigts sur ses tempes et ferma les yeux. Son front était sillonné de rides profondes où se mêlaient trop de fatigue et trop de soucis.

– Si j'ai l'air un peu fiévreux, c'est le soleil, l'accumulation des nuits blanches, la drogue... Je n'ai pas encore l'habitude de m'en passer !

– La faim ?

Mais il en était toujours à la drogue.

– Fini maintenant. Je suis beaucoup plus sain d'esprit qu'à l'époque où je courais en tous sens en quête d'absurdités. L'Asie... De fond en comble, je n'y ai trouvé que des absurdités, des contes, des fables, des ruses de l'esprit et des ruses pour le corps, des vétilles morales et des colifichets métaphysiques. J'ai renoncé avant de me perdre complètement. J'ai suivi le parcours inverse de celui de Corto, le Maltais. Né ici, il a battu le monde. Je me suis perdu dans les fins fonds du plus vaste des continents pour, finalement, me retrouver ici. Et je vais y rester, bien que tout cela soit encore trop grand. J'y suis, j'y reste... Tout comme les Chevaliers qui sont partis d'Europe, ont été chassés de Jérusalem, puis de Rhodes. Arrivés ici, enfin, ils ont construit partout ces murailles et ces bastions. Pour rester.

– Mais ils ont disparu !

– Crois-tu ? Les murailles sont là ! Entre dans la cathédrale, tu compteras leurs tombes, et à Gozo et dans d'autres églises... Du reste leur bannière flotte toujours sur Saint John's Cavalier.

Il s'interrompit un moment, me laissant le soin de bien peser sa dernière phrase. Je la pesai bien... et attendis la suite de ce qui, de manière plus frappante dans l'écoute de la vive voix que dans la lecture du texte écrit, prenait la configuration d'un délire pur et simple.

– Une terre de miel et de roses, disait Cicéron, pourtant peu porté à ce genre d'épanchements... Tout le temps que l'archipel a été le centre du monde connu, c'est-à-dire le centre de la Méditerranée, il a été en butte à la convoitise de tous. Par la suite, les Turcs l'ont durement et longuement assiégé, à plusieurs reprises. Il n'a jamais cédé. Plus tard encore, lorsqu'il est devenu le centre géographique de l'Empire britannique, soit le centre du monde une nouvelle fois, ce sont les Allemands qui l'ont harcelé sans répit ni relâche. Maintenant que les Anglais sont partis, que le monde se structure de manière différente (disons la coexistence difficile entre l'Est et l'Ouest et le prétendu « dialogue » Nord-Sud, le tout enchevêtré de dix mille barbaries locales) comme mon courrier te l'expliquait, le sort des îles est laissé à un destin que je ne connais pas encore. Si le monde va au-devant de grands bouleversements, c'est encore ici que tout se jouera. Est-Ouest et Nord-Sud, ce sont les rives de la Méditerranée qui équilibrent le tout... J'attends et je commence à deviner les dispositions qu'il conviendra de prendre.

Je ne savais que penser, je ne savais que dire. Sa fougue, réelle comme la pierre blanche de l'archipel, autant que ce discours délirant se disputaient ma réaction. Je voulais bien partager avec lui la fiction du nombril de la Terre, et certes il ne l'étayait pas trop mal dans sa mixture, mais quant à prendre des dispositions ! Il vit que ma conviction méritait d'être renforcée...

Il me rapporta brièvement mais avec une certaine emphase les grandes étapes de l'histoire de l'archipel, depuis un néolithique mystérieux (des monuments cyclopéens dont on ne trouve d'équivalents qu'en terre celtique) jusqu'au départ des Britanniques et les espoirs du gouvernement travailliste de Dom Mintoff d'arracher une garantie de neutralité internationale parrainée par les puissances régionales : France et Italie d'une part, Libye et Algérie d'autre part, Nord et Sud en effet. Sur ce dernier point ça n'allait pas très fort. La Libye en faisait un peu trop. La passion qu'il mettait dans ce récit n'était pas celle d'un simple commentateur, pas celle d'un guide touristique ou d'un manuel scolaire. Celle plutôt qui résultait d'une implication toute personnelle dans les destinées de l'archipel (il employait d'ailleurs lui-même le terme *involvé,* comme s'il trouvait dans cet anglicisme un mot plus juste, un son plus adapté, un sens plus fécond que dans le vocabulaire français équivalent péchant peut-être par l'absence de cette dimension des choses concrètes : *involved in a love story*).

Les Phéniciens et les Grecs; Rome et Carthage; les Arabes; les Catalans et les Toscans contribuant tous à la formation de cette langue vernaculaire de la Méditerranée médiévale dans laquelle on trouve le mot « sbounioul » par quoi les Arabes désignaient les Espagnols et qui par un ironique retournement désigne maintenant et de manière péjorative ces mêmes Arabes; Français (hégémoniques ou peu s'en faut parmi les Chevaliers avec trois Langues et Auberges sur huit : Provence, Auvergne et France); Britanniques, sans oublier l'intermède napoléonien. Seuls les Turcs et les Allemands s'étaient brisé les reins et cassé les dents contre les murailles de La Valette. Je ne cherchai pas de symbolique particulière dans ces échecs, bien que cela ne manquât point d'une certaine tournure esthétique ou même éthique... Quant aux Arabes, ils se sont d'une certaine manière rattrapés : la délégation de l'O.L.P. à Malte est certainement la plus imposante de tous les pays occidentaux. Ces mélanges insensés, on pouvait encore en trouver la trace chez les vieilles familles aristocratiques de l'archipel, une noblesse tout à fait patentée à la cour de Saint James, les Diar-il-Bniet et Bukara, les Saint Georges, les Testaferrata Olivier, les Ghariexem et Tabia, les Gnien Is-Sultan, les Ghain Tuffirha, les Benuarrat...

Deux fois j'avais interrompu le fil de cette évocation avec la même question :

– Pourquoi moi ?

– Pourquoi avoir fait appel à moi ? Dans quel but ?

– De but ? Il n'y en a guère... Que tu saches simplement. Toi ? Hé ! Qui d'autre ? Tu es le seul qui sois enclin en même temps à l'Histoire et à la Fiction... Les autres sont trop dans l'une ou dans l'autre... Ou nulle part !

Le Highlander jouait une marche militaire. La concentration des badauds nous repoussa vers un troquet. A côté de nous, à moitié dissimulé dans l'ombre, un homme communiquait par gestes avec le serveur. Le tour de sa bouche était piqué de points de suture et, c'était horrible, sa langue était tranchée.

Nous buvions, moi du vin blanc, un cru local sucré comme du vin grec, lui une bière légère d'un blond très pâle. Nous restions silencieux, il semblait avoir épuisé d'un seul jet tout ce qui restait à dire. Il se leva, prétendant avoir à faire. Je me demandai de quelle occupation il pouvait bien s'agir, peut-être gagner sa pitance de la soirée ou son lit de la nuit. Avant de nous séparer je laissai entendre d'une manière un peu détournée que s'il avait des problèmes ma chambre d'hôtel se prêtait à tous les partages et qu'il pourrait même la garder quelques jours après mon départ.

– Tu ne songes pas à partir !

– Non. Pas tout de suite.

Il ignora mon offre, ne la tenant peut-être que pour de la complaisance. Après m'avoir raccompagné au *British*, il me planta au milieu du hall d'accueil comme s'il était tout à fait assuré de retrouver un foyer confortable, ce dont je doutais plus qu'un peu.

Nous avions pris rendez-vous pour le lendemain, même heure, même endroit, les marches de Saint John.

Je mis à profit cette solitude imprévue pour me promener dans la vieille ville. D'un bon pas on en fait le tour assez vite, le long des formidables fortifications; plus rapidement encore de long en large à travers les rues rectilignes dans l'ombre des augustes monuments. Je fis quelques courses (l'alcool était à un prix dérisoire et mon séjour pouvait durer une demi-semaine, voire plus), repérai deux ou trois bouquinistes et achetai chez l'un d'eux un bon paquet de photos de divers vieux films américains et un jeu complet, très défraîchi, de *2001, l'odyssée de l'espace*. Un marché couvert qui tenait du souk me retint un moment. Je conclus cette longue promenade par une visite à la *Décapitation de saint Jean Baptiste*, le tableau du Caravage qui fait l'orgueil de l'oratoire de la cathédrale. Arthur C. Clarke et la conquête de l'espace, Le Caravage et l'arc-boutant Rome-Naples-Valence-Madrid, ossature de cette partie du bassin méditerranéen me firent éprouver le délice nouveau de cette chimère du centre dont je commençais à essuyer les plâtres. J'étais attentif à tout ce qui de près ou de loin pouvait évoquer le Faucon maltais. Rien. Hammett ne devait pas être du Centre...

Je me retrouvai à heure dite au lieu dit. Le petit pucier me reconnut. Bonjour. Je grapillai un moment dans les minusculeries et pris un zippo gravé d'inscriptions arabes.

Il n'était pas là.

J'allumai une cigarette, c'est souvent un bon moyen pour faire venir les gens. Il ne s'agit que de rompre l'attente, de faire quelque chose, gage que, de l'autre côté, quelque chose est également en train de se faire.

Il ne vint pas et j'écrasai mon mégot.

L'Ecossais préparait sa cornemuse.

J'attendais.

Dundee Military Tattoo, annonça le Highlander. Je laissai encore passer *72nd Farewell to Aberdeen* et *79th Farewell to Gibraltar.* Il aimait les adieux virils, ce rouquin.

Je m'en allai : *It's a long way to Tipperary...*

Il savait où me trouver de toute façon.

Je repassai un moment plus tard. La place du marché se vidait peu à peu. Textiles locaux, jouets de science-fiction japonais, fleurs en plastique et jeans made in Hong-kong, surplus de quatre ou cinq armées et de deux ou trois guerres, bibelots italiens d'un goût douteux, pâtisseries siciliennes ou continentales (ah ! ces *krumiri specialità di Casalmonferrato, Provv. di S.M. il Re d'Italia e Reali Principi d'Aosta e di Genova),* quarante-cinq tours braillards d'occasion... Le marché se vidait, lentement, puis de plus en plus vite. Bientôt il ne resta plus qu'une pile de T-shirts dévoués au culte vulgaire de la Californie, de la planche à voile, de l'amour de New York ou étalant des passions nauséeuses pour tel ou tel aspect de la culture yankee qui avait trouvé dans ce bout de tissu le meilleur porte-parole de ses senteurs d'aisselles.

Il n'était toujours pas là.

Je m'étais absenté moins d'un quart d'heure. Il aurait attendu un moment s'il était arrivé dans cet intervalle. J'interrogeai le marchand de bricoles qui ne pliait bagage qu'au dernier moment. Oui, il le connaissait bien mais ne l'avait pas vu de toute la journée.

– Cela lui arrive de ne pas passer du tout ?

Il m'avait en effet semblé que les marches de la cathédrale lui étaient, peu ou prou, son pied-à-terre diurne.

– Non. Pratiquement jamais. Je le vois tous les jours ou presque. Enfin, c'est moi qui ne viens pas tous les jours.

Ma perplexité, peut-être un début d'inquiétude, lui fit pitié. Il m'indiqua un grand café de Republic Street dans lequel je pouvais tenter ma chance.

L'établissement, tout en profondeur, ouvrait de plain-pied sur la rue. Il cumulait les fonctions d'académie de billard, de siège d'une société d'art lyrique et de lieu de tirage officiel du loto local. On pouvait également y boire.

Il lui arrivait même de servir d'église. Il m'avait fait la leçon et j'avais commencé à en juger par moi-même : dans cette île, toutes les coexistences sont possibles, voire nécessaires. J'observai un moment une partie de billard à poches en buvant un double black bushmill puis m'enquis auprès des habitués supposés et d'un garçon qui assurait le service autour des tables de billard d'un Français grand et maigre qui...

...Oui, bien sûr, comment donc. On le connaissait vaguement. Il jouait parfois. Sans plus. Ne réglait pas ses pertes, une convention qu'il avait tacitement fait admettre. On s'arrangeait comme ça. Qu'elle soit due à son statut d'étranger ou de fauché, cette délicatesse ne tirait guère à conséquence : il ne gagnait jamais et il n'y avait donc pas à redouter de fâcheuse situation.

Je jouai une partie, perdis dans les grandes largeurs, payai une tournée générale. On me fit fête et je ressortis en compagnie d'une certaine humeur de convivialité.

Je traînai dans les parages, téléphonai à plusieurs reprises au *British,* en pure perte, si ce n'est d'avoir introduit en ce lieu paisible l'énervement passager du concierge. Mesurant les limites de cet agacement, je renonçai et me mis à déambuler dans Republic Street. Il était dix-huit heures et cette longue artère rectiligne se remplit d'une foule immense qui, dix fois, vingt fois, descendait et remontait le courant, familles compactes serrées les unes contre les autres, dragueurs à l'œil noir et au geste assuré, draguées impassibles mais vigilantes, pères et mères non moins.

Pendant la nuit, un Front de Libération Nationale qui signait en italien et dont personne n'avait jamais entendu parler fit sauter rien moins que le Centre culturel libyen. Une officine de propagande, d'espionnage et de turpitudes, pensait le réceptionniste du *British.* Et le serveur qui m'apporta, face au soleil, mon breakfast. Il est vrai que Malte est sans doute le seul pays européen qui héberge des militants si étranges que leur principale activité consiste à coller, la nuit, sur les murs des villes et des villages des portraits de Kadhafi. Dès le petit matin elles sont d'ailleurs recouvertes d'insultes appliquées avec soin si ce n'est avec professionnalisme.

Le bouillant et fougueux colonel libyen (il n'y a qu'un colonel fougueux et bouillant à la surface de cette planète, c'est lui – notre Moammar) soumettait l'archipel à un véritable chantage et ne cédait pas d'un pouce sur l'inique partage des eaux territoriales, du plateau continental, de pétrole offshore pour appeler les choses par leur nom... Il y avait du Soliman II ou du Dragut dans l'air.

Je n'avais pas terminé mon déjeuner que l'on m'apporta un billet déposé à la petite aube à la réception.

Deux mots simplement :

TU VOIS.

Pas grand-chose.

Je retournai voir le petit marchand, le marchand de petites choses en vrac.

– Je n'ai pas pu retrouver mon ami... Peut-être auriez-vous une idée.

Il ne savait rien.

Tout compte fait, il me parla pourtant d'une impasse qui donnait dans Bull Street. J'aurais de la peine à la trouver. Il connaissait des gens qui étaient passés cent fois devant sans même l'apercevoir. Elle était si étroite qu'une matrone ne pouvait l'emprunter et que, passé un certain angle, il fallait se coller contre le mur pour continuer à progresser dans ce qui devenait un simple égout de plein air.

L'impasse jouxtait la rue sans nom où, sur moins d'une centaine de mètres, l'archevêque de La Valette tolérait quelques prostituées (difficile pour un homme qui prétendait encore il y a peu que voter travailliste était un péché mortel). Ces jeunes personnes dépendaient de bars assez tristes sous enseigne systématiquement irlandaise, ce qui aurait également peiné l'évêque de Dublin.

Il fallait que je retourne à Republic Street (il faut toujours retourner à Republic Street, dès que l'on veut faire plus de quinze mètres), puis que je prenne à droite en direction de la mer, puis à gauche où Saint Christopher Street me conduirait à Bull Street.

Je fis un détour par le Centre culturel libyen. Le travail de démolition avait été très bien fait. Presque aussi bien que pour les ruines de l'Opéra, en face, bombardé par la Luftwaffe pendant la guerre et qui n'avait jamais été reconstruit. En moi, quelque chose se mit en route... J'essayai de ne pas y prêter trop d'attention.

Je passai plusieurs fois devant l'impasse avant d'en repérer l'entrée. Moins large qu'une porte de chambre de bonne et sa profondeur masquée par l'arrondi généreux d'une bastide.

Oui, oui, mais il avait disparu depuis deux jours, m'affirma une vague voisine qui, sur un terre-plein mitoyen, surveillait une partie de bucce, un jeu de boules si complexe que je n'en vins pas à bout. Il me semblait qu'au lieu de rassembler leurs boules autour du centre, les joueurs essayaient de déplacer ce centre, un banal cochonnet, pour le reformer là où se trouvaient les boules de leurs partenaires. Il y avait de la métaphysique là-dedans et cela me rappelait quelquc chose...

Dom Mintoff tempêtait contre le Libyen et contre les provocateurs à sa solde. L'Italie arrivait à la rescousse, toute bonne volonté déployée. Paris se souvenait d'être partie prenante aux négociations sur la neutralité de l'archipel. Bourguiba ne savait trop que dire ni que faire. Alger étudiait le problème. Londres temporisait.

Un second billet.

Le réceptionniste du *British* avait tout l'air de trouver cela bizarre.

JE SUIS EN TRAIN DE GAGNER LA PARTIE. NE CHERCHE PAS A ME REVOIR. RETOURNE A PARIS. ADIEU.

3

Il y a cette chapelle de Mgarr où la carte française dirige la pointe de l'archipel vers l'est. Là les choses basculent, se retournent, girouette où le sens se perd, boussole affolée. Ce revirement cartographique marque précisément le centre du centre. La planète repose sur la tête d'une épingle. Sous la carte, jusqu'au sol, le mur recouvert de chaux est fissuré. Une fissure si régulière qu'elle évoque plutôt un trait d'ombre. La chapelle elle-même est bâtie au surplomb d'une bouche obscure, quelque ancien cul-de-basse-fosse dont l'ouverture est juste dans l'axe de la fissure. Une pièce de monnaie, un caillou, une branche sont engloutis en silence. Il n'y a pas de fond. Je voudrais y descendre. J'ai peur.

4

J'étais à Paris depuis deux jours et me procurai boulevard des Italiens les numéros du *Monde* publiés pendant mon absence et celui du lendemain de mon retour que j'avais négligé de me procurer : Hier, à La Valette, un terroriste avait été déchiqueté par la bombe qu'il transportait. Toute identification était impossible. Il s'apprêtait vraisemblablement à la déposer quelque part lorsqu'elle avait sauté. La police n'avait aucune idée à propos de l'immeuble qui pouvait avoir été visé. Le centre de La Valette est si resserré que les ambassades, les consulats, les compagnies aériennes, les sociétés de navigation et d'assurances maritimes, les diverses officines étrangères se touchent tous les uns les autres, comme les immeubles et les rues, les avenues et les places sur un tapis de Monopoly.

J'eus la conviction que c'était lui.

5

Le lendemain, à Madrid, la délégation maltaise à la Conférence sur la sécurité en Europe bloquait l'adoption de l'accord final souscrit par les trente-quatre autres délégations. La délégation maltaise exigeait que soient adoptés plusieurs amendements sur la sécurité en Méditerranée, ce dont aucun autre pays ne voulait.

C'était bien lui.

Et, effectivement, il avait su ce qu'il y avait à faire.

ÉPILOGUE

Il y a eu ce montage serré d'événements emboîtés les uns dans les autres avec la fureur d'une énergie captive qui ne trouverait nulle issue à sa dépense et se condamne à tourner en rond, rebondissant contre les frontières de la Mer, hurlant et s'étouffant de son propre cri. L'assassinat à Chypre de trois touristes israéliens, et à Barcelone de deux marins. La destruction par l'aviation israélienne du QG de l'OLP à Tunis et le carnage qui s'ensuivit. Le détournement du navire génois *Achille Lauro* et le rapt en plein ciel par l'US Air Force d'un avion égyptien conduit en Sicile. Le détournement de ce même avion lors d'un vol Athènes-Le Caire et son arrêt à Malte. Le massacre de plus de soixante personnes auquel fut mêlé un bataillon d'élite égyptien qui s'était déjà illustré à Chypre et qui porte le même nom qu'un groupe palestinien proche de la Syrie; Chypre devenu l'escale de l'exil libanais et palestinien.

D'Israël à Barcelone, de Gênes à Tunis, de Chypre au Caire et d'Athènes à la Sicile, la violence captive et éparse s'accumule au centre, à La Valette, et explose. Rien ne nous surprend : La Valette est construite pour l'état de siège et l'archipel est l'œil du cyclone. La violence a passé les remparts et dans ce franchissement elle est multipliée par la force de l'entropie. La violence s'installe dans l'œil du typhon, l'île cyclopéenne explose de ce gigantesque effet Larsen. C'est la fin.

Dans la mouvance de *Mouvance*

par Michel LAMART

Pour Raymond Milési
et Bernard Stéphan

« En SF comme ailleurs,
l'appareil pense pour vous. »
Roger Bozzetto
Mouvance, 3, p. 103.

1) Mouvance, *c'est quoi ?*

De 1974 à 1976, Bernard Stéphan et Raymon Milési conçoivent le projet, a priori banal en soi, de créer une série d'anthologies. Il y en aura huit en tout. Elles paraîtront, selon une périodicité annuelle, de 1977 à 1984. A l'origine, la volonté de publier, *pour le plaisir*, des textes français de SF est clairement affirmée. Un minimum de théorie à la base : « La SF se prête avec allégresse à une déconstruction des espaces, des époques, des personnages... » (voir la brochure-bilan éditée par *Mouvance*, Présentation, p. 3). Pour le reste, entière liberté sera laissée au créateur. Celui-ci sera choisi, dans la majorité des cas, par les deux compères qui entendent tisser des liens suivis entre les auteurs et eux-mêmes. Là réside une originalité qui assurera la cohérence à l'édifice tout entier. On ne propose rien, on est sollicité. La série s'annonce donc, d'emblée, comme une entreprise à support amateur créée pour des professionnels (ou des semi-professionnels de talent). Davantage que le texte, c'est d'abord l'auteur qui l'aura produit qui sera accepté. Cette dimension humaine est essentielle. Dans une certaine mesure, elle explique tout *Mouvance* : la tenue exceptionnelle de l'ensemble (on peut parler, à son propos, de l'unanimité laudative de la critique), son authenticité (les rapports vrais qui soudent l'équipe en sont la garantie) et sa longévité (huit ans ! Combien de revues ont vu le jour, qui n'ont tenu que l'espace d'un sommaire !).

Mouvance est née. Comme le lieu depuis lequel la parole de l'écrivain sera mise en valeur par l'objet livre conçu de façon artisanale par deux amoureux de la littérature. La seule règle du jeu à respecter impérativement : se conformer au projet *Mouvance* peaufiné patiemment de livre en livre.

Chaque livre tiré à mille exemplaires sera fabriqué et distribué (à compter du numéro 2) par les soins des éditeurs qui en assureront la promotion.

L'ensemble s'articulera autour de la notion de Pouvoir qu'on s'efforcera d'élucider grâce à l'outil SF. Chaque livre constituera un tout et pourra être lu séparément.

C'est ainsi que paraîtront :
Mouvance 1 : Les Moyens de communication de masse, 1977.
Mouvance 2 : L'Education, 1978.
Mouvance 3 : La Consommation, 1979.
Mouvance 4 : L'Espace, 1980.
Mouvance 5 : Le Temps, 1981.
Mouvance 6 : La Civilisation, 1982.
Mouvance 7 : L'Individu, 1983.
Mouvance 8 : La Pathologie du pouvoir, 1984.

On le voit, hormis l'Espace et le Temps, aucun des thèmes familiers à la SF n'est abordé. Au contraire, chaque volume propose l'exploration de préoccupations contemporaines à résonance davantage sociologique que science-fictionnesque. Ici, peu d'histoires de robots, de paradoxes temporels et autres guerres galactiques. La quincaillerie est reléguée au magasin d'accessoires. C'est du quotidien qu'il sera question. La réalité se nourrissant de fictions. Ou l'inverse.

C'est ce mouvement (*Mouvance*), ce passage de l'une à l'autre, qui atteste la complète originalité de l'œuvre. Mais, au fait : où est la SF dans tout cela ?

2) *Le projet* Mouvance

A l'origine, il y a la volonté de faire quelque chose (autre chose) de durable dans le paysage éditorial français, de se donner les moyens de le faire et le temps nécessaire. Qui dit projet dit une certaine façon d'envisager l'avenir. D'une certaine manière, c'est un pari. Pour que cela marche, il faut y croire. C'est donc bien un projet utopique par essence qui est en train de naître. Il s'agira en effet d'édifier contre le temps quelque chose de solidement charpenté. Sans pour autant bâtir une cathédrale. *Mouvance*, c'est ce qui bouge, ce qui se crée.

Le premier numéro de la série paraît en 1977, à un moment où la SF politique bat son plein. L'année d'après, B. Blanc avouera pourquoi il a tué Jules Verne. Paradoxalement, *Mouvance* ne porte pas encore son fameux sous-titre *SF et Pouvoir.* Il sort chez un éditeur important de l'édition différente, Henry-Luc Planchat, à L'Aube Enclavée. En revanche, il contient l'essentiel du projet dans sa préface. Il s'agira de participer à l'élaboration d'une « nouvelle culture en devenir ». Et surtout de « relever l'importance de la notion de pouvoir dans la constitution du *champ social* ».

On peut, par conséquent, avancer que le projet *Mouvance* s'enracine directement dans une SF héritière de 68 par son fonctionnement autogestionnaire et le but qu'elle s'est fixé. Le Pouvoir, c'est ce qui fige. Si nous voulons *être*, apprenons à confisquer les instruments d'aliénation du pouvoir afin de les retourner contre lui. Cette « pédagogie » (Stéphan et Milési sont profs) proposée par *Mouvance* s'incarne dans le concept de « transgression » (voir *Mouvance 4*, dans la partie suivante).

3) *En feuilletant* Mouvance

Je ne me bornerai ici qu'à extraire de chaque livraison ce qui me paraît essentiel de la démarche en le commentant. Mon but est moins de rendre compte de façon exhaustive de ce que fut *Mouvance* que d'expliciter ce par quoi la série se démarque de toute entreprise du même genre, professionnelle ou non. Ayant participé à son élaboration, je puis difficilement être juge et partie. Je m'efforcerai simplement de restituer une lecture personnelle qui ne saurait se substituer en rien à toutes celles qui en ont été et en seront faites, et dont je respecte, d'ores et déjà, la pertinence.

Mouvance 1. Ce qui fonde l'ensemble, c'est ce projet *Mouvance* que les auteurs explicitent dans la préface par l'ambition de devenir « émetteurs ». Il s'agit d'*être* l'information pour conjurer le gavage imposé par les media. Curieuse, cette démarche consistant à inverser le rapport Production/Consommation. Au fond, elle va bien plus loin que le constat ordinaire qui s'impose de lui-même : elle va au fond des choses. L'enjeu est bien la création. Sans elle, point de communication. *Mouvance* devient du même coup instrument, vecteur de la culture du futur et, en même temps, medium à son tour. C'est aussi le moyen d'explorer le *champ social,* pour reprendre l'expression mc-luhanienne, afin de mettre en lumière la notion de pouvoir qui le sous-tend.

Mouvance 2 est « une anthologie thématique

qui rassemble des textes : nouvelles, essai, interview, pour donner un éventail large de la vision du monde éducatif par des écrivains français de Science-Fiction ». Voilà notre projet réactivé. A noter que l'accent est porté ici sur la complémentarité des textes (fictions, gloses) qui sont mis sur le même plan pour rendre compte d'un éclairage particulier : comment la SF française investit-elle un lieu (le monde éducatif) qui lui est traditionnellement fermé ? Il n'est pas inintéressant de rappeler qu'en 1979 paraîtra aux éditions E.S.F. l'ouvrage collectif dirigé par Pierre Ferran, *L'enseignement du français par la Science-Fiction.* Dans cet ouvrage, les auteurs montrent que la SF peut être une activité intellectuelle qui forme la compréhension et le jugement, tout en restant conforme à l'esprit des textes officiels visant à faire acquérir à l'élève « une culture accordée à la société de notre temps ». Ce qui établit également un lien logique avec la livraison précédente : les communications de masse. Plus loin, ces remarques touchant à la définition du genre : « Le rôle de la SF peut-il être autre chose que simple décalque, même exagéré, de cette réalité ? » et cet écho au bien-fondé de la démarche : « Le contrôle systématique des media et des éducateurs, le pointage des ouvriers dans les usines, la hiérarchie, etc., étant pour nous les symptômes de la pathologie du Pouvoir... » On ne peut rêver déclaration plus politique.

Mouvance 3.

« L'acte de consommation s'est refroidi, il a

perdu sa dimension de rencontre avec l'autre. » Les auteurs incitent le lecteur à participer. *Mouvance*, c'est aussi la sollicitation de celui qui reçoit l'objet livre. La lecture se doit d'être active. Pour illustrer ce propos, Roger Bozzetto soutient dans son article, *SF et consommation*, que l'abonnement à une revue rend le lecteur actif en favorisant une circulation d'idées entre les auteurs et leurs lecteurs. Et l'auteur de conclure : « La SF devient alors le centre d'une nouvelle culture : celle des nouvelles couches sociales, qu'elle acclimate, et dont elle fait entendre la voix. » Réapparaît cette idée de « nouvelle culture du futur » du nº 1. *Mouvance* ne peut que s'en faire l'écho. C'est sa vocation. Nous avons vu que les animateurs de la série tenaient beaucoup aux contacts éditeurs/créateurs. On peut constater ici que cette relation s'enrichit d'une nouvelle composante : le lecteur ne doit pas en être exclu. Editeurs/Auteurs/Lecteurs dessinent les frontières de l'utopie *Mouvance*, tels les trois côtés de ce triangle qui apparaît sur la couverture de la dernière livraison...

Mouvance 4. « Le pouvoir tient à l'espace. » Il lui impose son ordre. Dès lors, deux attitudes sont possibles. Ou l'on accepte et on n'en parle pas; ou on le remet en cause et on le désigne du doigt, on le donne à lire. C'est la transgression. Donner à lire est donc un acte politique éminemment subversif par lequel on rompt un ordre et le silence, celui de l'acceptation. Le texte de Boireau, *Chronique de la vallée*, est, de ce point de vue, très significatif.

L'auteur montre comment des ouvriers en viennent à occuper leur usine pour éviter la mort de la vallée. Tout rentre momentanément dans l'ordre grâce à l'intervention des flics qui, agissant pour le compte de l'Etat, usent d'une violence légale qui aboutit au meurtre. S'implante ensuite une société, la SOMIBAD, qui tente d'exproprier les paysans qui résistent et transforme le conflit en guerre. Ce canevas connu, dans lequel la résistance populaire est impuissante face à un Etat totalitaire, est traité de façon réaliste avec beaucoup d'efficacité, sans idéalisme. Il s'agit de décrire comment un processus se met en place, broyant les individus qui lui résistent, telle une machine implacable (voir la métaphore des bulls qui rongent la montagne).

Mouvance 5. Le temps « signale en tout cas une dimension du monde, de notre perception du monde. Plus que référence, le voilà sang du monde qui s'intègre à notre vie. Par là même irréductible, transgression de tout ordre, révolte du monde qu'aucun pouvoir ne pourra jamais complètement s'assurer ». Plus loin, il est admis que « le temps peut être normalisé ». N'est-ce pas toujours le cas, hélas, dans nos sociétés où le Pouvoir s'est mis à l'heure du Temps dès qu'il a compris que le temps c'est de l'argent, c'est-à-dire dès l'avènement de la société industrielle ? Un discours classique pour des fictions qui ne le sont pas moins. La livraison sans doute la plus canonique de la série. A noter que, pour la seconde fois consécutive, un auteur *Mouvance* reçoit le prix de la meilleure nouvelle de science-fiction française. Pour *L'espace*, c'était le texte de Jacques Boireau, *Chronique de la vallée;* pour *Le temps*, il s'agit du texte de Jean-Pierre Hubert, *Gélatine*. Deux textes appartenant à la thématique traditionnelle...

Mouvance 6. Ce qui me paraît ici fondamental, c'est cette question : « Faut-il construire, et quoi ? » A noter que l'idée de Pouvoir a disparu de la présentation. La préface livre en revanche l'une des clés de l'ensemble : elle s'intitule *Constructions*. Le premier texte est un entretien avec L.V. Thomas. Il est remarquable à plus d'un titre. D'abord parce que le sociologue y démontre que la science-fiction élabore les mythes d'aujourd'hui. Ensuite, parce qu'il montre comment la science contribue, dans notre société, à reconstruire un imaginaire qui rapproche l'individu, paradoxalement, de l'homme archaïque. Enfin, parce que c'est la société, selon lui, et plus précisément la structure sociale, non l'individu, qui est l'objet essentiel de la science-fiction. Ce texte est une sorte de mise en abîme puisqu'il semble contenir toutes les fictions qui vont suivre. Chaque texte sera en effet précédé d'un extrait appartenant à cette matrice. Grâce à ce procédé, on obtient une construction dans laquelle tout citant tout renvoie à tout.

Mouvance 7. Les avant-dire de Bernard Stéphan (qu'on peut considérer comme un auteur *Mouvance* à part entière) sont des sortes de poèmes, voire de courtes nouvelles. *Vies* qui ouvre *L'individu* est une fiction (« Et il se retrouva seul, loin de la foule qui l'entourait encore un instant auparavant... »), une invitation au voyage au travers de ce texte qui se clôt par un credo : « Tous, nous existons »... Paru fin 1983, ce volume contient sans doute le premier hommage au fondateur de la SF moderne que fut l'auteur de *1984*. Il s'agit de *Dramatis Personae*, de Daniel Walther. C'est un jeu littéraire dans lequel est mis en scène le chef-d'œuvre d'Orwell, cette « grande fable cruelle, éternellement vraie », décrivant « la décadence de la démocratie et l'avilissement de l'individu par la machine étatique » (p. 42). En fait, la fiction de Walther est une lecture déguisée d'un des plus grands livres de ce siècle.

Il faut insister aussi sur l'article de D. Guiot, *La danse astrologique*, intéressante réhabilitation de l'astrologie comme métaphore du monde, autant qu'approche astrologique de l'œuvre jeuryenne. Son principal défaut consistant, à mon avis, à vouloir expliquer systématiquement l'œuvre par l'homme (« La carte du ciel de naissance de l'auteur peut être considérée comme étant aussi celle de l'œuvre », p. 55). Cette hypothèse de départ se révèle finalement n'avoir que valeur de postulat. La plaidoirie de Guiot pour une « critique littéraire astrologique », si elle n'est guère convaincante, n'en demeure pas moins une approche poétique originale de la cosmogonie jeuryenne.

Mouvance 8. Retour à la case départ. Le moment est venu de vérifier si l'ambition d'éclairer le *champ social* où s'exerce le pouvoir a abouti. De ce point de vue, le beau texte liminaire de B. Stéphan qui, davantage qu'une introduction au volume, est une conclusion à la série, prend la forme d'une réflexion métaphysique. Stéphan décrit, avec l'art du visionnaire, ce monde agressif dans lequel l'individu est mis en représentation, alors qu'il croit assister à un spectacle qu'il n'est même pas en mesure de comprendre. La malignité du pouvoir consiste peut-être en cette dé-réalisation de l'homme. « Le pouvoir est partout autour de nous, divers, et les récits qui tentent de l'expliquer se multiplient, se superposent. » Autrement dit, le pouvoir est aussi une fiction, un mythe, et la fiction n'est qu'une réalité de plus dont l'aliénante folie consiste à croire en son propre avenir. Jeu de miroirs rendant compte d'une pathologie que l'article décapant de Giuliani, *Mélanges*, s'emploie à décrire. Pour ce dernier, « la pathologie n'est plus dans le « surpouvoir », elle n'est plus dans le trop, elle est dans le manque, dans l'absence, dans la fuite » (p. 64). « S'il y a quelque part une pathologie dans le pouvoir, elle consiste à ne pas l'exercer plutôt qu'à l'exercer trop. » Et d'avancer cette hypothèse hardie mais séduisante : « La SF sera *la* pathologie politique, fictionnelle et même linguistique du pouvoir » (p. 66). La boucle est bouclée.

4) Conclusion : *Notes pour une contribution au bilan*

Milési-Stéphan notent dans leur brochure-bilan (opus cité) que « l'important *est de Faire la Science-Fiction*! » sans se soucier d'autre chose que de travail bien fait. Cette exigence envers eux-mêmes, les animateurs du projet l'ont manifestée aussi auprès des auteurs, ce qui a contribué à asseoir une crédibilité déjà acquise dans la démarche. Travailler à l'écart des modes et des querelles d'écoles, pendant dix ans, en ne misant que sur la qualité, démontre de façon magistrale qu'il est encore, selon le titre du très bon livre de Yona Friedman, *Des utopies réalisables,* possible d'entreprendre, avec un minimum de discours théorique, des réalisations de qualité qui marquent une époque. Il suffit d'y croire.

Or, *Mouvance* colle parfaitement à son époque. Née en plein cœur du débat politique qui a agité le milieu dans les années 70, la série, tout en participant d'un mouvement alternatif post-soixante-huitard, a su jeter un pont vers les années 80 au-dessus des querelles d'écoles et des exclusions diverses. Sa grande intelligence a consisté à comprendre que, plutôt que de développer un discours théorique trop souvent terroriste au travers des textes, il était plus pertinent et, finalement, plus efficace, de proposer une illustration fictionnelle au discours politique classique, respectant la diversité des éclairages et la liberté de création personnelle. En fait, c'est moins la théorie que les textes qui comptent ici. Cette didactique définit bien l'originalité et la richesse de *Mouvance.*

En outre, si *Mouvance* s'est fait l'écho des préoccupations politiques de la jeune génération SF, elle s'est également fait le témoin du glissement progressif d'une nouvelle pratique d'écriture allant des idées vers la forme. Je m'explique. On a souvent prétendu, non sans raison, que la SF était avant tout une littérature d'idées. On s'aperçoit de plus en plus que cette littérature n'a plus à rougir de son style. Nombre d'auteurs SF écrivent aussi bien (parfois mieux !) que n'importe quel Goncourt. Il faut le répéter bien haut chaque fois que l'occasion se présente : la SF n'a plus de complexes littéraires à avoir. Ce que reflète *Mouvance*, c'est l'image d'une littérature qui s'interroge sur elle-même. En cela, elle rejoint les préoccupations de la littérature générale. En effet, si la thématique se renouvelle, si les auteurs sont plus sensibles qu'autrefois à la forme, que reste-t-il de spécifiquement SF dans la SF d'aujourd'hui ?

Michel Serres prétend qu'il n'existe pas de nouvelle philosophie sans nouvelle façon de l'écrire. Risquons qu'il n'y a pas de nouvelle SF sans une autre façon de l'écrire. Le problème étant qu'il n'existe pas, à proprement parler, d'écriture SF spécifique. Il serait bon, selon moi, que la SF continue de progresser dans cette voie, qu'elle explore de nouvelles formes, qu'elle invente une langue mieux appropriée à son objet. Tout en restant lisible et attrayante, bien entendu. Il n'est pas question d'en faire un avant-poste de la modernité.

Il apparaît finalement que, ayant publié pendant presque dix ans des textes de factures aussi diverses que classique et néo-classique (Renard, Boireau, Wintrebert, Mondoloni), avant-gardiste (Walther, Fernandez, Léourier, Lecigne), poétique (Barbéri), baroque (Stolze, Dunyach), expérimentale (Planchat, Schneider), *Mouvance* restitue une photographie assez fidèle et représentative de ce qu'est la SF d'aujourd'hui : un peu d'écritures polyphoniques, imprégnées de variations subtiles, de motifs et de citations propres à la littérature conjecturale que nous défendons, sans jamais s'inscrire dans le champ clos des définitions.

Je dirai pour finir que *Mouvance* a probablement joué chez nous un rôle analogue à celui tenu en Angleterre par la revue *New Worlds*. Son contenu, à l'instar de cette prestigieuse revue, la situe plus du côté de l'avant-garde – ce qui n'est guère du goût, généralement, du public spécialisé – que des revues habituelles. A ceci près, cependant, et la différence est de taille : *Mouvance* est moins une revue qu'une série de *livres*.

5) Mouvance : *La parole vive*

Enfin, j'ai demandé aux ténors de la SF d'aujourd'hui ce qu'ils ont tiré de leur expérience en coopérant au projet *Mouvance.* Sur une dizaine d'écrivains contactés, trois seulement ont répondu. Les délais ont dû paraître insuffisants à ceux qui n'ont pas réagi. C'est dommage. Leur témoignage aurait sans doute été aussi passionnant que ceux dont je livre ici les extraits les plus significatifs.

Christian Léourier a collaboré au premier volume en produisant un texte éclaté et froid. Il montre comment s'élabore, pièces de dossier à l'appui, une émission de TV au cours de laquelle est mise en scène l'horreur banalisée des accidents de voiture. S'il a apporté sa pierre à l'édifice, c'est parce qu'il lui a semblé que le projet *Mouvance* « posait d'emblée la question qui allait être au cœur de la SF française : le pouvoir ». Il ajoute que cette motivation ne suffit pas : « L'importance de *Mouvance* tient à mon sens à autre chose : ces livres ne sont pas des recueils de nouvelles, fussent-ils thématiques, mais représentent l'utilisation de l'imaginaire – science-fiction *ou autre* – pour alimenter une réflexion. Du coup la SF sort de son ghetto, parce qu'elle n'est plus une fin en soi. Elle est littérature. »

Jacques Boireau, quant à lui, met l'accent sur la richesse et la vérité des rapports qu'il a entretenus (et entretient toujours !) avec les animateurs de la série. Il loue l'ouverture d'esprit « exceptionnelle » et l'honnêteté des deux hommes. Il ajoute que ce qui le fascine « c'est cette passion qui a mené Bernard et Raymond à élaborer un projet *à long terme*, à s'y tenir, à le mener jusqu'à achèvement, parce qu'ils devaient, selon leurs conceptions, agir ainsi, et non parce qu'ils voulaient se faire plaisir... »

Quant à la contribution de Daniel Walther, je la livre ci-après *in extenso*, tant elle me paraît significative d'un état d'esprit qui en dit long sur les rapports auteurs *Mouvance*/éditeurs et qu'on aimerait bien, en tant qu'écrivains, retrouver ailleurs...

MOUVANCE

« Lorsque la science-fiction a recommencé à s'enliser dans ses propres contradictions, dans ses vaines querelles de bandes et de petites églises, je me suis dit que les expériences littéraires que j'avais pu tenter à un moment donné de ma carrière demeureraient sans suite. Nulles et non avenues... Je venais de me faire remettre à ma place par la critique pour avoir trop présumé de la *speculative fiction* dans un roman comme *Krysnak ou le complot* et je voyais venir le moment où je serais à nouveau assis entre deux chaises : celle de la littérature générale et celle de la fiction spéculative. Dans ce combat de nègres dans un tunnel désaffecté, la revue *Mouvance* fut pendant des années, pour moi, l'occasion d'expérimenter littérairement. Après sept nouvelles – dont certaines sont parmi celles que je considère comme mes plus abouties –, je me sens rempli de reconnaissance pour le tandem exemplaire que surent enfourcher Raymond Milési et Bernard Stéphan. Ces deux jeunes hommes ont redonné à la fiction spéculative française une image de marque. Un label qualité-France qui n'a – et je pèse mes mots – pas d'équivalent dans notre domaine, du moins sur le plan européen. (Je parle ici de l'Europe continentale, la Grande-Ile ayant produit des phénomènes qu'on ne lui enviera jamais trop : *God save England !*) D'ailleurs, au moment où j'écris ces lignes, un choix de textes extraits des huit numéros de *Mouvance* doit être programmé par le plus grand éditeur allemand (de l'Ouest) de SF. Je me suis proposé (sans pouvoir y réussir !) de faire la même expérience dans la série *Galaxie-bis,* mais le public auquel s'adressent, dans la majorité des cas, mes livres (ceux que j'édite – et non ceux que j'écris), risque de faire la moue... Passons... Et revenons à nos moutons...

Ma lettre tiendra en quelques mots encore : en un temps où la consommation immédiate a remplacé la réflexion et le plaisir de la lente et précieuse découverte, l'équipe de *Mouvance,* éditeurs et auteurs confondus, a permis au lectorat de science-fiction et de fiction spéculative, de retrouver le sens de la nuance...

Je m'en veux d'avoir été à la fois si long et si court.

Si précis... tellement évasif...

Mais je tiens à le dire et à le redire : *Mouvance* fut, est, demeurera un acte d'amour et de foi envers la littérature que nous pratiquons avec une fidélité qui n'a rien, contrairement à ce que d'aucuns affirmeront, de provisoire...

Bernard et Raymond sont entrés dans la légende de la science-fiction française à un âge où les légendes ne sont encore que des notions bourgeoises.

Raymond et Bernard ont réalisé ce que les éditeurs professionnels considèrent comme un acte d'idiotie : ils ont appelé la littérature par ses noms propres :

ÉTONNEMENT / INCERTITUDE/
QUESTION / RÉPONSE / DIALOGUE/
MONOLOGUE / INVENTION/
EXPÉRIMENTATION / PASSION/
VISION »

Daniel WALTHER, le 26 août 1985.

Repères bibliographiques :

Les livres de la série — ainsi que la brochure *Mouvance : Science-Fiction et Pouvoir : 76-84 : Bilan* — s'obtiennent en écrivant à Raymond Milési, 12, rue de Boismortier, 57100 Thionville, ou à Bernard Stéphan, 41, rue Gouraud, 57158 Montigny-lès-Metz.

L'heure du chat

par Frédéric SERVA et Jean-Pierre VERNAY

> « Capitaines, banquiers, marchands,
> éminents hommes de lettres,
> généreux protecteurs des arts
> Noir, noir, noir,
> tous vont vers le noir. »
>
> T.S. ELIOT.

> « La pendule au mur, que dit-elle ? Tic-tac, tac-tic. Heure ? Paix ? Paix, paix, paix, répète la pendule. L'enfant dort, nous ouvrons les rideaux et contemplons le jardin assoupi : des champs, nous vient le murmure de la rosée qui tombe, nous regardons par-delà les dunes, vers la mer, où l'*Oxenstjerna* lève l'ancre à marée haute, s'efface de nos rêves, de notre savoir, mais toujours bien en vie, toujours bienveillant à nos cœurs – bon voyage ! bon voyage ! bon voyage ! »
>
> Malcolm LOWRY, *Ultramarine.*

Un cargo, peut-être, mais les navires ont leur dignité et leur honneur – les tiens. Il en est de ces nefs armées pour le massacre comme il en est des hommes qui les guident : ce ne sont que des instruments à peine appropriés, en ce sens qu'ils ne servent pas à construire, mais seulement à édifier des choses fragiles qui ne vivent que par elles-mêmes, l'espace d'une collision destructrice entre deux entités semblables. Au regard de la Dame de Nage, ce ne sont guère plus que les collisions aléatoires entre électrons et positons. Un pet dans les histoires que se racontent la Dame et ses mignons.

D'autres nefs existent, qui sont pour les touristes ou les capitaines d'industrie ! Ils n'acceptent pas les soutiers ni les Courageux Capitaines, pensent qu'ils sont capables de tirer des bords sans eux... et grillent leurs cerveaux sur le bûcher de leurs cartes de crédit !

Telle est ta peine, Jèr Molovoï : soutier à bord d'un cargo. Ta peine et ta douleur : ton honneur et ta dignité.

Tes doigts dressés vers un ciel que n'usent pas les années-lumière, sont la mâture du vaisseau. Ton ventre est lourd d'enfants endormis et, dans tes intestins, le fret dort et rêve, proche de l'unité absolue conférée par l'absence d'entropie. Le froid n'existe pas quand on approche du point de fusion de l'hydrogène. Le froid n'existe plus – pour tout autre que toi : soutier.

Jèr Molovoï : ton histoire est celle du cargo. Tu es habitué à sa structure, comme il l'est à la tienne. Tu es le pilote et la nef.

Quand tu penses que peut-être il ne reste rien derrière toi, et que tu es obligé d'admettre la réalité de ce qui t'entoure, il ne te reste d'autre solution que de *lui* offrir des fleurs.

Tu frappes à sa porte :

Elle t'ouvre, par habitude, ou bien parce que ton costume et ta cravate de commis voyageur la rassurent, et te déclare « mon mari n'est pas là, mais il sera là ce soir ». Ton pied dans l'entrebâillement de la porte est en lui-même une réponse. Elle n'insiste pas plus, noyée dans l'ombre de ce mari absent.

Et là, les yeux ouverts sur le froid des reproductions de maîtres accrochées au mur, tu répètes les mêmes gestes désespérés que t'ont appris les fausses confusions, les vrais ennemis, tu esquisses un baiser inutile et tu pleures, peut-être. Jamais elle n'osera regarder avec toi les cargos qui s'envolent dans le ciel orange des usines qui ferment bruyamment, au loin. Jamais les longues cheminées ne cracheront ces fumées que tu désirais, il y a longtemps, pour vous deux. Tu te secoues et tu entres. Tant pis pour elle, tant pis pour toi. Lentement, à pas mesurés, tu te laisses tomber sur ce fauteuil encore chaud de cet autre que tu n'as jamais vu que de loin. Et elle, dont les yeux vitreux seront toujours absents, s'approche et allume le poste de télé. Elle s'assoit. Vous vous endormez.

Et, bien sûr, le premier qui s'éveille – toi. Qui, sinon toi ? – tue l'autre. Mais cela fait également partie de la règle du grand jeu.

Ensuite, tu sors de l'holorêve en titubant, un peu perdu à l'idée de quitter cet univers simplifié où les rapports entre personnes ne se comprennent qu'en termes de conflit. L'autre monde, là, dehors, n'obéit pas aux mêmes règles : il ne comprend pas le rasoir d'Occam, ni ses ellipses abusives. Il repose sur des propositions indécidables, qui sont la preuve même de leur propre existence. Un exemple : Jèr Molovoï est soutier à bord d'un cargo à voiles qui ravitaille les Cités-Sœurs, il aime cette partie de son travail qui consiste à s'occuper des moteurs comme s'il s'agissait d'animaux malades, il ne quitte le bord qu'à l'occasion de virées dans les centres 3DREAM, etc. Il est heureux et ce sentiment est la justification nécessaire à la poursuite de cette existence.

Jèr Molovoï ferme doucement la porte derrière lui. Il tient encore à la main les fleurs que le scénario lui a conseillé d'acheter afin de se mettre en phase avec le programme. Il les regarde, puis les offre à une *traume* en pleine crise. Avec ce geste, il suspend le bail de son rêve.

Il change de trottoir, prend une piste ascendante. Il est redevenu soutier. Dans sa tête, le canal de réception n'est plus le même. Il est désormais question de voiles, de marées, de Grands Récifs et de la Dame de Nage... La Dame de Nage. Trop de fois, il l'a sue à une seule encablure du Ditrivaik. Trop de fois il a perdu la tête alors, trop de fois il est remonté sur le pont pour se jeter dans le vide. Trop de fois. Aujourd'hui, perdu au milieu de cette bande d'asphalte qui longe le port, Jèr M. s'est décidé. Ses pas le mènent droit vers la capitainerie où il sait pouvoir trouver un canot qui l'emportera vers le D. et les marins de la Dame. Adieu la côte ! Adieu, adieu, souhaite-moi bon vent !

Jèr n'a pas pris soin de consulter le grand cahier des entrées qui dit, ce jour, que le plein est fait, que l'air est houleux et mortel. Jèr s'en va vers la mort sans regret; sans savoir, surtout. Et vogue le navire ! Il est déjà mort et le bouquet de fleurs n'aura servi à rien.

Jèr Molovoï et le Ditrivaik. Rien qu'une histoire supplémentaire, un programme élaboré. Le ciel et ses cargos respirent à pleins poumons, forts de leur pouvoir. Le premier rit, amusé par les seconds qui chatouillent ses flancs.

– Pourquoi n'abandonnes-tu pas ? suggère Montecuccioli.

– A quoi bon ? lui répond-il. Tu sais bien que ça ne sert à rien.

– Tu dois avoir raison.

Et Jèr s'en va.

Tire tes bords, matelot. Il reste de la place sur un canot affrété par United Fishes. Le chef de rang oblige les gabiers au teint de cire à se pousser, afin de faire de la place au marin en rade. Ce dernier n'a-t-il pas davantage de droits que de simples étendeurs de voiles ?

Cousu comme un bouton sur la grande chemise du ciel, le Ditrivaik attend, ses voiles gonflées tels fûts en chais. Il ne soucie pas de la folie tranquille qui anime Villedeux, la Cité qu'il nourrit. Il se fout des angoisses des hommes; tout ce qu'il espère, c'est un vent propice, une marée qui puissent le délivrer de son licol.

Jèr ne regarde pas davantage ce qu'il vient de quitter. Il est debout dans le radeau, la tête livrée à la brise iodée. Là-haut, il y a la soute, les moteurs, les bancs de nage, les odeurs mêlées de la fatigue humaine et des lassitudes mécaniques. Là-haut règnent Tête d'Acier, premier maître, et les météorhommes.

Et le Courageux Capitaine, Dame Alhyana Mère-de-tous.

Il part. « Il » : un nom générique, qui désigne à la fois le Ditrivaik, les gabiers, les météorhommes, Dame Alhyana Mère-de-tous et lui, Jèr Molovoï. « Il » : ce point que ceux qui restent sur les quais regardent partir. Un point, rien de plus. N'agitez plus vos mouchoirs, l'horizon se confond avec lui-même et les rêves sont partis, mouettes.

Jèr ne regarde pas Villedeux. Il est debout face aux bancs de nage, mais ne les regarde pas davantage. Plus haut, la résille comme un casque d'or autour de sa tête, le

Courageux Capitaine laisse venir en elle les flux porteurs. Elle est le compas et la barre. Elle est le vaisseau.

Il est temps de regagner la soute, là-bas, près de ces machines qui n'en sont pas vraiment, qui parlent et gémissent leur existence immobile.

Les météorhommes sont là, plus bas, attablés à côté des dispositifs allumeurs, à attendre en jouant au poker que le vaisseau, par malheur, se trouve sur la route de rochers incontournables. Ils jouent plus que leur vie : l'attente. Ils ne prient pas, ne rêvent pas. Les enjeux sont des mondes à naître.

Jèr ne les salue pas; ils ne comprendraient pas ce geste. Que signifie un « Bonjour ! » fugitif quand on est sûr de ne pas avoir de lendemain ?

– Quelle heure est-il ? Quelle heure est-il ?

La machine s'appelle Alpha 12 mais préfère s'entendre appeler A. Juste A. Elle fut construite autour du cerveau d'un chat mort-né.

– Il est onze heures.

– Il était *toujours* onze heures, à une vie près.

Naviguer entre les villes est un exercice trop complexe pour être laissé à des cerveaux qui ont pris conscience de leur environnement. Un chat qui joue par atavisme est bien préférable, parce qu'il ignore où il doit poser ses pattes et ne le fait qu'avec circonspection, une patte après l'autre, juste une, pour se rendre compte de la mouvance du terrain.

– Onze heures. Nous pouvons partir.

Plus bas. Ah ! plus bas, c'est le domaine des soutiers. Jèr Molovoï ôte ses yeux, ses membres, quitte son vieil habit de peau. Le reste n'est qu'une question d'adaptation : redécouvrir les portes de la mémoire, celles qui mènent ailleurs, dans la coque même du vaisseau. Réinvente-toi des mains, mieux adaptées à ton environnement, des jambes pour parcourir l'envers des ponts, des yeux pour remplacer la proue du navire. Et tes couilles, c'est la sainte-barbe !

A un moment donné au hasard de la distribution des cartes, le premier phare apparaît, en même temps que la première question, la plus importante, celle qui définira la couleur des yeux du chat. Ressurgissent alors les pois blancs sur la cravate mauve qui s'est recomposée sans effort, programme toujours ! Sa mallette dans la main droite, les gestes sont lents, empesés, réglés sur le thème de la carte perforée, Jèr est sur le pont, bien que ce ne soit pas là sa place, seule la Dame Alhyana est instruite. Sortant d'un rêve, la Sphinge prononce les mots rituels :

– Prénom : Vladimir; Nom : Oulianov; qualités : compas, sextant.

Elle enchaîne ensuite sur l'aléa :

– ... expient la faute engendrée au cours du Grand Départ. Depuis l'aube des temps...

La Mère-de-tous détourne son regard, elle sanglote doucement. S'approchant du commis voyageur, elle murmure :

– Ouvre ton attaché-case, je ne peux répondre.

Jèr s'exécute, la Sphinge s'évanouit, le Ditrivaik reprend sa route un instant interrompue. Les yeux du chat seront gris.

Jèr s'écarte un instant sur ces chemins que lui seul connaît.

– Quelle heure est-il ?

– Il est onze heures, mais la Sphinge ne reviendra pas.

(A quoi bon ? A quoi bon lui expliquer qu'une Sphinge n'a guère plus d'utilité qu'un journal de bord ? Qu'elle note, annote, connote...)

– Onze heures passées de deux minutes... croit bon de rajouter Jèr.

Il part avant les protestations du chat : « Deux minutes ? ? » Ton éternité n'est pas la mienne, chaton.

Ensuite, la soute et les tubulures de chauffe, l'énergie qui chuchote sa haine d'être domestiquée, les courants d'hélium pris dans les ressacs de l'espace.

Calme. Tout doux... Notre supplice est commun.

Et les météorhommes perdus pour l'univers des hommes. Que vaut un brelan d'as ? Que vaut la vie d'un homme ?

Le travail d'un soutier est d'assurer la maintenance d'un navire : la coque, les ponts, l'équipage, et... le Courageux Capitaine. Hisse et ho ! Un soutier ne s'occupe pas de lui-même.

Bon ! il reste un détail à régler, une broutille à laquelle tu ne penses jamais, peut-être parce que c'est une broutille, justement. Bon ! penses-tu à nouveau, et une bouteille de rhum ! La vigie est à sa place et pendant un instant, il te prend cette envie qui souvent revient de rester là, sous le grand mât, à attendre le moment le plus beau du voyage, la chute de l'homme qui use ses pupilles pour rien, tout est dans l'utilisation prohibée des deux jokers, surtout si ceux-ci s'ajoutent à quatre as ! Mais tu sais que la chute sera solitaire, que personne ne doit assister à cette jouissance réservée à ce foutu Courageux Capitaine. Alors, à regret, tu diriges tes pas vers les écubiers, à l'avant du navire, en songeant au plaisir extrême qu'elle aura à goûter cette cervelle encore chaude. Tu te penches par-dessus bord, prêt à accepter le vide qui ne *doit* pas te prendre. Les ancres sont elles aussi à leur place, disposes.

Jèr sait que les aiguilles de l'horloge se sont d'elles-mêmes replacées sur onze heures. Nom de Dieu, le petit chat n'est pas encore mort ! Onze heures passées de quelques secondes, maintenant ! Dans sa cabine, la Dame Alhyana doit l'attendre.

Montecuccioli sort de sa léthargie. Jèr a de plus en plus de mal à contrôler cette présence.

– Toujours fidèle au poste ? Pour combien de temps encore ? Et ta conscience ne te tourmente pas ?

– Idiot, tu poses des questions stupides, on dirait la Sphinge. Ma conscience...

– Je suis vraiment con, hein ?

– Con ? Con ? Qu'est-ce que ça veut dire ? Cela a-t-il de l'intérêt ?

– Tu préférerais que je me rendorme ?

Jèr s'étire, il doit reprendre sa course monotone, retrouver les météorhommes, A., puis le Courageux Capitaine...

Pour des raisons différentes, le Courageux Capitaine et les soutiers SONT le vaisseau. Un navire est comme le traité d'un philosophe : il va d'un point à un autre sans s'embarrasser de ce qu'il y a au milieu. Les moyens du voyage importent peu, ni les... êtres qui permettent ce voyage.

La première alerte ne surprend personne. Jèr perçoit le fatalisme de celui qui laisse tomber ses cartes sur la table et se dirige vers les dispositifs allumeurs. L'envol d'un météorhomme est comme celui d'un cormoran : il est toujours dur d'arracher à la gravité un de ses fils privilégiés. Et puis, le vol. Sur les sillons des vents de l'espace, il chante sa joie d'être enfin libéré, et il crie. Il crie. L'enjeu est sa vie. Le rocher fou qui vient de croiser la route du vaisseau se réduit en grains de lumière. Et lui, mon Dieu ! sert de metteur en scène.

La partie de poker a recommencé.

Le destin du météorhomme est de gagner sa mort.

Jèr parcourt le vaisseau brièvement illuminé. La vigie est là-haut, dans son univers d'images, tout en yeux. La Dame de Nage est quelque part devant, inconnue, inaccessible, sauf pour ceux qui savent regarder. O Dame ! ne pourrais-tu croiser notre route ? Ne pourrais-tu, une seule fois, nous laisser voir ton visage ? O Brouillard ! ton opacité ! Jèr, en cet instant, ne souhaite qu'une chose : que ses pensées puissent continuer à errer sans contrainte, que son rêve se poursuive, Dame de Nage irréelle et si belle, et que cet idiot de Montecuccioli, qui n'a en fin de compte rien à surveiller, ne quitte pas l'enveloppe de Tête d'Acier pour revenir le hanter. Lorsque la monotonie du voyage l'enlève pour le mener vers la Dame, Jèr oublie que cette présence, inopportune, est nécessaire. Il croit alors n'être qu'un passager à bord d'une croisière luxueuse, dont le but inavoué est bien de vérifier la véracité d'une croyance selon laquelle la plus belle des femmes vit ici, égarée, attentive et impatiente d'une présence. Les déserts entre les villes et la longue course solitaire des cargos...

Mais le spectre revient, il sait s'évader de ce corps immobile enfermé au plus profond des cales, et qui mêle sa chair, son sang, à celui du vaisseau, pour lui assurer une cohésion. Le spectre revient, il ne faut pas laisser Jèr trop longtemps au creux de ses projections, de ses souvenirs, de ses désirs :

– Réveille-toi, il est temps ! Il est déjà onze heures !

La vigie, de son perchoir, jette un coup d'œil au point de résurgence du soutier. Alpha 12 et ses maudits espions ! Jèr pousse un juron, le chat va s'apercevoir de cet écart par rapport à la norme. Onze heures, onze heures, onze heures, la Dame de Nage *est* le Courageux Capitaine, petit chat ?

– Quelle heure est-il ?

Repose-toi, chat. Il est onze heures et tout baigne. La roulette est lancée, on ne mise plus. Chaton, use tes griffes sur le velours de l'espace; ce voyage est ta vie, la seule que tu auras jamais.

– Il est onze heures et pas une minute de plus.

Et toi, Jèr, tu sens la réponse ronronnante du félin mort-né.

Ronzheures, ron.

Alhyana Mère-de-tous est dans sa cabine, isolée. La résille d'or autour de sa tête bourdonne doucement. Elle est en grande discussion avec la Sphinge, mais ses yeux ne sont pas tournés vers elle.

– Peux-tu me dire... Nous naviguons vers une des Cités-Sœurs et je ne me rappelle plus les précédents voyages. Pourtant, je connais Villedeux et la Tierce-Bourgade. Je connais les vertes collines d'Antananarivo, les plaines chantantes de Rosendaël, les fleurs que l'on cueille à l'orée du Main et qui vous laissent leur sang sur les doigts... Je connais... Oh ! (elle se tourne vers le nouvel arrivant) Soutier, tu n'as pas le droit de troubler mon repos.

Jèr s'efface. Il entend à peine le commentaire (la réponse ?) de la Sphinge :

– Villedeux-Fains la Folie. Un seul voyage pour combien de vies... Fains la Folie : ton arrivée et ton départ. Sois chat.

Alpha 12, dit Jèr, mais il n'a pas vraiment besoin de prononcer les mots. Il est soutier; la structure du vaisseau est son propre organisme.

– Oui. (Ron.)

– Chaton... chaton.

Souvent, tu as vu des chats s'éveiller, avec l'impression qu'ils recréent le monde, qu'ils réinventent *ta* réalité et la font coïncider avec ce qu'ils pensent, eux. Mais là, ce sont des capteurs d'environnement qui reviennent à la vie, des senseurs liés à un cerveau qui baigne dans un liquide nourricier.

– Roui ? Quelle heure ?...

– Chaton, te souviens-tu de ce que tu étais avant ? (Mais Jèr regrette sa question. Avant ne signifie rien quand on ne connaît que l'instant présent.) Laisse tomber, chaton. Il est onze heures et tout va bien.

Onze heures. Comment peut-on imaginer qu'un chaton se soucie de l'heure ? A moins que... que : Pérouges, Escarmin, Entrances, filles de tes voyages, Aumur, Endance, où êtes-vous ? Que sont vos âmes devenues ?

Reste-t-il quelque part une partie de vous qui ne soit pas incluse dans l'esprit d'un chat mort-né ?...

Sur le pont : Alhyana.

Gomme ces noms de ta mémoire. As-tu déjà essayé de laisser sur un rivage une trace quelconque ? Des pas. Des mots gravés « à tout jamais » sur les rochers. As-tu goûté « l'odeur du temps » ?

Jèr : et là, en bas : Tête d'Acier, qui surveille et supervise, grotesque marionnette à l'intérieur de laquelle Montecuccioli se trouve bien, enfermé dans ses rêves de grandeur.

Une impulsion ? Le palier suivant ? Respecte le programme, va-t'en retrouver cet... tu ne sais comment le nommer, car tu ne sais faire autrement, en présence de ce cercueil, que juger, et bien sûr, tu portes le lourd fardeau de la négation, du rejet. Mais pourquoi pas ? Juger ? Et alors ? Et merde, non ? Après tout, cette caisse de métal, parallélépipède rectangle haut d'un demi-mètre, et dont on peut deviner les ramifications, innombrables petits guerriers au service d'un unificateur omniscient, omnipotent, est répugnante. Le dégoût t'envahit, en guettant les mouvements de ces troupes, de ce qui t'apparaît comme un rassemblement de soldats, et qui n'est en fait qu'une cour des Miracles, marionnettes, encore. Mais qu'as-tu en face de toi ? Une hydre, une pieuvre, une fourmilière ? Une fourmilière. C'est peut-être là l'image la plus juste, la moins fausse, en tout cas. De tous les points du vaisseau arrivent les informations qui permettent à ce corps embaumé d'assurer la vie de ce monstre de Frankenstein immense, Villedeux-Fains la Folie, une éternité d'arrêt ! Car les matériaux ont besoin de ce ciment que prodigue la momie pour devenir vaisseau, ont besoin de cette nourriture de sang et de tripes pour rester cargo.

Soudain, tu t'énerves, tu cries, tu hurles, tu songes même à te saisir d'une barre, arme improvisée dont tu pourrais te servir pour attaquer cette... Tête d'Acier. Bien sûr, ce n'est qu'une manœuvre dont on peut lire les instructions dans le manuel du soutier – y en a-t-il seulement un ? – et qui te permet d'éveiller l'intérêt de ce ver qui rampe au creux de cette... Tête, de cette conscience qui aime à faire la navette entre son nid et son hôte obligé. Car tu as besoin de lui, il te faut faire le point chaque fois que ta pendule interne indique onze heures, et il est presque constamment l'heure du chat, Sa Majesté A., premier et dernier du nom. Bientôt le voyage prendra fin.

– Calme-toi, calme-toi !

– Tu es là ? Merci. J'ai remarqué une voie d'air à la proue, à tribord, en dessous de l'écubier. Rien de grave, elle se situe au-dessus de la ligne de flottaison. Donne des ordres tout de même, je préférerais qu'elle ne s'élargisse pas.

– A., quel matériau commander ?

– Tu sais ça mieux que moi. Salut !

– Attends !

Sans répondre, tu rejettes l'intrus. Il est grand temps de remonter sur le pont, Fains la Folie n'est plus qu'à quelques encablures. Tu redoutes ce moment éprouvant, cet instant où tu te retrouves à l'air libre, en fin de parcours. Tu sais qu'alors les embruns ne suffisent plus à contenir l'appel du vide... Et la tentation est forte, tu n'as pratiquement plus à bouger, à surveiller... Mais il te faut aller jusqu'au bout du programme.

La Dame de Nage n'a jamais été en vue pendant le voyage. Par contre, les Papillons, ses favoris, ont accompagné le vaisseau une longue partie du trajet. Peut-être ressentent-ils confusément que les ailes de leurs frères ont servi à la construction des voiles. Peut-être sont-ils attirés par la présence d'une masse inhabituelle qui voyage entre les Cités. Peut-être... mais ce sont des Papillons et celui qui ne vole pas dans les torrents du vide ne saurait comprendre leurs instincts volatiles.

Jèr passe dans les mâtures. Les ondes qui émanent de Fains la Folie dansent sur la peau tendue des voiles enceintes de nombreux voyages. L'arrivée... Un soutier ne peut pleurer; ses glandes lacrymales n'existent qu'à l'état d'hypothèse. « Chaton... », pense Jèr. Il parcourt les cales, contemple un instant les atouts des météorhommes et revient dans la soute.

La résille d'or autour de la tête de la Mère-de-tous répond à l'appel du phare de Fains la Folie. Elle se métamorphose en aurore australe, puisant sa chaleur dans le cerveau de son hôte. Dame, oh Dame ! ces passagers qui dorment dans leurs caissons pareils à des tombes esquimaudes et ces mégatonnes de matières premières comprimées valent-elles ta condamnation ?

Ton cerveau est ouvert à tous les vents et tu sèmes sa matière. Tu nourris des mondes et leur amènes des habitants. Ils ne te connaissent pas; ils ne peuvent te connaître autant que Jèr.

La parole est la première à disparaître. Les autres sens suivent. Le comportement ne tarde pas. Et toi, Dame, tu es là, comme la statue de Vénus callipyge, avec une flaque d'humeurs, de merde, qui va s'élargissant sous toi. Tes yeux pleurent le sel de ton corps. Tes pores s'ouvrent avec le port de Fains la Folie. Les vannes de ton existence sont grandes ouvertes. Dame !...

Pourquoi cette vie, et cette mort, que toi seul, Jèr, tu connais ?

Dame ! tu m'accompagneras de nouveau sur les sentes du vide. Nous cueillerons ensemble les airelles et les mûres, nous verrons l'envol sublime des météorhommes et nous discuterons de l'heure qu'il est, de l'heure qu'il sera toujours pour toi, une fois qu'ils t'auront reconstruite différemment, qu'ils auront pris ce qui reste de ton cerveau, le chat qui ronronne en toi.

Chaton... Ma Dame !

3DREAM. Le mot clignote en lettres de sang au creux de ton crâne. 3DREAM. Aboutissement, départ; naissance et mort.

Ditrivaik, fidèle compagnon, animal vivant, ton immobilité me fait mal ! J'aperçois déjà le canot qui m'emportera loin de toi, de ta vie suspendue. Le Rêve m'attend et avec lui l'obligée détente censée atténuer mes remords, mes angoisses. A moi le scénario stupide, l'apparence du voyageur de commerce, la cravate, les fleurs, la Mère-de-tous grimée que je dois trucider !...

Mais bientôt le prochain départ...

Vol de nuit

par Paul David

(traduit du linéaire BZ)

J'ai décollé exactement à 23 h 01 GMT (1), le cœur oppressé à l'idée de la fantastique mission qui m'a été confiée. Je survole à présent le jardin de tulipes, en direction des bâtiments résidentiels. Pourquoi moi ?... Certes, je suis la promotrice du système d'approche A.S., experte du pilotage en zone polluée, sans rivale pour l'atterrissage en douceur, championne incontestée du camouflage, spécialiste chevronnée du prélèvement. La nuit est calme. Beau temps, un peu sec. Aspiration nulle. Dépression tourbillonnaire négligeable. Champ U à 0,0006 micropopauls, ondes K et Z négatives. Onde $\leqslant$: 1,0307 millilëonces. Température oscillante : 21025 à 21034. Fréquence chordotonale réglée sur UT 4. A la traversée de la route, l'odorimètre accuse un léger fléchissement.

L'ombre formidable du paraboloïde de Golstone, portée par la lune, dessine sur le sol de ciment une immense corolle, hérissée d'un pistil en forme de quadripode. L'aire de la station n'émet aucun bruit et paraît stérile (odorimètre à zéro) à l'écart des installations techniques, les pavillons d'habitation sont encore éclairés. Comme d'habitude, j'entre par la fenêtre... Les instruments s'agitent. Je dois corriger la sensibilité des paramètres : barométriques

(1) General Mosquito's Time.

en baisse, caloriques et odorimétriques en hausse. Ondulatoires sans changement.

Oui, le Gros est là, déjà couché, mais bel et bien éveillé !... Au plafond, j'aperçois mes petites sœurs kamikazes, posées mais frémissantes sur leurs longues pattes, fragiles cœurs vivants dans le désert du monde... Misère, un plafond BLANC !... Pff !... Au point où en sont les choses !...

Un petit tour de reconnaissance, accompagné d'une guirlande finement tressée autour de mes compagnes d'armes, strictement disposées en ordre H. Mais le temps n'est plus aux jeux gratuits ni aux acrobaties frivoles. J'atterris en ASM sur le papier peint chamarré du mur du fond, côté armoire, en position d'attente longue...

. . . .

D'après nos mythes (il convient ici de bien insister sur l'orthographe !), au commencement était la Vase. Le Grand Cousin Oscar en aurait sorti l'œuf zygotique primordial, lequel donna naissance à la Première Tribu Volante. Le ciel, la terre, le soleil et les étoiles furent créés bien plus tard, à la suite du brassage continu des eaux du marais primitif par nos lointains ancêtres, et de la lente accumulation des bulles à la surface. La Grande Cousine Berthe, compagne mythique d'Oscar, se serait séparée de ce dernier, à la suite d'une querelle conjugale. Par dépit, elle aurait tricoté la première libellule, le premier oiseau et le Plasmodium.

Le physicien Léonce, dans l'année du Poisson Mort, aurait ensuite mis au point l'acupuncture. Cette invention coïncida évidemment avec l'apparition du Gros, apparition qui, dès lors, assura définitivement (du moins le croyait-on !...) la pérennité de notre race et la stabilité de notre civilisation. Plus rien ne restant à inventer, on pensa avoir touché enfin à l'extinction de l'Histoire, la vie se déroulant au fil des jours avec une mécanique régularité et une désespérante monotonie. Mais vers 13584 zygotique (ou, si l'on veut, en l'an 1450 BC du Gros), sainte Culexine découvrit fortuitement, à l'occasion d'un banal prélèvement, le célèbre Point Q, sur le méridien du Vaisseau Gouverneur (1).

Cette révolution, que l'innocente Sainte Culexine avait provoquée sans la vouloir, faillit coûter cher à notre espèce. Toute la pauvre science du Gros se diffusa quasi instantanément dans nos rangs, bouleversant nos idées, ébranlant l'édifice marmoréen de nos connaissances et menaçant nos traditions. Certes, nous ne pouvions guère espérer, au moins à cette époque, bénéficier d'un quelconque apport technique, de la part de gens qui ignoraient jusqu'à l'aviation. Mais, on ne put éviter, surtout au début, les quiproquos et les interprétations abusives. Par exemple, nos experts logiciens eurent un mal de chien à mettre en place la notion d'anges, chérubins, séraphins, succubes, incubes et autres espèces volantes imaginaires, pendant que nos escadrilles spécialisées en recherchaient vainement la trace dans le ciel. A fortiori, le sexe de ces êtres étranges, qui semblaient faire l'objet de discussions pathétiques chez les Gros de l'Ouest, constituait pour nous un véritable casse-tête.

Au demeurant, Arts et Sciences « appliquées » nous apportèrent peu de choses. Par contre, la mode de la philosophie se répandit chez nous et y causa des ravages. La théologie du Gros engendra des discussions passionnées qui se terminèrent par une guerre entre Oscaristes-intégristes et néo-Bertho-Chrétiens. Bien plus tard, nous eûmes des problèmes du même ordre à propos de l'affaire Dreyfus.

Pendant ce temps, les Gros commencèrent à couper les arbres, assécher les marais et construire des égouts. Récemment, ils lancèrent la DDT, dont nous nous rendîmes, il

(1) Ce syntope remarquable permet, ainsi que chacun le sait, le pompage chromosomique et le prélèvement classique simultanés. Ce processus a depuis longtemps été analysé par nos savants, qui en ont démontré le mécanisme relativement simple : les ondes K, issues du point HO (terminologie du Gros Jaune), circulent dans les dromies antérieures passant par les points Yu, Yong et King, en se chargeant successivement d'énergie dermotope convergente sur le point Q. Le vaisseau du triple réchauffeur, lui, draine les ondes Z négatives à travers le cerveau du Gros, accumulant par induction la matière chromosomique. Celle-ci passe directement dans notre organisme par transfert inverse diploïde, à condition que les éléments Bois (montants du lit), Feu (estomac) et Nacre (boutons de pyjama) au moins, soient représentés dans le champ induit.

est vrai, assez rapidement victorieux. Mais l'inquiétude, dès lors, s'était emparée des plus avisés d'entre nous. Lorsque ceux-ci voulurent alerter le Grand Conseil Zygotique, ils trouvèrent ce dernier quasiment démobilisé. En effet, ses membres, intrigués par une phrase récemment trouvée au cours d'une transfusion (il s'agissait de la phrase suivante : le rire est le propre du Gros), s'employaient à traduire en linéaire zigzagant BZ un ouvrage de Bergson sur ce sujet. Enfin, nos édiles s'émurent et prirent, si l'on veut bien me pardonner l'expression, « le taureau par les cornes ». On tint des réunions d'experts, on nomma des commissions. Puis, il y eut le congrès d'Aigues-Mortes, en 1964 G, et le symposium de l'étang de Thau à Bouzigues, durant l'été 1972 G. Si le colloque de Sigean en août 1980 G regroupa seulement quelques millions de spécialistes, lors du Grand Forum des Saintes-Maries-de-la-Mer, on dénombra plus de 61 milliards de délégués, venus de tous les horizons de Camargue, du Vaccarès et d'outre-canaux (au cours de cette assemblée, 375 litres de sang frais furent prélevés rien que sur les plages de l'Espiguette). Les missions scientifiques, chargées de sonder le crâne des Gros les plus importants, présentèrent leurs rapports, lesquels dévoilèrent toute l'étendue du désastre et l'inconscience de nos dirigeants. Les Gros, en effet, avaient changé. Leurs philosophes ne ratiocinaient plus depuis longtemps sur le sexe des anges : à présent, leurs physiciens s'interrogeaient sur le degré de conscience qu'il convient d'accorder aux nucléons et sur le psychisme des « quarks ». Leurs gouvernants politiques manœuvraient à la godille entre les révolutions et les campagnes électorales, tandis que leurs militaires engrangeaient aveuglément de nouvelles armes toujours plus meurtrières. Mais, plus grave, leurs chimistes, leurs biologistes s'acharnaient à composer de nouvelles formules en vue de notre destruction totale. Leurs urbanistes et leurs industriels s'occupaient à bétonner, à goudronner, à assécher les marais et les étangs. Partout, on s'obstinait à nettoyer, à « désinfecter », à « aseptiser ». Même en rase campagne, les agriculteurs s'entêtaient à saupoudrer les plantes et la terre elle-même des poisons les plus divers. Les informations recueillies de toutes parts s'amoncelaient par milliers dans nos mémoires BZ et convergeaient vers une autre constatation certes inattendue mais non moins épouvantable : le Gros n'en a sans doute plus pour longtemps !... Même certains d'entre eux avaient fini par entrevoir l'aberration dans laquelle ils étaient tombés : çà et là, de faibles voix s'élevaient pour dénoncer l'accumulation ininterrompue d'armes apocalyptiques, la surpopulation, les déséquilibres économiques, l'épuisement prochain des ressources naturelles, sans compter les vices mineurs comme la drogue, l'alcoolisme, le terrorisme et la médecine, qui commençaient à entraver sérieusement le libre jeu millénaire de la sélection naturelle... Un délégué venu de Finlande fit sensation en révélant publiquement la dernière lubie du Gros : « Ils veulent partir !... Ils ont déjà envoyé quatre Gros sur la Lune, ce monde stérile entre tous où le Cousin Oscar lui-même n'a jamais pu s'installer !... » Bien entendu, dans cette sinistre éventualité, il devenait clair qu'à plus ou moins long terme l'existence même de nos champs de pompage traditionnels se trouverait compromise et que, par voie de conséquence directe, leur disparition entraînerait la nôtre à plus ou moins brève échéance.

Au cours du dernier congrès de l'exécutif Zygotique à Valras-Plage, en 1983 G, les Hautes Autorités définirent clairement un plan d'action en quatre points :

1. D'abord : PRENDRE CONTACT
2. INFORMER
3. PROPOSER
4. Eventuellement : MENACER

Dans les propositions, on devait faire ressortir au Gros nos intérêts communs, la nécessité pour nos deux civilisations de marcher « la mano en la mano », l'avantage qu'il aurait à commercer avec nos peuples et nos tribus. Intérêt sociologique de notre système : natalité, stabilité, continuité, sérénité, humilité, humidité, charme des nuits d'été, etc. Intérêt scientifique : connaissance des champs d'ondes K et Z (certains allaient jusqu'à proposer la livraison du code $\lesssim$!). Intérêts culturel et artistique : mythologie Oscarienne, poèmes d'odeurs, musique infra et ultrasonique, etc. Aide technique enfin, par transfert rétropompe chromosomique, susceptible d'être apportée par nos savants à sa civilisation chancelante.

L'interlocuteur fut soigneusement trié sur le volet : une fois écartés les chefs d'Etats, ministres, dirigeants de partis, de religions, les industriels, commerçants, paysans, philosophes, militaires et artistes peintres, il restait évidemment les poètes et les astronomes, les premiers s'éliminant d'eux-mêmes vu leur trop forte teneur alcoolémique. Et, après maintes recherches et tergiversations, le Pr Giuseppe Cocconi, du Deep Space Network, Goldstone (California, U.S.A.), et co-promoteur du projet OZMA chargé de rechercher d'éventuelles intelligences dans les espaces interstellaires, fut définitivement désigné.

Il m'échut l'insigne honneur d'établir le premier contact.

Cette extraordinaire mission, quoi qu'il puisse advenir, quoi qu'elle puisse coûter, je la mènerai jusqu'au bout, avec dignité, avec courage, et si possible, avec efficacité.

. . . .

23 h 501^5 GMT (H = 0,00) : La lumière s'éteint. Planquée derrière l'armoire, je sais l'épaisseur de la nuit, la fluidité oléagineuse de l'air, la densité du silence. Déjà, les petites sœurs héroïques se sont détachées du plafond et sculptent des arabesques invisibles. A H + 5, je suis informée par le canal Z de l'endormissement prochain du Gros.

Je m'élance à mon tour dans la nuit plutonienne, et trace à haute altitude le hiéroglyphe sacré,  , en le guillochant finement. Premier passage de reconnaissance à moyenne hauteur (celle de l'interrupteur) puis, piqué sur l'objectif. Je traverse la première ceinture des odeurs, qu'un exécrable humoriste, sans doute influencé par la « Gross-Kultur », a appelée la « ceinture de Vent d'Haleine ».

L'énorme planète flasque, grasse, suante, gît sur le dos, un bras et une jambe vulgairement étalés en dehors du drap. Allons, le chantier n'est pas mal installé !... Deux des petites sœurs procèdent délicatement à l'inoculation du liquide anesthésique, sur le cou-de-pied et dans la partie tendre du poignet (exactement aux points 31 et 124). Il s'agit en somme de placer le sujet en état de narcolepsie légère. Par ailleurs, mes tendres compagnes remplissent un rôle de bouc émissaire, dans le cas où l'affaire tournerait mal. Le « splash » fatal et sans phrases sera pour elles, si quelque événement fâcheux...

Moi, je dois trouver la région du point Q. Faire pivoter le corps sur le flanc, en tournant au-dessus de l'oreille moteur à plein régime, n'est qu'un jeu d'enfant. Il convient ensuite de profiter au maximum de la phase de demi-inconscience afin de capter – pour ainsi dire « au vol » – l'esprit du sujet naturellement orienté, compte tenu de ses activités scientifiques, vers les problèmes de communication.

Atterrissage à H + 12. Je me trouve exactement au point Q. Maintenant, je sais que rien ne pourra plus m'arrêter...

D'abord, piquer la première série de signaux élémentaires d'appel : Bip, bip, bip, bip...

. . . .

Ensuite, en clair, une série numérique simple : selon l'hypothèse contenue dans le plan, le Gros doit enregistrer inconsciemment les messages, et les rappeler à sa mémoire au moment du réveil. Par mesure de sécurité, on double l'appel, par piquetage de points visibles (pompages successifs). Quelques figures géométriques simples, dont le « théorème de Popaul » (ou, en « Gros », théorème de Pythagore), feront l'affaire.

Mes compagnes de mission pompent, pompent. J'inscris, en code binaire, cette fois, l'appel solennel :

La masse gluante et puante a bougé. Je me cramponne fébrilement et, à la vitesse d'une machine à coudre, j'inscris le début du message suivant :

Ah, Soleils ! mille soleils d'argent fondu ! Hiroshimas de lumière ! Tempête de chair, buissons de poils en furie, raz de marée de drap blanc... BLANC !... MERDE !... Une ombre immense se dresse, plus formidable que l'ombre du radiotélescope de Goldstone : l'ombre gigantesque d'une main...

Non ! NON ! Professeur ! Attendez ! Ecoutez, professeur ! Une seconde ! Une toute petite seconde ! C'est idiot, trop idiot ! Arrêtez ! Il y va du sort de nos deux civilisations ! Comprenez, professeur ! Par tous les paluds du monde ! Par le Grand Cousin Oscar ! Par sainte Culexine ! Compr

Joyeux Noël, mes chéris !

par Connie Willis

D'entrée de jeu, ma nouvelle compagne de piaule me déballa l'histoire de sa vie, avant de remettre ça avec le contenu de son estomac, une attention dont ma couchette se serait volontiers passée. L'Enfer, c'est les autres. Je sais, si je me trouvais coincée avec la misérable greluche, je ne pouvais m'en prendre qu'à moi-même. A qui la faute, si la petite chérie à son papounet avait dégringolé la pente fatale du j'm'en-foutisme au point de réintégrer le dortoir des bizuts où le dirlo la laisserait mariner tant qu'elle n'aurait pas manifesté la volonté sincère de remonter le courant ? Le salaud. Ce n'était tout de même pas une raison pour me coller dans le carré de l'Assistance, au milieu d'un ramassis de pucelles fraîchement débarquées des colonies frontalières – des saintes nitouches de la plus vile espèce. Les petites mijaurées issues des pensionnats de luxe, c'est quand même autre chose, même si la plupart ont le cerveau dérangé. Ça zig-zigue à mort dans les taules cossues. Et ça ne demande qu'à apprendre.

Avec celle-là, j'étais servie. Jamais vu un piston au travail de sa vie et le principe du vagin denté, sûr qu'elle n'était pas mûre pour comprendre. Moche à faire peur, en sus. Des tifs taillés comme les siens, à la tronçonneuse, j'aurais juré que ça n'existait plus depuis des lustres, même chez les mômes des frontaliers. Zibet, c'était son nom. Orpheline de mère. Originaire d'une colonie perdue au diable vauvert, un trou, le lieu-dit Saint-Gerbier-des-Joncs, elle avait trois sœurs et son père l'avait assez vue comme ça, à ce qu'il semblait. Le tout jeté avec une impétuosité bafouilleuse, la marque d'un désir de franche camaraderie, je suppose, et vlan, aussi sec elle me balance son déjeuner dessus, pire, sur mes merveilleux draps en aiguilles de *pinus erectus* flambant neufs.

Ces draps étaient l'unique souvenir agréable du bagne où Papounet m'avait expédiée pendant les vacances dans le but avoué de me tremper le caractère. Abandonnée en pleine forêt d'*erectus* en compagnie des bons sauvages, j'étais censée ruminer l'amère leçon d'une année de turpitudes. Dieu merci les bons sauvages ont d'autres cordes à leur arc, outre le tissage de cette matière géniale, impalpable comme de la plume d'ange. Ceux qui n'ont jamais zig-zigué sur des aiguilles de *pinus erectus* ne connaissent rien de la vie. Je sais ce dont je parle. Ce coup-ci, j'allais pouvoir épater Brown, toute frétillante que j'étais à la perspective de l'initier à mon nouveau paradis.

Et cette petite dinde qui ne cessait de geindre entre deux hoquets combien elle était atterrée, vraiment. Sa figure devint rouge, puis blanche, puis rouge, un vrai gyrophare; d'énormes larmes de crocodile lui jaillirent, glissèrent et s'aplatirent sur le gâchis.

– C'est la navette, couina-t-elle. Je supporte mal.

– On voit ça. Arrête de chialer, bordel. Ce n'est pas un drame. Vous n'avez donc pas de machines à laver à Saint-Gerber-du-Jonc ?

– Gerbier-des-Joncs. C'est une source naturelle.

– Tu en es une autre, mon ange. (Je me penchai et, saisissant les draps aux quatre coins, j'en fis un ballot.) L'incident est clos. La pionne du dortoir s'occupera du reste.

Elle n'était pas en état de descendre les draps elle-même et si je la laissais y aller, Big Mother jaugerait d'un coup d'œil son museau dévasté et m'affecterait illico une nouvelle compagne. Celle-ci était loin d'être parfaite, d'accord. J'entendais déjà les pleurs et les grincements de dents quand on s'enverrait en l'air, Brown et moi, sur mes nouveaux draps miracles. Elle n'était pas du genre à terminer bien tranquillement ses devoirs du soir, comme si de rien n'était. Cela dit, j'avais échappé au cauchemar, une lépreuse, une barrique ou une obsédée qui aurait profité de ma position vulnérable pendant que je ramassais la literie pour me renifler le berlingot.

D'un autre côté, j'étais mal barrée. Affronter Big Mother dès le premier jour, ce n'était pas de bonne politique.

Pourtant je refusai de me laisser abattre. Je dégringolai vivement les escaliers avec l'ignoble baluchon et sans me démonter, je frappai chez la pionne.

En voilà une qui a oublié de passer à côté. La preuve, le coup du vestibule. C'est un local grand comme un cagibi où la garce vous fait poireauter avant d'ouvrir. Ça fonctionne sur le principe du piège à rats avec un petit quelque chose en plus, mettons la touche personnelle. Trois miroirs géants dont l'acheminement depuis la Terre a dû lui coûter une année de salaire. C'est donné, eu égard à l'efficacité redoutable du machin. Qu'on se figure la sauterelle coincée dans ce réduit à mijoter dans son jus, face aux miroirs qui révèlent la jupe de guingois, le cheveu triste et la lèvre supérieure luisante de sueur, indice d'une trouille carabinée. Dans le meilleur des cas, vous en avez pour cinq bonnes minutes. Quand elle daigne se manifester, la fille est prête à mordre les tapis, à moins qu'elle n'ait déguerpi. On dira ce qu'on voudra, Big Mother n'est pas née d'hier.

Moi, j'avais la conscience pure et l'ourlet décousu, comme d'habitude, aussi les miroirs me firent autant d'effet qu'une étable à un cheval. Elle m'a tout de même possédée à l'usure. Cinq minutes dans ce placard sans aération avec une paire de draps puants, c'est dur. Mais j'avais mon laïus tout prêt. Inutile de lui rappeler qui j'étais. Le dirlo avait dû lui fournir un dossier délectable. De même, il semblait superflu de reconnaître que ces draps étaient les miens. Non, la bleusaille avait vomi ses tripes sur ses propres draps, c'était mieux ainsi.

Quand elle ouvrit, je lui fis mon bon gros sourire.

– Ma compagne de chambre a un petit problème, annonçai-je. C'est une nouvelle. Elle s'est sentie toute chose pendant le trajet en navette, et...

Je m'attendais au couplet classique sur le caractère sacré des fournitures, tout doit être recyclé, toujours, la propreté c'est la vie, etc., les conneries qu'on vous balance pour un oui, pour un non, sur ce putain de campus. Je me trompais.

– Que lui as-tu fait ? demanda-t-elle.

– Moi ? C'est trop fort ! La petite cochonne, en l'occurrence, ce n'est pas moi, c'est elle. Qu'est-ce que vous croyez ? Que je lui ai fourré mon bras dans la gorge jusqu'au coude ?

– Tu aurais pu lui ouvrir des horizons. Samouraï ? Alcool ? Dope ?

– Bordel, elle débarque. Elle entre, elle dit qu'elle arrive de Saint-Mords-moi-le-nœud, elle dégueule. Point final.

– Alors ?

– Alors quoi ? Dites donc, j'ai peut-être l'air fabuleusement dévergondé, mais vous ne me ferez pas croire qu'une bizut aura le cœur soulevé rien qu'en me regardant.

A en juger par sa grimace, on voyait bien qu'elle n'était pas du même avis, la pionne. Je lui balançai mon ballot sur les pieds.

– Démerdez-vous comme bon vous semble. Je m'en fous. Mais la gosse a besoin de draps propres.

Ses yeux s'abaissèrent sur le corps du délit. Son visage prit une expression presque indulgente, comparée à celle dont elle m'avait gratifiée.

– On ne recycle pas avant mercredi, dit-elle. D'ici là, elle dormira sur son matelas.

Bonté divine, avec tout le kapok qui se balade dans le paysage, elle aurait eu le temps de tisser un trousseau complet. Je ramassai mon fourbi.

– Va te faire mettre, salope.

Pour ça, j'écopai de deux mois de régime sec, assortis d'un rancard avec le dirlo.

Je descendis au troisième, à la buanderie, et fis le boulot moi-même. Ça coûte la peau des fesses. Pardi, vous avez enfreint le règlement et ils espèrent vous inculquer la conscience aiguë du tort que vous causez à l'environnement délicat. Je me marre. L'environnement est à peu près aussi délicat que le minet d'une rombière de troisième cycle. Quand le vieux Moulton s'est payé d'occase cet Enfer N°5, c'était avec l'arrière-pensée complètement idiote de ressusciter ses souvenirs en y installant un bahut tout semblable à celui de sa belle jeunesse. Pourquoi son choix s'était-il porté sur ce caillou rebutant ? Personne n'a jamais su. M'est avis qu'un point Lagrange devait lui courir sur le coquillard.

Le type de l'agence avait dû mettre le paquet, risette et baratin du dimanche, pour convaincre le vieux que l'Enfer ressemblerait bel et bien à Ames, Iowa. Encore ont-ils apporté de substantielles améliorations technologiques depuis l'âge héroïque, sinon nous serions tous en train de planer autour de cette saloperie. Seulement Moulton ne s'est pas contenté de plier son nouveau gadget aux lois de la gravitation, d'y installer l'eau courante et d'embaucher une poignée de profs compétents. Il voyait grand, le bougre. Un campus de grès rouge, un terrain de foot et des arbres, des arbres, des arbres ! Un gouffre de fric. Résultat, une boîte tout ce qu'il y a de chic, hors d'atteinte des rejetons malpropres du peuple, hormis les bénéficiaires de la philanthropie Moulton. Pour le reste, c'est gosses de riches ou pupilles cartellisées. Dame, du temps de Moulton, on n'avait pas encore inventé le sac en plastique, l'infâme réceptacle où les connards peuvent décharger leurs frustrations paternelles. Son truc à lui, ce fut d'édifier un collège. Et nous voilà, perdus dans la soupe cosmique, en proie au délire des cotonniers géants, les fameux arbres de tonton Moulton.

Des bombax, nom de Dieu ! La résistance a des limites. Enfin quoi, on peut savoir qu'on est largué dans tous les domaines, un siècle de retard, et s'en foutre. On peut supporter les gaffes des bizuts et les meetings d'endoctrinement. Dans le temps, il y avait le couvre-feu dans les dortoirs et ça non plus, ça n'a jamais gêné personne. D'ailleurs l'uniforme jupe plissée-cardigan a du bon. Tout le contraire d'une forteresse de chasteté. Mais les bombax, bordel ! Les bombax, jamais.

Au commencement, ils ont voulu tricher en instaurant un cycle saisonnier artificiel. L'Iowa tout craché. L'hiver, on se les gèle; l'été, c'est la fournaise. Du moins les arbres se tenaient-ils à carreau. L'espace d'un mois, on nageait dans le coton. Corvée de récolte comme au bon vieux temps du Mississippi. On emballait la marchandise, on expédiait vers la Terre et on n'en parlait plus. A la longue, pourtant, le système est devenu trop onéreux, même pour le père Moulton. Ils ont aligné le climat sur celui de tous les Enfers N°5, température constante d'un bout de l'année à l'autre. Vous croyez qu'ils se seraient souciés de la réaction des bombax ? Nullement. Ils auraient dû. Les putains de cotonniers se sont mis à pondre leurs saletés quand bon leur semblait, c'est-à-dire tous les jours de la semaine, toutes les semaines.

Mais le pire, ce sont les racines. Elles croissent et fouissent sauvagement à travers les conduits et les câbles souterrains. Rien ne marche, forcément. C'est bien simple, cette bon Dieu de coquille pourrait sauter, personne ne s'en apercevrait. Le réseau des racines maintiendrait les morceaux. Et le dirlo qui se demande d'où vient le sobriquet d'Enfer. Mon rêve, ce serait de le foutre en l'air une bonne fois, leur précieux équilibre écologique.

Ayant désinfecté les draps, je les fourrai dans la machine. Cela fait, je m'assis pour ressasser de noires pensées à l'endroit de tous les bizuts tout en cherchant le moyen de me soustraire aux deux mois de pénitence. Sur ces entrefaites, Arabel a débarqué, l'air de rien.

– Tavvy, salut ! Depuis quand es-tu de retour ? (Un amour, cette Arabel. Du temps que nous étions jeunes et innocentes, on s'est mignardées comme des folles, et je me demande parfois si elle n'a pas gardé la nostalgie de nos étreintes.) On donne une boum, ajouta-t-elle. Tu en es ?

– Désolée, je suis censée me serrer la ceinture pendant deux mois. (Arabel, pour tout dire, ne fait pas autorité en matière de réjouissances. Elle prendrait aussi bien son pied avec un dard en caoutchouc.) Où ça ? demandai-je, méfiante.

– Chez moi. Brown est dans le coup, précisa-t-elle avec nonchalance.

Là, j'étais censée mouiller ma culotte et m'élancer dans l'escalier. Je fixai mon regard sur le tambour qui s'excitait.

– Si c'est chez toi, qu'est-ce que tu fous ici ?

– Je viens pour la dope. Mon distributeur est en panne. Alors, tu te décides ? Les sanctions ne t'ont jamais arrêtée.

– Tes sauteries, je les connais, Arabel. On rigole plus en faisant sa lessive.

– Ma foi... je dis pas le contraire.

Elle se mit à tripoter les boutons de la machine. Tout cela ne lui ressemblait guère.

– Il se mijote quelque chose ? demandai-je.

– Pas que je sache. (Elle semblait désemparée.) C'est une bringue-samouraï sans samouraï, si tu veux savoir. Pour la trique, on peut toujours attendre. Aucun espoir de toute la soirée.

– Et Brown ?

Il est tordu, Dieu sait, mais la continence, je n'y croyais pas.

– Brown comme les autres. Ils sont là, posés. Ils ne font rien.

– Ils sont envapés, tiens. Un nouveau truc qu'ils ont découvert pendant les vacances. C'est forcé.

Pauvre Arabel. Pas de quoi fouetter un chat.

– Rien du tout, dit-elle. Tu es à côté de la plaque. Viens, je te dis. Tu pourras juger de tes propres yeux.

C'était peut-être une ruse pour m'entraîner dans sa fiesta minable, et peut-être pas. L'important, c'était que la pionne sache bien que ses foudres n'avaient pas froissé ma susceptibilité. Je verrouillai la machine afin d'être certaine de retrouver mes draps, puis je suivis Arabel dans l'escalier.

C'était comme elle avait dit, exactement. Le bide absolu. Je compris à la seconde où j'entrai. Les filles avaient l'air tragique et les mecs regardaient ailleurs. Un drame. Petite consolation, Brown était de retour. Je le repérai dans un coin et m'approchai.

– Tavvy. (Son sourire, au moins, n'avait pas changé.) Alors, ces vacances ? Des contacts enrichissants avec les indigènes ?

– Si mon paternel savait à quel point, il ne s'en remettrait pas.

Je lui rendis son sourire, dent pour dent.

– Ton père a cru agir pour le mieux, j'en suis sûr.

Cette fine repartie appelait une réplique cinglante. Elle me resta coincée. Il ne plaisantait pas, le taré. Brown est pupille comme moi. Il sait à quoi s'en tenir, il aurait dû blaguer. Mais non. Même son sourire s'était dissipé.

– Il voulait te protéger. Pour ton bien.

Envapé jusqu'à la moelle, je ne voyais pas d'autre solution.

– Je n'ai pas besoin de protection, ripostai-je. Tu devrais le savoir.

– Mmmmm, fit-il, avec une moue désappointée.

Il tourna les talons.

A quoi ça rimait, ce cirque ? Adossé contre le mur, Brown observait le manège de Sept et d'Arabel. Elle avait déjà fait valser son chandail et se trémoussait pour faire tomber sa jupe. La routine. Cent fois, j'avais assisté au strip-tease d'Arabel, quand je n'avais pas prêté main-forte. Le hic, c'était l'expression pathétique de son visage. Quelque chose ne tournait pas rond. Sept s'était dénippé, lui aussi, exhibant un braquemard érigé dont la dimension aurait dû dérider Arabel. Pas mèche. Le désespoir s'incrustait sur son minois. Sept échangea un regard bizarre avec Brown. Il secoua la tête, désapprobateur pour ainsi dire, avant de s'allonger sur Arabel.

Brown avait la main sous ma jupe.

– J'ai pas bandé de tout l'été, dit-il. Parole. Fichons le camp d'ici.

C'était pas trop tôt.

– Pour ce qui est de ma piaule, j'aimerais autant pas, dis-je. On m'a collée avec une nouvelle, tout ce qu'il y a de chaste et pure. On va chez toi ?

– Pas question ! (Le cri du cœur. Plus doucement, il ajouta :) J'ai le même problème. Un bleu. Je préfère y aller en douceur.

Toi, mon bonhomme, tu mens et tu cherches à te défiler, voilà ce que je pensais, sur l'instant.

– J'ai trouvé, annonçai-je.

Je l'empoignai et l'entraînai en direction de la buanderie, au galop, de peur qu'il ne se ravisât.

Mes draps étaient secs. J'en étendis un sur le sol et me couchai dessus en prenant tout juste le temps d'arracher mes frusques. Brown avait toute la vie devant lui. Il sembla même s'alanguir au contact des aiguilles presque impalpables. Ses mains se baladèrent sur toute ma personne, longuement. Ses lèvres coururent depuis ma nuque jusqu'à ma chute de reins.

– Tavvy. Tu as la peau si douce. J'avais presque oublié.

Des bêtises. Il radotait. Oublié quoi, bordel ? Il n'avait pu être privé de baise tout cet été, on l'aurait vu tout de suite. Et pourtant, il opérait comme s'il avait l'éternité devant lui.

– J'avais presque oublié... rien à voir avec...

Avec quoi ? Fumier. Qu'est-ce que c'est, ce trésor que tu caches dans ta piaule ? Et qu'est-ce qu'il a de plus que moi ? Je m'écartelai et le plaçai dans l'axe, d'autorité. Il dressa le menton, sourcils froncés. Puis il s'engagea avec une lenteur affolante, les affres de Tantale. Pas possible, il me voulait du mal.

– C'est pour aujourd'hui ou pour demain ? marmonnai-je en tortillant de la croupe pour tenter d'accélérer la manœuvre. Grouille-toi, merde.

Il se releva dans un mouvement si brutal que ma tête alla donner contre le sol. Il se rhabilla dare-dare. Que dire de son visage ? Avait-il l'air fumasse, ou coupable, ou quoi ?

Je me dressai sur mon séant.

– Explique.

– Tu ne comprendrais pas. C'est ton père. Il me hante.

– Mon père ? (J'écarquillai les yeux.) Tu te fous de moi ?

– Ecoute, je ne peux pas t'en dire plus. Je ne peux pas...

Sur ce, il m'a plantée là. Sans plus de chichis, dans l'état où j'étais, prête à décoller dans les trente secondes, et qu'est-ce que j'avais récolté ? Un bon coup sur le crâne. Je hurlai.

– J'ai jamais eu de père, pauvre trouduc !

J'enfilai mes vêtements avec hargne et sortis vivement l'autre drap de la machine. Brown, je l'aurais tué sur place. Arabel était de retour, appuyée contre le chambranle de la porte. Elle avait toujours son air de chien battu.

– Alors ? demandai-je. Ça t'a plu, notre duo d'amour ?

Nerveuse comme je l'étais, j'accrochai l'angle du drap à la poignée. Le premier accroc coûte combien ?

– J'ai rien vu, mais c'est tout comme. Je viens d'y passer moi-même. (Les coins de sa bouche s'affaissèrent.) Ils sont plus bons à rien. Ces vacances les ont démantibulés.

– Ça se peut. (Je roulai mes draps en boule. Arabel faisait fausse route. Si c'était aussi simple, pourquoi Brown aurait-il inventé cette histoire de bizut ? Et toutes ces salades au sujet de mon père. Arabel ne bougeait pas. Je lui passai devant.) Te bile pas, mon pigeon. Si on doit remettre ça entre filles, en ce qui me concerne tu seras la première à en profiter.

Elle n'avait pas l'air emballée, il faut bien le dire.

Ma pucelle ébouriffante, je la retrouvai les quinquets grands ouverts, assise toute droite sur sa couchette, comme je l'avais quittée. Fichue légume. Probable qu'elle n'avait pas bougé, pas un cil, pendant toute mon absence. Je refis mon lit, me déshabillai pour la seconde fois de la soirée et me glissai sous les toiles.

– Tu éteins quand tu veux, dis-je.

Elle clopina pour atteindre la plaque murale, enchâssée dans une chemise de nuit qui n'aurait pas dépaysé le vieux Moulton lui-même, si ce n'était son grand-père.

– Ils t'ont fait des ennuis ? s'enquit-elle, la mine épouvantée.

– Des ennuis ? moi ? Il aurait fait beau voir. Ce n'est pas moi qui ai dégueulé, je te rappelle.

Je me sentais d'humeur méchante.

Elle s'affaissa contre la cloison, la main aplatie sur l'interrupteur comme pour s'y cramponner.

– Mon père... balbutia-t-elle. Vont-ils prévenir mon père ?

Rouge, blanc, rouge, le gyrophare se rallumait. Où irait-elle se répandre, cette fois-ci ? Voilà ce qu'on gagnait, à vouloir se défouler sur un petit être inhibé.

– Quoi, ton père ? Personne ne prévient personne. Tout va bien. Bon Dieu, que d'histoires pour une malheureuse paire de draps !

Je parlais dans le désert.

– Il a juré de venir me chercher à la première anicroche, chevrota-t-elle. Il a dit qu'il me ramènerait de force à la maison.

Je me dressai d'un coup de reins. C'était bien la première fois qu'une nouvelle recrue ne manifestait pas le désir frénétique de retourner chez papa-maman. Je parle des nouvelles dans le genre Zibet, pourvues d'une vraie famille quand d'autres se contentent d'un cartel et d'une paire d'avoués snobinards. Zibet n'était pas comme ça. Elle était morte de trouille à l'idée de rentrer au bercail. Un virus, pensai-je. Le virus de la dinguerie. Tout le campus est atteint.

– Tout va bien, répétai-je. Tu n'as aucune raison de t'affoler, aucune.

Sa main crochetait la plaque avec ferveur. Tétanisée.

– Calme-toi. (Une crise de nerfs, j'avais vraiment besoin de ça. Bibi allait encore trinquer.) Personne ne viendra te chercher dans cette cambuse, assurai-je. Ton père ne se doute de rien.

Mes paroles lénifiantes la pénétrèrent enfin. Elle se maîtrisa.

– Merci de ne pas m'avoir dénoncée, dit-elle en se carapatant sous les couvertures.

Elle avait oublié d'éteindre. Quelle misère, mes aïeux ! Je m'extirpai pour sauter sur la plaque.

– Tu es une chic fille, l'entendis-je chuchoter dans le noir.

Tarée, sans espoir de rémission. Je m'installai sur mes aiguilles avec l'intention de me faire une petite douceur avant de m'endormir puisque, décidément, il ne fallait compter que sur soi-même. Pianissimo. J'avais eu ma dose d'hystérie pour la soirée.

Une voix virile et puissante comme celle de Zeus explosa dans la chambre.

– A tous les jeunes gens du collège Moulton, à tous mes braves et hardis garçons, je souhaite...

– Qu'est-ce que c'est ? souffla Zibet.

– Ta première nuit d'Enfer, mon chou.

Je me relevai, ça devenait une habitude.

– ... et que leurs nobles efforts soient couronnés de succès ! claironnait le vieux Moulton.

Je donnai une claque sur l'interrupteur et fourrageai dans mon sac de voyage encore non défait. Quand j'eus trouvé la lime à ongles, je grimpai sur la couchette de Zibet. Dévisser le haut-parleur, ce fut l'affaire d'un instant.

– A toutes les jeunes filles, tonna l'ancêtre, à toutes mes chères têtes blondes...

Silence.

Balancer dans le sac la lime et les vis. Eteindre. Réintégrer mon lit. Ouf.

– Qui c'était ? murmura Zibet.

– Dieu le Père. (A temps, je me souvins de l'effet désastreux que semblait produire sur la population du campus l'allusion à un quelconque géniteur.) Tu n'auras plus l'occasion de l'entendre, ajoutai-je en hâte. Dès demain, j'injecterai du plastique dans le circuit, puis je remettrai la grille. La pionne n'y verra que du feu. Nous vivrons dans un silence béni les six mois qui nous restent.

Elle s'en foutait pas mal. Il s'éleva un léger ronflement. Elle dormait comme une bienheureuse.

Je m'étais plantée une fois de plus. Une vraie journée des dupes. Le semestre s'annonçait bien.

Le raout foireux d'Arabel était parvenu, tout croustillant, aux oreilles du dirlo.

– Quand on vous ordonne de vous serrer la ceinture, vous savez ce que c'est censé vouloir dire, je présume ?

De la bouteille, disons dans les quarante-cinq ans, mais bien conservé, on sent le type qui sue ses trois heures quotidiennes pour contenir la brioche, des fois que les petites jeunesses se pâmeraient encore. Un de ces jours, il chopera une hernie, c'est sûr. A dû zig-ziguer dans du plastique, comme ce bon vieux papounet. Perpétuer la lignée, qu'ils disent. Bordel, il devrait y avoir une loi.

– Vous êtes gentille, Octavia ?

– Qu'est-ce que vous croyez ? Que je me trimbalerais un nom pareil, autrement ?

– Ni père ni mère ?

– Bébé éprouvette. Cartellisée jusqu'à vingt et un ans.

Je guettai sa réaction. J'aime, quand l'appréhension s'inscrit sur leur visage.

– Dans ce cas, il n'y a personne à prévenir, hormis vos hommes de loi. Et pas moyen de vous balancer. Pourtant les punitions semblent sans effet sur vous. Je me demande d'ailleurs ce qui pourrait vous mater.

Cherche, mon gros. On s'observait en chiens de faïence. Il se demandait peut-être si j'étais sa petite chérie. Si la coûteuse giclée dans le sac avait donné naissance à ça, qu'il était en train de reluquer.

– De quel nom avez-vous traité votre pionne, rappelez-moi ?

– Salope.

– Hum. Pour être tout à fait franc, ça m'a démangé une fois ou deux.

Le style faux derche. Je me tiens coite, dans l'attente de l'inévitable.

– A propos de cette petite fête. Le bruit court que les garçons se sont distingués par une nouvelle toquade. De quoi s'agit-il ?

Là, il me prenait de court. J'avais prévu un autre angle d'attaque.

– Si je le savais... marmonnai-je. (Toute surprise de me trouver à découvert, je me ressaisis aussitôt.) Et même si je le savais, croyez-vous que j'irais vous le dire ?

– Certes non. Et c'est ce que j'apprécie en vous. Quel caractère ! Un sacré bout de femme. Entière, droite, et jolie comme un cœur, si je puis me permettre.

Ben voyons. Et comme par hasard, tu as justement une bonne petite planque de derrière les fagots à me fourguer ?

– Ma secrétaire m'a plaqué. Elle préfère les jeunes gens, paraît-il, quoique si mes renseignements sont exacts, elle a nettement perdu au change. C'est une bonne place. Beaucoup d'extra. A moins que vous ne partagiez le goût de ma secrétaire pour les godelureaux.

Séduisante perspective. Fini, le fastidieux dépucelage des petits péquenots; fini, le régime sec. J'étais tentée. D'un autre côté, il avait quarante-cinq ans ou pire et c'était peut-être mon père. A l'avance, tout désir était mort en moi.

– Si c'est l'anonymat paternel qui vous tracasse, il y a moyen de se renseigner, je vous assure.

Faux ! Personne ne peut identifier son môme et vice-versa. D'où ces noms à dormir debout dont nous affuble le cartel. Pour être certain qu'on n'ira jamais carillonner à la porte du paternel. Salut, vieux, voilà ta descendance ! Le cartel les protège contre de si déplaisantes éventualités. On dira ce qu'on voudra, en face d'un cancrelat comme le dirlo, il est permis de se demander qui a besoin de protection contre qui.

– Vous vous souvenez, le nom délicieux dont j'ai gratifié la pionne ?

– Mais certainement.

– C'est rien à côté des gracieusetés que vous m'inspirez.

Ceinture pour le reste de l'année, avec un bracelet-alarme soudé à mon poignet.

– Ça y est, chuchota Arabel. A propos des mecs, je connais le fin mot de l'affaire.

Nous étions en classe. C'étaient nos seules rencontres, désormais. Putain de bracelet. Que je fasse seulement mine de me masturber sans permission et cette saloperie se déclenchait aussi sec.

– Je t'écoute, fis-je sans enthousiasme.

– Après le cours, dit-elle.

On s'est retrouvées dehors, dans un tourbillon de feuilles mortes et de boules de kapok. Le système régulateur s'était déglingué une fois de plus.

– Des animaux, dit Arabel.

– Des animaux ?

– De répugnantes petites bestioles longues comme le bras. Ils appellent ça des gitons. C'est brun et c'est vilain comme un derrière de singe.

– Des animaux et c'est tout ? murmurai-je. Je n'y crois pas. Les bestioles, c'est l'enfance de l'art, aussi vieux que l'institution scolaire soi-même. Elles sont gonflées ou quoi ?

– Injections de phéromones, tout ça ? (Arabel fronça les sourcils.) Possible. Elles m'ont fait l'effet d'ignobles créatures, mais les mecs sont excités comme des puces. Brown s'est ramené à notre dernier raout avec la sienne sur le bras. Il lui donnait des Fifille et des Petite Nana. Ils ont formé le cercle et que je te cajole l'infecte larve en minaudant « viens faire risette à son papa », ce genre de conneries. Dingue.

Je haussai les épaules.

– Si tu as vu juste, il n'y a pas de quoi s'affoler. Combien de temps crois-tu que ça peut durer, ce béguin pour nos amies les bêtes ? Dans deux mois, on n'en parlera plus.

Arabel me dévisageait.

– Pourquoi te fais-tu si rare ? C'est à peine si on t'aperçoit.

Je la voyais venir, la petite perverse. Je brandis mon poignet emprisonné.

– Avec ça ? Il faut que je me taille, Arabel. Je vais être en retard pour le prochain cours.

Je déguerpis à travers le maelström jaune et blanc. Il n'y avait pas de prochain cours. Je filai droit au dortoir pour me taper une ration de dope.

Quand je refis surface, Zibet était juchée en tailleur sur sa couchette, occupée à noircir avec fièvre les pages d'un cahier. Elle avait repris du poil de la bête, si l'on peut dire. Ses cheveux allongés montraient des boucles à leurs extrémités, très flatteuses. Elle semblait en pleine forme, heureuse, quasiment.

– Qu'est-ce que tu fabriques ? marmonnai-je.

C'était du moins mon intention, mais sait-on jamais comment va se formuler votre pensée, dans les minutes qui suivent la sortie du tunnel ?

– Je recopie mes notes, dit-elle.

Doux Jésus, chacun son trip. Vaguement, je me demandai si elle s'était dégotté un mec, si c'était ça qui lui donnait ce teint de lys et de rose. Si c'était le cas, elle se débrouillait mieux qu'Arabel, mieux que quelqu'un que je connaissais bien.

– Pour qui ?

– Comment ?

Elle me fit son regard de merlan frit.

– Pour quel garçon, je veux dire.

– Un garçon ?

L'affolement. Sa voix frémit. L'angoisse fit une embardée dans ses yeux.

– Je m'étais dit, comme ça, que peut-être tu avais un petit copain, précisai-je, enveloppant ma pensée dans de la bourre de soie.

Cette fois son visage frôla l'épouvante. Sacrebleu, ma langue avait dû fourcher sérieusement. Allez savoir quelles insanités j'avais bien pu émettre pour la plonger dans des états pareils.

Elle s'aplatit contre le mur, la vraie bête traquée, son cahier plaqué sur la poitrine, comme si j'allais lui assener des coups de marteau.

– Qu'est-ce qui te fait croire ça ? bredouilla-t-elle.

Croire quoi ? Bordel, j'aurais dû l'affranchir, au sujet des effets de la dope. Trop tard. J'étais obligée de répondre comme si nous poursuivions une conversation normale, au lieu de quoi j'avais l'impression d'asticoter un rat enragé avec un bout de bois. Il serait toujours temps de redresser le tir quand je serais dévapée.

– Mais rien. C'est sûrement que tu as une mine splendide.

– Alors, c'est vrai ?

Elle rougit, pâlit, puis le sang afflua de nouveau. Connaissant la musique, je m'attendais au pire.

– Qu'est-ce qui est vrai ?

Mes sinus cliquetaient. Dans quel cloaque m'étais-je innocemment fourvoyée, à la faveur des brumes délétères ?

– Avant de venir ici, moi aussi j'avais des tresses, dit-elle. Ma coiffure a dû te sembler plutôt bizarre, avoue.

C'était donc ça ! J'avais dû lâcher un truc désopilant au sujet de sa moumoute.

– Mon père... (Elle crochetait son cahier comme elle avait fait avec l'interrupteur, le premier soir. Comme s'il y allait de sa vie...) Mon père a tout coupé.

Elle me faisait l'aveu d'un secret abominable, sans aucun doute. Je comprenais de moins en moins.

– Mais pourquoi ? Pourquoi a-t-il fait ça ?

– Il prétendait que je m'en servais pour aguicher les hommes. Il disait que je faisais naître en eux de coupables pensées. C'était ma faute, toujours. Il me traitait de... Il a tout coupé.

L'évidence me pénétrait peu à peu que mon expression ne m'avait pas trahie. J'avais demandé si elle avait un petit copain, ni plus ni moins.

– Crois-tu, toi aussi, que je sois une allumeuse ? fit-elle d'une toute petite voix.

Aux innocents les mains pleines ! Même Brown, au plus fort de ses fringales de chair fraîche, ne lui aurait pas jeté un regard. Mais le moyen de mettre les points sur les *i* ? Par contre, si j'affirmais que oui, elle avait tout de la bombe incendiaire, j'en serais quitte pour aller chercher une serpillière. Elle me faisait pitié, pauvre gosse, avec ses tifs massacrés, tremblante de peur parce que son père, le vieux dégueulasse, lui avait bourré le crâne. Pas la peine de se demander pourquoi elle débloquait le jour de son arrivée !

– Tu le crois ? insista-t-elle.

Je me levai. Le plancher faisait des vagues.

– Tu veux connaître le fond de ma pensée ? déclarai-je. Les paternels sont tous des ordures. Tous ! (Je repensai à l'histoire d'Arabel. Des petites bêtes marron, longues comme le bras. Je pensai à Brown.) Ton père a cru agir pour le mieux. (Ses propres mots. Je m'enflammai.) Des ordures, le mot est faible. Des chiures de mouches, jusqu'au dernier !

Zibet s'arc-bouta contre le mur, les yeux pleins d'espoir. Elle ne demandait qu'à me croire.

– Tu veux savoir comment l'auteur de mes jours s'est comporté à mon égard ? Il n'a pas eu besoin d'une paire de ciseaux, lui. Il a fait mieux. Les pupilles, tu sais ce que c'est ?

Elle fit non de la tête.

– Alors écoute et prends-en de la graine. Le fumier voulait que son nom se perpétue. Il ne voulait pas gaspiller son précieux fluide, tu piges ? Seulement il n'avait pas l'intention de s'emmerder avec un môme. Alors il s'est fendu d'un maximum pour mettre sur pied un cartel. Il zigzigue dans un sac en plastique et presto, le voilà papa. Aux avoués de se taper le sale boulot. Ils veillent à mon éducation. Trouver des points de chute pour les vacances, s'acquitter de mes frais de pension dans cet établissement pourri, c'est eux que ça regarde. Et ça aussi, cette délicate attention. (Je lui montrai l'affreux bracelet.) Mon père, je l'ai jamais vu. Il ne sait même pas qui je suis, il s'en fout. Tous des porcs, je te dis. Et je m'y connais, tu peux me faire confiance.

– Je voudrais tant... commença-t-elle.

Elle piqua du nez et se remit derechef à gribouiller. Je me laissai aller sur ma couchette, tout doux, car je commençais à ressentir les premiers élancements des lendemains de défonce. Je regardai Zibet en douce. Les larmes, un torrent silencieux, ruisselaient sur les chères notes. Foutre Dieu, qu'est-ce que j'avais encore dit ! Au désespoir, je formulai deux souhaits ardents : que les garçons se lassent au plus vite de pouponner leurs rats d'égout et que ma propre situation s'améliore.

L'Enfer n'avait rien de plus à m'offrir.

Deux mois plus tard, le régulateur était nase. On pataugeait jusqu'aux genoux dans les feuilles et le kapok. Ce jour-là, comme je luttais contre les éléments, tête baissée, pour gagner la salle de classe, je tombai sur Brown. Quand je le vis, il était trop tard pour l'éviter.

Il avait sa mascotte sur le bras.

– Je te présente Petite Nana, dit-il. Trésor, voici Tavvy.

– Va te faire foutre.

Je le frôlai en passant. Il agrippa mon poignet. Le salaud referma l'étreinte autour du bracelet et serra de toutes ses forces. Ça me faisait un mal de chien.

– Je te conseille de prendre un autre ton, Tavvy. Nous

avons très envie de faire ta connaissance. N'est-ce pas, mon petit chou ?

Il me colla sa bestiole sous le nez. Arabel n'avait pas menti. Je n'avais encore jamais eu l'occasion d'en voir une de près. Atroce. Un petit museau de fouine, des yeux glauques, un orifice rosâtre en guise de bouche. Le corps recouvert d'un pelage rêche et brun était suspendu au bras de son maître, flasque comme une chiffe. Brown lui avait noué une faveur autour du cou.

– Tout à fait ton genre, persiflai-je. Avec un pareil trou de balle, tu ne risques pas de viser à côté.

Je crus qu'il allait me briser le poignet.

– Qui t'a permis d'insulter...

– Salut ! lança quelqu'un derrière moi.

Zibet. Je fis volte-face. Elle tombait à pic.

– Salut, dis-je en me libérant d'une secousse. Brown, je te présente ma compagne de chambre. Une nouvelle. Zibet, voici Brown.

– Et voici Petite Nana.

Il brandit l'animal à deux mains, afin que tout le monde puisse profiter du spectacle offert par les deux orifices béants, un à chaque extrémité, celui de la bouche et l'autre, tout aussi rose, que révélait la queue dressée. Pauvre Arabel, encore à se demander ce que les mecs pouvaient bien leur trouver.

– Ravi de rencontrer une vraie jeune fille, grommela Brown. (Il ramena contre lui son fétiche abject.) Réchauffe ton petit papa, l'entendis-je marmonner.

Il s'éloigna en barbotant dans la mélasse.

Je frottai mon poignet meurtri. Seigneur, faites qu'elle ne demande pas le mode d'emploi des gitons. Cet accrochage m'avait vidée pour le reste de la journée. Vous me voyez, en train d'expliquer à cette innocente en quoi consistaient les vices cachés de Brown ?

Je l'avais sous-estimée, comme de juste. Elle fut parcourue d'un long frisson.

– Pauvre petite bête, murmura-t-elle en serrant ses cahiers sur son sein.

– As-tu déjà péché ? me demanda-t-elle cette nuit-là.

Du moins n'avait-elle pas oublié d'éteindre avant de se mettre au lit. Nous étions en progrès.

– Qu'est-ce que tu t'imagines ? ripostai-je. Que j'ai récolté ce bracelet en enfilant des perles ?

– Pécher pour de bon. Faire du mal à quelqu'un, par exemple. Pour te tirer d'affaire. (Je ne répondis pas. Le silence se prolongeait.) Je sais à quoi m'en tenir au sujet du dirlo, dit-elle enfin.

Je tombai des nues. Le haut-parleur aurait pu se mettre à glapir les bénédictions du vieux Moulton, ma surprise n'aurait pas été plus grande.

– Tu es une fille bien, je le sais, reprit Zibet. (Elle parlait drôlement. S'agissant d'une autre, j'aurais juré qu'elle se faisait des trucs sous les couvertures.) Il y a certaines choses dont tu ne serais pas capable, même s'il y allait de ton salut.

– Tandis que toi, endurcie par le crime...

– Jamais, répéta-t-elle sur un ton languide, même s'il y allait de ton salut. (Elle s'assoupissait. Soudain, d'une voix claire et distincte :) Au fait, t'ai-je dit que ma sœur venait me rendre visite à Noël ?

Mince, alors. J'allais de surprise en surprise.

– Je m'étais figuré que tu allais profiter des vacances pour faire un saut chez toi.

– Jamais je ne remettrai les pieds chez moi.

Arabel m'aperçut de loin.

– Tavvy ? cria-t-elle. Comme je suis contente !

Les mecs ont repris le dessus, ce fut ma première pensée. Je vais avoir l'air fine avec cette saleté au poignet. Comment m'en débarrasser ? Tout se bousculait dans ma tête. Pour un peu j'aurais éclaté en sanglots. Le soulagement. Arabel était devant moi.

– Tavvy, voilà des semaines que je ne t'ai vue !

Arabel ne prenait jamais de gants. Qu'attendait-elle pour me balancer la bonne nouvelle à la figure ?

– Alors ? Raconte.

– Raconte quoi ?

Ses yeux s'arrondirent.

Je reçus un coup au cœur. Ainsi, le trip giton continuait. Brown, Sept et tous les autres. Ça continuait. Rien que des bêtes, me répétai-je avec force. Dans ce cas, pourquoi en fais-tu tout un plat ? Ton papounet te protège contre toi-même. On fait une risette à son papounet.

– La secrétaire du dirlo a plaqué, dit Arabel. Je me suis retrouvée au régime sec à cause d'une partie de samouraï dans ma piaule. (Elle haussa les épaules.) Son offre, c'était ce que j'avais entendu de mieux depuis le début de l'automne.

Tu es pupille, Arabel. Pupille ! Ce cafard pourrait être ton père. Va réchauffer ton petit papa.

– Quelle tête de déterrée ! dit-elle. Vas-y mollo sur la dope.

Je secouai la tête.

– Sais-tu ce qu'ils en font, au moins ?

– Tavvy, ma douce, ne me dis pas que tu n'as pas remarqué cette caverne rose qu'ils portent sous la queue. Ne me dis pas que tu n'as pas deviné...

– Le père de ma compagne de chambre lui a coupé ses tresses. Elle n'a jamais couché avec personne. Elle n'a jamais rien fait. Il lui a coupé ses tresses.

– Tu déroilles vraiment, ma parole. Entre nous, à quand remonte ton dernier zig-zig ? Je peux t'arranger ça. Des types plus jeunes que le dirlo. Aucun risque. La conscience nette question cartel. Tu n'as qu'un mot à dire.

– Franchement, non.

– Tu files un mauvais coton. Je n'ai pas envie que ça me retombe sur le bec. Laisse-moi au moins toucher un mot de ton bracelet au dirlo.

– Non ! déclarai-je avec force. Je vais très bien. Tu m'excuseras, Arabel. Je file en cours.

– Ne te laisse pas damer le pion par cette histoire de gitons. De ridicules bestioles, rien de plus.

– Rien de plus, parfaitement.

Je m'éloignai d'un pas plein d'allant à travers les giboulées de feuilles. A peine fut-elle hors de vue, je m'effondrai contre le tronc d'un bombax et l'enlaçai avec sauvagerie, comme Zibet s'était accrochée à l'interrupteur, parce que le monde est un grand trou noir et que sur le moment, on a rien d'autre sous la main.

Il ne fut plus question de sa sœur avant la veille des vacances. Contre toute attente, ses cheveux ne repoussaient pas. Plus que jamais, ils donnaient l'impression d'avoir été taillés au massicot. Son visage s'était de nouveau effondré sous l'effet du désespoir. Une rescapée de la bombe, bouffée par les radiations.

Je valais à peine mieux. L'insomnie, pour commencer, et des migraines atroces qui me taraudaient pendant des jours et des jours après chaque séance d'évasion. Le bracelet-alarme avait provoqué une crise d'urticaire qui gagnait du terrain le long de mon avant-bras. Plus grave, Arabel avait dit la triste vérité. Je perdais la boule. Les gitons m'obsédaient. Si on m'avait demandé, pas plus tard que l'été précédent, mon opinion sur la zoophilie, j'aurais dit formidable, surtout pour les victimes. A présent, il me suffisait d'imaginer Brown en train de flatter cette larve brune avachie sur son bras pour avoir des haut-le-cœur. Si c'est l'anonymat paternel qui vous tracasse, il y a moyen de se renseigner. Viens réchauffer ton papounet.

Mes avoués avaient échoué dans leur tentative pour convaincre le dirlo qu'un petit séjour à Absen ou ailleurs me ferait le plus grand bien. Toutefois, ils avaient obtenu un os à ronger : le rétablissement de tous mes privilèges sitôt que les autres pensionnaires auraient fichu le camp. Sauf le bracelet. Je gardais le bracelet. Si la pionne du dortoir découvrait dans quel état il avait mis mon bras, probable que j'obtiendrais la permission d'en être délivrée pendant quelques jours, le temps que ça cicatrise. Le régulateur remis à neuf se déchaînait contre l'Enfer. La tempête faisait rage. Joyeux Noël, mes chéris.

C'était le dernier jour de classe. J'ouvris la porte de notre chambre enténébrée et donnai de la lumière. Je restai pétrifiée.

Zibet était assise sur mon lit avec un giton étalé en travers des genoux.

– D'où sors-tu ça ? murmurai-je.

– Je l'ai volé.

Je verrouillai la porte derrière moi, puis je coinçai une chaise sous la poignée.

– Comment as-tu fait ?

– Facile. Ils étaient tous invités à fêter le départ dans une autre chambre.

– Tu t'es vraiment faufilée dans le dortoir des mecs ?

Pas de réponse.

– Tu es bizut. Ils peuvent te renvoyer chez toi pour un coup pareil.

Je n'en croyais pas mes yeux. Il n'y avait pas si longtemps, cette fille prise de panique avait voulu s'accrocher au lustre de peur d'être virée. Jamais je ne remettrai les pieds chez moi ! Je l'entendais encore. La même fille.

– Personne ne m'a vue, dit-elle avec un calme olympien. Tout le monde était invité.

– Tu es folle. A qui appartient-il ?

– C'est elle. C'est Petite Nana.

J'arrachai mon drap de dessus et j'en tapissai l'intérieur d'un sac de voyage.

Nom d'une pipe, le premier lieu, le premier, où Brown viendrait fureter, c'était ici, ma piaule. Je farfouillai dans mon tiroir de bureau. Des ciseaux, vite. Dans la toile du sac, je découpai des fentes d'aération. Zibet ne bronchait pas. Elle cajolait l'abominable créature.

– Il faut le planquer, expliquai-je. Cette fois-ci, tu es vraiment dans la merde. Je ne plaisante pas.

Vous pensez si elle s'en fichait. Elle n'entendait même pas.

– Ma sœur Henra est ravissante, dit-elle. Elle a de longues tresses comme les tiennes. Une chic fille, elle aussi. (Sa voix monta jusqu'à une espèce de diapason plaintif.) Elle n'a que quinze ans !

Brown exigea une fouille du dortoir. Accordée. Comme il se devait, notre chambre fut la première servie. Pas de giton. Je l'avais fourré dans mon sac et le sac était dans la buanderie, au fond d'un tambour de machine à laver, caché derrière mon drap de dessous. Cruelle ironie. Brown était présentement incapable d'apprécier. Dommage.

– On recommence à zéro, annonça-t-il après que Big Mother lui eut fait l'honneur d'un tour complet. Il est ici, j'en suis sûr. (Il braqua les yeux sur moi.) Où l'as-tu mis ?

– La dernière navette décolle dans dix minutes, dit la pionne. Le temps manque pour une seconde inspection.

– Elle sait où il est. Il suffit de la regarder pour s'en

convaincre. Elle l'a planqué quelque part. Ici, dans ce dortoir.

La pionne le regarda, du genre petit morveux, attends que je te fasse croupir dans ma Galerie des Glaces. Elle secoua la tête. Non.

Je sortis de mon mutisme.

– C'est foutu, Brown. Ou tu restes et tu es coincé en Enfer pour la durée des vacances, ou tu abandonnes et peux dire adieu à Fifille. Tu t'es fait posséder, mon vieux.

J'aurais dû me méfier. Il attrapa mon poignet au vol, mon pauvre poignet endolori, tout rouge et enflé autour du métal. Je tentai de me dégager avec l'autre main mais l'étreinte était féroce, comme l'était l'expression de son visage, un paquet de haine vengeresse.

– La semaine dernière, Octavia ici présente s'est envoyée en l'air dans le dortoir des garçons, vous le saviez ? lança-t-il à la pionne.

– Mensonge !

J'avais si mal, je pouvais à peine parler. Un cercle de feu me broyait le poignet. La nausée me submergeait, une houle dévastatrice.

– Avec ce bracelet-alarme ? rétorqua Big Mother. Je n'en crois rien.

– Ça ? Brown leva mon bras comme un trophée, un coup à me deboîter l'épaule. (J'étouffai un cri.) Ce truc ? (Il fit pivoter le bracelet.) Elle peut l'enlever quand elle veut. Vous l'ignoriez, peut-être ? (Il lâcha mon poignet. Ses yeux me cinglèrent. Le souverain mépris.) Tavvy est trop futée pour se laisser couper le sifflet par un misérable bracelet-alarme. Vrai ou faux, ma colombe ?

Je pressai contre moi mon poignet martyr. Ne pas tomber dans les pommes, surtout. Mes pensées s'affolaient, noires, horribles. D'innocentes bestioles ? Cette bonne blague ! Il ne serait pas aussi vache s'il s'agissait seulement du dernier nounours à la mode. C'était pire, foutrement pire. Il ne devait jamais, jamais le récupérer.

– Voici l'appel pour la navette, dit la pionne. Octavia, votre moratoire est annulé.

Brown me décocha un regard triomphant. Il sortit dans le sillage de Big Mother.

Le plus dur, ce fut de patienter jusqu'au décollage de la dernière navette pour aller chercher le giton. Je le rapportai dans la chambre en le tenant d'une seule main, s'il vous plaît, celle qui pouvait encore servir. Qu'ils aillent se faire voir avec leurs restrictions. D'ailleurs il n'y avait pas d'autre point de chute et le giton serait en sécurité.

– Ne t'en fais pas, lui susurrai-je. Tout ira bien.

J'avais parlé un peu vite. Henra, la petite sœur gâtée par la nature, était à peine moins moche que son aînée. Tondue d'aussi près que les ciseaux l'avaient permis et cramoisie à force d'avoir sangloté. Le visage de Zibet avait pris une teinte livide et refusait de se réchauffer. En voilà une qui donnait l'impression d'avoir bloqué ses glandes lacrymales ad vitam aeternam. Dire qu'il avait suffi d'un semestre en Enfer pour accomplir ce prodige. Merveilleux, n'est-ce pas ?

Liberté de circulation entravée ou non, il fallait que je m'arrache de la piaule. J'ai pris mes cahiers, mes bouquins, tout mon barda, et je suis descendue à la buanderie pour y camper. J'ai rédigé deux dissertes et lu trois livres du programme, ça fait passer le temps. Comme Zibet, j'ai recopié toutes mes notes. Il a coupé mes tresses. Ton père a cru agir pour le mieux. Viens réchauffer ton papounet. J'ai mis en branle toutes les machines pour couvrir le fracas de mes cogitations. J'ai tapé mes dissertes.

J'arrivai ainsi à tenir le coup jusqu'à la veille de la rentrée. Avec force grincements de dents, j'avais banni Brown de mes pensées, Brown, et les gitons, et tout le reste. Je vis arriver Zibet et sa sœur. La petite nous quittait par la première navette. Je lui fis mes adieux.

– J'espère que tu auras l'occasion de revenir nous voir, ajoutai-je, et de me mordre les lèvres aussitôt, sachant combien c'était con puisque, à la place de Henra, aucune force au monde n'aurait pu me contraindre à retourner à Saint-Gerbier-des-Joncs.

– Mais je compte bien revenir. Dès que j'aurai mon diplôme.

– Deux ans, dit Zibet, c'est vite passé.

Deux ans auparavant, y avait-il sur son visage la lumière que je voyais répandue sur celui de sa cadette ? Sans doute. Mais dans deux ans, Henra serait comme elle, détruite, un fantôme vierge de désir. Quel pied de grandir à Saint-Gerbier-des-Joncs où les filles de dix-sept ans ressemblent à des épaves.

– Rentre avec moi, Zibet, implora la petite sœur.

– Impossible.

Des serpillières, vite. Moi, je remontai dans la chambre. Je pris mes aises sur le lit avec une pile de bouquins. J'en ouvris un. Le giton roupillait au pied de la couchette, l'anus tentateur offert à toutes les convoitises. Je me saisis de la bête. Aucune résistance. Jamais encore je n'avais pris la peine de l'examiner de près. C'était la créature la plus vulnérable qu'on pût imaginer. Sous les petites pattes, des coussinets roses. Pas un poil de griffes. Pas une seule quenotte pour garnir la petite bouche en cul-de-poule, moins spectaculaire toutefois que ne l'était l'autre trou, celui d'en bas. Si le pauvre avait été dopé, il n'en laissait rien paraître. Il était à votre merci, totalement. Tout bien considéré, c'était peut-être ça, le secret de son sex-appeal.

Je l'installai sur mes genoux. De l'index, je chatouillai l'orée du tunnel rose. Avec un passé chargé comme le mien, je suis capable de reconnaître du premier coup si c'est ou non de la bonne qualité.

Un hurlement me fit sauter au plafond.

La main coupable, je la transformai en un poing frénétique que je plaquai contre ma bouche pour étouffer mon propre cri. Quel son effroyable ! A vous dresser les cheveux sur la tête. L'expression de la détresse absolue. Le cri que doit pousser une femme violée ou pire, un enfant. Jamais rien entendu de pareil. Non ? A la seconde, la révélation s'opéra : cette plainte abominable m'avait poursuivie pendant tout le semestre. Des phéromones, avais-je imaginé dans ma candeur. C'était quelque chose d'infiniment plus puissant que toutes les substances chimiques. A moins de considérer la peur comme un processus chimique.

Je reposai la malheureuse créature sur le lit et courus dans la salle de bains. L'espace d'une heure, je me lavai les mains à grande eau. Zibet. Je m'étais figuré qu'elle n'avait pas compris, pas tout à fait, à quel emploi les garçons destinaient leurs gitons. J'étais loin du compte. Elle savait tout. Forte de l'affreux secret, elle avait voulu me dissimuler la vérité. Elle avait trouvé le moyen de s'introduire chez les mecs pour faire main basse sur un de leurs souffre-douleur. Toute seule comme une grande. On aurait dû en faire autant. On aurait dû piquer tous les gitons, jusqu'au dernier, les mettre hors de portée de ces cons puants... Dieu sait quelles injures j'ai pu épingler sur mon père au cours de toutes ces années, mais là, vraiment, les mots me manquent, ces enculés de merde battent tous les records, il faudrait inventer de nouveaux concepts.

Zibet m'observait depuis le seuil de la salle de bains.

– Zibet, dis-je, et je me tus.

– Ma sœur s'en va cet après-midi. Elle s'en retourne chez nous.

– Non, murmurai-je. Non, non, non...

Je me ruai hors de la pièce.

Là, j'ai dû m'offrir une petite dépression. Tout devient confus quand j'évoque cette période. Mon seul souvenir vivace, et ce paradoxe prouve combien tout ça ne tient pas debout, c'est une sensation d'urgence, l'impression que le ciel allait nous tomber sur la tête si je n'agissais pas au plus vite.

J'ai transgressé les ordres, c'est sûr, car je me revois, vautrée sous les bombax. Frappée d'admiration, je songeais au vieux Moulton. Quel humour ! Il avait envoyé des lampions de Noël pour décorer les branches dénudées des cotonniers. Le vent rabattait dessus les petites feuilles jaunes et craquantes. Elles prenaient feu comme des allumettes. L'air s'alourdissait d'une odeur de roussi. Des flammes, un ciel noir de fumée, bravo, très indiqué pour un Noël en Enfer. Je me souviens d'avoir pensé ça.

Mais quand mes réflexions se tournaient vers les gitons et la tactique appropriée, alors je perdais pied, je pédalais dans la gadoue. Pire que la plus noire défonce. Oublieux de sa chère Fifille, Brown voulait sauter Zibet. Je me déchaînais. « Tu as coupé ses tresses, salaud, je ne te la rendrai jamais, jamais. » Elle luttait de toutes ses forces pour lui échapper, mais privée de griffes et de dents, c'était perdu d'avance. Tantôt le dirlo prenait le relais : « Si c'est l'anonymat paternel qui vous tracasse, soyez rassurée, je vais me livrer à une petite enquête. » Et moi de rétorquer : « Vous avez surtout envie de garder tous les gitons pour votre usage personnel ! » Parfois, le père de Zibet entrait dans la danse : « Ce que je fais, c'est pour ton bien. Allez, viens réchauffer ton papounet. » Je sautai sur la couchette afin de dévisser le haut-parleur, mais pas moyen de lui couper le sifflet. « Je n'ai pas besoin qu'on me protège ! » hurlai-je, à bout de patience. Zibet se débattait comme une possédée.

Une touffe de coton toute frissonnante s'était nichée au creux d'un lampion. Elle s'embrasa et tomba sur le tapis de feuilles desséchées. L'âcre relent de fumée s'insinuait partout. Il aurait fallu alerter quelqu'un. C'étaient les vacances de Noël. Ils s'étaient tous taillés. L'incendie allait avoir raison de l'Enfer, à moins que ce ne fût le contraire, en l'occurrence. Il fallait absolument alerter quelqu'un. C'était à moi de m'en charger, bien sûr, mais à qui m'adresser ? Il n'y avait personne. Mon père me manquait. Celui-là, je pouvais toujours l'attendre. Avais-je jamais rien fait d'autre ? Il avait casqué, déchargé, et m'avait jetée aux barbares. Du moins était-il différent d'eux. Oui, différent.

Personne à qui parler.

– Que lui as-tu fait ? questionna Arabel. Tu lui as ouvert de drôles d'horizons, je parie. Samouraï ? Dope ? Alcool ?

– Rien, je le jure...

– Elève Octavia, vous êtes consignée.

– Ce ne sont pas des animaux, déclarai-je. Ils leur donnent des petits noms, Mon Poussin Adoré, Petite Nana. C'est leur progéniture, tu comprends ? Leur progéniture. Mais les gitons n'ont pas de griffes. Et pas de dents non plus. Ils n'ont jamais couché avec personne.

– Il ne pense qu'à son bien, dit Arabel.

– Tu rigoles ? Il lui a mis la boule à zéro ! Si tu l'avais vue, cramponnée à l'interrupteur comme si c'était sa planche de salut. Elle s'est débattue, mais rien à faire. La pauvre n'a ni bec ni ongles. Elle n'a encore que quinze ans. Vite, il n'y a pas une seconde à perdre.

– D'ici deux mois, on n'en parlera plus, dit Arabel. Si tu veux, je peux t'arranger ça. Rien à craindre question cartel.

Je me retrouvai dans la Galerie des Glaces. Je tambourinai contre la porte de la pionne. Les miroirs me renvoyaient mon reflet. Je reconnus le visage d'Arabel, tendu, angoissé, un visage de désespoir. Il devint rouge, blanc, rouge, un vrai gyrophare : le visage de ma nouvelle compagne de piaule. Big Mother refuserait de me croire.

J'en serais quitte pour de nouvelles sanctions. Ou bien elle me ferait virer. Et après ? Quand elle fut devant moi, je restai clouée, impossible de fuir. Il fallait alerter quelqu'un, sans quoi nous allions tous partir en fumée.

– Sainte Mère de Dieu ! murmura-t-elle.

Elle ouvrit les bras. Je m'y précipitai.

Zibet était assise sur mon lit, dans le noir. Je le sus avant même d'ouvrir la porte. Je donnai de la lumière et gardai ma main bandée sur la plaque, pour le cas où j'aurais besoin de me cramponner à quelque chose.

– C'est fini, Zibet. Big Mother va confisquer tous les gitons. L'accès du campus sera interdit aux animaux. Tout va s'arranger.

Elle leva la tête. Ses yeux se fixèrent sur les miens.

– Je le lui ai confié, afin qu'elle le ramène à la maison.

– Comment ?

Je dus avoir l'air idiot.

– Jamais il ne nous fichera la paix. Il est... Alors ma sœur a emporté Petite Nana dans ses bagages.

Ce n'est pas vrai. Je rêve.

– Henra est comme toi, dit Zibet. Une chic fille. Elle est foutue. Ces deux années, elle n'en verra même pas la fin. (Son regard ne vacillait pas.) J'ai encore deux autres sœurs. La plus jeune n'a que dix ans.

– Tu as envoyé le giton à Saint-Gerbier-des-Joncs ? Pour ton *père* ?

– Exactement.

– Il est sans défense. Pas de griffes, rien. Il est à la merci du monde entier.

– Je t'avais bien dit, tu ne connais rien au péché.

Sur ces mots, elle cessa de s'intéresser à moi.

Je n'ai jamais demandé à la pionne ce qu'étaient devenus les gitons confisqués. Dans leur propre intérêt, j'espère qu'une âme charitable leur aura donné le coup de grâce.

Axiome Fondamental du Parricide Prénatal

Notes complémentaires au Paradoxe de Barjavel

par Lorris MURAIL

Le voyage dans le temps, outre quelques difficultés techniques, pose un grave problème logique : que se passe-t-il si quelqu'un remonte dans le passé au delà de sa naissance et tue son père, sa mère ou l'un de ses ancêtres ?

L'un des premiers, René Barjavel put exprimer ce problème en ces termes :

« Il a tué son ancêtre ?
Donc il n'existe pas.
Donc il n'a pas tué son ancêtre.
Donc il existe.
Donc il a tué son ancêtre
Donc il n'existe pas... »

Cela constitue ce que nous appellerons le Paradoxe de Barjavel.

Faut-il voir là une condamnation logique du voyage dans le temps ? De deux choses l'une : ou bien le voyage dans le temps est impossible, ou bien il existe une solution qui permet de s'échapper du Paradoxe. Nous savons tous par expérience que la première hypothèse ne peut être retenue. C'est ce qui nous a conduit à formuler l'Axiome Fondamental du Parricide Prénatal, duquel on peut déduire un certain nombre de corollaires.

Quelques exemples d'applications pratiques permettront au lecteur de saisir plus directement le problème dans toutes ses implications.

AXIOME FONDAMENTAL DU PARRICIDE PRÉNATAL

– Tout homme qui remonte dans le passé pour tuer son père avant sa propre conception devient par là même et dans l'instant fils de quelqu'un d'autre, la mère étant considérée comme une constante.

– De même tout homme qui remonte dans le passé pour tuer sa mère avant sa propre naissance devient par là même et dans l'instant fils d'une autre, le père étant considéré comme une constante.

– Tout homme qui remonte dans le passé pour tuer père et mère avant sa propre naissance devient par là même et dans l'instant fils d'un autre couple.

Remarque 1 : cet axiome se vérifie également pour tous les frères et sœurs du parricide prénatal conçus après l'assassinat du père ou nés après l'assassinat de la mère, ainsi que pour les demi-frères ou demi-sœurs dont le géniteur commun avec l'assassin se trouve être la victime.

Remarque 2 : si un homme remonte dans le

passé pour exterminer l'humanité entière avant sa propre naissance, on peut en déduire :

– soit que la théorie de la génération spontanée est exacte,

– soit qu'il existe une vie extraterrestre humanoïde intelligente,

– soit qu'il existe un plan surnaturel susceptible d'intervenir efficacement dans les affaires humaines.

Remarque 3 : le troisième paragraphe de l'Axiome Fondamental peut être considéré comme neutre vis-à-vis des corollaires V et VI, et en conséquence ne sera pas pris en compte dans les développements mathématiques.

Corollaire I :

Tout homme remontant dans le passé pour tuer son père avant sa propre naissance peut conclure à une erreur de personne.

Corollaire II :

Tout homme qui change brutalement de couleur de peau ou de longueur de nez est un assassin.

Corollaire III :

La probabilité pour qu'un père qui engendre un parricide prénatal ait pour fils l'inventeur de la machine à remonter le temps est supérieure à la probabilité pour qu'une personne quelconque ait un tel fils.

Corollaire IV :

Tout homme qui engendre un parricide prénatal est cocu. Ou bien (autre formulation) : tout homme qui engendre un parricide peut en conclure qu'il est déjà mort depuis quelque temps.

Corollaire V :

Le nombre moyen d'enfants par famille est directement proportionnel au nombre de personnes remontant dans le passé pour tuer leur père ou/et mère.

Corollaire VI :

L'accroissement du nombre total d'adultères est plus que proportionnel au nombre de personnes remontant dans le passé pour tuer leur père ou leur mère.

Formulation mathématique de ces deux derniers corollaires :

$$\text{Cor. V} : \Delta X \geqslant \frac{y}{N - y}$$

x = nombre moyen d'enfants par famille
y = nombre de pères assassinés
N = nombre total de ménages
(résidents temporels uniquement)
X = nombre total d'adultères
k = taux de fertilité
(le signe $\geqslant$ est expliqué par la remarque 1)

$$\text{Cor. VI} : \Delta X = \frac{y}{k}$$

Exercice simple d'application de l'Axiome Fondamental :

Jean, 23 ans, à la suite d'une altercation avec son père, décide de remonter dans le passé de 24 ans afin de tuer son père. Toutefois, comme il répugne à devenir le fils de l'amant de sa mère, un alcoolique invétéré, il décide de s'engendrer lui-même en violant sa propre mère après avoir assassiné son père.

1° Est-ce possible ?

Sinon, dans quelles conditions serait-ce possible ?

Solution :

Il ne peut pas s'engendrer lui-même, car au moment même où il tue son père, il devient fils de quelqu'un d'autre, ou plutôt, il le deviendra, car il sera conçu par sa mère et par un autre homme dans trois mois. Par conséquent, pendant ces trois mois, même s'il viole sa mère tous les jours, il ne pourra lui faire d'enfant.

Pour avoir un enfant avec sa mère, il lui faudrait donc le concevoir au moins neuf mois avant sa propre conception, c'est-à-dire dix-huit mois avant sa naissance. Il doit remonter dans le passé de 24 ans et 6 mois. Mais s'il se conçoit neuf mois avant sa propre conception, il se trouve âgé de 23 ans et 9 mois, or il n'a que 23 ans, c'est donc impossible. L'enfant qu'il aura avec sa mère ne sera pas lui-même, mais son frère aîné. (On notera, pour les esprits inconséquents, qu'il est donc fort possible d'avoir un fils plus âgé que soi-même.)

Remarque : il ressort de cette démonstration que toute veuve est stérile après la mort de son mari pendant une durée égale à la différence entre la longueur du voyage en arrière dans le temps de son fils et l'âge de son fils au moment de son départ, diminué de neuf mois.

2° Le frère aîné apprend les agissements criminels de son frère et père. Indigné, il décide d'aller tuer son frère avant sa propre naissance, afin de n'être pas le fils d'un criminel. Comme il n'ignore pas l'Axiome Fondamental, il sait qu'au moment même où il tuera son frère il deviendra le fils de quelqu'un d'autre. Imaginez toutes les situations possibles.

Solution (simplifiée) :

S'il tue son frère cadet avant que celui-ci n'ait tué son père, il ne sera plus le fils de son frère, mais deviendra le fils du mari de sa mère, et son ancien père ne sera plus que son frère. S'il tue son frère cadet après que celui-ci a tué son père, il ne pourra plus être le fils du mari de sa mère mais pourra être le frère de son ancien père si tous les deux naissent du même père illégitime. Sinon, ils ne seront que demi-frères. S'il tue son frère cadet avant que celui-ci n'ait une altercation avec son père, on est ramené au premier cas.

Et pour finir, un sujet de réflexion (pour ceux que les scrupules n'étouffent pas).

Un orphelin désireux d'acquérir un père définitif n'aura qu'à retourner dans le passé pour tuer son père primitif. Si, malgré cela, il demeurait par malchance orphelin, il lui faudrait répéter l'opération jusqu'à l'obtention d'un père stable.

Discutez, expliquez et, au besoin, élargissez cette assertion.

L'enfant du siècle

par Colette FAYARD

L'eau suinte de partout. Il pleut depuis deux jours. Même la grotte régurgite un limon poisseux. Zabel est sortie sous la pluie, un truc à attraper la crève, manquait plus que ça ! Elle a trouvé une fourmi, l'a sauvée du déluge. A leur tour, Crindenfer et Tortebuse se sont émerveillés : les bêtes, il en reste si peu ! Mais maintenant, voilà qu'ils toussent tous les trois ! Comme s'ils n'avaient pas assez d'ennuis, avec tous ces salauds qui leur courent après !

La terre est une éponge, on dirait que les marais ont débordé jusqu'à la mer, le ciel même est comme un fleuve en crue.

Il faisait beau, pourtant, quand tout a débuté, il y a seulement quatre mois. C'était la Fête du Solstice d'Eté, au marais de Longueau. Un cauchemar qui n'en finit pas de recommencer.

A côté d'elle, Zabel sent le souffle rance du vieux Crindenfer. Elle renifle. Ça pue, mais c'est gentil. Tortebuse est vieux, lui aussi, mais il suce des pastilles. Il sent le Sidulon, c'est bon le Sidulon. Zabel regarde ce cher vieux Tortebuse, qui lui sourit : il comprend toujours tout. Sa vieille main pelée va chercher au fond de la besace la merveilleuse tablette de Sidulon, c'est acide, ça fond, ça funambule le long des dents, du palais, de la langue, et quand ça descend dans la gorge, c'est si frais qu'on a le goût jusqu'au fond des oreilles. Il en casse un petit morceau, faut faire durer le plaisir, et le tend à Zabel. Du revers de la main il lui essuie les lèvres et le menton, la gourmande, ça la fait toujours baver un peu, un mince filet de part et d'autre de sa bouche lippue. Zabel attrape au passage la main de Tortebuse, ô ma Zabel chérie, tu poses sur ma main ma main pelée ma main vilaine un doux baiser de ta douce lèvre molle. Caresse. Ça n'a jamais repoussé vraiment bien la peau, hein ? depuis la Verte Mort : les plaques, on les voit toutes, superposées certaines, on dirait des écailles, plus ou moins roses selon comme c'était profond, comme c'était à vif quand ça s'épluchait, quelquefois plusieurs fois au même endroit et c'est là que ça fait le plus mal quand ça n'est pas complètement guéri et que ça recommence.

– On nous regarde, Zabel.

Est-ce que c'est le moment ? Qu'on me fiche la paix avec ça ! Me déranger en pleine cure de régénérescence comme si j'étais irremplaçable ! Iris Boem, tout à coup, du fond de sa colère, se sourit à elle-même : irremplaçable, personne ne l'est, sans doute, mais elle, il faut bien l'avouer... Ah ! Tous ces Prêtres dissidents qui haranguent les foules, dénigrent la Foi, chaque jour plus nombreux ! Les misérables ! Les imbéciles ! Comme si leurs crachats puants pouvaient atteindre le Fondateur ! Allons, elle ne veut pas penser à cela maintenant : si elle est tendue au début de la cure, dans la phase de réaction elle se mettra à déprimer ! Soupir : cette énorme fatigue qui suit les premières injections, c'est le prix à payer... Allons, passé le premier choc, ce sont les forces revenues, multipliées, une nouvelle jeunesse, un rêve d'éternité... Non, Iris n'est pas dupe : c'est bon pour les Prêtres Bergers et pour les Militaires, de se bercer de l'illusion d'une vie infinie grâce aux Centres et aux cures, pendant que vieillissent et meurent les ruraux des tribus ! Iris, elle, ne s'oublie jamais mortelle, soucieuse jusqu'au bout de mener à bien son œuvre, ces recherches auxquelles elle a donné son âme sans jamais rien distraire d'un temps toujours précieux puisque malgré tout limité : aussi loin qu'on recule l'échéance, il faudra bien un jour mourir... Allons allons ! Pas de pensée amère ! Merci aux Prêtres Bergers ! Merci à ces imbéciles des tribus qui acceptent de payer l'impôt, d'abandonner aux Centres une part de leur bétail contre on ne sait quelle illusoire protection ! Grâce à eux, les Instituts de Régénérescence, à chaque Grande Transhumance, renouvellent leurs cellules fraîches... Et voilà que ces fichus prêcheurs prétendent ébranler la Foi, parlent de privilèges, d'injustice ! Ah ! Ne plus y penser !

Les yeux clos, de toutes ses forces, Iris appelle une image de bonheur, une bulle de plaisir, et voici que c'est un souvenir drôle, un drôle de tout petit souvenir, qui vient à la surface. Elle se revoit jeune assistante, au tout début des recherches génétiques qui allaient faire sa gloire. C'est le soir, l'ancien labo, son vieux professeur, Phil Khéper : ça la faisait sourire, ce nom héroïque à un vieux savant... Pas si vieux d'ailleurs, c'est drôle, elle s'en rend compte seulement maintenant, il n'était même pas vieux du tout. C'est elle qui était si jeune, tellement en avance dans ses études que déjà on la considérait comme un prodige : une réputation bien lourde, qu'il avait fallu soutenir à tout prix... Iris sourit à sa gloire immense. Elle est Iris Boem. Oui, d'y penser suffit à vous illuminer la vie.

Phil Khéper avait dit : « Iris, il est tard, vous êtes fatiguée. » Il avait ajouté : « Venez. » Elle avait dit : « Je dois terminer les relevés des séries C et D. Je viendrai un peu plus tard demain matin si vous le permettez. Bonne nuit, professeur. » Il avait dit encore : « Iris. » Elle avait insisté, car sa fierté était en jeu : « Je peux terminer seule, vous le croyez, n'est-ce pas, professeur ? » Il avait répondu : « Oui, oui, certainement. » Il avait l'air si triste, les yeux, la voix : comme un amoureux éconduit, se dit-elle, et le rire monte dans sa gorge, avec une drôle de sensation qu'elle n'a jamais connue. Serait-ce possible ? Pauvre professeur, comme si l'on avait du temps à perdre à ça ! Elle se demande pourquoi elle a envie de pleurer. Ce doit être le traitement. Et ces contrariétés. N'y pensons plus.

– On vous regarde, dit Crindenfer. Qui c'est celui-là ? Tu le connais, toi, Tortebuse ? Le grand chauve, là-bas.

– Quel chauve ?

C'est pourtant vrai ! Tous les vieux sont chauves, ou presque, les femmes aussi. La Verte Mort, ceux qui sont passés au travers, ils ne pouvaient pas en sortir comme ils y sont entrés : les dents qui tombent, et puis les cheveux, la peau qui s'épluche, comme Tortebuse, la sanie dans les yeux comme Crindenfer, ça brûle mais on s'habitue, et puis les poumons qui saignent en dedans, l'estomac, l'intestin, ceux-là sont morts déjà, on n'en voit plus aucun, tant mieux, c'étaient les plus pénibles, avec leurs toux, leurs crachats, leur vomi. Et puis bien sûr les enfants : imprévisibles. Chez les gens et chez les bêtes, les naissances : à chaque fois la surprise... Alors un chauve ! Quel chauve ?

– Là-bas contre l'arbre. On dirait qu'il s'est mis en arrière exprès. Pour mieux vous regarder sans que vous le voyiez.

– Tu fais des vers, vieux Crindenfer ! Qu'est-ce qui te dit qu'il en a après nous ?

– Hier déjà il était là.

– Normal. Ça doit être un de ces nouveaux Prêtres, ces dissidents... A la Rencontre du Marais de Vauvert, y en avait un, un grand sec lui aussi, monté sur une estrade, qui haranguait la foule et nous prenait notre clientèle ! Comme quoi la Foi, à ce qu'il disait, c'est un truc débile, comme quoi John Smith, le prétendu Fondateur...

– Tout doux, Torty, on peut t'entendre... Pendant les Fêtes, tout le monde est fou... Regarde-les, je peux pas m'y faire, ça me fout la trouille, je crois bien que tant pis, j'y viendrai plus.

– Déconne pas, vieux ! C'est pas en te crevant à courir de tribu en tribu que tu vas gagner ta croûte ! Une Fête c'est cinq, six mille clients d'un coup, mûrs à point ! Et le spectacle ? Ton numéro ? Tu vas quand même pas les priver de ton art ! Crindieu ! Mon vieux Denfer !

Le rire sonne faux. Tortebuse est inquiet : son vieux copain... Si le moral flanche, c'est le début de la fin... Il va commencer à rater ses tours, le public sifflera... Pourtant, dans sa jeunesse, quel jongleur, et quel bonimenteur ! C'est lui, Tortebuse, qui était minable alors : il n'avait pas encore trouvé Zabel.

A côté de Zabel, il y a une petite fille. Ses yeux pleins d'envie ne quittent pas la bouche de Zabel et ses mastications, et les aspirations bruyantes quand la salive déborde, apportant à la gamine l'odeur adorable du Sidulon. Zabel l'a vue, elle recrache son tout petit dernier bout de bonbon et le fourre dans la bouche de la fillette qui rit de plaisir. Le père regarde Zabel, sa face bouffie, ses membres courts, son crâne tronqué, et dans son regard une lueur d'envie.

– Elle a un don, c'est une artiste, dit Tortebuse en serrant contre lui sa chérie.

– Je veux pas vous la prendre, dit l'autre en ricanant.

L'éclairage est si parfait qu'il paraît irradié par les murs, sans visible artifice. Un murmure d'eau courante semble sourdre des parois de la chambre, mêlé aux autres éléments de la bande-son, chuintements, pépiements, frôlements ténus, tout un frémissement d'air délicatement bruissant. Iris est sur le point de s'endormir, parfaitement détendue, accueillante à l'action des drogues. Cette phase-là de la cure de régénérescence est la plus agréable, la plus passive et en même temps la moins douloureuse, avant l'épuisement transitoire et les vagues lentes et profondes du dynamisme renaissant.

Et voici que, dans le sommeil qui vient, la lumière irradiée appelle le souvenir d'une autre lumière, plus dure, et voici que le murmure de l'eau s'emplit du souvenir d'autres murmures, plaintes et pleurs, et que l'air bruissant se souvient d'une pestilence. C'était dans l'Amadaoua. La maladie de Fouc ravageait le pays : on avait nommé le mal, décrit les symptômes, on n'en savait pas plus. Cela semblait héréditaire, ou du moins transmissible au fœtus. Bien sûr, cela l'avait tout de suite passionnée, comme un défi. Sa renommée de généticienne n'était plus à faire, et ses travaux sur les enzymes lui avaient valu une extraordinaire popularité, car c'était grâce à elle que les problèmes d'élimination des déchets, plaie des sociétés industrielles, ne se posaient pratiquement plus. Sa parole faisait loi.

Elle avait proposé un programme d'étude de la maladie de Fouc, visité la région, choisi un emplacement. On y avait construit le dispensaire, au bord de la rivière. En aval, cinq villages qui recevraient les eaux usées, le temps qu'il faudrait pour entretenir l'épidémie aux fins d'étude. Iris avait calculé ce temps, en fonction du nombre des habitants, de la vitesse de propagation du mal, et de la durée nécessaire à l'établissement de statistiques fiables. Elle était curieuse de comparer l'évolution de la maladie de Fouc – troubles digestifs, gonflement du ventre jusqu'aux vergetures, pertes de mémoire, folie – avec des phénomènes voisins qu'elle avait suscités dans son labora-

toire de génétique. Cela avait été un rude travail, mais sa jeune équipe était de qualité, formée d'esprits curieux et libres. Le mal de Fouc avait dû cracher son secret, on aurait même pu guérir les derniers survivants des villages, si seulement on avait eu le temps... Mais la guerre était survenue. La guerre et les armes chimiques. Il faut savoir payer le prix...

C'est l'instant où l'attente est comme un fil tellement tendu qu'il va se rompre et puis plus rien. Et dans les corps, au lieu de cette tension, c'est déjà comme un renoncement. Après la Verte Mort, les survivants étaient si peu nombreux que la terre malade suffisait à les nourrir de cueillette et de chasse sommaire, quitte à changer d'endroit quand les ressources s'épuisaient. Et puis les maladies, et les naissances imprévisibles, tout cela leur avait forgé un fatalisme tranquille, une tolérance imperturbable, que la Foi avait vivifiés de son mysticisme : tout mal, toute naissance difforme étaient un don adorable de la Grande Mère Souveraine. Un bonheur paisible, un nouvel art de vivre étaient nés de ce désastre, comme un miracle et comme une évidence. Mais un rien suffisait pour qu'on se laisse aller au fil du temps, au fil des choses, passif. La Foi emplit les cœurs, l'attente emplit les cœurs, mais déjà dans l'attente il y a l'abandon.

Les Prêtres ont fort à faire pour relancer les chants, pour soutenir les danses, pour hausser les prières. Ils ont du talent, ils ont du métier. Répartis dans la foule, on dirait qu'ils cueillent les souffles au sortir des poitrines et qu'ils les portent devant eux, les poussent et les reprennent et les repoussent, par le seul rythme de leur propre souffle, au bout de tout leur corps tendu à l'acmé de sa force. Souffles. Haleines. Halètements. Il est temps qu'enfin Jag apparaisse, tiré du bout de la nuit par les prières conjointes. Jag Jag Jag murmurent gémissent halètent les milliers de poitrines, Jag Jag Jag dans les milliers de corps épuisés de désir, sur les milliers de faces transverbérées d'attente, Jag Jag Jag dans les jambes tremblantes, les genoux écorchés, les bras trop lourds de se lever vers le ciel nu, nu sans Jag, vide sans Jag, insensé. O Soleil Noir ! O Jag !

Dans le sommeil d'Iris dérive un soleil noir. Il traverse la nuit d'Iris, comme à plus de mille kilomètres de là il traversera la nuit des milliers de fidèles rassemblés au Marais de Longueau. Iris rêve à ce jour où fut lancé le satellite contenant les cendres de John Smith le Fondateur et de ses trois premiers disciples, tués lors de l'attentat qui devait faire d'eux les Martyrs de la Foi, et assurer à leur Église une suprématie incontestée sur les milliers de sectes proliférant alors. Cela se passait juste avant la guerre. Par hasard, les derniers mots du Fondateur avaient été : « La Terre expirera en une vesse d'âne mort. » Et cette image cocasse, un pet d'âne mort, s'était inscrite pieusement dans toutes les mémoires, mais incomprise et déformée : on en avait fait ici « la Verte Mort », ailleurs « Fester More », ou Grande Pourriture, ailleurs encore « Fetzenmorg », le Matin de Guenille... La guerre avait tout justifié ! Et sanctifié le souvenir du Fondateur.

Mais dans le rêve d'Iris, c'est le corps vivant de John Smith qui traverse le ciel, pour toujours en orbite autour de la Terre, gage éternel de spiritualité. Et le corps tout entier d'Iris s'irradie d'une attente. Elle n'en a pas conscience : elle dort. De l'orgasme non plus elle n'aura pas conscience.

Le froid pernicieux du marais traverse les vêtements. On a beau se retenir, on est bien obligé de tousser, quelquefois. A chaque Fête, il y a des enfants qui prennent mal, et même il y en a qui meurent. Pour les parents, c'est un honneur. Pas aussi bien qu'un Sacrifice, mais un honneur tout de même. On leur dit que leur enfant est mort pour Jag, et pour la Grande Mère. Il y a des parents que ça n'empêche pas de pleurer. Ceux-là, ceux qui pleurent quand leur enfant meurt, les Prêtres dissidents aiment aller leur parler.

C'est ici qu'il est mort, se dit Iris, et c'est ici que je vis. Ici, au Centre. Comme si tout à coup l'univers s'était mis à graviter autour de l'espace minuscule de nos deux vies conjointes.

La rêverie d'Iris a fait suite à son rêve, tant a été doux le passage du sommeil à l'éveil.

John Smith était venu prêcher : c'était l'une des étapes de son tour du monde d'évangélisation. Au sortir du labo, Iris s'était trouvée happée par la foule qui allait l'écouter. Le flot l'avait déposée juste au pied des tribunes, au creux d'un silence, d'une respiration suspendue à une nouvelle envolée du discours. Et la foule entière le souffle retenu, puis ce soupir quand la voix, à nouveau, avait résonné. Voici donc celui qui les captive tous! Iris se prend à écouter, elle aussi, et se dit : « Oui, vraiment, il est fort! » Même ce pseudonyme, John Smith, « Monsieur tout-le-monde », quelle habileté, ce faux anonymat pour mieux s'inscrire dans les esprits! Certaine qu'il n'est pas dupe, aucunement, de son propre discours, elle se prend à l'admirer. Et elle se dit qu'ensemble, elle et lui, ils pourraient mener le monde où ils voudraient. Cette idée la fait rire, et l'explosion de l'attentat la saisit au milieu de son rire. Elle n'a rien, mais à la tribune John Smith et ses trois Fidèles baignent dans leur sang. C'est l'hystérie. Des hommes, des femmes, foulés aux pieds, étouffés, broyés, par la foule affolée.

Iris sourit à John Smith mort. A Jag, qui porte dans le ciel, noir soleil, les cendres de John Smith, le Fondateur. Iris pense à sa fille. Cette fille venue si tard. Avant, pas le temps, pas l'envie, mieux à faire. Mais c'est lorsqu'elle a vu le Fondateur écroulé dans son sang qu'elle s'est voulue mère. Avoir une fille. De lui. Etre vierge, et mère.

Pour tout autre, c'eût été impossible; pour elle, c'était facile : que refuser à Iris Boem ? Comme le faisaient la plupart des hommes célèbres, John Smith avait déposé sa semence à la Banque Centrale du Sperme. Rayad avait tout arrangé. Un peu déçu tout de même quand Iris lui avait demandé le secret absolu, à propos de l'insémination d'abord, de l'enfant ensuite, dont il ne devrait jamais rien chercher à savoir sinon ce qu'Iris voudrait bien en dire. Même s'il ne comprenait pas, sa dévotion pour Iris Boem rendait vaine toute question : Rayad avait promis.

Iris voulait une fille. Elle aurait les yeux verts de John Smith, et son charme. Elle aurait, bien sûr, le génie de sa mère.

Non, pas cette mémoire-là !

Quand Jag enfin se lève dans la nuit, ce n'est plus un cri, c'est un soupir. A tous les yeux écarquillés, c'est son mouvement qui désigne le satellite, plus rapide que le lent basculement des étoiles. Sanglot des milliers de gorges, angoisse des fulgurances pressenties. Danse danse danse. Sur place les pieds les corps broyant la terre l'herbe arrachée. Danse danse danse. Transe. Les ongles raclent la terre, sur le visage, sur le corps qu'on dénude on s'en fait des peintures. Des corps se touchent, des corps se frottent, seins érigés verges dressées. Souffles haleines halètements. Debout, des corps s'accouplent. Danse et transe, les victimes ont hurlé de joie, bourrées de drogues à chavirer. Blanc, le marais sous la lune. Reflets. Vapeurs, comme la buée d'une bouche immense. OOOOOH les milliers de gorges. Et les milliers de corps, ensemble, s'avancent sur la prairie.

Et puis les Prêtres font un signe. De part et d'autre de la foule enfiévrée mugissent d'énormes gongs : ASSEZ ! Au delà, il ne faut pas aller. Danger. Pour aller au delà, il faut le mériter : le Sacrifice... il faut le mériter.

Zabel tremble. Tortebuse est bien embêté. Il sait qu'elle va pleurer bientôt, et se faire remarquer. Comment l'en empêcher ? Comment lui expliquer ? Il a essayé cent fois. Pauvre Zabel, qui ne peut pas comprendre. A chaque Fête, c'est pareil.

La voilà qui déjà gémit. Un long gémissement de bête blessée. C'est pour ce jeune garçon, là-bas, qui s'avance au-devant des autres, sur l'herbe de la prairie. Traîtresse, la prairie ! La limite, c'est l'arbre au delà duquel les Prêtres ont dit de ne pas aller : après, on croit encore qu'on marche sur le pré et c'est déjà le marécage, et l'on s'enfonce, et bientôt on a de l'herbe plein la bouche, de la boue dans les cheveux, et puis deux mains qui parlent encore quand tout le reste a disparu. C'était la première victime. Ça s'est très bien passé : un très beau Sacrifice, les parents peuvent être fiers, leurs voisins les regardent avec des yeux d'envie. Il était hydrocéphale, ce petit-là. Le suivant, on ne voit pas bien, il a l'air normal. La nuit est claire, pourtant, non vraiment, il n'a rien de particulier, tant pis pour ses parents, ou pour le tuteur qui l'a acheté et élevé en vue du Sacrifice afin de mériter l'estime de tous :

la foule appréciera le geste, mais elle n'aura pas ce murmure extasié que lui arrachent les plus visibles malformations. C'est normal, c'est la loi du spectacle.

C'était avant la guerre que sa fille était née. Ce n'était donc pas à cause de la Verte Mort. Alors rien n'expliquait. Rien qu'Iris pût comprendre. Elle qui toujours avait tout contrôlé, dans ses recherches et dans sa vie. Comment était-ce possible ? Une enfant débile. Elle. Iris Boem. Et lui. Le Fondateur.

Elle n'avait pas voulu le croire, d'abord, malgré l'évidence, le faciès de la petite, dès la naissance, et cette chair molle, comme dénervée. La tuer ? Oui, cela l'avait effleurée, et puis non, réparer, plutôt. Réparer : ne pas rester sur cet échec. Il ne serait pas dit que la nature aveugle, que le hasard imbécile allaient lui dicter leurs lois, à elle, Iris Boem ! Alors sur le bébé avaient commencé les expériences. Vaines. Toutes vaines. Sauf la dernière, peut-être. Cette greffe, il fallait voir, attendre un ou deux ans au moins. Iris avait placé sa petite fille dans une Institution, la meilleure. En grand secret. En attendant. Et elle était partie pour l'Amadaoua : on avait besoin d'elle là-bas, ça promettait d'être passionnant cette recherche sur le mal de Fouc.

Et puis la guerre. Et le désordre et la folie de la guerre. Et la victoire, grâce aux savants, grâce aux armes chimiques. On savait bien ce qu'on risquait, pas la peine d'en faire tant d'histoires, d'ailleurs la Verte Mort, comme l'appelaient ceux des tribus, eh bien cela aussi on s'en sortait !

L'Institution avait été détruite. La petite avait disparu, mais Iris savait que tous les enfants n'avaient pas été tués. Pendant des années, elle avait recherché sa fille, en la présentant comme un sujet d'expérience auquel elle tenait, simplement. Et puis elle avait fini par renoncer. La lassitude, les cures de régénérescence de plus en plus fréquentes, les travaux à mener à bien dans l'urgence de la vie qui s'épuise. La petite était femme, maintenant, si elle avait vécu. La greffe avait sûrement réussi. Iris en était certaine, absolument : sa fille ne pouvait être qu'un être d'exception.

Crindenfer a rangé son attirail. Plus la peine, son tour minable n'attire plus personne. Autour des autres tréteaux, la foule grouille, joyeuse, excitée. Le Sacrifice, la nuit dernière, a été spécialement réussi : trente victimes, plus qu'on n'en avait jamais vu, et la foule en délire qui voulait les suivre, qui voulait elle aussi s'unir à la Grande Mère sous l'œil mystique de Jag, le Soleil Noir, urne céleste, cœur de la Foi. Il fait beau, il fait chaud, on a dormi, on a mangé, on a bu, ça grouille, ça transpire, ça rit, ça éructe, ça boit encore, ça pisse le long des arbres et même sur les tréteaux. La concurrence est rude : jongleurs, poètes, acteurs, prestidigitateurs, c'est à qui retiendra la foule un peu plus que les autres, et en profitera pour vendre sa marchandise. Car chaque bateleur est aussi colporteur, au hasard des tribus rencontrées dans son itinérance, mais surtout pendant les deux grandes Fêtes de Solstice, revendant les objets manufacturés achetés dans les Centres où les ruraux n'ont pas accès. Produits d'une industrie standardisée, fabriqués sur les quelques chaînes qu'on a continué d'entretenir tant bien que mal après la Verte Mort : pénurie d'énergie et surtout de main-d'œuvre, on a réduit la production à l'essentiel.

Ils peuvent bien pisser sur mes tréteaux, se dit Crindenfer, j'en ai plus rien à foutre ! Il balance sur son épaule sa maigre musette. Où aller ? Pourquoi pas s'enfoncer dans le marais ? Un sourire de Zabel l'accroche au passage. Juste au bon moment. On dirait qu'elle devine tout, Zabel. Son sourire, ça veut dire : « Viens, mon vieux Crindenfer, regarde, je t'aime, et Tortebuse aussi il t'aime, reste avec nous au moins un peu, dis ? Regarde : mon tour, je vais le faire rien que pour toi. »

C'est toujours autour des tréteaux de Tortebuse que le public est le plus nombreux. Tortebuse a posé devant Zabel les objets donnés par la foule. Double profit, pour le bateleur et pour le colporteur : on lui achète ses écrous, ses outils, ses couverts, et puis on les donne à Zabel pour le plaisir de la regarder les avaler ! Car Zabel digère les métaux : tel est son don. Et l'entraînement, d'année en année, lui a tellement distendu le gosier qu'elle peut avaler presque n'importe quoi ! On se presse pour mieux voir, on veut être sûr qu'elle ne triche pas. C'est à qui donnera quelque chose : les objets en métal sont chers, on est d'autant plus fier, devant les autres spectateurs, d'en faire le sacrifice ! Zabel avale la dernière petite cuillère, et salue la foule, de son sourire, de sa main grasse et molle. C'est du délire ! Elle est trop drôle, et sympathique ! Son air doux et stupide, joint au brillant boniment de Tortebuse, fait toujours grand effet.

Le type d'hier est encore là. Il regarde Zabel. Tortebuse a beau dire, Crindenfer n'est pas tranquille. C'est peut-être un de ces misérables fanatiques, mendiants de la Foi sans descendance et sans argent qui volent les enfants, surtout ceux qu'autrefois on disait malformés et qu'on appelle maintenant imprévisibles : car ces enfants-là, ce sont les préférés de la Grande Mère, on les nourrit, on les choie, en vue du Sacrifice qui apportera au donateur la considération.

Crindenfer fait signe à Tortebuse, qui ne voit rien l'imbécile, parti qu'il est dans son boniment ! Le type a disparu. Fondu dans la foule, absorbé.

– Alors, mon vieux Crindent, si tu venais avec nous ? Qu'est-ce que t'en dis ? Je me fais vieux, tu m'aiderais pour les tréteaux, la marchandise, tout monter, démonter, déballer, remballer. Depuis tant d'années qu'on se retrouve aux Fêtes, si on faisait la route ensemble maintenant, hein, qu'est-ce que t'en dis ?

Crindenfer n'est pas dupe : l'offre de Tortebuse, ça sent la charité. Mais Zabel a des yeux qui supplient. Après tout, si y en a qui leur cherchent des crosses, tout vieux qu'il est et tout perclus, il pourra peut-être leur être utile à quelque chose...

– Ecoute, dit Tortebuse, sitôt la Fête finie, on descend sur Armor...

– Armor y a plus personne, ils sont partis plus bas...

– Tu sais où ?

– A peu près, ils ont pas dû bouger beaucoup depuis que je les ai vus, y a guère plus d'un mois de ça.

– Alors, tu vois qu'on a besoin de toi, faut que tu nous mènes. Après, on ira vers Granlieu. Y a un pèlerinage qui se prépare à ce qu'il paraît, une grande marche vers Mazurie, on peut faire des affaires, tu verras, bien assez pour nous trois !

C'est le pire moment de la cure : l'épuisement, le doute dans tout le corps souffrant, quand bien même la raison sait qu'au bout de l'épreuve il y aura, cette fois encore, une nouvelle jeunesse. Alors Iris, de toutes ses forces, veut s'accrocher à des lambeaux de souvenirs heureux comme aux voiles déchirées d'un radeau de fortune. Mais il n'y a qu'un goût de sable dans la bouche, toute une vie crissante et rêche entre les dents.

La route a été longue, avant de joindre ceux d'Armor, et le repos bien mérité. Pourtant déjà il faut partir. Et avec eux une nouvelle compagne : la peur.

Sans Cordure ils étaient fichus. Pendant que ses siamoises, Palimpe et Zeste, faisaient leur numéro, il avait pris à part Tortebuse et Crindenfer : les Prêtres cherchaient Zabel, il n'en savait pas plus, c'était un grand secret, un bruit courait pourtant comme quoi Zabel serait la fille du Fondateur...

– Tu te fous de ma gueule ! dit Tortebuse.

– Et pourquoi pas ? dit Crindenfer. Rappelle-toi ta Zabel, comment tu l'as trouvée, un beau jour, toute petite môme, à moitié morte de faim, à sucer un paquet de boulons qu'elle t'avait fauchés... Pas moyen de lui tirer trois mots ! D'où qu'elle venait, et son vrai nom, va donc savoir... On sortait tout juste de la catastrophe si tu te souviens, on commençait à peine à s'organiser, quelques foires, un peu de colportage à droite à gauche, les enfants perdus c'est pas ça qui manquait ! Pourquoi dans le tas y aurait pas eu la fille du Fondateur ?

– Sans qu'on l'ait jamais dit, qu'il aurait eu une fille ?

– Une idiote, il s'en serait pas vanté ! Cette pauvre gosse débile, avec ce don grotesque de bouffer les métaux, l'attraction d'un bateleur, tu parles d'une propagande !

– Et puis y a pas de quoi rire, ajoute Cordure, parce que s'ils la cherchent, paraît que c'est pour la tuer.

Rayad avait parlé. Le traître ! Iris en était sûre, sa fille était vivante. Les dissidents la cherchaient, pour calomnier John Smith. La honte sur lui ! La honte sur elle, Iris Boem !

Ah ! la trouver, la trouver avant eux ! Il fallait appeler les Prêtres, ils la sauveraient... Non, non, ils la tueraient, bien sûr, c'est pour ça que Chom et Frag étaient venus la voir, c'était pour ça toutes leurs questions ! Imbécile qu'elle était de n'avoir pas compris ! Oh qu'ils la trouvent, oh qu'ils la tuent, ce monstre odieux issu de ses entrailles, et qu'on n'en parle plus !

Ah je suis folle ! La greffe a réussi n'est-ce pas ? Ma petite fille chérie sauve-toi, ne les laisse pas te prendre, ou alors montre-leur, dis, montre-leur que tu es bien ma fille, écrase-les de tout ton rayonnant esprit mon enfant mon enfant, ah larve immonde sois maudite !

Partout des yeux. Partout des chuchotements. Convoitises. Surenchère. Les Prêtres sont prêts à tout pour retrouver l'enfant secret du Fondateur, en étouffer la honte. Les dissidents sont prêts à plus encore pour pouvoir exhiber l'idiote, née avant la Verte Mort, preuve vivante que le prétendu prophète après tout n'était qu'un homme, aussi taré qu'un autre ! Orthodoxes ou dissidents, chacun a ses agents, chacun a ses espions. Mais Tortebuse et Crindenfer ont avec eux les bateleurs. Ou du moins une partie d'entre eux, car là aussi il y a des traîtres : il y a ceux qui ne savent pas apprivoiser la peur.

Fuir, toujours fuir. Sur les routes encore et toujours. La misère. La famine bientôt. L'épuisement. Les haltes trop brèves. Repartir avant d'être signalés. Quand un ami complice les héberge, toujours la peur que lui aussi soit un traître. La peur à chaque instant au ventre de Tortebuse et de Crindenfer. Alors les abris de fortune, comme cette grotte, qui sue la pluie et le moisi. Les cueillettes précaires, les tentatives avortées de pêche et de chasse... Tortebuse a fini par cesser de dire à Crindenfer de se barrer, de les laisser tomber avant qu'il ne soit trop tard pour sauver sa peau à lui aussi, parce que le vieux Crindenfer, qui l'aurait cru ? a rassemblé toutes ses vieilles forces pour casser une bonne fois la gueule à compère Tortebuse et qu'on n'en parle plus. Et au milieu des larmes, chaque jour, le sourire de Zabel. Malgré la pluie, la faim, le froid.

Pauvre chère Zabel, elle ne peut presque plus marcher. Mais Tortebuse lui a pris la main droite, Crindenfer lui a pris la main gauche, et ils ont dit « allons », et sous le soleil incertain ils sont repartis trébucher sur les routes.

Cette nouvelle cure a très mal commencé. C'est à cause de tous ces soucis.

Cauchemar. Les souvenirs, ce sont des cauchemars. La décharge. Quelque part du côté de Dosso. Une industrialisation anarchique et pas les moyens de se payer les enzymes d'Iris Boem, alors bien sûr la prolifération puante des déchets. Des kilomètres de déchets. Sur ces monceaux d'ordures, des milliers d'êtres vivent comme des rats, le ventre gonflé par la faim et par la maladie, incapables de maîtriser leur devenir. Races inférieures, se dit Iris. Bétail.

Cauchemar. Les souvenirs, ce sont des cauchemars. Les ventres distendus d'Amadaoua. Les cris, les plaintes, la folie, l'eau du fleuve vers les villages en aval. Races inférieures, se dit Iris. Bétail.

Iris a de la fièvre. Ça n'est pas normal. Les infirmiers qui ne viennent pas. Vraiment, ça ne va pas du tout. Son ventre est distendu, comme une monstrueuse grossesse. La peau si dure, si sèche. Les vergetures. Les sifflements dans les oreilles... On dirait presque le mal de Fouc, ce vieux mal disparu, disparu grâce à elle ! C'est impossible ! Cauchemar.

Des Prêtres, dans le couloir ? Que font-ils là ? Et ce vieil homme à la peau sombre ? Il lui rappelle quelqu'un... C'est impossible. Mais le voici qui entre dans la chambre. Il se penche vers Iris Boem. Les yeux malades déforment la vision, composent une face monstrueuse. Il dit : « Amadaoua... C'est là que je suis né, Madame. » Pourquoi lui dit-il ça ? Pourquoi ces Prêtres ? Ne peut-on la laisser en paix ? Il lui faut le plus grand calme après les premières injections...

Et puis soudain voilà qu'elle a compris. Cet homme a vengé sa famille, ces Prêtres ont préservé la Foi, Iris va mourir : cette injection qu'on lui a faite, bien sûr, c'est le mal de Fouc. Elle a envie de rire : « Ça se soigne très bien maintenant, vous savez ! » Comme elle a mal ! Le sanglot du rire lui déchire la gorge. Ils ont sûrement tué Rayad aussi, tant pis pour lui, le traître ! Et maintenant ils vont trouver sa fille, ils l'ont déjà trouvée peut-être. O mon enfant, ma toute belle, mon doux amour, je suis vierge et mère et tu es ma merveille !

La main sur son ventre distendu, Iris Boem dérive lentement dans le délire d'une grossesse mortelle, elle berce sa petite, lui chante des chansons, et dans les stridences de la douleur qui écartèle son corps elle murmure : « N'aie pas peur, ma chérie, je vais te raconter une histoire. »

La toux siffle dans les poumons de Zabel. Elle ne comprend pas pourquoi elle a si mal, pourquoi il faut marcher quand même. Elle pleure doucement. Depuis longtemps il n'y a plus de Sidulon. Elle avale sa salive pour essayer de se rappeler le goût si frais qui résonnait jusqu'au fond des oreilles mais ce qui vient c'est une douleur brûlante jusque sous la peau du crâne. Crindenfer et Tortebuse ne sont pas plus brillants. Partout des yeux pour les épier, des bouches pour les dénoncer, des pas derrière eux en écho de leur pas : de plus en plus souvent ils se retournent, et tirent Zabel un peu plus vite, autant qu'ils peuvent, autant qu'elle peut. A force d'esquiver les rencontres, ils se sont tout à fait perdus. Dans le jour qui baisse, ils reconnaissent le marais de Brenne.

Là, juste devant eux, la vase, presque sous leurs pas. Il fait froid. Il n'y a rien pour s'abriter. Rien à manger. Derrière eux, on dirait que ça respire, que c'est tout près. Non, il n'y a personne. Mais ils savent bien, le vieux Tortebuse et le vieux Crindenfer, que si ce n'est pas pour aujourd'hui ce sera pour demain. Ils se regardent sans rien dire. Un long moment tous les deux sans rien dire. Et puis tous les deux presque en même temps la grosse boule de salive qu'on avale et qui fait mal en descendant. Et puis Tortebuse prend dans sa main la main droite de Zabel, Crindenfer prend dans la sienne sa main gauche, et tous les trois, tout doucement, avancent, tout doucement, commencent à entrer dans la vase, c'est un peu froid mais c'est très doux et pour que Zabel ait moins mal, vieux Crindenfer chante une berceuse, et Tortebuse murmure : « N'aie pas peur, ma chérie, je vais te raconter une histoire. »

Trinité

par Nancy KRESS

« Je crois, Seigneur, venez au secours de mon incrédulité. »
Marc 9,24.

Tout d'abord, je ne reconnus pas Devrie.

Devrie... Je ne reconnaissais pas Devrie. Sidérée, j'étudiai la silhouette frêle de la jeune femme qui se tenait au centre du parloir vide : bras semblables à des baguettes de tambour, clavicules saillantes, crâne rasé, longue robe grise informe et légère. Dieu sait à quoi devaient ressembler ses jambes, au-dessous. Puis elle sourit, et je retrouvai Devrie.

– Tu as un aspect épouvantable.

– Salut, Seena. Entre.

– C'est fait.

– Tu restes bien loin de moi. Ce n'est pas contagieux, tu sais.

– Heureusement que la stupidité n'est pas transmissible, répondis-je sèchement avant de fermer la porte derrière moi.

J'étouffais, dans cette petite pièce. Mais la chaleur était naturellement indispensable à Devrie, à présent qu'elle n'avait plus de graisse pour isoler son squelette et ses organes. Devant elle, je me sentais énorme, sans l'être pour autant : une femme obèse, chevelue, aux gros seins flasques.

– Merci de ne pas porter de couleurs vives. Leur vision m'est pénible.

– Que ne ferait-on pas pour sa sœur ? dis-je en forçant d'un ton ironique sur cette expression aujourd'hui révolue qui me rappelait les émotions passées de notre enfance.

Mais Devrie possédait un esprit trop vif pour n'attribuer cette repartie qu'à de l'ironie. En ce domaine, au moins, n'avait-elle pas changé. Elle saisit mon bras, et j'assimilai le contact de ses doigts à celui de chaînes, ou de serres.

– Tu l'as retrouvé, Seena, tu l'as retrouvé.

– Je l'ai retrouvé.

– Alors ?

– Tu dois d'abord t'asseoir, avant de t'effondrer. Seigneur, tu ne t'alimentes donc plus ?

– *Alors ?* insista-t-elle.

Je me pliai à ses désirs.

Devrie Caroline Konig avait gagné les Caraïbes pour entrer à l'Institut de l'Espoir Biologique de la Dominique onze mois plus tôt, fin novembre 2017. Elle était âgée de vingt-trois ans et quatre mois. Si je suis précise sur ce point, c'est qu'il s'agit de mon unique certitude. L'Institut de l'Espoir Biologique demeure en effet un organisme indéfini. C'est un hybride, à la fois centre de recherches sur les activités cérébrales, monastère, et école où sont enseignées les disciplines de l'esprit. Cela faisait de ma sœur cadette un cobaye, une postulante, et une novice. Si elle n'avait jusqu'alors jamais eu tous ces statuts à la fois, ces définitions auraient pu s'appliquer successivement à elle depuis toujours. Et Devrie n'était apparemment pas la seule en ce cas, car lorsque Arthur Bohentin avait fondé son Institut, ce prix Nobel excentrique était parvenu à trouver les fonds nécessaires à son financement. Il avait réussi de justesse, mais n'était-ce pas le cas pour la plupart des centres de recherches privés ?

Et la plupart des monastères ?

Je devais convaincre Devrie de quitter au plus tôt l'Institut de l'Espoir Biologique.

– Si Bohentin s'est installé à la Dominique, c'est afin que ses travaux ne tombent pas sous le coup des lois américaines garantissant la sécurité des cobayes, avais-je dit un an plus tôt à une Devrie alors en pleine intégrité physique, dans l'espoir de la faire changer d'avis (quelle idiote j'étais !). Tu ne trouves pas cela suffisamment explicite, Devrie ? Est-ce que ça ne te donne pas au moins à réfléchir ? Cet homme aurait des ennuis avec la justice, s'il effectuait ses expériences à New York.

– Le connais-tu ? m'avait-elle demandé.

– Je l'ai rencontré. Il y a longtemps.

– A quoi ressemble-t-il ?

– A une pierre.

Devrie avait haussé les épaules avant de sourire.

– Tous les participants sont volontaires, enthousiastes.

– Ce n'est pas une raison pour que Bohentin les détruise. Ni moral ni légal.

– C'est légal, à la Dominique. Et en te croyant mieux placée qu'eux pour juger les risques qu'ils encourent, ne te prends-tu pas pour Dieu ?

– Il est préférable que ce soit moi plutôt qu'une fanatique inexpérimentée, qui s'offre en sacrifice comme un héros viking exalté impatient d'être admis au Walhalla.

– Tu fais du snobisme intellectuel, Seena.

– Je n'ai jamais prétendu le contraire.

– Es-tu certaine de ne pas t'opposer aux recherches de l'Institut, non à cause de leurs dangers mais de leurs buts ? N'est-ce pas la notion même d'Espoir qui t'inquiète ?

– Je ne pense pas que méthode scientifique et mysticisme pseudo-religieux doivent être associés. Non, jamais. Il est absurde de croire que cela puisse aboutir à la perception de Dieu.

– Les enregistrements de l'holocuve démontrent en tout cas que sa méthode permet de percevoir une *chose* jusqu'alors inconnue.

J'étais restée un instant silencieuse.

En raison de ma formation de biologiste, je savais sur quelles études sérieuses Bohentin fondait sa mégalomanie : altérations des ondes cérébrales accompagnant l'anorexie nerveuse, privation sensorielle, rétro-action biologique, et stimulation des neurotransmetteurs. J'avais en outre lu des comptes rendus (certains simplement pathétiques, mais d'autres assez troublants) sur les ascètes chrétiens qui atteignaient l'extase par la mortification de la chair et les mystiques orientaux qui obtenaient une anesthésie par le simple contrôle de l'esprit; les guérisseurs qui parvenaient à certains résultats tangibles; les carcinomes résorbés par la force de la volonté. J'étais au courant des recherches menées sur la clairvoyance amplifiée par l'orgasme et de ce qui se passait lorsque des produits chimiques augmentaient la quantité et la rapidité des neurotransmetteurs.

Et je savais tout ce qui était connu sur la transe conjointe entre jumeaux.

Quinze ans plus tôt, alors que je préparais mon doctorat en biologie, j'avais consacré tout un été à reproduire les expériences d'avant-garde de Sunderwirth sur l'amplification par produits chimiques des phénomènes télépathiques entre jumeaux identiques. Si j'avais obtenu des résultats positifs, les huit volontaires sur lesquels j'avais pratiqué mes expérimentations étaient morts six mois plus tard. Tout comme ceux de Sunderwirth. Les recherches sur la transe conjointe entre jumeaux alimenteraient pendant la décennie suivante autant de controverses que l'avait fait le clonage; provoquant les mêmes campagnes de protestation, lois restrictives, accusations de sacrilège de la part des dévots, peurs et déclarations démagogiques. Lorsqu'on m'avait téléphoné pour m'annoncer que le dernier de mes cobayes était mort (crise cardiaque sans la moindre maladie de cœur; et à quarante-trois ans, bordel !), j'étais restée enfermée pendant trois jours à l'intérieur de mon appartement, dans le noir, avec les papiers de mon père serrés dans mon poing. Puis j'avais remis ma démission au service neurologique et étais devenue une entomologiste. Classifier des insectes morts ne mettait en péril l'existence de personne.

– Ils ont trouvé quelque chose, là-bas, avait répété Devrie.

Elle tenait la lettre envoyée à notre père par un membre de l'Institut qui ignorait son décès.

« Ils affirment que les bandes d'enregistrement des holocuves... »

– D'accord, ils ont trouvé quelque chose et une onde inconnue se matérialise dans les cuves. Mais pourquoi appeler cela « Dieu » ?

– Pourquoi pas ?

– On pourrait tout aussi bien lui donner le nom de Vagabond. Même si ces enregistrements faisaient penser à une présence, ce qui n'est pas le cas, rien ne démontrerait que l'ectoplasme de Bohentin n'est pas... par exemple, un habitant d'une autre planète n'ayant absolument rien de divin.

– Mais pas non plus qu'il s'agit d'un extraterrestre.
– Devrie...

Elle avait placé ses mains sur mes épaules et arboré son habituel sourire angélique.

– *Réfléchis,* Seena. Si l'Institut parvient à démontrer scientifiquement que Dieu existe... s'il peut le prouver aux esprits cartésiens, aux saints Thomas qui ont besoin de disposer d'éléments concrets... une foi qui ne fait pas appel à la foi...

Devrie arborait son expression mystique. Elle irradiait cette douceur béate qui me mettait hors de moi. Mais au lieu de réagir violemment, je lui avais fait une repartie sarcastique oubliée depuis, avant de tendre la main pour ébouriffer ses cheveux. Un geste de grande sœur empreint de paternalisme, motivé par l'espoir de crever l'abcès de son intérêt absurde avec l'aiguillon du ridicule. Seigneur, que j'étais stupide.

Un mois et demi plus tard, Devrie partait avec sa part de notre héritage considérable pour l'Institut de l'Espoir Biologique.

– Alors, murmura-t-elle.

Les bâtiments de l'Institut étaient dépourvus de fenêtres. A l'extérieur, j'avais vu des pelouses, des palmiers, des papillons qui voletaient sous le soleil, mais dans cette pièce grise et nue mon regard ne pouvait se poser que sur son visage.

– Il poursuit ses études dans un petit collège de troisième catégorie du New Hampshire. Quand il a été adopté, en mars 1997, il avait déjà plus de deux ans... presque trois. Il avait jusqu'alors vécu dans un orphelinat du gouvernement. A Boston, évidemment. D'après les renseignements qu'il m'a été possible d'obtenir, ses parents adoptifs ignoreraient toujours qu'il n'est pas un enfant abandonné comme les autres.

– Une minute, m'interrompit Devrie. Accorde-moi... une minute.

Elle avait blêmi, et ses mains tremblaient. J'avais débité ces informations comme s'il s'agissait d'une liste d'insectes exposés dans mon musée. Naturellement, cela l'avait ébranlée. Tel était mon but. Je voulais la faire sortir de là à tout prix.

Elle s'assit en tailleur sur le sol et ferma les yeux. La concentration modifia ses traits, mais il s'agissait d'une concentration si sereine qu'elle justifiait mal ce nom. Elle ralentit le rythme de sa respiration, reprit des couleurs... Lorsqu'elle rouvrit les yeux, elle paraissait aussi fraîche et dispose qu'une personne venant de faire un somme de huit heures dans l'air pur des montagnes. Son visage semblait même moins hâve, et je supposai qu'un électro-encéphalogramme eût révélé une activité cérébrale proche du rythme alpha. Pour parvenir si vite à de tels résultats, et ainsi sous-alimentée, elle avait dû maîtriser un grand nombre de techniques de régulation biologique par rétro-action, au cours de cette année passée à l'Institut.

– Très impressionnant, commentai-je sèchement.

– Seena... l'as-tu rencontré ?

– Non, j'ai simplement eu accès à certaines archives confidentielles.

– Comment ?

– Grâce à des amis, du corps médical et du gouvernement.

– Qui ?

– Quelle importance, dès l'instant où j'ai appris ce que tu voulais savoir ?

Elle resta silencieuse. Je savais qu'elle ne me demanderait pas si j'avais obtenu ces informations par des voies légales ou illégales; cela ne lui serait jamais venu à l'esprit. Devrie étant Devrie, elle supposait sans doute que ces renseignements m'avaient été généreusement fournis par les modestes connaissances que j'avais au musée, ou celles moins modestes de feu notre père. Elle se trompait.

– Quel âge a-t-il, à présent ?

– Il a eu vingt-quatre ans le mois dernier. Ils ont dû utiliser le prélèvement deux mois plus tard.

– Tu crois que papa savait où... où se trouvait le bébé ?

– Oui. Suivons l'ordre chronologique... Bien que normal et sain, l'enfant n'a été adopté qu'à plus de deux ans, presque trois. Entre-temps, les chercheurs gardèrent sa trace. Ils placèrent les six clones dans un orphelinat gouvernemental où ils purent suivre leur développement aussi longtemps qu'il était humainement possible de le faire. Les clones de ton sexe furent proposés à l'adoption un an plus tard, mais ils gardèrent les six du sexe opposé jusqu'à un âge où il était plus difficile de leur trouver des familles. Sans doute voulaient-ils poursuivre leur étude au maximum. Et même après que ces enfants eurent été proposés à l'adoption, les chercheurs attendirent que tous aient été placés et que leurs dossiers soient classés pour publier les résultats de leurs travaux. Le groupe auquel appartenait papa ne rendit cela public qu'en avril 1998, comme tu le sais. Le temps que le scandale éclate, les bébés ne se trouvaient plus dans la zone de déflagration et bénéficiaient de la protection offerte par l'anonymat.

Mais les chercheurs n'avaient naturellement pas prévu une telle levée de boucliers. Ils étaient si peu nombreux, les membres de la communauté scientifique qui avaient deviné quelles seraient les réactions de l'opinion publique. Un crime perpétré contre Dieu et les hommes, l'œuvre de Satan, etc. En voyant mon père baisser les yeux et voûter les épaules, j'avais été révoltée par la réaction populaire et avais pris la noble résolution de reprendre le flambeau de la science pure de ses mains désormais flasques. Je démontrai une fois de plus ma stupidité. Cinq ans plus tard, lorsque l'opinion publique m'avait à mon tour clouée au pilori, j'avais craqué, abandonné la recherche neurologique, et fui le long de la route conduisant au Muséum d'histoire naturelle où j'étais devenue la conservatrice de fourmis fossilisées dans l'ambre et de papillons épinglés sous du permaplex.

– Les quatre autres clones, dit Devrie. Ceux de cette université de Californie qui a publié le résultat de ses recherches presque en même temps que papa...

– Je ne sais pas. Je n'ai même pas tenté de l'apprendre. J'ai déjà dû surmonter bien des difficultés, à Cambridge.

– Moi, fit Devrie. C'est *moi.*

– Oh, pour... Devrie, c'est ton frère jumeau, rien de plus. Non... Je devrais plutôt dire rien de moins. Il partage ton patrimoine génétique exactement comme un jumeau vrai, le chromosome Y excepté, mais il n'a pas été soumis aux influences congénitales et culturelles qui ont façonné ta personnalité. Le clonage n'entraîne pas un dédoublement mystique de l'esprit. Il est simplement un jumeau né onze mois après toi !

Elle me fixa, amusée et radieuse. Je n'aimai guère son regard. Sur son visage décharné, l'épiderme était à tel point tendu que ses os délicats apparaissaient aussi nettement que les nervures d'une aile de papillon. Si son amusement me paraissait moqueur, je savais que ce n'était pas le cas. Douce, passionnée, confiante, un peu stupide, elle ignorait l'ironie. Cela la dépassait, tout comme elle ne pouvait comprendre pourquoi je venais lui apporter cette information après m'être opposée avec tant de véhémence à son entrée à l'Institut de l'Espoir Biologique. Elle était amusée au premier degré, et confiante.

Les fous de Dieu, les avait-on appelés au Moyen Age.

– Devrie, fis-je, avant d'entendre ma voix se briser. Ne reste pas ici. C'est physiquement trop dangereux. Combien de graisse te reste-t-il, dix pour cent ? Huit ? Regarde-toi, tu ne conserves plus ta chaleur corporelle, tes paumes sont sèches, tu ne peux faire un mouvement brusque sans avoir des étourdissements. Hypotension. Quel est ton rythme cardiaque ? As-tu toujours tes règles ? C'est de la démence.

Elle me souriait toujours. Les fous de Dieu se souciaient-ils des menstrues ?

– Viens avec moi, Seena. Je voudrais te faire visiter l'Institut.

– Je n'y tiens pas.

– Si. Cette fois, tu dois le visiter.

– Pourquoi : *cette fois* ?

– Parce que tu *vas* m'aider à faire venir mon clone, n'est-ce pas ? Autrement, pourquoi te serais-tu donné la peine de le retrouver ?

Je m'abstins de répondre. Elle n'avait toujours pas compris.

– Que ne ferait-on pas pour sa sœur ? ajouta-t-elle. Mais tu as toujours été pour moi plus une mère qu'une sœur.

Elle prit ma main et se releva. C'était ainsi que je l'avais tenue pour l'aider à faire ses premiers pas, le lendemain du jour où notre mère était morte dans une catastrophe aérienne, à Orly. A présent, sa paume était froide. J'immobilisai son poignet et pris son pouls.

– Bradycardie.

Mais elle ne prêtait pas attention à mes propos.

La visite de l'Institut fut pour moi un choc. Les laboratoires ne me surprirent pas : murs gris uniformes, éclairage tamisé, plafonds insonorisés, un minimum d'appareils dans les salles utilisées pour la privation sensorielle; textures et couleurs en violent contraste, stroboscopes, et excellent matériel de sonorisation dans celles prévues pour le réveil sensoriel. Il existait des laboratoires que Devrie n'était pas autorisée à me montrer, en raison de son simple statut de cobaye, mais je fis de nombreuses déductions à partir de ce qu'il m'était donné de voir. Les dortoirs, divisés par sexe, se trouvaient dans la section de privation sensorielle. Les petites cellules dans lesquelles dormaient les sujets d'expérience évoquaient à tel point l'ascèse et la chasteté que je me remémorai un couvent de Carmélites abandonné que j'avais autrefois visité, en Belgique. Telle était la raison du choc éprouvé : si l'équipement était scientifique, ce n'était pas le cas de l'atmosphère qui régnait en ces lieux.

Il flottait dans les corridors gris un silence paisible, une paix si profonde qu'elle paraissait engorger mes poumons. Non, « paisible » est un terme inexact qui fait plutôt penser à une scène pastorale, avec un soleil printanier et des bois plongés dans une douce léthargie. Ce que j'éprouvais était très différent. Les sujets d'expérience – étudiants ? postulants ? – attendaient dans les couloirs qu'on fasse appel à eux pour la suite du programme, devant les portes fermées des labos. Tous les hommes et les femmes, vêtus de combinaisons ou de caftans gris, étaient anorexiques. Vue de loin, leur maigreur évoquait un détachement de toutes les contingences matérielles; de plus près, elle les changeait en êtres asexués suite à la malnutrition. Ils parlaient entre eux à voix basse, adossés aux cloisons ou allongés sur la moquette du sol, et je découvrais sur chaque visage la même patience béate, la même certitude de l'imminence d'un événement prodigieux qu'ils auraient cependant la patience d'attendre calmement aussi longtemps que nécessaire.

– J'ai l'impression de voir des étudiants qui font antichambre avant de se présenter devant un examinateur, tout en sachant à l'avance qu'ils ont réussi leur examen, dis-je à Devrie.

Elle me sourit.

– Tu le penses vraiment ? Je nous compare plutôt à des voyageurs qui attendent un avion, avec un billet pour l'Eternité dans leur poche.

Elle était sérieuse et n'avait pas la même expression que les autres. Son désir semblait plus intense. S'ils voulaient embarquer en tant que passagers, Devrie aspirait à devenir pilote.

La porte d'un labo s'ouvrit et tous se levèrent. Bien que langoureux, leurs mouvements me parurent saccadés, et j'attribuai cette impression à leurs clavicules saillantes, leurs mentons osseux, leurs coudes anguleux.

– C'est l'heure de mes exercices de rétro-action biologique sur les effets des stimulants chimiques, m'annonça Devrie. Je t'en prie, viens y assister.

– Je préférerais te voir flageller dans un monastère du XIIe siècle.

Ses yeux s'écarquillèrent, puis retrouvèrent leur joie béate.

– Les buts étaient les mêmes, mais ils manquaient de méthode. Ces pauvres gens cherchaient Dieu à tâtons. Je me demande comment certains d'entre eux sont parvenus à leurs fins.

J'aurais aimé la gifler.

– *Devrie...*

– Si cela ne t'intéresse pas, qu'aimerais-tu voir ?

– Toi... bien loin d'ici.

– Et autrement ?

Une seule chose suscitait mon intérêt : les holocuves. Je luttai contre la tentation, mais finis par y succomber. Les deux appareils occupaient le centre d'un petit laboratoire au sol recouvert d'un épais tapis gris et entièrement enclos dans une cage de Faraday. Que Devrie en eût la clé fut la première indication qu'un responsable de l'Institut connaissait les raisons de ma visite. Les moyens d'accès au matériel de perception cérébrale le plus performant du monde entier n'étaient généralement pas confiés à de simples sujets d'expérience. C'était pour ces appareils que Bohentin avait reçu le prix Nobel.

Les holocuves, deux systèmes indépendants qui m'arrivaient à hauteur d'épaules, étaient bien plus importantes que celles dont j'avais disposé quinze ans plus tôt, pour mes propres recherches. Il s'agissait de cubes; opaques dans leur partie inférieure qui contenait les récepteurs sensoriels, les ordinateurs et le matériel d'enregistrement; transparents dans leur moitié supérieure qu'emplissait un fluide limpide dont les molécules matérialiseraient les simulations. Un « sim » pour chaque sujet, lorsque la machine trierait et donnerait une forme à toutes les ondes électromagnétiques reçues et traitées par chaque cerveau. La *totalité* des perceptions, pas uniquement les signaux visuels. L'équipement holographique pouvait capter l'ensemble des longueurs d'ondes auxquelles était sensible un cerveau humain et matérialiser les analogues traités par lui sous forme d'images tridimensionnelles flottant dans une matrice limpide. Une fois toutes les sources parasites filtrées, lorsqu'il ne subsistait que les ondes émises et reçues par les sujets eux-mêmes, les sims représentaient les échanges entre leurs cerveaux. C'était en raison de l'absence de différences structurelles cérébrales à compenser que les résultats étaient bien plus probants avec deux jumeaux en transe télépathique conjointe. Dans une version plus primitive de ces appareils, une version plus primitive de moi-même avait effectué les premières expériences d'enregistrement de la transe conjointe entre jumeaux. Nous appelions alors cela l'UCIC (You See what I See) : Tu vois ce que je vois.

Et cela m'avait donné l'occasion de voir des rapports d'autopsie.

– Nous sommes si *près* du but, me dit Devrie. Mona et Marlène...

Elle tendit la main pour désigner le corridor. Mais Mona et Marlène avaient disparu dans un laboratoire, en même temps que les autres.

– Elles ont pris du KX3, c'est ce qui...

– Je connais cette drogue, l'interrompis-je sèchement.

Le KX3 réagit sur des hormones produites en surabondance par tout organisme anorexique. Habituellement, la combinaison est rapidement absorbée par les graisses corporelles, mais dans un corps privé de matières grasses la majeure partie parvient au cerveau.

Devrie poursuivit, la main serrée sur mon bras :

– Mona et Marlène contrôlaient leurs réactions neurales par rétro-action biologique et plongeaient dans une transe de plus en plus profonde. Le Dr Bohentin surveillait les holocuves. Les sims étaient incroyablement détaillés – tout ce que percevait chaque jumelle dans le champ de perception de l'autre, sur toutes les longueurs d'onde. Mona et Marlène parvinrent à atteindre un niveau de neurotransmissions encore plus élevé et dans les cuves... (Devrie rayonnait, son expression traduisait une extase mystique)... un nouveau sim se forma. Complètement séparé. Une troisième *entité.*

Je la fixai.

– Sa présence a été enregistrée dans les deux *cuves.* Oh, elle était imprécise, mais elle se trouvait *là.* Une troisième chose ne pouvait être perçue que par l'entremise du champ électromagnétique d'un autre être humain et seulement quand la drogue, l'entraînement, la stimulation et la transe conjointe contraignent les cerveaux des jumeaux à passer à un état supérieur. Une troisième présence !

– Radiation isotropique. Bohentin a probablement bâclé la démagnétisation et l'ordinateur ne s'est pas débarrassé de toutes les microradiations précédentes... rétorquai-je.

Mais, tout en parlant, j'eus conscience de la stupidité de mon affirmation. Bohentin n'aurait jamais commis une pareille erreur, et les sims dus aux radiations isotropiques ne pouvaient en aucun cas faire penser à une présence. Devrie ne prit même pas la peine de me répondre.

C'était à ce sujet que des rumeurs, pas encore reprises par les médias, filtraient pour la première année de l'Institut et parvenaient à la communauté scientifique, suscitant pour la plupart des commentaires goguenards. L'existence d'une troisième présence vérifiable, possible à reproduire et enregistrée par le matériel holographique. Sans raison logique, un frisson parcourut ma colonne vertébrale.

– Et ce n'est pas tout, ajouta Devrie avec excitation. Elles l'ont *sentie.* Mona et Marlène. Elles ont toutes les deux affirmé qu'elles avaient perçu une présence démesurée qui irradiait de la lumière, mais qu'elles n'avaient pu véritablement atteindre. Bon sang... elles n'ont pu l'atteindre, Seena ! Elles ne sont pas allées assez loin, elles n'ont pu s'en rapprocher suffisamment. Elles n'ont pas assez *fusionné,* en dépit de la transe.

– Le sexe, suggérai-je.

– Elles ont essayé. Mais les volontaires sont des hétérosexuels... tous. Il y a inhibition.

– Alors, il suffit de trouver des jumeaux incestueux, homosexuels, anorexiques et obsédés par l'existence de Dieu !

Devrie me fixa droit dans les yeux.

– J'ai besoin de lui. Ici. Il *est* moi.

J'explosai, là, dans la salle des holocuves. Comme personne n'arriva en courant pour découvrir si mes cris ne mettaient pas le matériel en péril, j'eus la confirmation que les responsables de l'Institut savaient pourquoi Devrie m'avait conduite en ce lieu.

– Bon Dieu, c'est un être humain, pas un produit chimique qu'on peut commander dans le but de réaliser une expérience ! Tu n'as pas le droit de lui demander de venir ici. Tu n'as même pas le droit de mentionner son existence à quiconque. Mais tu n'as pas ce genre de scrupules, pas vrai ? Il existe encore des groupuscules qui luttent contre l'ingénierie génétique, des fanatiques religieux qui... Comment *oses-tu* mettre sa vie en danger ? Comment oses-tu seulement supposer qu'il pourrait s'intéresser à ces histoires absurdes ?

– Il viendra, déclara Devrie.

Son expression était restée inchangée.

– Comment diable peux-tu le savoir ?

– Il est mon double. Si je désire trouver Dieu, c'est également son cas.

Je fronçai les sourcils. Le fragment d'un poème qu'elle avait osé écrire longtemps auparavant me revint à l'esprit : « Deux genres humains, pas un... Un qui soupire après Dieu, un pas. » Mais elle avait alors quinze ans, et je m'étais imaginé que le temps lui ferait oublier cette opinion aussi puérile que son style.

– Et que pense Bohentin de tes projets ?

Elle hésita, pour la première fois. Bohentin ne partageait donc pas son enthousiasme.

– Il trouve cette solution plutôt aléatoire.

– On peut le dire en ces termes.

– Mais je sais qu'il acceptera, Seena. J'en ai la ferme conviction, de façon irrationnelle. En outre... (Elle fit une nouvelle pause, puis acheva sa phrase.) Je dispose de la moitié de l'héritage laissé par papa, et des revenus des placements réalisés par maman.

– Devrie ! Seigneur, tu... tu voudrais *l'acheter* ?

Pour la première fois, elle se mit en colère.

– Cet argent doit uniquement servir à l'attirer ici, lui permettre de découvrir ce qui est en jeu. Lorsqu'il saura, il voudra à tout prix que nous réussissions. Car à combien pourrait-on évaluer Dieu ? Je n'ai pas le désir d'*acheter* sa vie... mais de lui *offrir* la possibilité de lui *trouver* un sens. A quoi bon respirer, exister, si nous n'avons aucun but à atteindre ? Pendant combien de siècles, par combien de moyens différents, les gens ont-ils cherché à percevoir cette présence sans jamais pouvoir obtenir la moindre *certitude* ? Et nous sommes pratiquement sur le point de parvenir à ce résultat, Seena. Je l'ai vue... nous y sommes *presque*. Avec des moyens scientifiques, vérifiables, contrôlés. Il n'est plus question de foi subjective... mais de données scientifiques; les mêmes que pour tout phénomène connu. Nos recherches en sont actuellement au même stade que celles menées sur l'atome voici cinquante ans. Peut-on toucher un quark ? Il existe pourtant ! Et mon clone peut y participer, il le peut. Comment oses-tu dire que je voudrais l'acheter, compte tenu des circonstances !

– Et toi, comment oses-tu prétendre que cette chose dont vous êtes si proches serait Dieu ? demandai-je lentement.

Mais c'était une question purement rhétorique, et elle avait déjà une réponse toute prête. Elle m'adressa un sourire chaleureux.

– L'appellation qu'on lui donne a-t-elle de l'importance ? Choisis un autre nom, si cela te permet de te détendre.

Je sortis un bout de papier de ma poche.

– Il s'appelle Keith Torellen et vit à Indian Falls, dans le New Hampshire. Son adresse et son code vidéotex sont indiqués. Bonne chance, Devrie.

Je pivotai pour sortir.

– Seena ! Je ne peux pas aller là-bas !

Evidemment. C'était le point capital. Epuisée par l'inanition et les drogues, il lui restait juste assez de forces pour survivre jusqu'au soir, et certainement pas pour se rendre dans le New Hampshire. Environnement sensoriel contrôlé, chaleur artificielle et régulation chimique étaient indispensables à son métabolisme.

– Alors, charge quelqu'un de l'Institut de s'y rendre à ta place. Pourquoi pas Bohentin ?

– *Bohentin !*

Et je compris pourquoi c'était impossible. Bohentin devait officiellement ignorer ce type de recrutement qui tombait sous le coup d'un trop grand nombre de lois, aux USA. En outre, cet homme manquait de persuasion; s'il s'intéressait aux gens, c'était en tant que systèmes nerveux et non qu'individus. L'espèce humaine occupait une position trop élevée par rapport aux produits chimiques, et trop basse par rapport à Dieu.

Devrie me fixa, et je lus dans son regard une sorte de fureur contenue.

– Voilà donc pourquoi tu t'es donné la peine de le rechercher, pas vrai ? Afin que j'interrompe le traitement le temps de me rendre dans le New Hampshire. Tu espérais qu'après avoir regagné le monde extérieur le cycle d'accumulation s'interromprait ou que le charme serait brisé; que j'aurais des doutes et hésiterais à revenir ici !

– Es-tu consciente de ce que tu dis ? « Le monde extérieur. » On croirait entendre une de ces nonnes du passé appartenant à un ordre de religieuses cloîtrées !

– Tu as toujours tenté de tourner en ridicule tout ce que tu n'as pas pu comprendre, rétorqua froidement Devrie en me tournant le dos.

Elle fixait toujours les holocuves vides lorsque je sortis du labo et refermai la porte derrière moi. Elle gardait son dos osseux rigide, le bout de papier portant l'adresse de Keith serré entre ses doigts aussi fragiles que du verre.

Le Muséum d'histoire naturelle de New York frémissait de surexcitation. Une dotation inattendue nous avait permis de faire l'acquisition des collections d'un petit musée situé dans une région de Madagascar n'ayant pas été entièrement détruite par l'Horreur africaine. Des caisses et des caisses de lépidoptères commençaient à arriver, et certains spécimens dataient de l'époque où les entomologistes amateurs utilisaient des cartouches à grenaille pour abattre les papillons posés sur les arbres de la jungle. Certaines espèces éteintes depuis l'Horreur étaient rares; d'autres avaient vu le jour suite aux brèves mutations ayant succédé à l'holocauste et étaient en conséquence encore plus rares. Le personnel du musée ouvrait les caisses et poussait des exclamations.

– Regardez celui-ci, me dit un jeune homme en me tendant un spécimen.

Il n'appartenait pas à mon équipe. C'était un des spécialistes qui nous avaient été prêtés... un certain Defabio ou Defazio, que je trouvais très séduisant. Je regardai le papillon aux ailes pâles déployées sur la soie noire.

– Un Thysania Africana, parfait. Absolument *parfait.*

– *Oui.*

– Il faudra nous prêter toute la collection, dans quelques années.

– Oui.

Surpris par le ton de ma voix, il releva le regard. Mais pas assez rapidement... mon visage arborait à nouveau une expression d'intérêt purement professionnel. Cependant, cette expression d'intérêt purement professionnel ne l'induisit pas en erreur; il avait noté l'indifférence présente dans le ton de ma voix. Sourcils froncés, il reporta son attention sur les lépidoptères.

Le jour, je dirigeais le musée avec une relative efficacité. Mais le soir, une fois seule dans mon appartement, je me surprenais à errer d'une pièce à l'autre et à caresser des objets, incapable de me mettre au travail derrière le bureau de teck démesuré ayant appartenu à mon père. Contrairement à moi, il s'était occupé des vivants... mais c'était une différence dont j'étais consciente depuis des années. Ma confusion mentale, de règle au cours de toutes ces soirées, commençait à m'inquiéter.

– Foi ne doit pas être synonyme d'obscurantisme.

Qui avait dit cela ? Mon père, naturellement; à Devrie, lorsqu'elle s'était convertie à l'Eglise catholique agonisante. Elle avait alors treize ans. Osseuse, intraitable, elle se dressait devant lui et tenait un rosaire noir trouvé Dieu sait où, le défiant de ses yeux noirs terrifiés de s'opposer à sa décision. Il n'avait pas protesté, bien sûr, pensant sans doute qu'il était préférable de laisser ce brusque intérêt pour le Ciel décroître de lui-même, comme toute autre fièvre infantile.

Devrie avait été admise au sein de cette Eglise dans une chapelle surchargée d'ornements. Elle portait une robe de dentelle blanche également surchargée d'ornements et tenait un cierge. Trois ans plus tard, elle était partie, vêtue d'une combinaison magenta et tenant les clés du coffre de papa, que l'exécuteur testamentaire avait oublié de verrouiller après les funérailles. Le testament faisait naturellement de moi la tutrice de Devrie. Au cours des trois années pendant lesquelles ma sœur cadette était allée à la messe, j'avais appris que j'étais stérile, avais divorcé de mon second mari, achevé mes études d'entomologie, accepté mon premier poste au musée, et débuté une ménopause pour le moins prématurée.

Ce n'est ni un trait d'esprit ni une liste dont les éléments ont été pris au hasard.

Après les funérailles, je gagnai la pénombre du cabinet de travail de mon père et m'assis dans son fauteuil de cuir marron, devant son bureau de teck; deux éléments de mobilier démesurés. Je n'avais pas fait la lumière, et il pleuvait à l'extérieur. J'entendais le crépitement régulier des gouttes sur les vitres et les plaintes du vent. La pièce était sombre et froide. Je tenais à la main une des récompenses ayant sanctionné les recherches de mon père : la petite sculpture abstraite d'une double hélicc, due à Harold Landau en personne. Elle était très lourde. Je ne pouvais deviner quel matériau l'artiste avait utilisé pour la rendre si pesante. Le fracas de la pluie m'empêchait de réfléchir. Mon père était mort, et je n'aurais jamais d'enfant.

Devrie entra dans la pièce, sans faire la lumière mais accompagnée d'un rectangle de clarté qui s'immobilisa sur le seuil. Elle avait seize ans et était jolie, avec de longs cheveux bruns coiffés en masses de boucles à nouveau à la mode. Elle s'assit sur un tabouret à côté de moi, et son teint était livide, dans la pénombre. Elle avait pleuré.

– Il est mort. Nous ne le reverrons jamais. Je n'arrive pas à le croire.

– Non.

Elle me fixa. Quelque chose, dans mon expression ou ma voix, avait dû la mettre en garde. Lorsqu'elle parla à nouveau, c'était avec l'intonation propre aux personnes qui pensent que le chagrin de leur interlocuteur est incomparablement plus grand que le leur. Une voix lente et douce, comme le ressac.

– Je suis toujours là, Seena. Nous ne restons pas seules, toi et moi. (Je ne dis rien.) Quoi qu'il en soit, je t'ai toujours considérée plus comme une mère que comme une sœur. Tu as remplacé maman. Oui, tu as été une mère, pour moi.

Elle sourit et serra ma main dans la sienne. Je regardai son visage... si jeune, si joli... et éprouvai l'envie de la gifler. Ce n'était pas sa mère, que j'aurais voulu être, mais elle. Devrie avait encore tout son avenir devant elle et, au cours de cette nuit où je m'apitoyais sur mon sort, il me semblait que mon existence était achevée. Si je ne la frappai pas, il s'en fallut de peu.

– Seena...

– Laisse-moi ! Ne peux-tu me laisser tranquille ? Je t'ai toujours eue sur mes talons... Si seulement tu pouvais mourir et me foutre la paix !

L'être humain se tourmente bien plus pour ses fautes vénielles que pour celles très graves. Plus la chose est bénigne, plus nous restons longtemps hantés par son stigmate.

C'est pour moi une certitude.

Indian Falls sortait tout droit d'une autre époque : une agglomération silencieuse et paisible, qui semblait vivre au ralenti. Le relais d'Avis, à l'aéroport, ne proposait pas des gardes du corps mais des automobiles, et le seul magasin digne de ce nom de la rue principale vendait du matériel de camping. Que Keith Torellen tentât d'obtenir un diplôme dans ce trou perdu m'apprenait plus de choses sur le compte de sa famille adoptive que si je m'étais adressée à une agence de détectives.

La maison où il logeait était délabrée : la peinture pelait et les marches craquaient. Je les gravis lentement, pensant une fois de plus à ce que j'étais venue faire à Indian Falls.

Devrie ne répondait à aucun des messages que je lui adressais par vidéotex et refusait mes appels téléphoniques. Elle me rejetait par représailles, n'ayant pas pardonné mon refus d'aller contacter Torellen. Mais Devrie découvrirait qu'elle ne pouvait m'éliminer de son existence aussi facilement; nous étions deux sœurs. Je voulais apprendre si elle avait personnellement pris contact avec Torellen, ou envoyé un membre de l'Institut le rencontrer à sa place.

Si ce n'était pas le cas, ma visite dans cette localité resterait brève et anonyme. Je laisserais Keith Torellen à son ignorance et sa ville sans attraits. Mais je devais savoir s'il avait vu Devrie et, le cas échéant, apprendre ce qu'il avait accepté de faire pour elle. Peut-être serait-il même capable de m'aider à convaincre Devrie de la stupidité de ses actes. S'il pouvait m'être utile, je me servirais de lui.

En outre, j'étais intriguée. Ce garçon était mon frère... mon neveu ? Non, mon frère... de même que le fruit de l'esprit rationnel de mon père. La curiosité me démangeait. Je sonnai.

Ce fut la logeuse qui vint m'ouvrir, pour m'annoncer que Keith ne rentrerait que très tard, « à cause des répétitions ».

– Des répétitions ?

– Là-bas, au collège où il poursuit ses études. Ils montent un spectacle. (Je ne dis rien, perdue dans mes pensées.) Je ne me souviens pas du titre de la pièce, ajouta la femme corpulente qui portait une robe aux couleurs passées. Mais Keith affirme que ce sera un triomphe. Ils débutent ce week-end. (Elle rit.) Mais vous le savez sans doute déjà ! George... c'est mon mari... George répète toujours que je passe mon temps à dire aux gens ce qu'ils savent déjà !

– Comment aurais-je pu le savoir ?

Elle m'adressa un clin d'œil.

– Je ne suis pas aveugle, vous savez. Sa sœur, ou sa cousine ? Non, laissez-moi deviner... sœur aînée. Vous vous ressemblez trop pour être de simples cousins.

– Merci, dis-je. Vous avez été très aimable.

– Non, pas sa sœur !

Elle colla sa main à sa bouche, et ses yeux pétillaient d'amusement.

– Vous vous renseignez sur lui, pas vrai ? Vous êtes sa mère ! J'aurais dû le deviner tout de suite.

Je pivotai afin de redescendre précautionneusement les marches vermoulues.

– Leur répétition a lieu dans le nouveau bâtiment,

Mrs Torellen, me cria-t-elle. Vous pourrez demander votre chemin à n'importe qui.
– Merci.

La répétition s'achevait. C'était de toute évidence la générale, car les acteurs étaient en costume et le metteur en scène s'abstenait de les interrompre. Je ne reconnus ni l'époque à laquelle se déroulait l'action ni la pièce. Devrie s'était intéressée au théâtre, moi pas. Silencieusement, je pris un siège dans l'obscurité du dernier rang et attendis le tomber de rideau.

Malgré sa perruque et son maquillage, je n'eus aucune difficulté à reconnaître Keith Torellen. Il se déplaçait telle Devrie : de petits pas raides et légers, avec les pieds légèrement tournés en dedans. Il avait sa taille et, compte tenu des différences morphologiques dues à son sexe, sa minceur. Assise à l'autre extrémité de la salle, je croyais avoir sous les yeux une Devrie mâle.

Mais quand je le vis de plus près, je découvris qu'il possédait *mon* visage.

Les propos de sa logeuse m'y avaient préparée, mais j'éprouvai un choc. Il vint vers moi dans l'entrée du théâtre où je l'attendais après l'avoir envoyé chercher, et je vis qu'il était lui aussi frappé par notre ressemblance. Il s'arrêta brusquement, et nous nous fixâmes. Prenez les traits de Devrie, transférez-les sur un crâne plus large, avec un épiderme masculin moins délicat... et le résultat est mon visage. Keith avait essuyé son maquillage et ôté sa perruque, révélant des cheveux bruns bouclés de la même nuance que ceux de Devrie, mais ses traits étaient les miens.

Je connus une émotion indéfinissable.

– Qui êtes-*vous* ? Qui diable *êtes*-vous ?

Ainsi, nul membre de l'Institut n'était venu le voir. Ni Devrie ni une autre personne.

– Vous en faites partie, pas vrai ? fit-il, presque en un murmure. Vous appartenez à ma véritable famille ?

Toujours sous l'emprise de cette émotion inattendue, toujours hébétée, je ne répondis rien. Keith fit un pas vers moi. Son expression se fit suspicieuse – une réaction que n'aurait jamais eue Devrie – puis cela disparut et son visage s'empourpra lentement.

– Vous en faites partie. Seriez-vous... Etes-vous ma mère ?

Ma main trouva l'appui d'un pilier de pierre. Il n'y avait dans le hall que de la pierre et du verre. Toutes les entrées des théâtres étaient-elles identiques ? Les architectes manquent tellement d'imagination, le sens de l'insolite leur fait tellement défaut.

– Non ! Je ne suis pas votre mère !

Il me toucha le bras.

– Hé, ça va ? Vous n'avez pas l'air dans votre assiette. Vous voulez vous asseoir ?

Je trouvai sa sollicitude inattendue, et touchante. Je me remémorai qu'il partageait la personnalité génétique de Devrie et que cette dernière avait toujours été hypersensible à tout ce qui était corporel. Mais ce jeune homme n'était pas Devrie. Sur mon bras la prise de sa main était plus forte, plus ferme, plus chaude. Je me sentais étourdie, désorientée. Non, ce n'était pas Devrie.

– Une erreur, dis-je d'une voix mal assurée. C'était une erreur. Je n'aurais jamais dû venir. Je regrette. Je suis le Dr Seena Konig et j'appartiens effectivement... à votre famille. Mais il est préférable que je m'en aille... j'ai votre adresse et je promets de vous écrire au sujet de vos parents.

Raconter quelques mensonges bénins, le maintenir dans l'ignorance. Venir ici avait été une erreur.

Son expression traduisit sa détresse, et sa prise s'affermit encore sur mon bras.

– Non ! Voici deux ans que je cherche des renseignements sur ma famille ! Vous n'allez pas partir comme ça !

Nous commencions à attirer l'attention. Les étudiants qui traversaient rapidement le hall du théâtre nous adressaient des regards obliques. Je pris conscience, hors de propos, qu'ils étaient bien différents des « étudiants » de l'Institut, et cette pensée m'aida à me dominer. J'avais devant moi un jeune homme... « Non ! » Sa protestation avait eu un timbre de panique puérile... ce n'était pas l'homme-Devrie-moi auquel je l'avais stupidement assimilé un peu plus tôt. Il était mon cadet d'une vingtaine d'années. Je lui souris et écartai sa main de mon bras.

– Peut-on aller boire un café quelque part ?

– Naturellement, docteur...
– Seena. Appelez-moi Seena.

Assis devant des tasses de café, je l'incitai à parler le premier. Il m'étudia craintivement par-dessus le rebord de sa tasse, comme s'il craignait de me voir m'évaporer dans les airs, alors que j'écoutais les mots dissimulés derrière les mots. Sa famille adoptive était du genre à nourrir l'espoir de visiter un jour le Grand Canyon, mais pas l'Europe; à aller au cinéma, mais pas à l'Opéra; à lui souhaiter de réussir une licence, mais pas de poursuivre jusqu'au doctorat; à acheter du matériel de camping, mais pas à s'aventurer dans la nature. Des gens ordinaires. Ni religieux, ni riches, ni marginaux. Keith était leur fils unique. Il les aimait.

– Mais en même temps, j'ai l'impression de vivre chez des étrangers, fit-il en détournant le regard.

C'était la chose la plus personnelle qu'il m'avait révélée sciemment, et je pus aussitôt constater qu'il regrettait déjà cette confidence. Devrie n'eût pas réagi ainsi. Plus introverti, donc, et moins confiant. Et je percevais également en lui de la résolution; une conscience aiguë du caractère impitoyable de l'existence que Devrie n'avait jamais eue... ou eu besoin d'avoir. Je pris une décision. Après avoir ainsi bouleversé son existence, je lui devais la vérité... une vérité partielle, tout au moins.

Il repoussa sa tasse.

– Maintenant, dites-moi, qui étaient mes parents ? Nos parents ? Etes-vous ma sœur ?
– Oui.
– Nos parents ?
– Morts, tous les deux. Notre père était le Dr Richard Konig. Un scientifique. Il...

Mais Keith reconnut le nom. Ses lectures en biologie ou en histoire avaient été moins superficielles que je ne me l'étais imaginé. Ses yeux s'écarquillèrent, et je regrettai aussitôt d'avoir été aussi directe.

– Richard Konig. C'est bien un de ces chercheurs qui ont été impliqués dans le scandale provoqué par l'ingénierie génétique...
– Comment l'avez-vous appris ? Cette affaire est oubliée depuis des années.
– Cours de journalisme. Nous avons étudié la façon

dont la presse a traité le sujet, et tout particulièrement la recherche du sensationnel qui entourait le clonage il y a vingt ans...

Je vis quand s'effectua la prise de conscience. Il tendit la main vers sa tasse, serra son anse, ne la leva pas. Elle était d'ailleurs vide.

– C'est Devrie, lui dis-je, surprise par le plaisir vicieux que me procuraient mes paroles. C'est *Devrie* qui a insisté pour que je vienne vous voir.

Mais il ignorait naturellement qui était Devrie et continua de me fixer avec un regard paniqué. Je restai paralysée, à cause de l'intonation perçue dans ma voix quand j'avais prononcé le nom de « Devrie », de la joie malsaine éprouvée en déclarant que c'était elle, et non moi, qui le faisait souffrir...

– Clonage, fit-il. Konig a eu des ennuis après avoir publié les résultats de ses essais illégaux de clonage... sur des êtres humains.

Je percevais tant d'appréhension dans sa voix que je luttai pour me reprendre et répondre à son besoin impérieux d'être rassuré.

– Si ces travaux sont illégaux de nos jours, ils ne l'étaient pas à l'époque. En outre, le public a mal interprété les faits. Toute cette recherche du sensationnel de la part des médias... vous avez eu raison d'employer ce terme, Keith... a fait oublier que produire un embryon à partir d'une cellule diploïde n'est pas un acte contre nature. Dans l'utérus, les jumeaux identiques...

– Suis-je un clone ?

– Keith !

– *Suis-je un clone ?*

Je l'étudiai longuement, n'ayant pas prévu la tournure que venait de prendre notre conversation. Cependant, si je lisais toujours de la peur dans son regard, il semblait avoir surmonté sa panique. Je découvrais également en lui une certaine curiosité... la curiosité de Devrie, et son impatience. Ce jeune homme n'allait ni me frapper, ni se lever et s'enfuir, ni s'effondrer sous le poids de cette révélation.

– Oui, c'est exact.

Il resta assis sans rien dire, le regard lointain. Un long moment s'écoula et rien ne vint troubler le silence.

– Une de vos cellules ?

– Non. Prélevée sur ma... notre sœur : Devrie.

Un autre silence interminable. Il ne cédait pas à la panique.

– Alors ?

L'expression qu'elle employait constamment.

– Il n'y a pas grand-chose à dire, Keith. Si vous avez pris connaissance des comptes rendus des médias, vous connaissez le fond de l'histoire et savez sous quel jour elle a été présentée. L'important, c'est ce que vous avez alors ressenti. Avez-vous pensé que le clonage est une intervention de l'homme dans un domaine où il ne devrait pas s'aventurer ?

– Non.

Je libérai ma respiration.

– Ce n'est rien d'autre, en fait, qu'une scission de l'ovule fécondé se produisant à retardement, et suivie par l'implantation de l'embryon chez une mère de remplacement. Un zygote...

– Je sais tout cela, fit-il sèchement tout en levant sa tasse pour me faire taire.

Sans doute n'était-il pas conscient de sa réaction. Sa dureté n'évoquait pas Devrie. J'avais plutôt l'impression de m'entendre. Il resta assis à réfléchir, troublé et perdu dans ses pensées, et je m'abstins d'intervenir.

– Mes parents le savaient-ils ? demanda-t-il finalement.

Je supposai qu'il voulait parler de sa famille adoptive.

– Non.

– Pourquoi m'avoir révélé tout ceci ? Pourquoi êtes-vous venue ?

– Devrie me l'a demandé.

– Elle a besoin de quelque chose, pas vrai ? Un rein ? Un truc de ce genre ?

Je n'avais pas prévu cette question. Il ne vivait pas dans un milieu où il était aisé de se procurer des organes de rechange.

– Non. Pas un rein, pas un don d'organe. (Dans mon esprit, une voix poursuivit ma phrase avec ironie; mais je n'avais pas l'intention de lui fournir le moindre indice pouvant le conduire à Devrie.) Elle voulait simplement vous retrouver.

– Pourquoi n'est-elle pas venue elle-même ? Elle doit avoir mon âge, non ?

– Oui. Mais elle est malade et ne peut se déplacer.
– Mourante ?
– Non !
Il garda à nouveau longuement le silence, pour déclarer finalement :
– Personne n'a rien pu m'apprendre. J'ai cherché ma mère pendant deux ans et aucune des agences d'adoption n'est parvenue à retrouver sa trace. Aucune. Maintenant, je comprends mieux. Qui a si bien su brouiller les pistes ?
– Mon père.
– Je veux rencontrer Devrie.
– C'est malheureusement impossible, répondis-je posément.
– Et pourquoi ?
– Elle se trouve dans un hôpital. A l'étranger. Je regrette.
– Quand rentrera-t-elle ?
– Personne ne le sait.
– De quoi souffre-t-elle ?
Elle souffre de ne pas avoir trouvé Dieu, pensai-je. Mais je répondis, sans réfléchir :
– Du cerveau.
Puis je pris conscience de ma cruauté. Voyant Keith pâlir, je m'écriai :
– Non, rassurez-vous. Pas une maladie que vous pourriez avoir vous aussi. C'est la vérité, Keith. Elle... a fait une mauvaise chute. De son cheval.
– De son cheval, répéta-t-il.
Pour la première fois, il accorda de l'attention à mes vêtements et mes bijoux. Mais pouvait-il seulement en estimer le prix ? J'en doutais. Il portait une veste en poil synthétique avec un accroc à l'épaule et un bonnet de laine bleu nuit, bon marché et rendu informe par l'âge. Une longue expérience me permettait de reconnaître dans son regard furtif la gêne propre aux hommes qui prennent conscience du gouffre financier existant entre des gens censés être égaux. Mais cela était sans importance. Une fois adoptés, les enfants naturels n'avaient aucun droit légal sur les biens de leurs parents naturels. Je m'étais renseignée.
– Vous avez une photo de Devrie ? me demanda-t-il, visiblement mal à l'aise.

– Non, mentis-je.

– Pourquoi vous a-t-elle chargée de me retrouver ? Vous ne me l'avez toujours pas dit.

Je haussai les épaules.

– Probablement pour une raison identique à celle qui vous a incité à rechercher votre mère. Les liens du sang.

– Alors, elle souhaite que je lui écrive.

– Adressez-moi plutôt vos lettres.

Il se renfrogna.

– Pourquoi ? Pourquoi ne pas les envoyer à Devrie ?

Que répondre à cette question ? Je ne m'étais pas attendue à tant d'esprit combatif.

– Je les lui ferai suivre.

– Pourquoi ne pas les lui adresser directement ?

– Les médecins qui s'occupent de son cas pourraient trouver cela contre-indiqué, rétorquai-je sèchement.

Et il renonça... à cause de ma froideur, ou parce que je venais de parler de médecins.

– En ce cas, donnez-moi votre adresse, Seena. Je vous en prie.

Je le fis. Je n'avais rien à objecter au fait qu'il pût m'écrire. Peut-être même serait-ce agréable. J'étais séduite par la perspective de trouver une lettre à laquelle je serais libre de répondre quand et comme je le voudrais, en rentrant du musée après une journée d'hiver passée au milieu des collections.

Mais j'en avais assez de cet interrogatoire et me levai.

– Je dois partir, Keith.

Il parut alarmé.

– Déjà ?

– Oui.

– Mais, pourquoi ?

– J'ai du travail à effectuer.

Il se leva à son tour, et je notai qu'il était plus grand que Devrie.

– Seena, encore quelques questions. Comment m'avez-vous retrouvé ?

– Grâce à des connaissances au sein du milieu médical.

– Des connaissances personnelles ?

– De notre père. Je ne suis pas une scientifique.

De toute évidence, la recherche du sensationnel se

rapportant à la transe conjointe entre jumeaux ne faisait pas partie du programme de ses cours de journalisme.

– Que faites-vous ?

– Je suis conservatrice de musée. Arthropodes.

– Et Devrie ?

– Elle est trop faible pour avoir une activité professionnelle. Je dois partir, Keith.

– Une dernière chose. Est-ce que je ressemble autant à Devrie qu'à vous ?

– Keith, il vaudrait mieux ne pas parler à n'importe qui de tout ceci. Je n'avais pas l'intention de révéler tant de choses.

– Je ne dirai rien à mes parents.

– C'est effectivement préférable.

– Est-ce que je ressemble autant à Devrie qu'à vous ?

L'étrange émotion ressentie en le voyant réapparut, tout aussi intense.

– Un peu, oui. Mais la ressemblance avec moi est plus forte. Le fait de changer de sexe peut jouer des tours.

Chose inattendue, il me tendit mon manteau. Pendant que je l'enfilais, je l'entendis murmurer dans mon dos :

– Merci, Seena.

Puis il laissa ses mains reposer sur mes épaules.

Je ne pivotai pas vers lui. Je sentis mon visage s'empourprer et fus envahie par du dégoût envers moi-même, avant d'éprouver une brusque envie de rire. Tout était tellement évident. Ce jeune homme était à la fois un inconnu séduisant, Devrie, et moi-même. En outre, il n'avait pas été engendré par la semence de mon père mais par son esprit. Mon excitation sexuelle n'avait rien d'anormal. Noter pour une étude que Freud a survécu au clonage, me dis-je en riant intérieurement.

Mais cela ne changeait rien à la situation.

A New York, l'hiver était précoce. Des vents froids fouettaient les embruns dans le port et sur le fleuve, et avant la fin d'octobre tous les arbres de Central Park s'étaient dénudés. Les quartiers croulants de cette cité qui se ratatinait croulaient un peu plus et rappelaient l'époque où New York avait été une agglomération importante. Manhattan s'était barricadé en prévision de l'arrivée de la neige et louait les services de gardes du corps supplémentaires en parlant du soleil d'Albuquerque. Chaque nuit, les services de sécurité du musée recherchaient et expulsaient les vagabonds qui espéraient pouvoir dormir derrière les vitrines; des êtres sans racines, aussi transis et pâles que les papillons sous permaplex et, me semblait-il, tout aussi étrangers à cette époque. Tout New York me paraissait d'ailleurs étranger, au cours de ce mois d'octobre, et aussi froid. Souvent, je m'arrêtais devant la vitrine des Noctuidae et les fixais pendant si longtemps que les membres de mon équipe finissaient par s'adresser des coups d'œil discrets. Je ne notais leurs regards qu'en sortant de ma transe. Cependant, personne ne me fit la moindre réflexion à ce sujet.

Je ne recevais toujours aucun message de Devrie. Lorsque je contactais l'Institut par vidéotex, elle ne me rappelait pas.

Keith Torellen n'avait pas écrit, lui non plus.

Puis, un soir, alors que je me hâtais dans la pénombre glaciale en direction de mon immeuble, il sortit des ombres si brusquement que le garde dont j'avais réquisitionné les services à la sortie du musée bondit en avant, en position d'attaque.

– Non ! Tout va bien ! Je le connais !

Le garde recula sans manifester la moindre émotion. Keith étudia l'homme avant de m'observer, l'expression tout aussi indéchiffrable.

– Keith, que faites-vous ici ? Entrez !

Il me suivit dans le hall, sans dire un mot. Il resta également silencieux pendant le passage au détecteur de métaux et le processus d'identification. Je le guidai vers mon appartement et l'étudiai dans la cabine de l'ascenseur. Il portait toujours la veste élimée et le bonnet de laine bon marché d'Indian Falls, ses cheveux avaient besoin d'une coupe, et l'extrémité de son nez avait été rougie par la longue attente dans cette rue glaciale. Combien de temps était-il resté là-dedans ? Il aurait eu en outre grand besoin de se raser.

Dans l'appartement, il étudia les tapis, les tableaux, l'argenterie ridiculement tarabiscotée de ma grand-mère, puis pivota pour me faire face.

– Seena, je veux savoir où est Devrie.

– Pourquoi, Keith ? Que s'est-il passé ?

– Rien de particulier, répondit-il en retirant sa veste, sans toutefois la poser. Seulement que j'ai quitté le collège et marché pendant deux jours pour arriver jusqu'ici. Non, Seena, on ne peut pas comparer un clone à un simple jumeau. Je veux voir Devrie.

Sa voix était dure. Dans ma salle de séjour, mal rasé et avec ce bonnet enfoncé jusqu'aux oreilles, il me semblait bien plus âgé et bien moins malléable que lors de notre rencontre précédente. J'éprouvais de l'inquiétude. Ce n'était pas de la peur, car je ne redoutais pas sa force physique, mais une angoisse à la fois indéfinissable et plus profonde.

– Pourquoi tenez-vous à la voir ?

– Parce qu'elle m'a roulé.

– En *quoi,* bon Dieu ?

– Je peux avoir à boire ? Ou une cigarette ?

Je lui servis un scotch. L'alcool l'aiderait à s'exprimer. J'aurais dû savoir ce qu'il voulait, pourquoi il semblait à ce point désespéré, comment le maintenir à l'écart de Devrie. Je n'avais jamais vu ma sœur ainsi. Si elle possédait une volonté inébranlable, cette dernière allait de pair avec de la gaieté et de la confiance. La détermination désespérée que je découvrais en Keith ne lui ressemblait pas. Mais, naturellement, Devrie avait toujours eu à sa disposition de l'argent pour lui permettre d'imposer sa volonté, et la fortune permettait peut-être d'acheter la confiance autant que le style.

Keith but son scotch et me tendit le verre, afin que je le serve à nouveau.

– Je me suis gelé, là-dehors. Ils ne m'ont pas permis d'entrer vous attendre dans le hall.

– Evidemment.

– Vous aviez omis de préciser que votre famille était riche.

Sa brusquerie me laissa interdite, tout en m'emplissant de satisfaction pour une raison dont je ne pus analyser les origines.

– Vous ne m'avez pas interrogée à ce sujet.

– Des conneries, Seena.

– Keith, que faites-vous ici ?

– Je vous l'ai dit. Je veux voir Devrie.

– En quoi estimez-vous qu'elle vous a roulé ? Vous pensez à l'argent ?

Sa surprise parut si sincère que je fus à nouveau sidérée, cette fois par ses points communs avec Devrie. Elle n'aurait jamais fait passer les considérations d'ordre financier en premier, s'il en existait d'autres sur le plan émotionnel. Pendant un instant, Keith fut Devrie; l'instant suivant, il ne l'était plus. Il fronçait les sourcils, en proie à une brusque colère.

– Voilà donc ce que vous croyez ? Que c'est l'appât du gain qui m'a fait venir à pied du New Hampshire ? Seigneur, Seena, j'ignorais à quel point vous étiez riches avant de... Je ne le sais toujours pas !

– Alors, en quoi estimez-vous avoir été roulé ?

Il avait perdu son assurance. Il porta des regards rapides, presque furtifs, sur mon appartement. Ses yeux s'arrêtèrent une fraction de seconde de trop sur le Caravage discrètement éclairé par son cadre, et quand ils se posèrent à nouveau sur moi il était troublé, un peu sur la défensive. Prêt à se justifier. Je l'avais poussé délibérément dans ses derniers retranchements, mais je ne m'attendais pas à la naïveté désarmante de son explication. Il redevint Devrie, pour réduire la grandeur impersonnelle de la science aux dimensions d'une perte affective personnelle.

– Depuis le jour où j'ai appris que j'avais été adopté, à cinq ou six ans, je me suis interrogé sur ma famille. Il n'y a rien d'anormal à cela... je crois que c'est le cas pour tous les enfants qui ont été abandonnés. Je m'inventais des histoires, des trucs de gosse, et je me disais que mes parents étaient des personnages royaux, des colons lunaires, ou des survivants de l'Horreur africaine. Des choses pleines d'exotisme. Je pensais surtout à ma mère et l'imaginais me serrant entre ses bras en versant toutes les larmes de son corps, m'aimant tellement qu'elle ne pouvait se résoudre à m'abandonner tout en ayant une raison impérieuse de le faire. Des conneries sentimentales de ce genre.

Il rit, dans l'espoir de rendre amusant ce qui ne l'était pas, puis but son scotch afin d'éviter mon regard.

– Mais Devrie... le simple fait de connaître son existence... a détruit tout cela. Je sais désormais qu'aucune mère n'a souffert de devoir se débarrasser de moi. Je n'ai jamais eu de mère, en fait. J'ai vu le jour à partir d'une cellule prélevée au bout du doigt de Devrie, ou ailleurs, là où elle pouvait s'en passer. Elle ne sait même pas à quoi je ressemble; mais ce n'est pas ce qui l'empêche de dormir, pas vrai ?

– Pourquoi ? fis-je d'une voix posée. Qu'est-ce que cela changerait si elle vous connaissait ?

Il ne répondit pas directement à ma question.

– A l'instant où je vous ai vue dans le théâtre du collège, Seena, j'ai cru que vous étiez ma mère.

– J'ai pu m'en rendre compte.

– Et cela vous a choquée. Pourquoi ?

Je pensai à l'enfant que je n'aurais jamais, à mon mariage avorté, et à bien d'autres douces espérances devenues amères. Mais s'apitoyer sur son sort est une occupation stupide et vaine.

– Cela ne vous concerne pas.

– Vraiment ? N'est-ce pas en raison de mes origines que cette idée vous déplaît ? A cause de la façon dont j'ai été conçu : froidement ? Parce que je suis le résultat d'une expérience ? Ne vous êtes-vous pas sentie insultée d'être prise pour la mère d'une cellule sans importance prélevée au bout d'un doigt de Devrie ?

– Que diable avez-vous lu ? Une expérience... qu'est-ce qu'un enfant, n'importe lequel, hormis le résultat d'une expérience ? Le fruit de la rencontre fortuite d'un ovule pris au hasard avec un spermatozoïde pris au hasard. Ne parlez pas comme ces cerveaux fêlés dévots et ennemis fanatiques de la science !

Il m'étudia posément.

– Devrie serait-elle croyante ? Est-ce pour cela qu'elle vous effraie à ce point ?

Je me levai et désignai le buffet.

– Servez-vous un autre verre, si vous le désirez. Je vais me laver les mains. J'ai manipulé des spécimens tout l'après-midi.

Un mensonge stupide, maladroit... que personne n'aurait pu croire.

Une fois dans la salle de bains, je m'adossai à la porte close, fermai les yeux et concentrai ma volonté afin de me calmer. Pourquoi me laissais-je à ce point troubler par les attaques verbales coléreuses d'un jeune homme désorienté ? J'étais prompte à riposter; contrairement à mon père, contre lequel étaient en fait dirigés les reproches de Keith. Ses réactions étaient tellement prévisibles, tellement puériles, que je souris en dépit de la douleur apparaissant dans ma poitrine. Mais ce sourire, qui semblait ramener l'emportement de Keith aux crises de colère d'un enfant – allons, allons, quand tu seras grand tu découvriras que personne ne sait réellement qui il est – ne le diminuait pas pour autant. Ses pertes étaient réelles (mère, père, une place dans le cycle naturel de la vie et de la mort). Et brusquement, avec un serrement au creux de mon estomac, je compris pourquoi je ne lui avais rien dissimulé sur ses origines. Le respect de la « vérité » n'était pas en cause. Je lui avais dit qu'il était un clone en raison des pertes que j'avais moi-même subies : carrière scientifique, couple, maternité, et qu'il me serait à jamais impossible de faire partager à Devrie. Devrie, radieuse et mystique, trop accaparée par Dieu pour se laisser blesser par ses semblables. *Laisse-moi ! Ne peux-tu me laisser tranquille ? Je t'ai toujours eue sur mes talons... Si seulement tu pouvais mourir et me foutre la paix !* Et Devrie avait esquissé un sourire tolérant, caressé mes cheveux, avant de ressortir en fermant doucement la porte afin de ne pas troubler mon chagrin. Mes paroles ne l'avaient pas blessée. Je ne pouvais lui faire de mal.

Mais il m'était par contre possible de torturer Keith – l'autre Devrie – et je ne m'en étais pas privée. Voilà pourquoi j'étais affectée à ce point. C'était le lien. Mon visage, ma douleur, ma faute.

C'est ma faute, c'est ma faute, c'est ma très grande faute. Mais c'était absurde. Je n'étais pas croyante, et ne pouvais connaître le réconfort superstitieux de l'absolution. Quelle merde ! Comme tous les athées, j'étais seule.

Puis il me vint à l'esprit qu'avoir de telles pensées adossée à la porte d'une salle de bains était pour le moins incongru. Les toilettes, en lieu et place d'un confessionnal. Je fis couler l'eau froide, m'en aspergeai le visage, et sortis. Pendant combien de temps avais-je laissé Keith seul dans la salle de séjour ?

A mon retour, il se tenait à côté du vidéotex. Il avait demandé la liste des messages postaux envoyés, et je lisais sur l'écran l'adresse de Devrie à l'Institut de l'Espoir Biologique.

– Qu'est-ce que c'est ? demanda Keith. Un hôpital ? (Je gardai le silence.) Je finirai par l'apprendre, Seena. Compte tenu de ce que je sais déjà, je parviendrai à trouver la suite. Alors ?

Alors ?

– Pas un hôpital. C'est un centre de recherches. Devrie s'est portée volontaire pour certaines expériences.

– Quelles expériences ? Je le saurai, Seena.

– Perception cérébrale.

– Perception de quoi ?

– Perception de *Dieu,* m'exclamai-je, en proie à la lassitude, la colère, et une brusque exaspération.

Pourquoi ne pas abandonner Keith aux sollicitations de Devrie, et cette dernière à sa sous-alimentation mystique ? Mais je savais que je ne ferais jamais une chose pareille. Il fallait que je la sauve, en dépit de tout.

Keith se renfrogna.

– Que voulez-vous dire, par « Perception de Dieu » ?

Je le lui expliquai en faisant tout mon possible pour que cela parût ridicule, et dangereux. Je lui parlai de l'anorexie, de l'utilisation massive de nombreuses drogues non testées dont l'emploi eût rendu cet Institut illégal aux Etats-Unis, du scepticisme de la majeure partie des membres de la communauté scientifique, de la psychose et des morts qui avaient résulté des recherches sur la transe conjointe entre jumeaux, quinze ans plus tôt. Keith ne s'en souvenait pas – il n'avait alors que huit ans – et je m'abstins de préciser que j'avais fait partie de ces chercheurs. Je passai également sous silence l'existence des bandes où était enregistrée une troisième présence indistincte dans les holocuves de Bohentin. J'utilisai tous les moyens possibles et toutes les subtilités verbales à ma disposition pour décrire l'Institut comme un asile d'aliénés, épouvantable et dangereux. Tout en parlant, j'étudiais l'expression de Keith. Parfois, son visage était le mien; parfois, il se métamorphosait en celui de Devrie. J'y lus de la surprise lorsqu'il apprit qu'elle avait décidé d'entrer dans cet Institut, mais ni le mépris ni le dégoût que j'avais espéré y découvrir.

Lorsque j'eus terminé, il me demanda :

– Mais pourquoi a-t-elle pensé que j'accepterais de devenir à mon tour un cobaye ?

J'avais gardé le meilleur pour la fin.

– L'argent. Elle veut vous acheter.

Sa main, qui serrait un troisième verre de scotch, se figea brusquement.

– M'acheter ?

– C'est certainement le terme le plus juste.

– Qu'est-ce qui a bien pu l'inciter à croire...

Il se domina, au prix d'un effort.

L'exposé des dangers l'avait bien moins affecté que cette référence à l'argent de Devrie. Il était susceptible et fier, comme la plupart des pauvres.

– Elle pensait que je me laisserais *acheter*. (Je gardai prudemment le silence.) La garce ! marmonna-t-il. Ah, la garce ! Et dire que je commençais à envisager...

Je retins ma respiration.

– Vous envisagiez d'entrer à l'Institut ? Malgré tout ce que je venais de vous apprendre ? Comment diable est-ce possible ? Vous m'avez pourtant dit, je m'en souviens parfaitement, que vous n'aviez pas été élevé dans un milieu religieux !

– C'est exact, mais... il m'est arrivé de me poser des questions.

Et j'appris plus que ne révélaient ses paroles, et plus qu'il ne savait lui-même, dans la brutalité avec laquelle il détourna la tête afin de me dissimuler son regard et la façon dont il carra les épaules avec défi. Le regard de Devrie, les désirs qu'elle prenait pour des réalités, sans la moindre raison. La lassitude et la colère que j'avais éprouvées un peu plus tôt m'assaillirent à nouveau, et je lui criai :

– Alors, qu'est-ce que vous attendez ? Prenez le premier avion en partance pour la Dominique et allez la rejoindre dans cet asile d'aliénés !

Il ne répondit rien. Mais je compris brusquement qu'il n'avait pas les moyens de faire un tel voyage à des indices indéfinissables : son expression alors qu'il fixait son verre, les mouvements nerveux de son corps.

– Vous vous assimilez donc à un croyant.

– Non. Un croyant manqué (1).

Son intonation m'indiqua qu'il avait déjà fait cette

(1) En français dans le texte. *(N.d.T.)*

déclaration, peut-être à maintes reprises, et que cette phrase avait un effet stimulant sur son imagination...

– Qu'est-ce qui cloche, chez vous et vos semblables, pour que l'univers rationnel ne puisse vous suffire ?

– Qu'est-ce qui cloche chez les gens de mon espèce, c'est ça ?

Cette fois, il rit et haussa les sourcils, avec une ironie qui m'excluait de ce refuge situé au delà de la raison, me fermait les portes de cette voie d'évasion magnifique. Et je compris alors qu'en dépit de ses affirmations Keith se rendrait tôt ou tard à la Dominique.

Je lui servis un autre scotch. Avec adresse, je fis dévier la conversation vers des sujets moins délicats et l'interrogeai sur sa jeunesse. Tout d'abord avec gêne, puis avec une aisance de plus en plus grande au fur et à mesure que l'alcool et le temps le détendaient, il me parla de son enfance dans les collines du Berkshire. Il retrouva sa gaieté et, aiguillonné par mon intérêt, il devint à la fois subtil et drôle, me démontrant qu'il possédait un sens aigu de l'humour. Je ris avec lui et ouvris une bouteille d'excellent porto. Il parla des pièces qu'il avait jouées en amateur, et son enthousiasme augmenta de façon inversement proportionnelle à la cohérence de ses propos. J'écartai une mèche de cheveux bruns de son front. Bien plus tard dans la nuit, je repoussai les tentures des portes-fenêtres devant lesquelles nous restâmes longuement à regarder les lumières de la ville mourante, dix étages en contrebas. La brume montait de la mer. Keith exprima le désir de sortir sur le balcon. Il n'avait jamais senti l'odeur de la brume mêlée à celle de l'océan. Après avoir humé la nuit, nous rentrâmes pour boire encore, parler, et rire.

Puis je le guidai vers le divan.

– Seena ? dit-il.

J'avais posé ma main sur sa cuisse, et ses doigts se refermèrent sur les miens. Il m'adressa un regard interrogateur. Je me penchai, et mes lèvres effleurèrent les siennes; un contact à peine perceptible qui se poursuivit longuement. Finalement, il se recula et tenta vainement d'écarter ma main.

– Seena, non...

– Pourquoi ?

Je collai à nouveau ma bouche à la sienne, avec

beaucoup de douceur. Il lui faudrait se reculer pour me répondre, et je sentais qu'il n'en éprouvait pas le désir. Il fronça légèrement les sourcils. Cependant, et malgré son ivresse plus grande que la mienne, il parvint à trouver ses mots :

– Ce serait un... inceste.

– Non. Nous n'avons pas occupé le même ventre.

Je vis ses sourcils se rapprocher à nouveau et me reculai, pour lui sourire.

– Et c'est de nos jours sans importance, Keith. Pas à New York. Mais même si c'était le cas... je ne suis pas ta sœur, pas vraiment. Tu l'as dit toi-même, tu t'en souviens ? Pas une famille.

– Pas une famille, répéta-t-il.

Et, une seconde avant que ses yeux se ferment, j'y lus de la souffrance, le désir impatient d'un jeune homme, et l'audace insufflée par l'alcool. Puis ses bras m'enlacèrent.

Il était fort et un peu violent. Je pensais connaître le désarroi qui engendrait cette violence, mais appréciais malgré tout l'élan passionné de ce magnifique Devrie mâle. Je voulais qu'il fût violent avec moi, dès l'instant où il n'existait aucun danger véritable. Ni danger, ni frère, ni enfant. Keith n'était pas mon fils, mais Devrie était ma sœur-fille que je devais empêcher de courir à sa perte. Et peu importaient les moyens... n'est-ce pas ? « Les liens du sang. » C'était nécessaire, justifié... il s'agissait d'un risque que je devais courir. Pour Devrie.

Telles étaient mes pensées. Puis j'oubliai tout, pour m'abandonner au plaisir.

Mais lorsque je m'éveillai, à l'aube – avec Keith qui dormait à mon côté et le ciel glacial au delà des fenêtres – je ne pus m'empêcher de me demander : *que diable ai-je fait ?*

Lorsque je sortis de la salle de bains, Keith était adossé aux oreillers, tendu. Je m'assis à son côté, au bord du matelas, et tirai un drap pour couvrir ma nudité avant de tendre ma main vers la sienne. Il l'écarta brusquement.

– Keith, nous n'avons rien fait de mal, je t'assure.

– Tu es ma sœur.

– Mais rien n'en résultera. Ni enfants ni habitude. Et c'est relativement fréquent, mon chéri.

– Pas dans les régions d'où je viens.

– Oui, je m'en doute. Ici, les choses sont différentes.

Il ne répondit pas, l'expression troublée.

– Tu veux un breakfast ?

– Non, non, merci.

Je percevais son désir de me fuir, puissant au point d'être presque palpable. Je ramassai ma combinaison sur le sol et gagnai la cuisine glaciale. La femme de ménage n'arriverait pas avant une heure. Je mis le chauffage, enfilai le vêtement en me tenant sur le sol glacé d'abord sur un pied, puis sur l'autre, comme si j'appartenais à une espèce éteinte d'échassiers, puis je préparai du café et pliai deux gros billets de banque que je glissai dans l'anse d'une tasse. Quand il gagna la cuisine, il s'était vêtu et avait même enfilé sa vieille veste déchirée.

– Café ?

– Merci.

Ses doigts se refermèrent sur l'anse de la tasse et ses yeux s'écarquillèrent.. Un choc brutal que rien ne pouvait dissimuler : toute son âme trahie, mise à nu.

– Oh, Seigneur... Non, Keith, comment peux-tu croire une chose pareille ? C'est pour ton voyage de retour à Indian Falls !

Une pause interminable, pendant que nous nous fixions. Puis il me dit, d'une voix très basse :

– Désolé. J'aurais dû... comprendre.

Mais sa main tremblait, et quelques gouttes de café tombèrent de la tasse qu'il tenait toujours. Ce furent ces gouttes qui m'ébranlèrent, m'emplirent de honte. Il existait des raisons à son choc, à l'expression angoissée de ce visage qui était à la fois le sien – le mien – et celui de Devrie. Ma sœur voulait utiliser Keith pour aller au bout de sa quête mystique, moi pour l'en empêcher. Dans les rôles de la fanatique et de la saboteuse, nous étions toutes deux mieux parées pour nous défendre l'une contre l'autre que Keith ne l'était contre nous, ainsi privé d'argent, de foi et d'expérience. Si j'avais pu trouver une autre solution... Mais ce n'était pas le cas. Malgré tout, j'éprouvais de la honte.

– Keith, je suis désolée.

– Pourquoi avons-nous fait cela ? Pourquoi ?

J'aurais pu lui rétorquer qu'il ne s'était rien passé, mais cela eût rendu la situation encore plus pénible pour lui. Il était jeune et mâle.

Impulsivement, je lâchai :

– Ne va pas à la Dominique.

Mais, naturellement, il ne m'écoutait pas. Son expression était butée. Il posa la tasse et me fixa encore plus durement qu'auparavant. S'imaginait-il que je pensais pouvoir lui donner des ordres à cause de ce qui s'était passé entre nous ? Ce n'était plus de mon âge. Il ne se doutait pas que j'avais des projets à long terme, ce que je ne pouvais lui reprocher. Je n'avais d'ailleurs absolument rien à lui reprocher. Mais je regrettais de lui avoir remis si maladroitement cet argent. J'avais agi stupidement.

Cependant, lorsqu'il partit quelques instants plus tard, les billets ne se trouvaient plus dans l'anse de la tasse. Il les avait pris.

L'exposition des lépidoptères de Madagascar était prête. Son inauguration suscita l'intérêt des médias et fut accueillie par des comptes rendus favorables. Mais je ne pouvais me convaincre que cela avait de l'importance. Dix fois par jour, j'essayais de réveiller un intérêt désormais disparu, et lorsque je regardais les papillons aux ailes d'un blanc cendreux à jamais déployées, j'éprouvais une horreur qu'il me serait impossible de définir.

L'image de ces papillons me hantait et m'accompagnait chez moi. Une nuit de novembre, je crus entendre des ailes battre contre les vitres de la porte-fenêtre où je m'étais tenue avec Keith. J'écartai brusquement les tentures et ouvris les portes, mais il n'y avait naturellement rien à l'extérieur. Pendant longtemps, je restai à fixer le néant et humer le brouillard, avant de composer un nouveau message personnel et urgent à l'attention de Devrie. Je ne reçus aucune réponse.

Je contactai l'ordinateur postal du collège d'Indian Falls. Mes doigts tremblaient alors qu'ils écrivaient un message personnel et urgent pour un étudiant : Keith Torellen. Puis je lus sur l'écran :

TORELLEN, KEITH ROBERT. 64830016. ABSENT POUR RAISONS MÉDICALES. DURÉE DE L'ABSENCE : INDÉTERMINÉE. PAS DE CODE VIDÉOTEX POUR FAIRE SUIVRE LES MESSAGES. TERMINÉ.

J'entendis à nouveau ce bruit à la fenêtre. Je pivotai et scrutai le verre obscur, mais il n'y avait rien; pas de papillon, pas d'ailes, seulement les points de lumière disséminés sur la noirceur de la ville agonisante et les plaintes faibles et lointaines d'une sirène qui gémissait sur une tragédie survenue à des inconnus.

Je frissonnai. Enfiler un chandail et augmenter le chauffage furent inefficaces contre le froid. Puis j'entendis le léger tintement de la fente postale et pivotai pour voir la lettre tomber du tube pneumatique du vestibule. L'autocollant du contrôle de l'immeuble était bien visible et m'assurait que l'envoi avait été vérifié et ne contenait ni poison ni explosifs. Je voyais également le logo de l'enveloppe : INSTITUT DE L'ESPOIR BIOLOGIQUE, dont tous les « O » étaient des soleils rayonnants. Devrie n'écrivait pourtant jamais de lettres. Elle préférait utiliser le vidéotex.

Le message provenait de Keith, et non de Devrie. Une brève note presque illisible, griffonnée en hâte sur un bout de papier déchiré. J'avais vu l'écriture de Keith sur son calepin, à Indian Falls, et je découvrais une version incontrôlée de sa calligraphie, presque psychotique dans la variation des espacements et la formation des lettres qui indiquent une identité. Je déduisis qu'il avait écrit ce message sous l'influence d'une ou de plusieurs drogues, et que sa pensée avait été bien plus rapide que sa main. Il n'y avait ni ponctuation ni paragraphes.

« Chère Seena je vais le faire je sais que mes parents sont en colère mais je dois le faire toute confusion a disparu Seena Keith »

Entre « disparu » et « Seena » un mot avait été biffé par des traits irréguliers. Je levai la feuille vers la lumière, l'inclinai d'un côté et de l'autre. Le mot barré était « maman ».

toute confusion a disparu maman.

Maman.

J'avais inconsciemment retenu ma respiration, et je la libérai lentement. Keith m'inspirait de la pitié, bien qu'il eût agi exactement comme je l'avais escompté. Nous l'avions manœuvré, Devrie et moi. Mère, sœur, lui-même. Et lorsque le nombre et la rapidité des neurotransmetteurs du cerveau de Keith seraient augmentés chimiquement et qu'il entrerait en transe, ce serait un esprit « toujours freudien » qui fusionnerait avec celui de Devrie pour ajouter leur énergie sexuelle à toutes celles alimentant déjà les holocuves de Bohentin...

Mère. Sœur. Lui-même.

Tout est permis, en amour comme à la guerre. Une voix intérieure me demanda ironiquement si c'était l'amour, ou la guerre. Je m'étais cependant attendue à cette question et lui répondis : Les deux. J'étais certaine que peu de temps s'écoulerait avant que Devrie ne quitte l'Institut pour venir à New York.

Elle le fit près d'un mois plus tard. Entre-temps, la neige s'était mise à tomber et la ville avait ressorti ses vieilles guirlandes dorées de Noël. Je me sentais plus détendue. En fredonnant, je classifiais les papillons de Madagascar et plaçais les plus beaux spécimens dans les boîtes d'exposition, en les scellant sous du permaplex qui protégerait leurs ailes arachnéennes et leurs antennes délicates. Les mutants possédaient des ailes ivoirines d'une fragilité impensable et pouvant atteindre jusqu'à cinquante centimètres d'envergure. Leur délicatesse spectrale semblait être la réponse de l'évolution des espèces confrontée au paysage aveuglant du génocide nucléaire. Je cataloguais chacun d'eux avec soin.

– Pourquoi ? me demanda Devrie. *Pourquoi ?*
– Tu as une mine de déterrée.
– Pourquoi ?
– Je présume que tu l'as déjà deviné.

Elle s'affaissa sur mon divan de velours blanc, pendant que son escorte sortait : des hommes que je suspectais de faire autant fonction d'infirmiers que de gardes du corps. Des larmes de frustration et d'épuisement apparurent dans les yeux de Devrie, mais ne roulèrent pas sur ses joues. Elle ne restait en position assise qu'au prix d'un effort qui semblait requérir une énergie qu'elle ne possédait plus. A l'exception de ses pommettes empourprées par la colère, son visage avait la couleur des vieux œufs. En la regardant, je serrais mes poings sur mes genoux, afin de ne pas pleurer à mon tour.

– Veux-tu dire que tu avais tout *prévu,* Seena ? Veux-tu dire que tu as contacté Keith et couché avec lui dans le but de le rendre impuissant avec moi ?

– Bien sûr que non ! Le mécanisme des inhibitions sexuelles n'est pas simple à ce point. Tu le sais aussi bien que moi.

– Mais tu as malgré tout essayé. Tu espérais faire échouer l'expérience.

– Disons que j'avais effectivement l'espoir que... cela compliquerait les choses.

– Les compliquer à tel point qu'il ne sait même plus avec qui il fait l'amour.

– Il en serait capable si tu n'avais pas détraqué son esprit avec toutes ces drogues. Il n'est pas stupide ! Il n'a pas la moindre envie de sauter dans les cerceaux mystiques que tu agites devant son nez... s'il existe une seule personne qui puisse jamais y être disposée ! Non, je ne suis pas surprise qu'il ne parvienne pas à maîtriser son énergie sexuelle en plus de toutes les forces artificielles dont son cerveau est saturé. Il est logique que quelque chose ait lâché.

– Tu as tout provoqué, Seena. Délibérément. De sang-froid.

Un brusque frisson, le souvenir du contact des mains de Keith sur mes seins. Non, pas de sang-froid. Mais je ne pouvais le dire à Devrie.

– Je t'ai fait confiance, ajoutait-elle. Que ne ferait-on pas pour sa sœur... Dieu !

– Tu as eu raison de me faire confiance. Me faire confiance pour te tirer de là avant d'y laisser ta peau.

– Si seulement tu pouvais t'entendre ! Tu es imbue de

toi-même, pharisaïque, et tu crois tout savoir... mais sais-tu à quel point nous étions près du but, à l'Institut ? As-tu seulement la moindre idée de ce que tu as fait échouer ?

Je ris, incapable de me contenir.

– Si le contact avec Dieu a été rompu parce qu'un gosse est tellement désorienté qu'il n'arrive pas à bander, ça en dit long sur le Dieu en question !

Devrie me foudroya du regard. Un long moment s'écoula et ses pommettes pâlirent, ses yeux se clorent à demi.

– Pourquoi, Seena ?

– Je te l'ai déjà dit. Pour te sauver, te tirer de là. C'est chose faite.

– Non, non. Ce n'est pas tout. Il y a autre chose. Une raison personnelle.

– N'embrouille pas à plaisir une situation déjà bien compliquée. Devrie, tu es ma sœur et je n'ai que toi. Est-il donc si surprenant que je veuille te protéger ?

– Keith est également ton frère.

– Disons que j'ai voulu vous protéger tous les deux. Ce qui peut faire échouer cette expérience assure également son salut.

– Tu tiens à lui à ce point ?

Nous nous mesurions du regard, deux sœurs séparées par la largeur de la salle de séjour; moi à côté du vidéotex et elle sur le divan, ayant besoin de son soutien, affaiblie et résolue comme tout martyr légendaire de la Foi. Sa faiblesse me torturait. Enfant, Devrie avait été si forte ! Je sentais une douleur sourde se lover en moi, et c'est pourquoi je lui répondis avec franchise :

– Pas tant que cela. Pas immédiatement, pas avant que nous... non, c'est faux. Il me plaisait. Mais ce n'était pas la raison. Devrie... je n'ai ni perdu la tête ni cherché une excuse pour assouvir mon désir.

Elle me fixait toujours, et finalement je pivotai vers le buffet pour me servir un scotch. Ma main tremblait.

Derrière moi, Devrie déclara :

– Ni le désir ni le besoin de me protéger. C'était autre chose, Seena. Tu as peur.

Je me tournai vers elle, mes lèvres serrées en un sourire pincé.

– De toi ?

– Non, non. Je ne crois pas.
– De quoi, alors ?
– Je l'ignore. Et toi ?
– C'est *ta* théorie, pas la mienne.

Elle ferma les yeux. Des larmes roulèrent finalement sur ses joues. Elle laissa sa tête reposer sur le divan, bras flasques sur ses flancs. Elle personnifiait la désolation et était si faible que j'éprouvai de la terreur. J'allai chercher un verre de lait dans la cuisine, et fus un peu surprise lorsqu'elle le but sans protester.

– Devrie, tu ne peux continuer ainsi. Pas dans cette condition physique.

– Non, reconnut-elle, si rapidement et résolument que ma surprise grandit encore. (C'était la voix de la décision, pas de la reddition. Elle se redressa.) Même Bohentin partage ton avis. Je suis plus maigre qu'il ne le voudrait, et je perdrais bientôt les ressources physiques nécessaires pour contrôler la transe. Ils ont déjà décelé des symptômes de repli sur moi-même, et à cet instant un médecin est assis au bureau de père, dans ton cabinet de travail, au cas où j'aurais besoin de ses services. Par ailleurs, j'ai disposé devant notaire de la majeure partie de ce qui me reste de l'héritage de papa, en faveur de Keith. Je ne crois pas que tu le savais. Le solde a été transféré auprès d'une banque de la Dominique, et si je meurs cet argent ira à l'Institut. Tu ne pourras y toucher, pas plus qu'à la part qui revient à Keith. Et je ne tarderai guère à mourir, si je ne recommence pas à m'alimenter et si je ne cesse pas de prendre les drogues du programme. Mon cerveau et mon corps achèveront de se consumer. Oh, tu as deviné que mes jours sont comptés, mais pas à quel point la fin est imminente. C'est exact, Seena. Je ne suis plus assez forte pour supporter encore longtemps la tension imposée par la transe conjointe.

Je tenais toujours son verre, bras tendu, comme paralysée.

– Tu as voulu détruire l'autre composant des expériences auxquelles je participe, en l'inhibant sexuellement. Eh bien, tu as réussi. Maintenant, c'est *moi* qui vais jouer le tout pour le tout. Je parie ma vie que tu parviendras à réparer le mal que tu as fait, sans que Keith sache que j'ai exercé une pression sur toi. Tu as déclaré qu'il n'est pas stupide et que son impuissance est due à son incapacité de supporter toutes ces drogues. Peut-être as-tu en partie raison, Seena, mais Keith est mon double... Il est *moi,* et je sais que tu m'as toujours prise pour une idiote, pour la simple raison que tu ne pouvais comprendre ce à quoi j'aspirais. Keith désire désormais atteindre le même but que moi, c'était inévitable, et tu vas retirer tous les obstacles que tu as placés sur son chemin. Tout au long de mon existence, j'ai été en butte à ta tyrannie, mais Keith ne doit pas connaître cela à son tour. Si tu ne le libères pas de ses inhibitions, je poursuivrai ces expériences de transe conjointe – de *transe conjointe,* Seena – sans le composant sexuel et en taisant à Bohentin que cela m'épuise. Il ne peut le savoir, car il n'a pas de jumeau, pas plus que les médecins qui me suivent. Mais je sais parfaitement que je finirai par en mourir. A *très* brève échéance. Tous tes projets pour me faire quitter l'Institut se solderont par un échec, et tu resteras seule avec ce qui te fait si peur et dont j'ignore la nature. Mais je ne crois pas que tu iras jusque-là.

» Non, tu vas défaire le blocage que tu as imposé à Keith, et permettre à l'expérience d'avoir une chance de réussir. Et en échange, je m'engage à rentrer à Boston, ou ici à New York, et de rester à la maison pendant une année.

» Voilà quels sont les termes de mon pari.

Elle me fixait avec des yeux vides de toute larme; une Devrie que je n'avais encore jamais vue. Elle ne bluffait pas, elle croyait à toutes ses affirmations démentes et ne changerait pas d'avis. J'aurais voulu crier, lui hurler un mélange de propos sur le suicide, le chantage moral, la folie et mon indignation, mais je ne pus que murmurer :

– Nom de Dieu, qu'est-ce qui pourrait justifier une chose pareille ?

Je fus effarée de l'entendre rire : un son trop puissant pour ce corps grêle. Son visage rayonna, une expression à la fois exaltée et folle.

– Tu viens de le dire, Seena... le nom de Dieu. Le connaître finalement. *Savoir,* savoir sans l'aveuglement de la foi, que nous ne sommes pas seuls dans l'univers... Foi ne doit pas être synonyme d'obscurantisme.

Elle rit à nouveau, à présent sur la défensive, comme si

elle était consciente de l'impression que ses rires produisaient sur moi.

– Tu le feras, Seena.

Elle avait ajouté cela sur un ton catégorique. Elle prit ma main.

– Tu irais jusqu'au *suicide*, Devrie ?

– Non, je suis prête à risquer ma vie pour tenter d'atteindre Dieu. C'est totalement différent.

– Je ne t'ai jamais tyrannisée, Devrie.

Elle lâcha ma main.

– Toute ma vie, Seena. Jusqu'à cet instant. Et tes airs supérieurs et ton mépris sembleraient plutôt ridicules, s'il pouvait être démontré qu'il existe une base rationnelle à ce qui suscite depuis toujours tes sarcasmes.

Nous nous fixâmes : deux sœurs séparées par l'abîme d'un divan. Puis le contact fut brusquement rompu. Aucune de nous n'osait ajouter quoi que ce soit.

Mon avion se posa de nuit à la Dominique, deux jours après la brève visite de Devrie qui était repartie aussitôt avec son escorte de médecins et de gardes. Je n'avais vu jusqu'alors cette île que de jour. La végétation tropicale luxuriante me paraissait un peu menaçante, ainsi évocatrice de nature incontrôlable, et j'avais l'impression qu'elle se refermait sur moi. La pénombre veloutée sentait le gingembre, les fleurs, et la mer... une odeur trop puissante, trop sensuelle, comme dans une publicité pour un parfum. A l'hôtel, cela s'estompa quelque peu : ma chambre se trouvait au premier étage, au-dessus du feuillage sombre, et elle ne donnait pas sur la mer. J'y restai cloîtrée toute la nuit en attendant de pouvoir me rendre à l'Institut de l'Espoir Biologique.

– Bonjour, Seena.

– Keith, tu as une mine de...

– Déterré, acheva-t-il à ma place.

Il ne souriait pas. S'il avait perdu du poids, il n'était pas aussi squelettique que Devrie, et j'eus un pincement de cœur en le voyant dans cette petite pièce grise où j'avais rencontré ma sœur lors de ma précédente visite à l'Institut.

Son crâne était rasé et la disparition de ses cheveux bruns bouclés lui donnait un aspect sévère, le vieillissait prématurément. Cela fit naître en moi une étrange émotion, bien que son aspect pitoyable eût d'autres causes. Le pire était ses yeux. Injectés de sang, chassieux et légèrement enfoncés, ils avaient l'éclat de ceux d'un homme qui refusait de pardonner une offense à quelqu'un. Moi ? Lui-même ? Devrie ? J'étais restée éveillée toute la nuit afin de me préparer à cette entrevue absurde, et je ne savais toujours pas quoi dire. Que pouvait-on raconter à un homme dans le but de lui rendre sa virilité lors de ses rapports sexuels avec sa sœur, afin que les jours de cette dernière cessent d'être en danger ? Me sentant à la fois ridicule et effrayée, je trouvai brusquement le nom de ce que je ressentais : de l'humiliation. Que faire pour seulement m'engager dans la direction du but que je me proposais d'atteindre ?

– Comment se présente la « grande expérience » ?

– Pas ainsi que tu me l'avais décrite.

Nous y étions déjà, je le fixai calmement.

– Ne peux-tu comprendre pourquoi je t'ai présenté l'Institut sous un jour peu flatteur ?

– Si.

– Et pourquoi j'ai couché avec toi alors que je connaissais la nature des expériences de Bohentin ?

– Je le peux également.

C'était étrange. Keith semblait me répondre librement, mais je percevais dans sa voix un conflit qui crissait comme des grains de sable. Je me rapprochai d'un pas. S'il tressaillit, son expression resta inchangée.

– Keith, qu'est-ce que ça signifie ? Qu'est-ce que je fais, ici ? Devrie m'a dit que tu ne pouvais... que tu étais impuissant avec elle parce que tu confondais... (Je n'achevai pas ma phrase.) C'était une idée ridicule, lui dis-je. Seule une personne aussi simpliste que Devrie...

Seule une personne aussi simpliste que Devrie pouvait croire qu'il suffisait de lui tenir de beaux discours pour lui rendre sa virilité. Je décidai de partir, et j'avais atteint le bouton de porte quand il me saisit le bras. A nouveau tournée vers lui, je fermai les yeux. Que diable se serait-il passé, s'il ne m'avait pas retenue ?

– Ce n'est pas ce qu'elle pense !

Tournant le dos à Keith, je ne pouvais voir sa calvitie

d'homme entre deux âges, mais j'entendais l'angoisse présente dans sa voix; et j'eus l'impression de retrouver l'étudiant jeune et hésitant auquel j'avais offert un café à Indian Falls. Je pris soin de ne pas me tourner vers lui pour lui demander :

– De quoi s'agit-il, alors ?

– Je l'ignore !

– Mais tu sais par contre que Devrie a une opinion différente. Tes problèmes ne seraient pas dus au fait que tu confonds ta sœur, ta mère, et celle avec qui tu dois faire l'amour devant une salle pleine de chercheurs ?

– Non, fit-il d'une voix à nouveau dure, sans ôter sa main de mon bras. Oh, c'est effectivement ce qui s'est produit au début. La première fois. Mais, Seena... j'ai senti *cela. Presque.* J'ai presque senti Sa présence, et ensuite une confusion impensable... cela ne me semblait plus aussi important. Je parle de ne plus savoir si je faisais l'amour avec toi ou Devrie.

Je pivotai pour lui faire face.

– Tu veux dire que Dieu se fiche pas mal de qui tu baises, dès l'instant où ça pourrait te permettre de baiser avec Lui.

Il me fixa durement. Ses yeux injectés de sang s'écarquillèrent un peu.

– Mais, Seena... *tu* t'en soucies ? Tu m'avais dit que ces tabous sur les rapports sexuels incestueux appartenaient au passé... mais *tu* y attaches de l'importance.

Vraiment ? Je ne savais plus.

– Mais je ne me raconte pas que c'est pour que Son règne arrive et pour Sa gloire !

– Sa gloire, répéta-t-il pensivement.

Il lâcha finalement mon bras. Je ne pouvais deviner quelles étaient ses pensées.

– Keith, cela ne nous mène nulle part.

– Où voudrais-tu aller ? me demanda-t-il sur le même ton songeur. Quel est le but que la famille Konig, en commençant par mon père, a poursuivi par mon entremise ? La gloire... la gloire.

Si près de lui, alors que je voyais en gros plan les pupilles de ses yeux et sentais sa sueur, je pris finalement conscience de ce que j'aurais dû noter dès mon arrivée : il était radieux. S'il se trouvait naturellement sous l'influence du programme de stimulation des neurotransmetteurs mis au point par Bohentin, les produits chimiques qui permettaient de réaliser ces expériences élevaient également le seuil de sa franchise et de sa suggestibilité. Je supposai que c'était un peu comparable au relâchement apporté par l'ivresse et me demandai si Bohentin n'avait pas délibérément forcé la dose en prévision de notre entrevue. Mais non, cet homme ne pouvait connaître le pacte que j'avais scellé avec Devrie. Elle ne lui en aurait jamais parlé. Cette situation étrange était attribuable à elle seule, et les pensées fantasques de Keith à un effet secondaire des drogues que je devais mettre à profit.

– Que crois-tu que mon père espérait obtenir grâce à toi ? lui demandai-je doucement.

– L'immortalité. Un statut divin. Etre celui qui créa Adam sans Eve.

Il devenait geignard.

– C'eût été difficile, fis-je remarquer. Mon père appartenait à une équipe, et les mêmes résultats furent obtenus par un autre groupe de chercheurs, en Californie.

– Résultats. Je suis donc un résultat. Selon toi, que voulait-il ?

– Faire progresser la connaissance du développement des cellules. Obtenir une vérité scientifique objective.

– Tout comme Devrie.

– Comparer l'ingénierie génétique à une quête mystique...

– Si la quête mystique en question aboutit à des preuves de laboratoire, ne devient-elle pas à son tour une vérité scientifique ? Cette perspective semble te déplaire, Seena. Tu ne voudrais pas que la science valide ce que tu définis comme le contraire de la science.

– Tu simplifies à l'extrême.

– Alors, que hais-tu à ce point ?

– Les risques qu'on fait courir à l'intégrité physique et psychique des sujets d'expérience. En l'occurrence, à Devrie et à toi.

– Merci de m'avoir mentionné, dit-il en souriant. Et que voudrait Devrie, selon toi ?

– Eprouver une sensation. Une émotion religieuse. Se sentir emportée par un délicieux tourbillon ésotérique intérieur.

Il y réfléchit.

– Peut-être.

– Est-ce ce que tu désires également, Keith ? Tu m'as interrogée sur les aspirations des autres. Mais toi, que veux-tu ?

– Me sentir chez moi dans l'univers. Avoir l'impression de lui appartenir. C'est une chose que je n'ai encore jamais éprouvée.

Il avait dit cela simplement, sans le moindre embarras, et ses propos étaient relativement prévisibles en raison de son âge... presque banals. Rien dans ses paroles ne pouvait expliquer pourquoi des larmes venaient d'apparaître dans mes yeux.

– Et le fait d'atteindre Dieu par une méthode « scientifique » aurait ce résultat ?

– Comment veux-tu que je le sache, tant que je n'ai pas essayé ? Ne pleure pas, Seena.

– Je ne pleure pas !

– Entendu, tu ne pleures pas, fit-il avant d'ajouter, toujours sur le même ton : J'ai bien plus de points communs avec toi qu'avec Devrie.

– Comment cela ?

– Il me semble que Devrie a toujours considéré qu'elle faisait partie intégrante de l'univers. Elle voudrait seulement trouver le... le coin le plus confortable, le plus douillet, pour s'y pelotonner comme une chatte. Le giron de Dieu. N'es-tu pas surprise que je te ressemble plus qu'à la personne à partir de laquelle j'ai été cloné ?

– Non. Ton enfance a été plus dure que la sienne. Je te l'ai dit le premier jour : un clone n'est rien d'autre qu'un jumeau dont la naissance a été différée.

Il rejeta sa tête en arrière et eut un rire : un son qui me glaça. Quel que fût son conflit intérieur, nous nous rapprochions de ses origines.

– Oh, non, Seena. Tu fais erreur. On ne peut s'offrir un vrai jumeau dont l'existence n'est pas due à la volonté humaine. Mais on peut par contre le faire avec un clone. L'acheter, l'obtenir contre de l'argent au même titre que de la vaisselle, des holocuves, ou des microscopes électroniques. Tu me l'as dit toi-même, lorsque tu m'as parlé pour la première fois de Devrie et de l'Institut. « L'argent. Elle veut vous acheter. » Et tu avais naturellement raison. Ton père m'a acheté, comme elle, comme toi. Mais, bien sûr, cela n'aurait pas été possible si je n'avais pas été vendeur.

Il souriait toujours. Stupides... Devrie et moi avions été stupides. Nous avions toutes deux cherché dans la mauvaise direction, la réalité nous étant dissimulée par les œillères mises en place dans nos esprits par la science et l'humanisme. J'avais cherché Freud et elle Œdipe, mais nous étions aussi stupides l'une que l'autre. A quoi devait ressembler le monde, pour un homme qui ne le considérait pas avec un esprit scientifique, et avait connu une existence plus dure dont les limites n'étaient pas imposées par les possibilités de l'esprit mais par celles d'un compte bancaire ? « Tu n'as pas les moyens de revendiquer tes gènes autrement qu'en mendiant; tu n'as pas les moyens de revendiquer tes sœurs autrement qu'en mendiant; tu n'as pas les moyens de revendiquer Dieu autrement qu'en mendiant. » Pour toute personne moins romantique cela n'aurait pas eu grande importance, mais une personne moins romantique ne serait jamais venue rejoindre Devrie à l'Institut. Quelles humiliations et quels ressentiments devait éprouver Keith chaque fois qu'il voyait Devrie : cette partie de lui-même qui avait pu s'offrir le luxe de l'acheter !

Il suffit de modifier le jour sous lequel apparaît un esprit pour y voir des synapses, des couloirs et des circonvolutions de formes différentes. Des forêts qui poussent dans un terrain auparavant impossible à imaginer. On y découvre un humus dû à la décomposition d'un vieux tapis de feuilles mortes. Devrie et moi avions entrepris de défricher une autre forêt.

Pas Œdipe, mais Marx.

Plusieurs répliques me vinrent à l'esprit. Lui dire : Keith, c'est un boulot comme un autre, pourquoi ne pas considérer cela comme un travail dangereux et rémunéré en conséquence, et pour lequel tu as été engagé par une capitaliste excentrique ? Lui dire : Tu as droit à cette richesse, car tu es notre frère; considère que cet argent te revient de droit. Lui dire : Aie un peu moins de scrupules, bon sang; nous vivons dans un monde impitoyable et si Devrie veut jeter son argent par les fenêtres tu serais bien bête de ne pas en profiter, ne reste donc pas un fichu idéaliste sans le moindre sens pratique.

Mais au lieu de cela, je m'entendis répondre d'une voix à la fois posée et empreinte de cruauté :

– Tu as tout à fait raison. Tu as été acheté par Devrie, et elle t'utilise pour atteindre ses buts comme si tu n'étais qu'un simple accessoire. L'ennui, c'est que tu as fait un marché de dupes. Tu as été victime d'une escroquerie.

Keith me fit pivoter vers lui avec tant de brutalité que j'entendis craquer mes vertèbres cervicales.

– Que dis-tu ?

J'improvisai facilement, et mes propos étaient aussi plausibles que si j'avais longuement préparé ma réponse. Ce qui n'était pas le cas, car j'avais ignoré que je devrais mentir. Si j'avançais à tâtons au sein de cette nouvelle forêt, son sol était ferme sous mes pieds.

– Devrie m'a appris qu'elle t'a fait don de la majeure partie de son héritage. Ce qu'elle ignore, pour la simple raison que je ne lui ai encore rien dit, c'est qu'elle n'est plus libre de disposer de ses biens. J'ai fait le nécessaire pour qu'elle soit reconnue incapable majeure sur la base de ses tendances suicidaires, et je suis devenue sa curatrice. Elle ne peut te donner sa fortune. Un médecin l'a examinée, lorsqu'elle est venue me voir à New York. La donation faite en ta faveur n'a pas la moindre valeur légale.

– Les notaires qui m'ont fait signer les documents...

– Seront informés de la décision du tribunal new-yorkais au cours de cette semaine.

Que savait Keith sur la législation en matière d'héritage ? Très peu de choses, sans doute. Tout comme moi, d'ailleurs. Je laissais libre cours à mon imagination. Il était simplement nécessaire que cela *parût* plausible.

– Le juge a rendu sa décision il y a peu de temps et la machine judiciaire de la Dominique est très lente, comme tout ce qui se trouve sous les tropiques. Mais le verdict est irrévocable, Keith. Devrie n'a plus la libre disposition de son argent, et te voici pauvre à nouveau. Mais j'ai quelque chose pour toi. Un billet d'avion pour Indian Falls. Tu es un homme libre. Pauvre, mais libre. Le billet est à ton nom et tu trouveras un chèque à l'intérieur... un chèque tiré sur *mon* compte. Tu as gagné cet argent pour avoir tenté d'aider cette malheureuse Devrie. Mais à présent tu vas devoir me la laisser. Je suis désormais sa curatrice.

Je lui montrai la pochette de la compagnie aérienne contenant mon propre billet. Il la fixa, puis reporta son regard sur moi.

– Je regrette que tu aies été roulé, Keith. Devrie ne l'a pas fait sciemment. Mais elle n'a plus un sou à t'offrir. Tu peux partir. C'est à moi qu'il incombe de m'occuper d'elle, à présent.

– Tu veux lui faire quitter l'Institut ? demanda-t-il d'une voix étranglée.

– Je n'ai jamais caché mes intentions de la conduire loin d'ici. Même s'il faudra attendre quelque temps pour que les tribunaux dominicains reconnaissent la validité du jugement rendu à New York. Devrie refusera de partir à moins d'y être contrainte, et c'est pourquoi j'utiliserai la force. Tiens.

Je lui tendis la pochette. Il ne bougea pas pour la prendre, et je sus au durcissement de ses traits – mes traits, ceux de Devrie – à quel instant cette dernière changea pour lui de statut. Elle était à présent ruinée, sans aucun contrôle légal de son existence, sur le point d'être arrachée à ce qu'elle aimait le plus. L'opprimée impuissante. L'orpheline, pauvre et rejetée, qui dépendait désormais des caprices de celle qui s'était approprié sa fortune.

Plus Marx, mais Cervantes.

– Tu ferais cela ? A ta propre sœur ?

Que ne ferait-on pas pour sa sœur ? Je répondis, avec amertume :

– Sans la moindre hésitation.

– Elle possède toutes ses facultés mentales.

– Vraiment ?

– Si !

– Le tribunal en a décidé autrement.

Keith m'étudia alors qu'il prenait une décision, et je pensai aux cristaux qui se solidifient autour des corps étrangers. A présent que j'étais parvenue à le convaincre, mes mensonges me torturaient... ou peut-être souffrais-je qu'il eût si facilement cru mes affirmations.

– Es-tu certaine de ne pas vouloir simplement t'approprier la fortune de Devrie, Seena ?

Je haussai les épaules, et tentai de conserver une voix neutre pour répondre :

– Je veux la conduire loin d'ici. Je refuse de la laisser mourir.

– La laisser mourir ? Qu'est-ce qui te fait croire que ses jours sont en danger ?

– Elle semble...

– Devrie ne risque rien ! rétorqua Keith avec colère... une colère qu'il devait libérer sous n'importe quel prétexte. Lorsque nous sommes en transe conjointe, je suis bien placé pour savoir quel est son état physique. Ignores-tu quels contrôles la transe donne à chaque jumeau sur le métabolisme de l'autre ? Tu ne sais même pas cela ? Les jours de Devrie ne sont pas en danger. J'interromprais sa transe, si c'était le cas. Tu peux garder ton billet d'avion, Seena.

Je répétai, machinalement :

– Tu es libre de partir, tu n'as plus rien à gagner.

Devrie m'avait menti.

– Et la laisser sans aucune protection ? fit-il posément.

Puis il saisit le bouton de porte. Les tendons de ses poignets saillaient, puissants et tendus. Je ne tentai pas de le retenir.

Devrie m'avait menti, pour me contraindre à mentir à Keith. La transe conjointe permettait donc un contrôle à la nature non précisée sur le corps du jumeau. Les expériences que j'avais autrefois tentées avaient eu pour résultat huit morts infligées inconsciemment. Des morts issues de Dieu sait quels recoins des forêts obscures de huit esprits tâtonnants. Mensonges, chantages, morts, et nouveaux mensonges.

Et ces mensonges devaient servir à obtenir une vérité scientifique. Ils allaient s'aventurer au sein de ces forêts, à la recherche de Dieu.

– Contrôle final des holocuves, déclara solennellement un assistant. Cage de Faraday ?

– Optimum.

– Radiations externes ?

– Nulles, dit l'homme assis à la console de la première cuve.

– Nulles, répéta la femme assise à la console de la deuxième.

– Microradiations ?
– Nulles.
– Nulles.
– Radiations personnelles, Classe A ?
– Nulles.
– Nulles.

Ils poursuivirent ainsi le contrôle monotone et capital, jusqu'au moment où les deux cuves eurent été débarrassées de toute interférence et focalisées; les fluides compensés, analysés, compensés à nouveau, encore analysés. Derrière les cuves, Bohentin attendait patiemment, l'expression neutre. Mais je me tenais près de lui et voyais un nerf s'agiter spasmodiquement à la base de son cou, juste sous le col de sa blouse. A chaque battement de ce nerf, l'épiderme s'enflait légèrement. Je gardais les yeux rivés sur ce mouvement syncopé et sentais ma tension engendrer des fourmillements qui parcouraient mon corps telles des ondes de chaleur.

Les trois quarts du labo, dont la section occupée par les holocuves et les autres appareils, étaient uniquement éclairés par le halo des cadrans de la console et du faisceau de référence dirigé sur les cuves. Dans cette semi-pénombre se trouvaient Bohentin, cinq autres chercheurs, deux médecins... et moi-même. Si Bohentin s'était tout d'abord opposé à ma présence, il avait dû finalement céder. J'avais brandi un trop grand nombre de menaces précises : noms de journalistes et de drogues, détails sur les techniques de clonage, tragédies survenues au cours de séances de transe conjointe, symptômes anorexiques, restrictions légales à l'ingénierie génétique. S'il n'était pas homme à faire grand cas de l'opinion publique et de l'intimidation s'y rapportant, j'étais malgré tout parvenue à l'impressionner. Finalement, il avait fixé sur moi ses yeux brillants et glaciaux et m'avait autorisée à assister à cette expérience.

Je voulais prendre Devrie au mot. Je refusais de croire une seule de ses affirmations sans en avoir été personnellement témoin.

La moitié de la matinée fut nécessaire aux préparatifs techniques. Quelque part, Devrie et Keith, les composants humains de ce système de détection, étaient séparément conduits vers le point culminant de leur activité cérébrale. Drogues, rétro-action biologique, stimulations tactiles, auditives et kinesthésiques... tout cela était soigneusement calculé pour obtenir l'augmentation maximale tant du nombre de neurotransmetteurs lançant des signaux dans les synapses du cerveau que de la vitesse des impulsions. Plus la transmission serait rapide dans certains circuits, plus la perception et la sensation seraient intenses. Soumise à cette contrainte, la structure moléculaire de certains neurotransmetteurs se transmuerait en hallucinogènes naturels, et il était impératif de maintenir cette réaction sous contrôle. Entre-temps, d'autres drogues, d'autres techniques de rétroaction biologique réduiraient les enzymes naturels du corps dont la fonction consistait à absorber les neurotransmetteurs en excédent ou à modérer leur débit en signaux. Leur nombre et leur rapidité ne cesseraient d'augmenter dans les cerveaux de Keith et de Devrie, après la disparition de toutes les barrières chimiques. Ils entreraient dans le laboratoire avec leurs cerveaux – cortex rationnel, lobe limbique émotionnel, fonctions cérébrales droites et gauches – stimulés à un degré inimaginable. *Simultanément.* Ils ressentiraient une « accélération » aussi grande que celle éprouvée par un parachutiste en chute libre, un transport aussi grand que celui d'un cocaïnomane, une limpidité mentale et une réceptivité aussi grandes que celles d'un de Vinci au pinceau guidé par les visions intégrées de son inconscient. Ils seraient en quelque sorte chauffés à blanc.

Puis ils fusionneraient grâce à la transe conjointe.

Bien que plus lumineux que le reste, le dernier quart du labo (celui qu'occuperaient Keith et Devrie) était éclairé faiblement et indirectement. Il consistait en une plateforme surélevée et matelassée, avec des parois et des oreillers d'un rose dont les longueurs d'onde avaient été soigneusement étudiées; une température calculée pour produire des flux de convection précis sur l'épiderme. Dans cet environnement couleur de l'utérus et à la texture de la chair, l'homme et la femme ne verraient les observateurs placés dans la pénombre régnant derrière les holocuves que comme de simples silhouettes imprécises. Quand les portes s'ouvrirent et que Devrie et Keith gagnèrent l'estrade, je sus que l'identité des personnes se trouvant dans la salle les laissait indifférents. En voyant Keith et

Devrie qui n'avaient d'yeux que pour eux, je sentis mon cœur se serrer.

Ils étaient nus, à l'exception des calottes souples qui maintenaient sur leurs crânes les centaines d'aiguilles reliées aux cellules nerveuses situées sous l'épiderme, ainsi que les écouteurs diffusant la musique qui emplissait les cathédrales de leurs crânes. « Cathédrales »... à en juger à leurs visages, transfigurés par la même extase que celle des saints représentés dans les tableaux médiévaux, c'était le terme approprié. Mais ici l'extase était contrôlée, comprise. En ressentant une souffrance soudaine engendrée par d'anciens souvenirs, je sus à quel instant précis Keith et Devrie s'unirent l'un à l'autre en faisant fusionner leurs esprits. Je le lus avec une lucidité surnaturelle dans leurs regards et l'intensité de leur concentration. La transe conjointe. Ils se prirent par la main, leurs visages séparés par seulement quelques centimètres, et je dus brusquement détourner les yeux.

Deux volutes colorées et mouvantes s'étaient formées dans chaque holocuve, et leur texture et leurs contours étaient plus nets que dans tout hologramme précédent de l'histoire de la science. Les perceptions qu'avaient Keith et Devrie de la présence de l'autre. Les volutes continuaient de se clarifier et se scindaient en strates distinctes alors que sur la plate-forme Keith et Devrie restaient figés, toute leur énergie concentrée sur la transe télépathique. Des secondes s'écoulèrent, puis des minutes. Et, en dépit de la netteté des hologrammes des cuves (une netteté en échange de laquelle j'aurais volontiers donné une main droite quinze ans plus tôt) je sentais que Keith et Devrie se retenaient, qu'ils limitaient délibérément leur perceptivité à l'énergie qu'irradiait l'autre, de la même façon qu'on érige une digue pour contenir l'eau d'un torrent, afin de lui permettre d'acquérir une force plus grande.

Mais comment pouvais-je percevoir cela ? Par « l'interprétation » subliminale des perceptions reproduites dans les holocuves ? Ou par un processus différent ?

D'autres minutes s'écoulèrent. Keith et Devrie restaient figés, se faisant face, et sur le corps squelettique de Devrie et celui moins pitoyable de Keith, une rougeur commença à apparaître et se répandre; un flux rosâtre et lent qui me fit penser à une onde de chaleur.

– Seigneur, murmura le médecin qui se trouvait près de moi.

Il avait parlé si bas que j'étais la seule à avoir pu l'entendre. Ce n'était ni un juron ni une prière, mais une troisième possibilité, innommable.

Keith posa une main sur la cuisse de Devrie. Elle frissonna. Il la coucha sur les coussins de la plate-forme et ils commencèrent à se caresser, sans la frénésie ou le désir de découverte des amants, mais avec une mesure que je n'avais rencontrée qu'à l'intérieur d'un laboratoire de recherche; un soin et une lenteur laissant entendre que des mondes d'interprétation dépendaient du moindre de leurs mouvements. Cependant, cela n'engendrait pas une impression de froideur ou de détachement, mais d'application intense, d'énergie incommensurable utilisée avec plaisir. Leurs doigts semblaient les modeler l'un l'autre. Ils *travaillaient,* et avaient tout oublié à l'exception de leur tâche. Mais c'était un travail de création, mêlé d'érotisme primitif innocent. Et, en les regardant, je sentis mon propre corps réagir. « Innocent »... mais si innocence était synonyme d'ignorance, il n'y avait rien d'innocent à cela. Keith et Devrie savaient et contrôlaient jusqu'à leurs battements de cœur. Et je sus à quel instant exact ils permirent à leur énergie sexuelle combinée à leur énergie psychique d'emporter la barrière et de se libérer, vague après vague, d'élargir leur champ de perception et d'inonder le monde qui avait été jusqu'alors isolé par cette digue artificielle.

Une troisième volute se matérialisa dans chaque cuve.

Elle apparut brusquement : un instant, il n'y avait rien; le suivant, une clarté. Puis cela tremblota, s'estompa quelque peu. Après quelques instants, la chose redevint plus vive, un halo doré et diffus, avant de décroître à nouveau. Sur l'estrade, Keith hoqueta, et je supposai qu'il venait de détourner son attention de la troisième source de radiation pour poursuivre cette version érotique de la transe conjointe. Il maîtrisait moins bien que Devrie les techniques de rétro-action biologique et était handicapé par la fragilité de l'érection masculine. Mais il retrouva son rythme et l'hologramme acquit de la brillance.

Il me semblait que toute la pièce était nimbée de clarté, bien qu'aucune source de lumière n'eût été allumée et que le halo des consoles fût toujours identique. Les chercheurs étaient en sueur. Bohentin se pencha vers la plate-forme, comme si c'était sa volonté, et non celle de Keith/Devrie, qui se tendait vers la troisième présence apparue dans les cuves. Je pensai, stupidement, aux intermédiaires mythiques : Merlin, qui ne devint jamais roi; Moïse, qui ne put atteindre la Terre promise. Des intermédiaires... puis il devint impossible d'avoir la moindre pensée.

Devrie eut un spasme et cria. L'orgasme de Keith se produisit un instant plus tard, engendrant un tourbillon d'activité neurale si fort que les deux volutes primaires de chaque holocuve s'enflèrent au point de fusionner avec la troisième. A l'instant de l'interpénétration, Keith hurla, et il me semble en y repensant que ce fut ce cri qui franchit l'ultime barrière... ce qui est naturellement absurde. Avec quelle puissance devraient hurler les microbes pour attirer l'attention d'un géant ? Avec quelle force faudrait-il marteler la porte qui nous sépare d'un dormeur du monde étranger des rêves pour pouvoir l'éveiller ?

Le médecin se trouvant à côté de moi tomba à genoux. La troisième présence – ou une partie de cette dernière – tourbillonnait autour de nous, suivant nos neurones et nos synapses non préparés. Et ce qui formait un tourbillon dans la salle était de l'étonnement. Un étonnement harmonieux et majestueux. Nous avions finalement attiré Son attention, finalement frappé à Sa porte avec assez de force psychique pour être faiblement entendus – et Il était sidéré de découvrir que nous existions. L'onde de surprise qui s'amplifiait à l'intérieur de ce laboratoire me fit penser au lent balancement de la tête d'une bête fauve qui vient d'entrevoir un papillon à la limite de son champ de vision. Mais ce n'était pas un animal. Son attention se porta sur nous, la douleur explosa à l'intérieur de mon crâne... la souffrance engendrée par un son trop puissant, une lumière trop vive, une tension trop élevée. Mon esprit était consumé par la surtension. J'eus un autre éclair de connaissance – sans mots, formes, ou contours – et j'entendis un hurlement. Puis, brusquement, l'énergie se dissipa.

Bohentin se dirigeait à quatre pattes vers les holocuves. Un médecin gisait sur le sol; l'autre avait déjà atteint l'estrade et les deux corps recroquevillés. Quelqu'un pleurait, une autre personne hurlait. Je me levai, tombai, rampai jusqu'à la plate-forme. Agrippée des deux mains au rebord, je pris conscience que les hurlements sortaient de ma propre gorge, puis je vis le docteur se baisser en tremblant vers Keith, faire basculer son corps toujours prostré sur celui de Devrie pour se pencher sur elle, pivoter à nouveau vers Keith.

– Les bandes sont intactes ! cria Bohentin.

– Oh Dieu, oh Dieu oh Dieu oh Dieu, gémissait une femme qui s'interrompit brusquement.

Je m'agrippai au rembourrage couleur chair de l'estrade et m'y hissai.

Devrie gisait, inconsciente, le pouls irrégulier, les traits transfigurés par l'extase. Le médecin faisait du bouche-à-bouche à Keith – quelles forces surhumaines possédait cet homme ? – et exerçait des pressions sur sa poitrine nue. Insufflation, pression, insufflation, pression. Le corps inerte fut parcouru d'un spasme et le médecin s'assit sur ses talons : Keith respirait à nouveau.

– Tout a été enregistré ! hurlait Bohentin. Tout a été *enregistré* !

– Que Dieu te damne, murmurai-je au visage béat de Devrie. Cette chose ne savait même pas que nous étions là !

Elle ouvrit les yeux. Je dus me pencher vers elle pour l'entendre répondre :

– Mais maintenant... *nous* savons. Il... est là.

Elle était trop affaiblie pour sourire. Je portai le regard vers l'agitation régnant dans le labo afin de ne plus la voir.

Ils essaieront à nouveau.

Alimentée par perfusions, Devrie dort depuis quatorze heures. Je demeure assise à côté de son lit, sous les regards réprobateurs de l'infirmière qui est choquée par mon expression chaque fois que mes yeux se portent sur ma sœur. Quelque part, dans un autre lit, Keith dort également. Mais son repos est moins paisible que celui de Devrie qui plonge dans le sommeil comme dans de l'eau tiède. Il en est pour sa part incapable. Comme moi, il craint de se noyer.

Voici une heure, il est venu dans la chambre de Devrie et a pris ma main.

– Comment est-il possible que Cela... Il... n'ait pas eu conscience que nous existions ?

Je ne lui ai rien répondu.

– Tu l'as perçu toi aussi, Seena, comme tous les autres. Il... nous a créés... d'une certaine manière. Non, c'est faux. Comment aurait-Il pu nous créer sans le *savoir* ?

– Savons-nous toujours ce que l'on crée ?

Keith m'a adressé un regard dur. Mais je ne m'étais pas référée aux travaux de mon père sur les clones.

– Keith, qu'est-ce qu'un Thysania Africana ?

– Un quoi ?

– Imagine que nous sommes les simples sous-produits d'un effet biologique. Une espèce agit, et une autre voit le jour. L'humanité passe par des stades successifs. L'Horreur africaine se produit et voilà qu'apparaissent de nouvelles espèces de papillons dont nous ne découvrons l'existence que bien plus tard. Si l'homme peut faire cela, pourquoi pas Dieu ? Et pourquoi devrait-Il s'en rendre compte plus rapidement que nous ?

Keith n'a guère aimé mes propos. Il a froncé les sourcils, puis étudié l'expression béate du visage endormi de Devrie.

– Parce qu'elle est stupide, ai-je dit brutalement. Et toi aussi. Vous ne Le laisserez pas tranquille, pas vrai ? Ayant été remarqués par Lui une fois, vous voudrez l'être à nouveau. Bien qu'elle m'ait promis le contraire, et même si cela vous détruit tous les deux.

Keith m'a étudiée un long moment, finalement conscient de la nature de l'abîme qui nous sépare, et de ses dimensions. Mais je savais déjà qu'aucun de nous ne le franchirait. Lorsqu'il a enfin parlé, sa voix contenait tant de compassion que j'en ai éprouvé de la haine à son égard.

– Seena, Seena, le doute n'existe plus désormais. Ne le comprends-tu pas ? A présent, la foi rationnelle n'est pas plus difficile à connaître qu'un doute rationnel. Pourquoi as-tu tellement peur de croire ?

J'ai quitté la chambre. Dans le couloir, je me suis appuyée à un mur, paumes collées aux carreaux, et j'ai fermé les yeux. Il me semblait pouvoir entendre des ailes, pâles et fragiles, battre contre une vitre.

Ils essaieront à nouveau. Pour obtenir la confirmation que l'univers n'est pas un désert, Keith, Devrie et leurs semblables projetteront à nouveau leur esprit contre cette fenêtre biologique. Dans l'intérêt de la connaissance sûre : une croyance basée sur l'expérimentation et non la foi. Et l'Autre : chose/extraterrestre/Dieu ? A présent qu'Il sait que nous existons, Lui aussi peut décider d'établir un contact, s'Il le peut. Peut-être cherchera-t-Il à mieux nous connaître, et même hors du laboratoire Devrie et Keith risquent désormais d'être subtilement envahis par une troisième présence indistincte lorsque leurs sens seront stimulés. Le percevront-ils flottant juste à la limite de leur champ de perception, s'ils discutent avec passion, pilotent un voilier dans des flots agités, ou font l'amour ? Quelle stimulation sera à l'avenir nécessaire pour qu'ils perçoivent les battements de ces ailes démesurées de l'*autre côté* de la vitre ?

Et les vitres peuvent être brisées.

Demain, je reprendrai l'avion pour New York. Je regagnerai mon musée, mes expositions, mes papillons sous permaplex, mon appartement désert dont les lourdes tentures resteront désormais tirées devant les fenêtres.

Jusqu'à – oh Dieu ! – jusqu'à la fin de mes jours.

Les neuf milliards de noms de Dieu

par Carter SCHOLZ

Cher Mr Scholz,

J'ai lu votre manuscrit, « Les neuf milliards de noms de Dieu »... Je ne devrais même pas prendre la peine de vous répondre, mais je ne voudrais pas que vous me soupçonniez de stupidité. Le plagiat est de mise dans la science-fiction comme partout ailleurs, mais il est rare que quelqu'un ose soumettre la copie mot à mot de l'œuvre d'un autre, sans compter qu'il s'agit là du récit bien connu de Clarke, « Les neuf milliards de noms de Dieu ». Que vous ayez pu imaginer qu'un quelconque rédacteur en chef s'avère incapable de reconnaître ce récit implique de votre part une véritable ignorance, et un mépris certain de notre domaine. A l'avenir, tout manuscrit signé de votre main ne sera pas le bienvenu.

Cordialement,

Robert SALES, rédacteur en chef
NOVUS Science-Fiction

★

Cher Mr Sales,

Eh bien, voilà ce qui arrive lorsqu'on soumet un manuscrit sans lettre d'accompagnement. J'espérais ne pas avoir à m'expliquer, mais je m'aperçois qu'il le faut. Je savais évidemment que vous reconnaîtriez la nouvelle de Clarke, et j'espérais que vous en déduiriez la logique qui sous-tend mon récit, lequel, je l'admets sans la moindre gêne, est identique au mot près à celui de Clarke. Néanmoins, il contient des différences significatives que je vais expliciter.

Primo, cette nouvelle n'aurait pu être écrite aujourd'hui. Trop de signes internes l'attestent. Je n'ai besoin que de citer quelques détails technologiques depuis lors dépassés, et l'écriture à l'évidence datée. Ceci nous fournit d'ailleurs une première indication : rien n'est jamais ce qu'il semble. Dans l'hypothèse où un lecteur reconnaît le récit, la démonstration en est évidente; dans le cas idéal, sa perplexité en sera aiguisée (j'espère provoquer le même vertige passager que l'on ressent à parcourir une page emplie de caractères sanskrits ou cyrilliques, où le dessin des lettres à lui seul suggère une mystérieuse cohérence. Mais je vais clarifier mon argumentation).

Je me suis donné la peine d'éviter d'utiliser les mots dans leur sens conventionnel. Par exemple, quand je dis « fusée », j'entends « une vaste étendue de terre aride » ou « un système philosophique périmé », et non un engin spatial. Naturellement, ceci présente quelques difficultés. L'invention (ou la redéfinition) de mots n'a rien de bien nouveau dans la science-fiction, mais je doute que cela ait jamais été fait à cette échelle, où le moindre mot du récit prend une signification unique, particulière à ce récit (tous ces nouveaux sens ont été énumérés dans un glossaire que j'ai choisi de ne pas présenter, l'économie étant la première règle de l'art; proposer une nouvelle avec notes explicatives qui tiendraient la longueur d'un roman serait purement grotesque).

Mais il y a là assez de profondeur pour intéresser n'importe quel lecteur. Derrière le « masque » de la narration de Clarke se cache ma propre narration, exprimée dans mon langage « inventé », et au delà, le récit de mon récit – comment une œuvre contemporaine en prose en arrive à ressembler superficiellement à une histoire de science-fiction des années 50. Il y a en outre de profonds et fascinants problèmes de contexte : voir comment certaines combinaisons de lettres (telles que ange *ou* peur*) prennent des significations différentes dans des langages différents; ainsi, ma façon à moi de combiner les mots « signifie » tout autre chose que celle de Clarke.*

Il y a plus, beaucoup plus, mais j'estime que c'est suffisant pour aujourd'hui. Mon œuvre est difficile mais pas inaccessible. Je pense que vos lecteurs peuvent en venir à bout.

Naturellement, je comprends vos réticences. Après tout, si je peux me permettre, votre revue s'est forgé une certaine réputation de littérature indigeste, et vos lecteurs les plus conservateurs trouveraient probablement « Les neuf milliards de noms de Dieu » trop avant-gardiste. Je m'en vais prospecter d'autres marchés.

Bien à vous,
Carter Scholz.

★

Cher Mr Scholz,

Etes-vous sérieux ? Pensez-vous que je crois un seul mot de votre lettre ? Etes-vous en train de me dire que vous avez utilisé les mots de la nouvelle de Clarke, les uns après les autres, pour remplacer d'autres mots, comme dans un cryptogramme ? Absurde. Le concept lui-même est un emprunt. Je suis certain d'avoir vu quelque chose de similaire chez Borges. Dans son principe fondamental, cette idée d'altérer le contexte d'un artefact pourrait certes donner une histoire lisible, mais certainement pas de la façon dont vous l'envisagez.

Il n'est nullement nécessaire d'adresser vos reproches à mes lecteurs conservateurs. Contentez-vous de me les adresser à moi.

Cordialement,
Robert Sales.

★

Cher Mr Sales,

Puisque vous m'y invitez, voici le manuscrit révisé. Comme vous pourrez voir, aucun mot n'a été modifié, mais la pratique devrait vous entraîner à lire au delà de ce qui est écrit. J'ai considérablement révisé mon glossaire et les appendices, et changé quelques règles de grammaire, ainsi qu'une part importante de l'histoire de l'univers d'où est censé venir cet artefact. De plus, j'ai restitué à tous les articles contenus dans la nouvelle – ce qui, je le crois, ajoute une touche subtile – leur signification dans le langage moderne. « Un » est devenu « un », « le » est devenu « le », etc.

Il y a déjà tant de matière dans le monde que je trouve plus inspiré de créer de nouveaux contextes pour des artefacts existants que de créer d'autres artefacts. Je ne suis pas le premier. Il serait plus exact de me comparer à Warhol ou Duchamp plutôt qu'à Clarke ou même, suivant votre seconde hypothèse, à Borges dont je n'ai pas lu une seule ligne.

Cordialement,
Carter SCHOLZ.

★

Cher Mr Scholz,

C'est incroyable. Il ne m'était pas venu à l'idée que vous puissiez me soumettre à nouveau « votre » nouvelle – avec « révisions », rien de moins ! Je vous la re-retourne. Je ne veux plus la voir, plus jamais. Je me fiche de savoir si ça fait « réellement » référence à Duchamp ou Warhol (que je trouve ridicule) ou Gustave Flaubert. Je veux seulement que vous me laissiez en paix.

R.S.

★

Cher Mr Sales,

Je me rends compte qu'il y a dans le commerce de l'édition une sorte de philistinisme de rigueur. Aussi, je m'en vais cette fois rabaisser un peu mes visées. Je crois que vous allez trouver cette nouvelle franchement amusante. C'est une espèce de « parodie-par-répétition ». Ce genre de parodie est efficace avec des œuvres de nature « baroque », c'est-à-dire des œuvres fondées sur les permutations logiques, exhaustives, de quelques principes. Les histoires « de SF » sont « baroques » parce qu'elles sont les rejetons intellectuels de l'empirisme et tendent ainsi à épuiser leur série limitée de matériaux et à proposer des explications. Puisque l'ambition des explications est d'être totales, de tels systèmes déterminent leur propre enfermement; à ce stade de son histoire, la science-fiction est presque aussi fermée qu'un système peut l'être; cet enfermement conduit naturellement à la reduplication et la contrefaçon, définitivement évidentes dans des livres aux titres tels que La race de l'espace *ou* Les tombes du temps. *La folie trépidante des débuts de la science-fiction s'est fourvoyée dans l'insipide et le superficiel, et ses écrivains ont à affronter une situation sans issue dans laquelle persistent quelques maigres et inefficaces mouvements. Les moines de Clarke qui énumèrent les noms de Dieu de AAAAAAAAA jusqu'à ZZZZZZZZZ (avec l'aide d'un ordinateur) ne sont pas confrontés à autre chose quand ils doivent faire face à la fin de leur univers. C'est la raison pour laquelle j'estime que ma « contrefaçon » de la nouvelle de Clarke est plus intéressante, plus purement « spéculative » que l'*autre sorte *de plagiat que j'évoquais. Dans le cas présent, l'acte même de citer le texte devient une parodie raffinée, en de nombreux points semblable à l'acte qui consiste à transférer un sachet de soupe d'un supermarché à une galerie d'art. S'il rend ridicules la soupe, la galerie, le public et l'artiste, il leur confère une unité.*

Cordialement,
Carter SCHOLZ.

P.-S. Il y a plusieurs raffinements nouveaux dans cette mouture. J'espère que vous ne pensez pas que j'en abuse. A chaque fois que je vous soumets ce récit, le contexte en est modifié (par votre connaissance des manuscrits précédents). Vous vous rendez compte que vous ne lisez pas réellement la « même » « histoire ». Dans ce jeu, les « mêmes » n'existent pas.

★

Cher Mr Scholz,

Non ! Je ne vois aucun changement dans le récit, mais vous avez définitivement achevé d'abuser de ma patience. Je ne lis pas de la SF pour me sentir ridicule, ni nos lecteurs, je pense.

Vous semblez être sain d'esprit. Pourquoi ne pas consacrer votre temps à quelque chose de constructif ? Economisez donc vos timbres et vous économiserez ma peine.

Bien à vous, encore une fois, et la dernière,
Bob SALES.

★

« Cher » « Mr » « Sales »,

Un « texte » « admet » de nombreuses « interprétations ». Les « interprétations » « deviennent » plus nombreuses à mesure que le « temps » « passe ». Le plus « important », « il » « me » semble, est l' « acte » de « rééditer » « Les neuf milliards de noms de Dieu » « aujourd'hui » – le « présenter » dans ce « contexte » « établit » une série de « spéculations » de loin plus « intéressantes » que celles qu'on « rencontre » dans la plupart des « récits » que « vous » « publiez ». La « nature » de ce « contexte » constitue une espèce d' « ultime remise en question » pour l' « art », la « littérature » et, « inévitablement », la « science-fiction ». L' «histoire » « réelle » « se situe » toujours « à l'extérieur » des « mots » – dans le « contexte », les «implications » et les « corrélations » – dans ce qui « n'est pas » « écrit ». « Sans doute » « savez »-« vous » « cela » ? Soyons « courageux » et « poursuivons » les « implications » de « nos » « activités ». « Qui » « sait » « quelles » « beautés » « cela » « peut » « mettre » « en » « lumière» ?

« Cordialement »,
Carter Scholz.

★

Cher Mr Scholz,

Que se serait-il passé si j'avais acheté la nouvelle et ne l'avais pas publiée ? Ne vous aurais-je plus eu sur le dos ?

Tous ces guillemets dans votre dernière lettre m'ont fatigué les yeux, et voilà que je commence à redouter d'ouvrir mon courrier.

Bien à vous,
Sales.

★

Cher Mr Sales,

Puisque je compte à l'évidence parmi vos amis, puisque

vous savez que les mots ne signifient que ce que nous sommes conditionnés à croire qu'ils signifient (ce qui est légitimé dans les dictionnaires par le biais des lexicographes), je me dispenserai des guillemets. Et je m'en vais vous dire quelque chose que j'avais tu dans mes lettres précédentes. Ma nouvelle, « Les neuf milliards de noms de Dieu », fut générée par un ordinateur. Mais permettez-moi de développer cette nouvelle information par paliers successifs.

Comme des tas de gens (votre boîte aux lettres doit chaque jour déborder sous leurs tentatives), je me suis dit un jour que j'aimerais écrire de la science-fiction. Pendant plusieurs années, j'ai travaillé là-dessus, jusqu'à ce que l'idée passe du stade de hobby à celui de la vocation, puis de la passion et enfin de l'obsession. Jamais autant d'énergie n'a donné si petit résultat. J'ai échoué, complètement, totalement, inexorablement; chaque jour, chaque année, peu à peu et dans les grandes largeurs, j'ai échoué. J'ai amassé une pile monstrueuse de refus m'informant que tout ça avait déjà été fait, en mieux, et probablement avec moins d'efforts, par Clifford Simak ou Curt Siodmak en 1947. Et face à la plus élémentaire des vérités, au vu de mes millions de mots inutiles, je ne pouvais plus dire s'ils étaient bien meilleurs, bien pires, ou à peu près du même niveau que ceux qui faisaient les œuvres publiées avec lesquelles j'avais entrepris de rivaliser.

Comme vous pouvez en juger, à ce moment-là, je n'avais pas tout mon bon sens. Etes-vous jamais resté éveillé la nuit à répéter à l'infini un mot aussi simple que « clown », jusqu'à ce qu'il perde toute signification ? Des récits entiers ont tourné dans ma tête à ce degré de démence. Dans mon sommeil, je recevais des lettres de refus révoquant mes propres rêves. Seule une théorie suivie a pu me ramener à un point où je peux désormais, plus ou moins, construire une phrase.

Aussi, j'abandonnai et retournai à l'école.

Mes études de licence portaient sur les probabilités. Lors d'un cours, j'élaborai un programme numérique aléatoire qui simulait le mouvement des molécules gazeuses dans un espace clos. En faisant varier la « température » de l'espace, je pouvais contrôler les niveaux de hasard. J'utilisai ces nombres pour opérer une sélection de mots dans le dictionnaire afin de générer des textes aléatoires; dans la nuit avancée, ces actes d'incohérence m'apaisaient l'esprit. Mais une nuit, au beau milieu d'un charabia tout à fait ordinaire, la machine se mit soudain à débiter le texte complet des « Neuf milliards de noms de Dieu ». Ceci me causa un certain souci. Il n'y avait rien de troublant dans le texte... excepté de savoir d'où et comment il était apparu. Quoi qu'il en soit, après quelques drinks un peu raides, je commençai à me sentir le cœur plus léger. Car c'était là enfin, le fruit de mes travaux, la justification, la lumière au bout d'un univers-tunnel terrifiant, la négation de l'étymon, le big bang – j'avais créé une véritable histoire de science-fiction, et un authentique classique par-dessus le marché ! Si obliquement que ce soit, j'étais devenu un écrivain de science-fiction; j'avais en fait, avec exactement les mêmes mots, parachevé une œuvre infiniment plus subtile, plus profonde et plus ironique que celle de Clarke en personne. Comment aurais-je pu en douter ? Puisque, à la différence de celui de Clarke, la raison d'être (1) *même de mon récit pouvait se vérifier au niveau de l'atome.*

Eh bien, voilà, je pensais me couronner du prix Nobel de mathématiques et du Nebula de la meilleure nouvelle. Dans une espèce de fièvre, j'imaginai mes commentaires, mon glossaire et le reste – tout ce que je vous ai déjà expliqué. Je créai un contexte unique pour un récit à l'existence déjà bien connue, un lieu aussi commun au monde de la science-fiction que la soupe de Campbell l'est à tout le monde (1).

Incidemment, le programme lancé à l'envers généra « L'ultime question » d'Asimov.

Mais ceci m'amène au problème central. Si les molécules de gaz (ou leurs équivalents) peuvent produire, dans leur aléatoire sarabande, une configuration de mots analogue à celle des « Neuf milliards de noms de Dieu » ou de « L'ultime question », ou même avec le temps de n'importe quelle *histoire, y compris celles qu'on n'a pas encore écrites... alors, pourquoi écrire des histoires ? Je pense qu'un auteur publie parce qu'il doute; il veut que le monde le considère comme réel, sincère, et essentiel. Mais dans le cas présent, est-ce qu'une telle affirmation de soi présente*

(1) En français dans le texte.

une quelconque importance ? Peut-on raisonner avec les molécules ?

Voilà ce qui importe. La trame de tout récit peut être découverte dans les phénomènes aléatoires de la nature. L'air bourdonne. Chaque jour, les dix mille créatures récitent l'ensemble des neuf milliards de noms. Une tempête, une rafale de vent, un arbre qui plie, des vagues de chaleur, tout cela, c'est l'instinct de la sagesse qui dépasse les symboles, plus séduisante que n'importe quelle histoire parce qu'elle les contient tous. On peut découvrir une histoire dans un arbre, mais jamais un arbre dans une histoire, seulement la constellation des lettres arbre, et ce qu'il en reste une fois broyé dans le papier. J'ai une tendance à globaliser au maximum. Pourquoi raconter des histoires si toutes les histoires qui ont jamais été ou seront, sont racontées constamment sous le vent et la pluie ? C'est bien là l'ultime question : Avons-nous besoin de fiction ? Avons-nous besoin de science ? Pour la plupart d'entre nous, je crois que non.

Dans le récit d'Asimov, « l'ultime question » pose le problème de l'entropie et de la manière dont elle peut être inversée. L'univers s'achemine vers le néant absolu, le Wärmetod, et voilà qu'une machine miraculeuse inventée par l'homme le crée à nouveau. Pour ma part, je me contenterais de demander qu'on mette fin à la fiction. Qui sait quelles lois les histoires soustraient à la structure du monde ? Au lieu de fabriquer des ordinateurs ou de raconter des histoires, j'ouvre la fenêtre et observe le temps.

J'ai travaillé des années avec cette machine, et mon ambition, et j'ai appris que tout cela ne rimait à rien. La finalité de l'ambition est d'en finir avec l'ambition, exactement comme l'aboutissement d'une fiction est d'assumer de moins en moins de fictions, et l'aboutissement ultime de toute fiction est d'atteindre cette fiction suprême, mundus. Sans toutefois se priver d'un voyage.

Mais nous avons déjà fait ce voyage. Dans nos récits, nous sommes allés au delà de Mercure et de Pluton; sacrifiant à nos illustres dieux Vitesse et Mort, ces créateurs et destructeurs de la signification, nous avons accompli, sur une orbite majestueuse, un millier de révolutions dans un millier d'histoires. Nous avons même vu récem-

ment se construire les machines enfantées par notre imaginaire, nous les avons vues s'envoler vers les étoiles, et cela n'a pas amélioré nos conditions d'existence – tout comme, dans nos livres, nous avons usé les métaphores de nos routes jusqu'à la poussière, et disserté sur le triste sort de nos concitoyens jusqu'à l'ennui. Ce n'est pas la bonne méthode. Je crois que nous ne pourrons jamais parvenir à une claire compréhension des choses aussi longtemps que nous aurons la science ou la fiction derrière lesquelles nous dissimuler.

C'est donc ici que s'achève l'histoire de l'histoire de mon histoire. Fort de mes convictions, je me vois obligé de vous retirer mon manuscrit. J'espère vivement que vous comprendrez ma position. Je préférerais ne plus voir aucun récit publié où que ce soit.

Je vous remercie de l'intérêt que vous avez bien voulu m'accorder.

Cordialement,
Carter Scholz.

★

Cher collaborateur,

Nous vous renvoyons votre manuscrit car la publication de NOVUS Science-Fiction *a été interrompue. Nous vous remercions de l'intérêt que vous avez bien voulu nous accorder.*

Les Éditeurs.

2012
★★★★

Impression Brodard et Taupin à La Flèche (Sarthe)
le 7 mai 1986
1898-5 Dépôt légal mai 1986. ISBN 2 - 277 - 22012 - 4
Imprimé en France

Editions J'ai lu
27, rue Cassette, 75006 Paris
diffusion France et étranger : Flammarion